本书由贵州大学文科学术著作出版基金资助出版

JIYU GONGXU PINGHENG SHIJIAO DE
XINAN DIQU JIBEN GONGGONG FUWU JUNDENGHUA
WENTI YANJIU

# 基于供需平衡视角的西南地区基本公共服务均等化问题研究

蒋雪梅　著

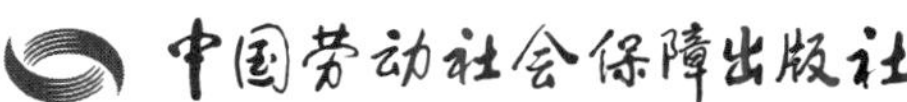

**图书在版编目(CIP)数据**

基于供需平衡视角的西南地区基本公共服务均等化问题研究/蒋雪梅著. -- 北京：中国劳动社会保障出版社，2022

ISBN 978-7-5167-5619-5

Ⅰ.①基… Ⅱ.①蒋… Ⅲ.①公共服务-研究-西南地区 Ⅳ.①D669.3

中国版本图书馆 CIP 数据核字(2022)第 199976 号

**中国劳动社会保障出版社出版发行**

（北京市惠新东街 1 号　邮政编码：100029）

*

保定市中画美凯印刷有限公司印刷装订　　新华书店经销

787 毫米×1092 毫米　16 开本　27.75 印张　408 千字

2023 年 1 月第 1 版　　2023 年 1 月第 1 次印刷

**定价：75.00 元**

营销中心电话：400-606-6496

出版社网址：http://www.class.com.cn

# 前言

自2006年3月我国第十一个五年规划纲要首次明确提出“基本公共服务均等化”以来，基本公共服务均等化成为缓解社会矛盾，凸显社会公平和正义，保障公民基本权利的重要手段。中共中央关于制定国民经济和社会发展第十四个五年规划和二〇三五年远景目标的建议中提出：“坚持把实现好、维护好、发展好最广大人民根本利益作为发展的出发点和落脚点，尽力而为、量力而行，健全基本公共服务体系。”我国西南地区少数民族聚集，经济发展基础差，基本公共服务落后，但发展潜力大。目前我国的公共服务主要由政府提供，政府在提供公共服务时，往往带有自己的主观意志，基本公共服务最终的消费者是公众，基本公共服务供给能否满足公众的需求，基本公共服务需求和供给是否匹配，是目前亟待解决的问题。因此，从供需平衡的角度研究基本公共服务均等化具有非常重要的理论和现实意义。

本书为供需平衡视角研究基本公共服务均等化提供了一个研究框架，创造性采用ISA模型分析西南地区基本公共服务供需匹配情况，在基本公共服务均等化评价中引入满意度评价标准，充实了相关理论。通过西南四省市供给视角基本公共服务均等化水平的研究，以及12000多份调查问卷的分析，对比分析西南地区基本公共服务供需匹配情况，以及供需视角下基本公共服务均等化水平，为西南地区相关政策制定提供研究基础。

本书从四个方面展开研究，首先从理论上构建一个供需平衡视角基本公共服务均等化的研究框架。其次从供给视角，采用《“十三五”基本公共服务均等化规划》的指标体系，测度西南四省市基本公共服务均等化情况，并比较分析了西南地区与全国和东部地区基本公共服务水平。再次从需求视角，对西南地区基本公共服务满意度及需求强度进行调查研究，调查延续五年，从2015年开始，每隔一年进行一次调查，从满意度和需求强度两个维度研究其供需匹配情况，同时对贵州省三个县进行典型调查，在基本公共服务需求强度、基本公共服务满意度调查基础上增加了政民互动内容的调查，研究个人效能、社会效能、政府效能与公众基本公共服务满意度之间的关系。根据调研结果，采用ISA模型分析主观感受下基本公共服务的匹配情况，采用泰尔指数比较研究供给视角下和需求视角下基本公共服务均等化水平。最后从加大西南地区财政投入，增加基本公共服务供给；优化西南地区财政支出结构，提高公众获得感、满意度；完善制度化、多元化公共需求表达机制；注重基本公共服务供给绩效评估；加强基本公共服务需求管理，做好基本公共服务标准化体系建设五个方面给出对策建议。

本书研究视角比较新颖。以往对基本公共服务均等化的研究多是从供给角度的研究，而从需求视角研究基本公共服务均等化的成果较少，从供需平衡视角进行的实证研究成果更少。

研究方法有创新。该研究采用ISA模型分析基本公共服务的匹配情况，创造性地用四个象限表示基本公共服务供需的四种关系，并用泰尔指数比较分析了西南地区基本公共服务供需视角下基本公共服务均等化情况。成果注重经济学、统计学、公共管理学等多学科研究方法，采用熵值法、功效系统法、泰尔指数法、皮尔逊相关性分析、调查研究法、比较研究法、ISA模型分析法等，既遵循学科发展规律，又使研究内容较好地体现了学科交叉的效果和创新精神。

在学术思想和观点上，提出供需平衡不仅要调整供给端，还可以管理需求端，创新了基本公共服务均等化的管理思路，对推进基本公共服务均等化的研究和决策提供了新的思想和观点。此外，研究注意到学界在公共服务均等化研究中更多关注城乡差异、区域差异，而对人群差异的公共服务均等化研究不足的问题，注重研究了不同特征人群的基本公共服务均等化水平，并对其进行多方面分析和论述，形成的成果具有一定的创新性，对学界拓展基本公共服务均等化研究有启发意义。

在课题研究及本书写作过程中，硕士研究生夏玉娇、王应芬、孔艳秋、徐菊、路茜、王邦洲等参与了课题调研，数据收集整理等工作，对他们对本书的贡献表示感谢。感谢贵州大学文科学术著作出版基金对本书的资助。

由于作者水平有限，不足和错误在所难免，敬请读者批评指正。

# 目录

## 第一篇　理论篇

## 第二篇　供给视角下西南地区基本公共服务均等化

# 第三篇 需求视角下西南地区基本公共服务调研

## 第四篇　西南地区基本公共服务均等化供需平衡度分析及对策建议

# 第一篇
# 理论篇

# 第一章 导论

## 第一节 问题的提出

自2006年3月我国《国民经济和社会发展第十一个五年规划纲要》首次明确提出“基本公共服务均等化”以来，基本公共服务均等化成为缓解社会矛盾，凸显社会公平和正义，保障公民基本权利的重要手段。中共中央关于制定《国民经济和社会发展第十四个五年规划纲要》和二〇三五年远景目标的建议中提出：“基本公共服务均等化水平明显提高”“坚持把实现好、维护好、发展好最广大人民根本利益作为发展的出发点和落脚点，尽力而为，量力而行，健全基本公共服务体系。”我国西南地区少数民族聚集，经济发展基础差，但是发展潜力大，贵州、云南连续多年地区生产总值增速名列全国前茅，成渝经济区作为我国发展的第四级，发展潜力巨大。目前，学术界对基本公共服务均等化研究主要集中在区域差异、城乡差异和人群差异，多数学者认为目前我国基本公共服务均等化应重点解决区域的不均等问题，西南地区少数民族聚集，经济发展水平偏低，基本公共服务落后，但发展潜力大。以前对基本公共服务均等化的研究多数集中在供给侧，采用的方法也主要是从基本公共服务供给的均等化程度进行研究，缺乏从需求侧的关注。英国哲学家休谟说过："一切人类努力的伟大目标在于获得幸福。"目前我国的公共服务主要由政府提供，因此，政府在提供公共服务时，往往带有自己的主观意志，这就导致政府不能全面了解公众的真实需求，出现公共服务供给效率悖论。① 基本公共服务最终的消费者是公众，基本公共服务供给能否使公众的需求得到满足，基本公共服务需求和供给是否匹配，是目前亟待解决的问题。因此，从供需平衡的角度研究基本公共服务均等化具有非常重要的理论和现实意义。

## 第二节 研究意义

### 一、学术价值

第一，为供需平衡视角研究基本公共服务均等化，提供了一个研究框架。

第二，在基本公共服务均等化水平评估中引入公共服务满意度的主观评价标准，充实了公共服务均等化评估理论。

第三，创造性使用 ISA 模型研究公共物品的供需关系。

### 二、应用价值

一是对指导西南地区公共财政政策调整具有重要意义。基本公共服务均等化最终目的还是要群众感受到均等化。本研究成果可以为公共财政政策的调整提供研究基础。

二是对基本公共服务管理提出了新的方向：需求管理。供需平衡不仅是调整供给端，还可以管理需求端。创新基本公共服务均等化管理思路。

三是系统研究了西南四省（市）基本公共服务现状，为系统掌握西南地区

① 公共服务供给效率悖论指公共服务财政支出增长速度超过公共服务满意度增长速度现象。

基本公共服务现状，推进基本公共服务均等化提供研究基础。

## 第三节　文献回顾

2006年，基于宏观战略层面角度，我国首次提出了“基本公共服务均等化”概念，自此，大量的学者聚焦于研究基本公共服务均等化，研究成果大量涌现，其研究视角主要集中于基本公共服务非均等化的现状、原因、基本公共服务均等化基础性研究以及对于怎样实现均等化路径研究四方面。由于西部地区地理环境特殊、经济发展落后、人文历史底蕴好，但发展缓慢等多方面的因素，导致西部地区在公共服务供给这一环节上较为薄弱，供需失衡的矛盾尤为明显，因此，西部地区公共服务均等化问题也引起了学者们的大量关注。西南地区在西部12省（市）中发展速度最快，发展潜力最大，但是基本公共服务是一个短板，专门从事西南地区基本公共服务的研究较少。

政府具有提供优质高效的公共基础服务给公众的职能，它不仅取决于公共基础设施的数量和质量，还取决于公众对它的评价。为了更加深入地评判西部地区的公共服务水平，本文采用调查问卷法来分析以及评价西南地区的公共服务水平，揭示影响西南地区基本公共服务满意度的主要因子和变量，并定量分析个体特征对满意度的影响，为政策的制定和执行提供了依据。政府工作人员在准确把握人民群众意愿的前提下开展工作，只有广大人民群众感到幸福，才是最根本的。基本公共服务均等化是指全体公民都能公平可及地获得大致均等的基本公共服务，基本公共服务均等化以促进机会均等为核心，以保障群众基本能获得基本公共服务为重点，而不是简单地实现基本公共服务的平均化。实现均等化不是一蹴而就的，这项任务是长期而艰巨的。“十三五”时期，根据国家脱贫攻坚任务，必须使全国贫困地区基本公共服务领域的主要指标在全国平均水平线左右，确保实现2020年基本公共服务均等化的总体目标。

文章基于中国学术期刊网络出版总库（CNKI）里的数据对“西部地区基本公共服务均等化”进行研究。自2007年开始，国内学者针对西部地区基本公共服务的供需问题进行了大量的研究。以2007—2020年14年为研究的时间节点，以“西南地区、基本公共服务均等化”为主题进行检索，CSCD、北大核心以及 CSSCI 共有 1 273 篇相关文献，将“基本公共服务均等化”作为关键词进行“精确”查找，一共有 1 156 篇相关文献。而将“西南地区、基本公共服务均等化”作为关键词查找，没有相关文献。基本公共服务均等化发文主题分布如图 1-1 所示。

在百度学术中搜索发现，用“基本公共服务均等化”作为关键词进行检索，可以发现：从 2006 年开始出现“基本公共服务均等化”相关研究，2011 年达到最热，至今共有 3 466 篇相关论文，如图 1-2 所示。

随着研究的不断深入，出现了越来越多与“基本公共服务均等化”相关的研究点，形成了庞大的研究网络，以下是高相关的学者及研究机构，如图 1-3 所示。

众多研究机构在“基本公共服务均等化”领域成果斐然，以下为高发文量的研究机构，共有 361 篇相关论文，如图 1-4 所示。

## 一、基本公共服务概念的研究

亚当·斯密（Adam Smith）是最早涉及公共服务概念的学者，他认为“在市场发挥不了作用的地方，国家一定要在这些领域里发挥作用，如国防、武器制造、社会公益事业，这些公共服务可以被所有公民都享有”。① 由于政府在提供诸如国防、教育、医疗和养老等公共产品及服务上起着关键作用，因此，公共产品及服务的外溢效应和非排他性将不可避免地要求政府承担相应的供给责任。如主流经济学家提出的航海时必需的灯塔就具备上述的外溢效应和非排他性。

约翰·斯图亚特在其《政治经济学原理》一书中写道：建造和维修灯塔、设置浮标是政府的职责，其原因是为了保证航行的安全。从个人利益的角度出发，除非国家强制要求受益于灯塔的过往船只交税，否则不会有人主动去建造灯塔。亨利·西奇威克认为灯塔具备公共物品的性质，私人向受益于灯塔的过

① ［英］亚当·斯密．国富论［M］．长沙：中南大学出版社，2004.

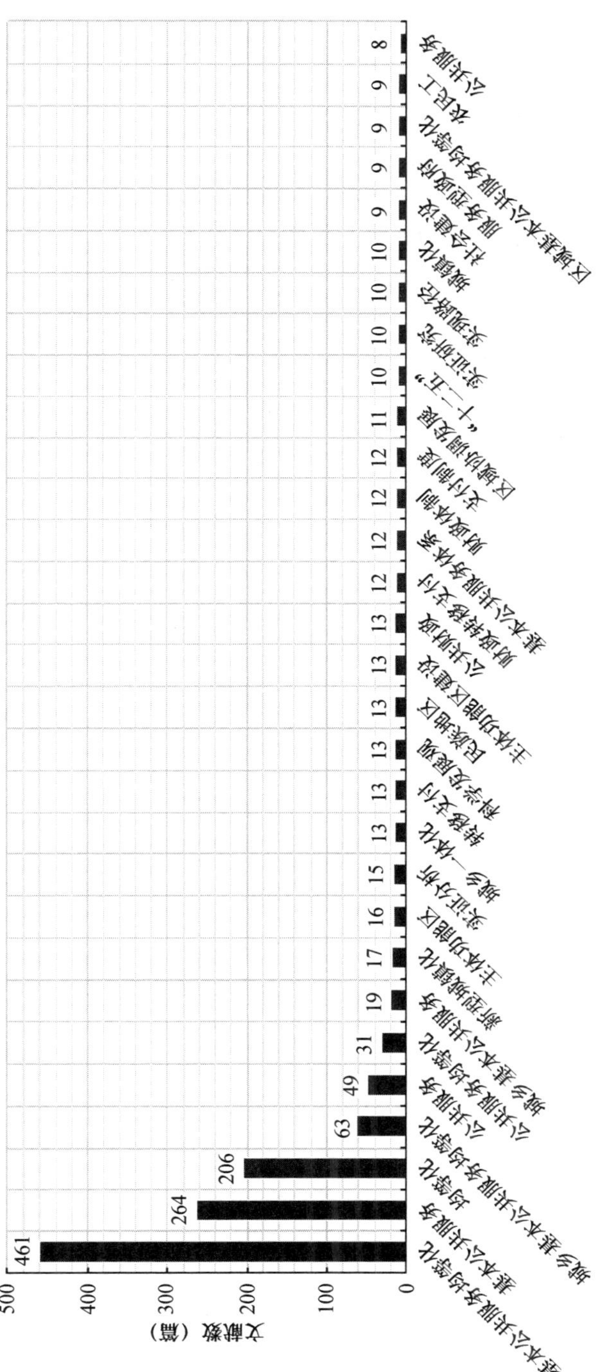


图 1-1　基本公共服务均等化发文主题分布

资料来源：CNKI 检索结果可视化分析

图 1-2　基本公共服务均等化研究走势

资料来源：百度学术开题分析中“基本公共服务均等化”研究走势

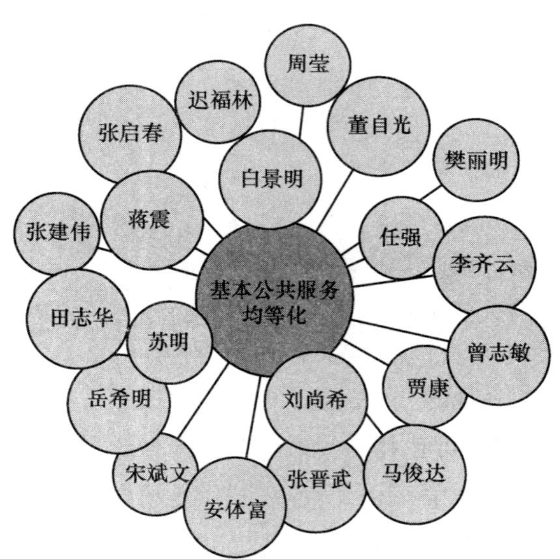


图 1-3　基本公共服务均等化相关学者

资料来源：百度学术开题分析中“基本公共服务均等化”关联研究

往船只收取相应的费用是不可行的。庇古也持有同样的观点，认为灯塔是公共物品，因为私人向得到灯塔外溢性的第三方索取费用具有技术上的不可操作性。

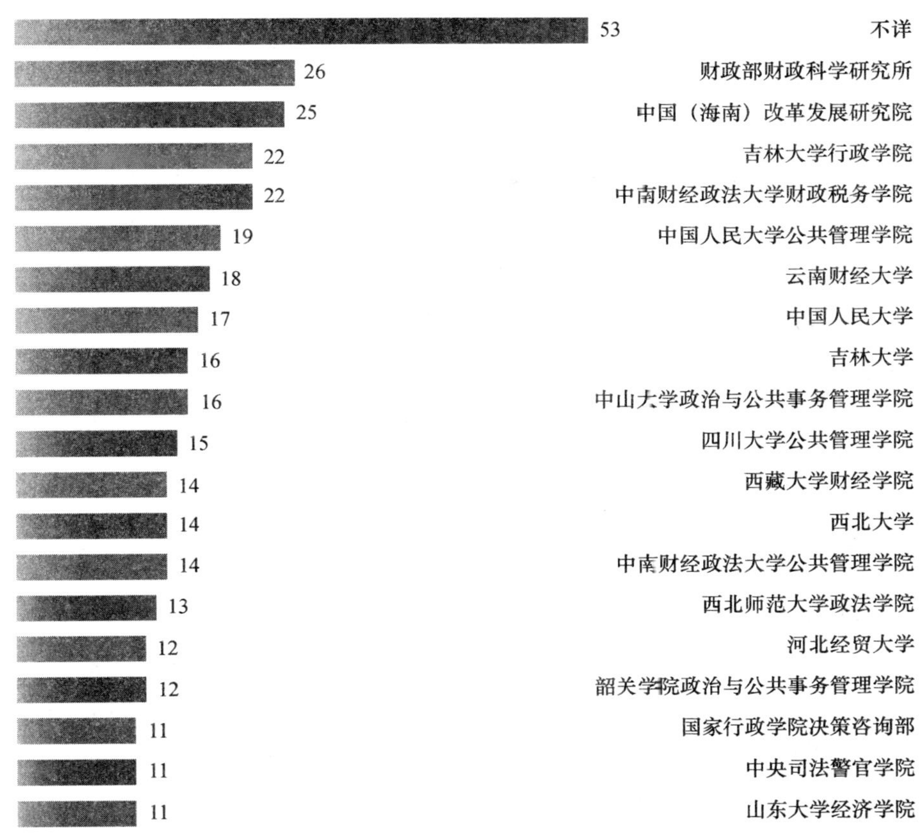


图 1-4　基本公共服务均等化研究发文机构分布情况

资料来源：百度学术开题分析中"基本公共服务均等化"相关机构

保罗·萨缪尔森在他的《经济学》"政府的经济作用"这一章节中，他阐述道："政府提供某些无可替代的公共服务，没有这些服务，社会生活将是不可想象的。它们的性质决定了由私人企业提供是不合适的。"① 保罗·萨缪尔森列举了灯塔这个政府服务的最佳例子证明了这一观点，私人收益、私人成本与真正的社会收益、社会成本之间存在很大差异。哲学家和政治家们认为在这种情况下，政府承担着必要的作用。之后，保罗·萨缪尔森也通过灯塔这个案例，验证了由于某些不可操作性，私人无法提供公共服务，公共物品需要由政

① Musgrave R A. Buchanan on the demand and supply of public goods [J]. 1970.

府来提供这一观点。

在19世纪出现了公共服务（公共产品）理论，马尔科、萨克斯、马左拉等欧洲学者在边际效用价值论的基础上发展了公共服务理论。萨缪尔森（1954）又在之前公共服务理论的基础上了对公共服务的概念和理论进行了完善和丰富。在萨缪尔森对于公共物品的定义中，主要是指纯公共物品，他指出了公共物品具有非排他性与非竞争性两个特征。他认为纯公共物品主要是指社会中每个人都可以消费该产品，并且每个人消费并不会影响其他人对于该产品的消费。布坎南（1965）基于前人的研究提出了自己的想法，他认为在公共产品和私人产品之间还有具备非排他性或只具有非竞争性一个特征的准公共物品。

在萨缪尔森对公共服务的定义中，公共物品指那些具备非竞争性和非排他性的产品，如灯塔、公路以及国家法律等，因此，公共物品可以是具体的，也可以是抽象的。由于我国在提供公共服务过程中并没有对公共服务和产品进行严格划分，无论是公共安全的基础设施还是一些民生保障方面的服务都可以算作是公共物品，因此，我国对于公共服务的界定较为宽松，只要具备非竞争性、非排他性，就是公共物品。本文对公共服务的定义是政府为了公众的需求发挥其提供具备非竞争性、非排他性两种特性的产品和服务的职能。具体而言，具体的公共服务如水电、燃气、道路交通等，抽象的公共服务如公共卫生服务、义务教育服务、公共医疗服务、民生保障等。

20世纪中期，公共产品理论在众多学者的继承研究下，已经成为西方公共财政学发展的主流。布坎南认为在19世纪欧洲学者的努力之下，公共产品理论在基础性公共财政学教科书中有了一席之地。20世纪中期，公共财政发展迅速，主要聚焦于研究“政府部门应提供什么样的服务，提供多少公共服务”，解决这一问题主要依靠公共产品论。

如表1-1所示，根据有无竞争性和排他性，物品和服务可以分为四类，分别是纯公共物品、俱乐部产品、公共池塘资源以及私人物品；此外根据竞争性和排他性的强弱，公共物品可以分为纯公共物品、俱乐部产品、公共池塘资源三种。其中纯公共物品具有非排他性、竞争性；俱乐部产品不具有排他性而具有竞争性，诸如高速公路；公共池塘资源指具备竞争性而不具有排他性的产品。此外，根据地区和受益人数的差别，将服务进一步分为具备地方特色的服务、全民共享的公共服务以及社区（街道）服务。

表 1-1 公共服务的分类

| | | 排他性 | |
|---|---|---|---|
| | | 无 | 有 |
| 竞争性 | 无 | ①纯公共物品 | ②俱乐部产品 |
| | 有 | ③公共池塘资源 | ④私人物品 |

资料来源：笔者总结

早期研究认为，产品与服务之间并没有本质区别，因此，公共服务与公共产品是同一个概念。[①][②][③] 基本公共服务是实现维持本国稳定、国家繁荣昌盛，必须要具有的基本的社会保障。如公共基础教育、公共卫生医疗、公共养老保险、公共就业再就业、国防、交通基础设施，环境保护等。[④] 公共服务还可分为政府的性质、服务形态、定义、职能以及需求五个方面。[⑤] 政府的职能之一就是提供公共服务，此外还应具备调节宏观经济调控、社会管理、市场监督等多方面的管理职能，从这个角度来看，公共服务与公共产品是同一个概念。公共服务可以利用公共资源来推动公民消费公共服务的平等性。[⑥]

龙立军等人在基于贵州多民族地区调查数据的分析情况中得出：公共服务均等化状况处于中等偏下的水平。[⑦] 韩清颖等人认为就整体而言，公共服务购买是有效的，而且政府投入对于购买服务有效性是不可或缺的。[⑧] 熊兴等人认为要加强县域经济发展对基本公共服务的支撑作用，为县域经济发展发挥兜底

① 高培勇．究竟什么是公共财政？［J］．经济，2004（12）：61.

② 张馨．税收公共化：税收原则体系的转型［J］．涉外税务，2004（6）：19-26.

③ 江明融．公共产品视角下的我国税权治理机制研究［J］．中央财经大学学报，2006（9）：6-10.

④ 孟春，陈昌盛，王婉飞．在结构性改革中优化公共服务［J］．国家行政学院学报，2004（4）：21-25.

⑤ 陈昌盛，蔡跃洲．中国政府公共服务体制变迁与地区综合评估［M］．北京：中国社会科学出版社，2007.

⑥ 刘尚希，等．基本公共服务均等化与公共财政制度［J］．经济研究参考，2008（40）.

⑦ 龙立军，杨昌儒．西部多民族地区基本公共服务均等化影响因素——以贵州民族地区调查数据为例［J］．社会科学家，2018（11）：58-62.

⑧ 韩清颖，孙涛．政府购买公共服务有效性及其影响因素研究——面向153个政府购买公共服务案例的探索［J/OL］．公共管理学报：1-18.

作用，形成一个县域经济发展与民生保障的良性上升式循环。[①] 翁士洪通过研究中国改革开放 40 年来公共服务供给的制度变迁，发现我国在公共服务供给体系上面发生了翻天覆地的变化。[②] 王金营、李庄园、谢秋实认为要将公共服务纳入反贫困政策框架和贫困监测指标体系中，财政转移支付制度实施过程中，一定要考虑地方政府间的横向平衡，可以着重地转移到贫困地区，这样的话，就可以实现均衡的发展。[③] 康健、姜晓萍通过对基本公共服务均等化程度进行研究，发现这些评价对于促进基本公共服务高质量发展、全面建成小康社会具有重要意义。[④] 杨迎亚、汪为认为城乡基本公共服务均等化水平对家庭相对贫困缓解有着显著作用，城乡基本公共服务的变异系数越低，越有利于相对贫困问题的缓解。[⑤] 杨远根认为基本公共服务是人们利益的重要组成部分；基本公共服务均等化状况已成为人们职业选择时首先考虑的重要因素；只要基本公共服务实现均等化，人们就会结合自己的能力和兴趣选择职业；要引导人们选择从事农业生产，就必须推进城乡基本公共服务均等化，让城乡居民享受大体相同的基本公共服务。[⑥] 在中国经济结构、社会结构和利益格局深度调整的时期，以公共服务保民生、兜底线，是推动共享发展、促进社会和谐的重要途径，也是回应社会公共需要、保障公民权利的基本依托。[⑦]

上述基本公共服务的内容基本相同，具体内容上面有些是重复的，而不同的部分则是因为不同学者有不同的判断标准，所以有不同的看法。《国家基本公共服务体系“十二五”规划》中明确指出，基本公共服务，指建立在一定社

---

① 熊兴，余兴厚，王宇昕. 基本公共服务与县域经济发展关系研究——来自三峡库区重庆段区县的例证［J/OL］. 西部论坛：1-13.

② 翁士洪. 改革开放 40 年中国公共服务供给的制度变迁［J］. 云南大学学报（社会科学版），2019，18（3）：102-109.

③ 王金营，李庄园，谢秋实. 公共服务全面提升：集中连片特困地区反贫困之固本大计［J］. 河北学刊，2019，39（3）：128-134.

④ 康健，姜晓萍. 基本公共服务均等化实现程度：评价要素与维度［J］. 上海行政学院学报，2020，21（2）：28-34.

⑤ 杨迎亚，汪为. 城乡基本公共服务均等化的减贫效应研究［J］. 华中科技大学学报（社会科学版），2020，34（2）：75-82，140.

⑥ 杨远根. 城乡基本公共服务均等化与乡村振兴研究［J］. 东岳论丛，2020，41（3）：37-49.

⑦ 曹爱军. 当代中国公共服务的话语逻辑与概念阐释［J］. 吉首大学学报（社会科学版），2019，40（2）：55-62.

会共识基础上，与经济社会发展水平和阶段相适应，由政府主导提供的，旨在保障全体公民生存和发展基本需求的公共服务。公民拥有享有基本公共服务的权利，政府承担着提供公共服务的职责。[①] 基本公共服务有着一定的范围，基本公共服务范围，一般包括保障基本民生需求的教育、住房保障、社会保障、就业、计划生育、文化体育、医疗卫生等领域的公共服务，广义上还包括与人民生活环境紧密关联的通信、公用设施、交通、环境保护等领域的公共服务，以及保障安全需要的公共安全、消费安全和国防安全等领域的公共服务。[②]

基本公共服务对于广大的社会成员的生存和发展具有重要的作用。提供均等化的公共服务给社会成员有利于社会成员基本权利的保障，保障社会成员均等享有公共服务的机会。改革开放以来，中国的经济得到了飞速的发展，但是在基本公共服务供给方面的问题却日益突出，供给不足以及供给不平衡等问题成为民众关注的重点。如何兼顾社会公平与经济快速发展成为当今中国发展亟待解决的问题，对于中国未来的发展具有重要的现实意义。进入 21 世纪以后，党与政府也更加关注公共服务供给均等化问题，自 2006 年国家提出“十一五”规划以来，国家实施了多项政策来促进各地区基本公共服务均等化发展，促进各地基本公共服务均等化发展已经成为当今社会发展必须解决的问题。

## 二、基本公共服务需求研究

在新的时代背景下，我国的新型城镇化进程在不断加快，这一方面导致我国经济发展水平得到了飞速发展，另一方面又导致人们日益增加对高质量公共服务的需求。目前，公共服务不到位以及公共服务需求的大量增长与公共服务供给不足等几方面的矛盾已经成为西部各民族地区在经济社会发展过程中存在的主要矛盾和重大问题。西南地区基本服务建设进入持续飞跃发展时期，与此同时，也出现了一系列的问题和矛盾。其中，当务之急需要解决的是公共需求的快速增长与服务不到位之间的矛盾。新中国福利制度的发展起始于“社会身

①② 资料来源：中华人民共和国中央人民政府（http://www.gov.cn/zhengce/content/2012-07/19/content_7224.htm）.

份本位”的劳动保险制度，受“政治分层”和城乡二元结构的影响，形成社会福利的“内外现象”和福利分层。经过“发展主义”“和谐社会”和“全面建设小康社会”等背景下的政策发展，现有社会福利体系的福利分层变得更为复杂。碎片化的社会保险领域体现法团主义式的“分层效应”，不充分的基本公共服务供给则体现发展主义式的“内外现象”。“社会中国”的建设既要缓解社会保险领域的“分层效应”，也要克服基本公共服务供给的“内外现象”。①

提供公共服务是政府的基本职能，也是衡量一个国家发展的重要标准。中国作为发展中大国，一直以来高度重视有效的、丰富多彩的公共服务供给。财政政策必须重视财政支出行为，财政供给结构，政策协同联动，匹配财权与事权以及转移支付制度的作用机理。实现区域间公共服务均等化，现阶段财政政策调控的重点应是从发展性到民生性，从需求侧到供给侧，以及从行政化到市场化。要坚持以人民为中心，不仅注重公共服务提供的均等化、有效性，也要高度重视公共服务的精准性、精细化，切实让人民群众感受到发展所带来的获得感、幸福感。② 基本公共服务均等化是新时代中国政府为践行“以人民为中心”的共享发展理念而全力推进的一项重大民生工程。③ 我国基本公共服务均等化已经开始从“缩小地区间财力差距”迈向“提升人民群众获得感”的治理新时代。④ 政府要大力发展以及完善公共文化事业，提升人民群众精神方面的满足感，有利于促进民族地区经济社会又好又快发展。⑤ 我国以宜居产业性为基本特征的新型城镇化进程正在不断加快，西南地区小城镇建设已进入持续飞跃发展期。⑥ 公共服务供给以及公共服务需求不匹配、公共服务不到位等几方面的矛盾已经成为西南地区经济社会发展的突出矛盾和主要问题。当前人民群

---

① 岳经纶，方珂，蒋卓余. 福利分层：社会政策视野下的中国收入不平等［J］. 社会科学研究，2020（1）：115-124.

② 杨志安，邱国庆. 财政政策对区域公共服务均等化的影响效应、作用机理及调控路径［J］. 当代经济管理，2018，40（2）：72-78.

③ 王丛虎. 政府有效提供公共服务的路径探析［J］. 人民论坛，2019（34）：71-73.

④ 白晨. 包容性发展视域下新时代中国基本公共服务均等化理论分析［J］. 教学与研究，2020（3）：46-53.

⑤ 缪小林，张蓉，于洋航. 基本公共服务均等化治理：从“缩小地区间财力差距”到“提升人民群众获得感”［J］. 中国行政管理，2020（2）：67-71.

⑥ 蒋莉莉. 西南地区小城镇公共服务供需问题研究［J］. 贵州社会科学，2018（8）：128-134.

众期待获得更高质量的公共产品，产业发展需要更多内容的公共服务。在西南地区全面建成小康社会决胜阶段和重点实施区域协调发展的战略下，只有通过“以人为本”、创新机制、因镇制宜，提升小城镇公共服务供给能力，才能促进小城镇产、城、人、魂融于一体的飞跃发展。现有学者的研究表明，重点镇、城关镇的居民对就业信息与培训、农民创业政策、金融政策等软件设施需求随着靠近大城市的距离缩小而增加；同时，在那些远离中心城市的地区，对农业生产所需的人畜饮水、乡村路及公共交通、农村电网等基础设施类公共服务需求同样十分旺盛，即越是远离中心城市的地区，对上述基础设施类公共服务需求越旺盛。在西南地区，渴望融入城市就业的需求是最旺盛的。对于大部分乡镇农村居民来说，那些靠近大城市的重点镇、城关镇地区农村居民对于自主创业的积极性是十分高的。教育、城镇医疗、公共交通、老人子女的安置场所的规模和数量随着经济转型升级，大量农民工回到家乡的情况下需求扩大这是一个必然的趋势。同时，越来越多的小城镇“农村”居民在文化保护方面的需求也会逐渐随着许多特色小城镇的建设和开发而迫切起来，他们在取得经济收入、改变生产生活方式之后，在精神满足和生活家园文化价值的一个重要体现便是“望得见山，看得见水，记得住乡愁”。

西南地区企业的发展环境有了明显的改善，并且政府的扶持力度不断加大，但由于发展波动大、发展规模小和抗风险能力弱等各种原因，企业市场占有份额不高、所能利用的资源十分有限，因此，在市场竞争中一直处于“强位弱势”的状态。同时，尽管小城镇企业在数量上的增长较快，但每百人或千人拥有企业数量仍然较少；尽管经济总量在企业带动小城镇发展的情况下不断扩大，但其科学发展的内生机制尚未形成；尽管企业结构在调整和转型升级的方面上意愿增强，但管理、科技、人才等支撑基础仍然有待提高；尽管科技型企业技术创新活跃，但在自主创新能力上总体偏弱；尽管提升整体竞争力的集群化发展态势明显，但企业间的竞争合作关系构建迟缓。因此，一系列围绕企业“出生率”“优生率”“存活率”的公共服务需求问题亟待解决。

公共服务供给水平提高，可以提升人民对生活的满意程度，也能提高社会公共福利水平。因此，践行“以人为本”的科学发展观，需要在居民生活、景观环境、社会服务、市政基础设施四个方面去提高小城镇民众对公共服务的满意度，进而实现公共服务属性。

以人为中心，构建以需求为导向的公共服务供给机制，主要通过建立公共服务需求调查制度的方式，建立小城镇公共服务需求满意度调查制度，建立科学的公共服务供给评价机制，努力提高西南地区小城镇公共服务供给效能。“因镇制宜”，满足不同产业类型民众和企业对政府公共服务供给的有效需求，实现小城镇公共服务精准化供给、增强小城镇产业功能。水能资源型小城镇，需要加强交通、通信设施等基础设施建设；加大生态保护、电子商务、人才技术（特别是现代信息技术）等基本公共服务供给；加强城镇学校、医院等市政公用设施建设，增强城镇生产、生活服务功能；在基本公共服务方面需要为企业从业人员、移民人口提供教育、医疗、住房、就业和社会保障等基本服务供给。矿能工业园区型小城镇，需要进一步加强交通、市政公用设施、工业产业园区等基础设施建设；加大生态保护、环境卫生、安全生产、社会保障、保障性住房等基本公共服务供给。国防工业发展型小城镇，要加大企业家属区的危房改造、环境治理、供水供电供气；抓好企业孵化、培育，建设好高标准、高起点的招商引资平台；妥善化解企业与周边村寨矛盾。旅游文化产业发展型小城镇，需要加强交通、市政（包括酒店、商店、餐厅、停车场等）、环境卫生、园林绿化等基础设施建设；加大生态保护、环境卫生、社会治安等基本公共服务供给；加强交通、市政设施、垃圾处理、文化体育场馆等基础设施建设；加大民族教育、文化保护、公共文化、社会治安、环境卫生、宣传推介等基本公共服务供给。商贸流通型小城镇，需要进一步加强交通、通信、集贸市场、物流产业园等基础设施建设；需要加大教育、市场管理、社会治安、信息技术、环境卫生等基本公共服务供给。

## 三、西部地区基本公共服务供给方面的研究

国内有关公共服务供给的研究主要聚焦于政府绩效考核以及财政分权等视角。大多数学者经研究认为中国各地区普遍存在着民生性公共服务供给质量较低的问题。在党的十九大报告中也指出，我国需要健全基本公共服务，保障基本公共服务的均等化提供，新时代背景下，政府应将公共服务的均等化提供作

为治理的核心内容。随着越来越多的学者研究基本公共服务均等化发展，有些学者开始关注到公共服务供给质量会受到地方财政支出的影响。党的十九届四中全会明确提出，推进基本公共服务均等化、可及性，健全国家基本公共服务制度体系，保障群众基本生活。其中，基本公共服务供给体系要顺应新时代发展趋势，不断进行革新和完善，从而实现我国经济高质量发展目标。①

西部地区公共服务提供机制创新的探讨中，有些学者认为西部地区可以通过政府和公民相互协作的方式来实现公共服务供给主体的多元化，使得广大人民群众也可以参与到公共服务中，西部地区服务多元供给领域受到限制，是因为受到当地的环境状况等多方面原因的影响。② 应该加强完善公共服务的参与度，加强当地的教育水平，加大力度扶持本土企业，使得西部地区又快又稳的发展。③ James 研究指出，地方政府财政能力对提升公共服务供给效率和满足居民公共服务需求偏好有正向影响。④ 辛方坤使用门槛模型，经实证发现地方政府财政能力与医疗卫生供给之间存在门槛效应，此外，地方政府财政能力对公共服务的供给上存在着明显的地区差异，即东部地区财政配置能力扭曲，存在“重生产，轻福利”现象，加之西部地区财政能力不足，对公共服务的提供不足。⑤ 徐盈之、赵永平认为政府财力与基本公共服务供给上并不一定是促进效应。⑥ 吕炜等人基于公共经济学理论，研究了当市场导致部分公共物品无法提供的时候，政府需要承担提供公共物品的责任。⑦ 熊若愚、吴俊培在研究自然资源及政府提供公共服务关系时发现：公共部门与私人部门净收益最大化状态下的公共服务供给决定模型。政府对市场干预过度时，自然资源越丰富，政府更有可能提供低水平的公共服务；政府对市场干预适当时，自然资源越丰富，

① 蒋莉莉. 西南地区小城镇公共服务供需问题研究［J］. 贵州社会科学，2018（8）：128-134.

② 裴育，贾邵猛. 高质量发展与基本公共服务供给趋势分析［J］. 审计与经济研究，2020，35（1）：9-11.

③ 赵红丽. 西南地区公共服务供给机制：民族的作用分析［J］. 商，2015（28）：61.

④ Buchanan J M. Federalism and fiscal equity［J］. The American Economic Review，1950，40（4）：583-599.

⑤ 辛方坤. 中国地方政府公共服务供给状态实证研究［J］. 商业时代，2014（6）：115-118.

⑥ 徐盈之，赵永平. 新型城镇化、地方财政能力与公共服务供给［J］. 吉林大学社会科学学报，2015，55（5）：24-35，171-172.

⑦ 吕炜，周佳音. 国家治理视域下的公共服务供给——现实定位与路径创新［J］. 财经问题研究，2018（3）：78-86.

政府更有可能提供充分的公共服务。[①] 魏福成从代表性消费者效用最大化角度，在经济增长框架中分析了基本公共服务的最优规模的影响因素及影响机制，并且进行了验证，证明基本公共服务在生产和效用函数中的弹性、经济发展水平、生产率水平、人力资本在生产中的重要性等均会对基本公共服务的最优规模产生正向影响。政府决策机制没有综合考虑最优规模的影响因素，会导致我国基本公共服务供给不足。同时地方财政收入匮乏、缺乏相关研究能力以及基本公共服务不透明等因素，会导致地方政府没有能力和积极性去提供社会最优规模的基本公共服务。[②]

## 四、基本公共服务均等化内容研究

1951 年，布坎南提出财政平衡思想，并指出财政转移支付是财政平衡思想的关键所在，其思想隐含了公共服务均等化的思想基础。他主张由于各地区地方政府财政能力不同，对于公共服务的供给能力也不尽相同，所以国家必须要从大局入手，对各地区进行不同程度的转移支付分配，实现地区间的平衡。阿马蒂亚·森认为，个人能力的提高导致社会福利水平的提高，因此，政府需要从以人为本的角度出发，来制定相关的经济发展政策，不能只注重经济发展而忽视人的发展和生存环境。[③] 基本公共服务的均等化必须要与经济发展水平相适应，政府应确保社会群众所享有的基本公共服务与所处的时代相适应，这样才能促进个人能力的提高，幸福指数上升。部分学者通过研究东南亚国家的基本公共服务供给与财政能力之间的关系，对比分析发现东南亚国家之间存在着明显的地区差异，发现中国以及印度尼西亚等国家因其地方经济发展的差异化，导致其地方之间提供的公共服务数量以及质量方面也存在着很大的差异，究其原因在于财政转移支付制度不够完善，无法针对各地区的特点实行规范合

① 熊若愚，吴俊培. 政府提供公共服务受到了资源诅咒吗［J/OL］. 财贸经济：1-16.

② 魏福成. 基本公共服务最优供给规模、供给不足及原因分析［J］. 华中师范大学学报（人文社会科学版），2020，59（3）：65-75.

③ 王燕平. 克服经济学的哲学贫困：阿玛蒂亚·森的经济思想研究［M］. 北京：中国经济出版社，2006.

理的财政转移支付制度。综上所述，基本公共服务均等化在历代学者眼中是没有绝对的均等化的，所有的结论都是在一个相对均等化的状态。其中，我国基本公共服务均等化的演进特征与变迁逻辑见表 1–2。

表 1–2　　基本公共服务均等化演进图

| 时间 | 会议/文件 | 内容 |
|---|---|---|
| 2006 | 国家“十一五”规划纲要 | 从国家层面首次提出基本公共服务均等化概念；按照均等化原则，在财政转移支付、产业扶持方面加大对欠发达地区的支持力度 |
| 2006 | 中共十六届六中全会 | 强调完善公共财政制度，逐步实现基本公共服务均等化 |
| 2007 | 中共十七大 | 基本公共服务均等化是缩小发展差距和维护社会安定的制度性手段 |
| 2008 | 中共十七届三中全会 | 推进城乡基本公共服务均等化，实现城乡、区域协调发展 |
| 2010 | 中共十七届五中全会 | 逐步建立与我国国情和经济社会发展阶段相适应的、覆盖城乡的、内容完整的基本公共服务体系，推进基本公共服务均等化 |
| 2011 | 国家“十二五”规划纲要 | 坚持民生优先，推进基本公共服务均等化，让全体公民都能够公平平等地享受到改革开放的成果 |
| 2012 | 国家基本公共服务体系“十二五”规划 | 基本公共服务内容和种类进一步扩大；城乡之间、区域之间基本公共服务水平较为均衡；公民能够方便可及的获得基本公共服务；群众满意成为检验基本公共服务水平的标准 |
| 2012 | 中共十八大 | 加快形成政府主导、覆盖城乡、可持续、优质的基本公共服务体系，到 2020 年“基本公共服务均等化总体实现”目标 |
| 2013 | 中共十八届三中全会 | 要以民生为切入点，以公平可及、群众满意、优质均衡为目标推进基本公共服务均等化 |
| 2015 | 中共十八届五中全会 | 以保障和改善民生为导向，增强基本公共服务供给的及时性、有效性、多样性和共享共建水平，不断推动基本公共服务均等化 |
| 2016 | 国家“十三五”规划纲要 | 满足多样化公共服务需求，让人民群众享受高效便捷优质服务；创新公共服务提供方式，推动供给方式多元化 |
| 2017 | 国家“十三五”推进基本公共服务均等化规划 | 提高基本公共服务的方便可及性，大力提升人民群众的公平感、获得感和幸福感 |
| 2017 | 中共十九大 | 为了满足人民对美好生活的需要，不断完善基本公共服务体系，让全体人民的安全感、幸福感和获得感进一步增强；到 2035 年基本公共服务均等化基本实现 |

续表

| 时间 | 会议/文件 | 内容 |
| --- | --- | --- |
| 2018 | 关于建立健全基本公共服务标准体系的指导意见 | 创新基本公共服务标准实施机制，实施动态预警监测 |
| 2019 | 推动城乡融合发展：城乡基本公共服务普惠共享 | 城乡之间不平衡最突出的表现在于基本公共服务发展水平的不平衡，这种不平衡表现在资源布局、能力提供和服务质量上。公共服务仍然是农村发展的明显短板，要实现共享发展，必须加快补齐 |
| 2020 | 关于做好 2020 年基本公共卫生服务项目实施工作 | 为继续统筹做好基本公共卫生服务项目实施工作，强化基层常态化疫情控制，持续扩大基本公共卫生服务覆盖面、优化服务内涵、提高服务质量，有效提升基本公共卫生服务均等化水平 |

资料来源：笔者根据“基本公共服务均等化”战略演进的政策解读总结

2006 年国家首次提出基本公共服务均等化概念以来，国家以保障和改善民生为着力点，制定出台了一系列促进基本公共服务均等化的政策、规划和意见，基本公共服务内容体系、运行机制逐步健全和完善。从 2007 年到 2011 年，国家高度重视基本公共服务建设，基本公共服务支出累计达 12.7 万亿元，基本公共服务体系初步形成，年均增长幅度为 26.3%，基本做到了全覆盖。从 2012 年开始，基本公共服务均等化进入了内涵提升阶段。从宏观层面看，基本公共服务逐渐从一种理念上升为国家战略，强调战略理性，注重顶层设计，出台专门的公共服务纲领性文件，要加强公共服务的实行与推进。在价值理性上，在保证基本公共服务体系“普惠性、全覆盖”基本目标实现的基础上，把“有效供给、方便可及和群众满意”作为该阶段基本公共服务均等化的价值取向，从“量”的关注逐渐演变为对“质”的要求。2012 年颁布的《国家基本公共服务体系“十二五”规划》、2017 年颁布的《“十三五”推进基本公共服务均等化规划》和 2018 年颁布的《关于建立健全基本公共服务标准体系的指导意见》，注重基本公共服务的标准化和制度化建设，以制度建设统领主要民生领域的基本公共服务，这样既有利于从总体上把握基本公共服务的优先发展内容，也有利于资源的整合和政策的衔接，同时把有效供给、方便可及、群众满意、提高公共服务效益和质量作为基本公共服务均等化的重要目标，在保证“起点均等”的同时，确保基本公共服务的“过程均等”和“结果均等”。党的十九大报告提出，中国经济正处于转向高质量发展的关键时刻，在这一时刻，我国的社会主要矛盾也发生了变化，人民对于基本公共服务的需求在日益增加，而中国各地区的发展呈现出不平衡、不充分的特点。我国实现高质量发展，根本目的是更好更有效地增进人民福祉，顺应人民群众对美好生活的向往。①

唐钧认为公共服务均等化就是让广大的社会群众都有同等的享受基本公共服务的权利，政府要保证能够充足地提供基本公共服务，保证公民生存的权利、受教育的权利权、健康权等政府提供的基本公共服务。② 贾康认为，基本公共服务均等化是一个动态过程而且分阶段的，在每个过程中的发展重点和目标都有一定的区别。③ 这也就是说基本公共服务均等化水平要与不同的经济发展水平相适应。例如，我国应针对西部少数民族地区的基本公共服务均等化水平低的情况，来制定相应的政策，先保证区域间均等化水平趋于一致，然后从国家层面入手，实现国家基本公共服务均等化。马国贤表示基本公共服务均等化可以分为三种类型，分别是人均财力的均等化、最低公平基本公共服务、公共服务的均等化。④ 梁波表示基本公共服务均等化程度是衡量民生建设的一个重要指标。推进基本公共服务均等化，这需要政府完善创新基本公共服务的供给模式。⑤ 由于在转移支付上存在“粘蝇纸效应”，因此，中央转移支付显著扩大了地方基本公共服务支出规模。由于只有地方政府具备充足的财政能力，政府才能提供高质量以及充足的基本公共服务，因此政府应当结合地方税制来提高自我财政能力，促进各地区均衡提供基本公共服务。

杨波提出推进基本公共服务均等化是提升人民群众幸福感重要途径。并对未来进行了展望：政策工具运用多元化、政策制定法治化、政策执行协同化。⑥ 刘传明等人提出实现基本公共服务均等化并缩小区域经济差距，是新时代下促进区域协调发展所必须要解决的问题。改善基本公共服务可以通过经济要素条

---

① 梁向东，梁朋．推进基本公共服务均等化 实现经济社会协调发展［J］．中国党政干部论坛，2019（9）：66-70.

② 唐钧．社会保障：可持续、求适度和行得通［J］．公共管理高层论坛，2006（1）：257-267.

③ 贾康，刘微．注重民生 优化结构 创新制度 促进发展——回顾公共财政的转型之路迎接党的十七大召开［J］．铜陵学院学报，2007（5）：3-7.

④ 马国贤．基本公共服务均等化的公共财政政策研究［J］．财政研究，2007（10）：74-77.

⑤ 梁波．加快推进基本公共服务均等化的改革举措［J］．理论探讨，2018（4）：34-40.

⑥ 杨波．论基本公共服务均等化的演进特征与变迁逻辑——基于2006—2018年政策文本分析［J］．西南民族大学学报（人文社科版），2019，40（5）：196-202.

件的传递机制推动经济发展，而经济发展又反过来推动基本公共服务的改善，两者之间存在相互促进又相互制约的耦合协调关系。[①] 樊继达认为基本公共服务的巨大差距正是我国发展不平衡不充分的重要表现之一，基本公共服务均等化是一座桥梁，连通了扶贫和乡村振兴。只有坚持以人为本的思想，强化问题意识，瞄准民生痛点，着力促进各地区之间均等化提供基本公共服务。[②]

《国家基本公共服务体系“十二五”规划》中指出基本公共服务是指建立在一定社会共识基础上，由政府主导提供的，与经济社会发展水平和阶段相适应，旨在保障全体公民生存和发展基本需求的公共服务。基本公共服务范围一般包括教育、就业、社会保障、医疗卫生、计划生育、住房保障、文化体育等领域的公共服务，广义上还包括与人民生活环境紧密关联的交通、通信、公用设施、环境保护等领域的公共服务，以及保障安全需要的公共安全、消防安全和国防安全等领域的公共服务，并指出基本公共服务均等化的概念是指全体公民都能公平可及地获得大致均等的基本公共服务，其以机会均等为核心，而不是简单对基本公共服务平均化。[③] 党的十九大报告提出了“新三步走”的发展目标，明确提出了“到2035年基本公共服务均等化基本实现”的目标。因此，基本公共服务均等化要更加坚持“全域覆盖、方便可及、质量保证、群众满意”这个理论原则，从宏观、中观、微观上突出基本公共服务政策体系的宏观战略理性、政治理性和价值理性，增强人民的满意度和获得感。

## 五、基本公共服务均等化实现途径研究

新时代下，中国政府为践行“以人民为中心”的共享发展理念，全力推进基本公共服务均等化发展这一重大民生工程。[④] 我国多数省份处于乡村公共服

① 刘传明，张春梅，任启龙，等. 基本公共服务与经济发展互动耦合机制及时空特征——以江苏省13城市为例［J］. 经济地理，2019，39（4）：26-33.

② 樊继达. 以新发展理念引领城乡基本公共服务均等化［J］. 中国党政干部论坛，2019（5）：34-37.

③ 资料来源：中华人民共和国中央人民政府（http://www.gov.cn/zhengce/content/2012-07/19/content_7224.htm）.

④ 白晨. 包容性发展视域下新时代中国基本公共服务均等化理论分析［J］. 教学与研究，2020（3）：46-53.

务水平较低、城乡公共服务差距较大的状态。省域财政发展状况直接影响乡村基本公共服务水平，但对城乡公共服务差距未起到决定性作用，说明导致城乡公共服务差距的原因有很多。① 国外学者主要从两个方面对基本公共服务均等化的实现进行了研究。一方面是完善财政转移支付制度，另一方面是建立财政支出制度来确保公共服务有效供给；此外，要想实现基本公共服务均等化发展，就必须要动态地分析不同地区的财政支出结构变化，然后根据分析来制定财政转移支付政策。国内众多学者对怎样实现基本服务均等化也进行了大量的探索，认为实现基本公共服务均等化必须建设一个复合型转移支付体系政府、市场和社会，就是“一主二辅”的关系；应该加强扶贫工作的优先级，使其相结合并共同发展。② 在基本公共服务领域采用政府购买的模式，有利于促进基本公共服务均等化。充分发挥政府与市场两种力量的功能，必须切实转变理念，以市场化的模式创新和追求长远的用者付费模式作为发展的动力，构建基本公共服务供给的发展框架，提升公共服务的水平和质量，以优质的公共服务供给满足人民对美好生活的需要。③ 李振海等人则提出应该建立健全横向帮扶机制，公共服务均等化存在的主要问题就是政府失灵，是由政府本位所引起的。④ 现在公共服务均等化有三种供给的实现机制，分别是辖区政府供给、中央政府供给以及援建省份供给。⑤ 吉富星，鲍曙光通过研究认为财政分权对基本公共服务存在负向效应，转移支付对基本公共服务非均等化存在“矫正”作用，但均等化效果不彰、政策引导效果较差。较为突出的是，不同地区、不同转移支付类型、不同公共服务项目的均等化调节效果存在较大的结构性差异，

---

① 朱云飞，赵宁．城乡基本公共服务均等化的省域布局及财政对策［J］．税收经济研究，2020，25（1）：88-95.

② 赵崇爱．公共服务均等化的实现路径——以神木医改为例［J］．宏观经济管理，2019（12）：66-70.

③ 李少惠，张玉强．文化多样性、经济增长对公共文化服务均等化的影响——基于空间计量模型的实证检验［J］．图书馆学研究，2020（1）：33-41.

④ 李振海，任宗哲．西部地区基本公共服务均等化：现状、制度设计和路径选择［J］．西北大学学报（哲学社会科学版），2011，41（1）：5-9.

⑤ 赵楠，成艾华．财政转移支付在民族地区公共服务均等化中的效应及改进措施研究［J］．西南民族大学学报（人文社科版），2010，31（10）：145-149.

地方政府支出偏好同时存在博弈与合作。[①] 这就需要进行系统的制度改革，重塑激励结构、行为模式，尤其重视教育、医疗等投入，全面提升人力资本。加大对公共文化服务的财政资金投入，采用政府购买的方式持续推进农村地区、边疆民族地区和城乡接合部的公共文化服务逐步实现均等化。杨帆、兰昊骋等人通过使用熵值法对民族地区基本公共服务均等化程度进行了检验。[②] 余梦秋等人以四川省为例，研究了在统筹城乡发展的背景下，怎样实现基本公共服务均等化，她认为均等化与各个地区的经济收入有很大的关系，基本公共服务可采取不同的供给方式来进行解决，从而来充分发挥市场的调节作用。[③]

公共服务如何增进民生福祉是社会科学领域的重要研究议题，获得感可以成为评判公共服务成效的重要标准。财政投入直接提高了基本公共服务质量，进而提升了民生获得感。增进民生福祉和提高公民获得感，需要各级政府切实践行新发展理念，坚持协调发展和共享发展，政府进一步加大对公共服务的投入，促进基本公共服务均等化，推进社会公平建设。[④] 樊丽明、郭健以美、澳、日等发达国家为例，系统检验了发达国家基本公共服务均等化的发展情况，认为均等化的实现步骤都遵从先城市后农村、先工业从业人员后农业从业人员、先富裕人群后贫困人群的顺序；均等化的实现条件需要较高的经济发展水平、城镇化的不断推进、丰裕的财政收入、政府治理的民主化以及明晰的政府责任。[⑤] 根据《中华人民共和国民族区域自治法》规定，为了保证民族地区基本公共服务的均等化水平，中央政府应当对民族地区给予财政方面的扶持。以中央政府为“轴”，民族地区为“点”，对口扶持为“线”，形成多层次的民族公共服务供给机制，促进民族地区基本公共服务均等化发展。

---

① 吉富星，鲍曙光．中国式财政分权、转移支付体系与基本公共服务均等化［J］．中国软科学，2019（12）：170-177.

② 杨帆，兰昊骋．四川藏区基本公共服务对减贫的影响作用分析［J］．四川农业大学学报，2016，34（1）：115-120.

③ 余梦秋，陈悦之．统筹城乡背景下基本公共服务均等化实现机制研究——以四川省为例［J］．农村经济，2017（3）：20-25.

④ 廖福崇．公共服务质量与公民获得感——基于 CFPS 面板数据的统计分析［J］．重庆社会科学，2020（2）：115-128.

⑤ 樊丽明，郭健．城乡基本公共服务均等化的国际比较：进程与经验［J］．中央财经大学学报，2012（7）：1-8.

## 六、基本公共服务供需平衡研究

国内在公共服务供需方面的研究，最早是在其制度变迁上的研究，程宇提出公共需求与公共服务供给之间的不均衡需要创新强制性制度变迁。① 此后的研究主要集中在三个方面：一是研究内容，二是研究对象，三是研究方法。关于公共服务的研究内容主要包括体育、旅游、文化等。刘宏亮、吴珣等分析了农村体育公共服务、高校体育公共服务在供需平衡中存在的问题，并提出实现路径。②③ 张文秀对北疆旅游公共服务体系游客供需感知情况进行了调查研究，得出游客对旅游公共服务体系供需感知存在明显的不平衡的结论。④ 傅才武、刘倩对全国21个省的农村公共文化服务进行调查，得出的结论为基层文化惠民工程显现出明显的供给低效和供需错位，作为一种政策模式出现了体制改革的结构性滞后。⑤ 关于研究对象主要包括农村、社区、小城镇等。谢舜、袁锐等对农村公共服务供需失衡原因与均衡约束条件进行总结归纳，根据问题提出改进措施。⑥⑦ 王大伟等以社区为网格单元，评估江宁主城区成品油供需状态并进行优化布局。⑧ 蒋莉莉研究了西南地区小城镇的公共服务供需问题，她认为只有通过提升小城镇公共服务供给能力，才能促进小城镇的飞跃发展。⑨ 关于研究方法主要包括文献资料法、实地调研法、数据分析法等。宁靓等通过文献

① 程宇. 公共服务供需均衡的制度变迁范式［J］. 四川行政学院学报，2006（5）：8-11.

② 刘宏亮，邱丽. 基于供需协同的农村体育公共服务多元供给框架研究［J］. 天津体育学院学报，2019，34（6）：479-485.

③ 吴珣，张国清，李佳川. 新公共服务视角下湖南高校体育公共服务供需平衡的实现路径［J］. 湖北体育科技，2020，39（6）：546-549.

④ 张文秀. 供需平衡视角下旅游公共服务体系感知评价研究——以新疆—北疆地区为例［J］. 贵州商业高等专科学校学报，2015，28（3）：41-47.

⑤ 傅才武，刘倩. 农村公共文化服务供需失衡背后的体制溯源——以文化惠民工程为中心的调查［J］. 山东大学学报（哲学社会科学版），2020（1）：47-59.

⑥ 谢舜，罗吉. 农村公共服务供需均衡中的“互联网+社会组织”研究［J］. 广西大学学报（哲学社会科学版），2019，41（5）：102-111.

⑦ 袁锐. 农村公共文化服务的供需失衡难题何解［J］. 人民论坛，2019（14）：138-139.

⑧ 王大伟，宣卫红，马颖忆，等. 供需平衡视角下城市公共服务设施优化布局方法研究［J］. 合肥工业大学学报（自然科学版），2019，42（6）：848-855.

⑨ 蒋莉莉. 西南地区小城镇公共服务供需问题研究［J］. 贵州社会科学，2018（8）：128-134.

资料法，分别从需求管理、决策制定、流程管理和绩效评价四个维度，阐释公共服务供需匹配中精准管理的内涵。① 王大伟、徐双敏、张立荣等通过实地调研法，分别对城市公共服务设施、农村文化公共服务建设、政府购买公共服务绩效进行评价并提出建议。②③ 数据分析法主要包括构建协调发展度模型、因子分析、描述性统计等。樊立惠、储伊力等建立供需耦合协调度发展模型，分别对教育医疗设施供需协调发展的时空演化特征、公共图书馆服务供给与需求的情况进行分析。④⑤ 王欣、吴江运用因子分析法，研究了公共就业服务的供给和需求。⑥ 张文秀通过描述性统计、配对比 T 检验和绘制 IPA 点阵图等手段，对新疆旅游公共服务体系游客供需感知进行了调查研究。⑦

国内对于从供需平衡视角研究基本公共服务均等化的研究较少，郭小聪、代凯以广东省基本公共服务均等化发展状况为例，发现对于基本公共服务均等化的客观评价结果与公众的主观评价结果存在明显的差异，推进基本公共服务均等化，需要充分考虑公众的需求偏好，改善基本公共服务的供给结构。⑧ 余佶、余佳从供需角度对城镇化进程中城乡基本公共服务均等化问题进行研究，认为我们要关注市民、准市民（农业转移人口）以及农民三种异质性社会群体的公共服务需求与政府、社会和市场等多元供给主体之间的互动。⑨

---

① 宁靓，赵立波，张卓群．大数据驱动下的公共服务供需匹配研究——基于精准管理视角［J］．上海行政学院学报，2019，20（5）：35-44.

② 徐双敏，宋元武．当前农村公共文化服务供需契合状况实证研究［J］．学习与实践，2015（5）：67-75.

③ 张立荣，冉鹏程，汪榆淇．政府购买社会公共服务的供需失衡及精准匹配——以利川市公共服务改革为考察对象［J］．河南师范大学学报（哲学社会科学版），2020，47（2）：15-21.

④ 樊立惠，蔺雪芹，王岱．北京市公共服务设施供需协调发展的时空演化特征——以教育医疗设施为例［J］．人文地理，2015，30（1）：90-97.

⑤ 储伊力，储节旺，毕煌．公共图书馆服务如何实现有效供给——基于供需协调视角［J］．图书馆理论与实践，2019（11）：1-6，11.

⑥ 王欣，吴江．公共就业服务的供需一致性研究——基于供求双方视角的分析［J］．人口与经济，2013（2）：92-99.

⑦ 张文秀．新疆旅游公共服务体系游客感知评价研究——来自供需平衡视角下的调研统计分析［J］．新疆农垦经济，2015（3）：52-58.

⑧ 郭小聪，代凯．供需结构失衡：基本公共服务均等化进程中的突出问题［J］．中山大学学报（社会科学版），2012，52（4）：140-147.

⑨ 余佶，余佳．城镇化进程中的城乡基本公共服务均等化——基于供需视角的分析框架及其路径选择［J］．华东师范大学学报（哲学社会科学版），2014，46（1）：101-106，154-155.

## 七、简要评述

国内外学者分别从事权财权明确划分、重构中央和地方政府关系、健全地方政府间财政关系和完善公共财政制度等不同角度对基本公共服务均等化进行了大量的研究分析。但是从供需平衡视角进行的研究非常少，尤其是从供需平衡视角研究基本公共服务均等化的学者较少。

总的来说，目前国内外学者对西部地区基本公共服务均等化的研究现状可以概括为四多四少：从供给角度研究多，从需求角度研究少；用年鉴数据研究多，用调研数据研究少；同质化研究多，地区特色研究少；经济学方法研究多，公共管理学方法研究较少。具体来说：

一是对于基本公共服务均等化这个概念的理解，众多学者有不同的理解。此外基本公共服务均等化涉及群众的各个方面，学术界对基本公共服务均等化的界定无法统一，衡量的标准多样；采用国家“十三五”基本公共服务均等化规划指标衡量的研究成果较少；

二是国内外学者一般从供给角度来研究基本公共服务均等化，从需求角度来研究基本公共服务均等化的学者较少，从供需均衡角度研究基本公共服务均等化的成果就更少了；

三是从供给角度研究基本公共服务均等化主要从城乡、区域角度，从群体角度研究的文献寥寥无几；

四是学者们大都是从省或者某个地区来研究民族地区的基本公共服务均等化，研究西南四省（市）的成果较少。

据此，本研究主要从以下几个方面展开：

（一）2020 年是“十三五”规划的收官年，本报告采用“十三五”基本公共服务均等化规划的指标体系对西南四省（市）[①] 进行系统评价，既是对“十三五”基本公共服务成果的一个检验，又是从供给视角研究西南地区基本

① 西南包括四川、贵州、云南、重庆、西藏五个省（市），因为西藏数据缺失严重，故本书主要研究除西藏外的四个省（市）。

公共服务均等化。

（二）对西南地区基本公共服务进行调研，2015 年、2017 年、2019 年隔年一次连续做了三次调研，利用调研数据可以从需求角度研究基本公共服务人群差异。利用 ISA 模型，分析基本公共服务的供需匹配情况。

（三）通过 ISA 模型和似不相关回归法分析基本公共服务供需匹配情况，并对供给需求两个视角基本公共服务均等化分析结果的比较研究，发现问题，并提出对策建议。

## 第四节　主要研究内容

本报告从四个方面展开研究，首先从理论上构建一个供需平衡视角基本公共服务均等化的研究框架，然后从供给视角，研究西南地区基本公共服务均等化的基本情况，采用《“十三五”基本公共服务均等化规划》的指标体系，测度西南四省（市）基本公共服务均等化情况。再次从需求视角，对西南地区基本公共服务需求满意度及需求强度进行调查研究，调查延续五年，从 2015 年开始，每隔一年进行一次调查，从满意度和需求强度两个维度研究其供需匹配情况，同时对贵州省三个县进行典型调查，在基本公共服务需求强度、基本公共服务满意度调查基础上增加了政民互动内容的调查，研究个人效能、社会效能、政府效能与公众基本公共服务满意度之间的关系，研究公众需求表达与政府反馈情况。根据调研结果，采用 ISA 模型分析基本公共服务的匹配情况，比较研究了供给视角的基本公共服务均等化程度和需求视角基本公共服务均等化程度，并与供需匹配情况进行对比分析，最后给出对策建议。

## 第五节　可能的创新点与不足

### 一、可能的创新点

研究视角新：基本公共服务均等化的研究大多数是从供给角度研究，有的研究各项基本公共服务财政投入均等化程度，有的研究各项基本公共服务供给结果的均等化程度。从需求角度研究基本公共服务均等化的成果较少，从供需平衡视角研究的成果更是寥寥无几。

研究方法新：目前从需求视角研究基本公共服务均等化的成果很少，本研究主要采用皮尔逊相关性分析，研究不同群体基本公共服务满意度的差异性。此外基本公共服务供需平衡的相关研究也比较少，本研究借用战略管理中的 ISA 模型，对基本公共服务供需关系进行分析，创造性提出四个象限表示基本公共服务供需的四种关系：高水平均衡、低水平均衡、供给大于需求和需求大于供给。

研究内容新：目前对基本公共服务均等化的研究多数从区域差异或城乡差异展开，但是实践中，群体差异也很重要，特别是对于那些收入、职业以及居住方式不同的人群的基本公共服务均等化的研究。以供给视角，由于数据很难获得，相关的研究成果很少。本研究基于调研数据，分析不同特征人群的基本公共服务均等化水平，具有一定创新性。

## 二、不足与展望

供给视角对西南四省（市）基本公共服务均等化水平进行了分析，但是需求视角由于调研对象的局限，没有区分省级数据，因此无法在省级层面数据上进行对比分析。未来的研究可以在调研时区分省级层面数据，使研究更加完善。

由于供给、需求视角基本公共服务一级指标并不完全一致，所以在一定程度上影响了比较研究的结果。

由于调研条件的限制，三次调研没有选择相同的调研对象追踪调查，在一定程度上影响了分析结果的准确性。

供给视角的分析可以在更多维度展开研究。

# 第二章
# 理论基础

## 第一节　公共物品的供需平衡

### 一、私人物品的供需平衡

供给和需求是经济学的一对基本分析概念，供给-需求模型是经济学分析问题的基本模型，供需平衡是市场均衡的条件，均衡的概念来自物理学，指物体处于相对静止，不再变化的状态，供给和需求就如同市场中的两股作用力，当这两股力量大小相等，作用方向相反时，市场达到均衡。市场均衡靠价格的调节作用，价格影响供给和需求，产品的生产者和需求者会对价格做出反应，当市场供过于求时，厂商会降低价格，减少供给，价格降低消费者会增加需求量，随着供给需求的调整，市场会逐渐达到供需平衡。反之，当市场供不应求时，厂商会提高价格，此时，供给会增加，需求会减少，最终会达到供需平衡。当市场达到均衡时实现市场效率，在完美的市场中，市场均衡可以实现帕累托最优，也就是市场效率目标。对于市场供给的私人物品，现代经济学理论基本上都采用这个分析框架。

私人物品个人的需求曲线通过消费者货币投票表达，即价格可以很好地反映消费者的偏好，市场需求曲线可以通过个人需求曲线横向加总获得。市场供给曲线可以通过企业的供给曲线横向加总获得，市场的供需平衡通过市场的供给曲线和需求曲线的交点即市场均衡点实现。

## 二、公共物品的供需平衡

公共物品也存在供给和需求，同私人物品一样，公共物品的需求方是公众，但是供给方不再单纯作为私人部门的厂商。按照公共产品理论，公共物品由于其非排他性和非竞争性，私人部门不愿意提供，而通过市场协商，交易成本又过高，所以解决公共物品供给的方法是公共财政。因此公共物品的供给方是政府部门。一般认为纯公共物品由政府供给，准公共物品政府和市场都可以提供。

公共物品的需求偏好表达和私人物品也有很大的不同，私人物品主要通过消费者货币投票来表达需求偏好，公共物品偏好的表达主要通过用手投票、用脚投票，以及其他手段实现。用手投票主要体现在公众通过选举出代表，影响公共决策，用脚投票主要体现在公众会通过迁移到公共物品供给更好的地区，来表达对公共物品的偏好。其他形式详见表 2-1。

**表 2-1　　公共服务需求表达形式**

| 类别 | 个体需求 | 群体需求 |
|---|---|---|
| 主动识别 | 大调研，大走访 | 座谈会，公开征集意见，人口学统计，区域规划 |
| 被动识别 | 市民服务热线，个人信访，意见箱 | 群体信访，公民投票 |

资料来源：荣志．大数据背景下公共服务需求精准识别机制创新［J］．上海行政学院学报．2019（7）：45

公共选择理论作为公共经济学两大理论支柱之一，为我们提供了公众用手投票的公共决策的分析工具，公共决策本质上是纵向加总公共需求并满足这些需求的过程。因为基本公共服务的供给方是政府，政府在做出公共决策时首先应该了解公众的公共需求，政治家做出公共决策，官员付诸实现，公众获得公共服务。公众通过投票表达对公共物品的偏好，但是在代议制民主制下，公众的投票只能是一揽子投票，公众通过选举政治家来表达对公共物品的偏好。公众根据政治家的竞选承诺，选择更能满足自身公共需求的政治家，政治家通过竞选承诺获得选民的选票。在实践中，这个需求的反应链条很长，政治家当选后主要对公共物品供给的重大问题及方向性问题进行决策，具体实施还需要各级政府部门。各级政府部门在政策执行上具有一定的自由裁量权，也会影响公众公共服务的满意度。

在现实生活中，用手投票方式不能很好地保障公共物品的供需平衡。

第一，公众通过用手投票表达公共物品偏好的积极性有限。从唐斯模型可以看出，选民也是经济人，是否参与投票，取决于投票的成本—收益分析。美国历史上最低投票率只有 48%，哪怕是 2020 年美国 1900 年以来的最高投票率也只有 66.8%。①

第二，政府行为的异化。公共选择理论认为公共选择的各个主体，包括选民、政治家、官员都是经济人，各主体都以实现自身利益最大化为目标，政治家当选，不一定履行承诺，官员执行时也会根据自身利益，在自由裁量权范围内做出有利于自身利益的选择，导致公共物品供需脱节。

第三，对公共需求反应链条过长，也会导致公共物品供需失衡。从公众投票，到政治家当选，再到政治家做出决策，再到官员落实，需要很长的链条，任何一个环节出现偏差，都会出现公共物品供需失衡的现象。

第四，由于决策中非完全信息的存在也会导致公共物品供需失衡的现象。

施蒂格勒地方政府分权理论、穆斯格雷夫的分权模型、奥茨的分权定理以及特里西“偏好误识”理论为用脚投票提供了理论基础。在我国目前各地区公共服务主要由地方政府财政提供，并实行户籍制度的情况下，也使得用脚投票存在不小的阻碍。并且用脚投票的效果也存在滞后性和间接性。

其他的需求表达方式是政府提供公共物品中较为常见的几种方式，涉及政府治理相关内容，这方面公共管理学有大量研究成果，从新公共管理理论到公

① 澎湃新闻网 https://baijiahao.baidu.com/s?id=1682490940226264410&wfr=spider&for=pc；据美国全国广播公司（NBC）预测，2020 年总统大选合格选民当中的投票率达 66.8%，为 1900 年以来最高。

共服务理论，都越来越重视公众的公共服务需求，这些表达方式是否有效取决于以下几个方面：一是表达渠道是否畅通；二是公众需求的表达是否有回应；三是政府对海量数据收集整理的能力，以及对公众需求的识别能力。

其他的公共物品需求的表达方式也不能很好地保障公共物品供需的平衡。

首先，公众在需求表达时由于不受预算约束的影响。① 政府通过税收来获得提供公共物品的成本，公众通过享受公共服务来获得缴纳税收的收益。由于税收的无偿性和强制性，公众很难建立起公共服务的成本收益对应性，因此会导致公众对公共服务需求不再是其在市场状态下的真实需求，往往会夸大对公共物品需求的程度。

其次，政府面对的是全域性全方面的公共物品的需要，不同人群，甚至同一人群不同时间对公共物品的需求都具有明显的差异性，这就对政府的识别能力提出了更高的要求。尤其在大数据时代，如何在海量数据中精准识别公众的公共物品需求并加以回应，提高公众的获得感和幸福感，是考量各级政府的重大课题。

最后，还要避免“会哭的孩子有奶吃”的问题，通过表 2-1 所示的公共服务需求表达形式，往往愿意表达、喜欢表达的人群公共需求更容易被关注被满足，而对于不善于表达，或不喜欢表达的人群的公共需求被忽视，这就要求政府在识别公众的公共需求时不仅要通过各种需求表达的渠道收集数据，还要借助大数据，客观分析公共需求的变化发展趋势，积极做出回应。

## 三、基本公共服务的供需平衡

基本公共服务属于公共物品，和私人物品一样，也有供给和需求。从公共物品概念转变为公共服务的概念，更加强调其“服务”特性，即服务生产与消费的同步性。对基本公共服务的界定各有不同，一般认为，基本公共服务是实

① 公众享受的公共服务的成本是由税收支付的，由于公众无法建立公共物品的收益和成本间的联系，在需求表达时会出现多多益善的现象。

现维持本国稳定、国家繁荣发展所必须具备的基本社会保障。[①]《国家基本公共服务体系“十二五”规划》中明确指出，基本公共服务是以社会共识为基础，并且由政府提供，与经济社会发展水平和阶段相适应，目的是保障全体公民生存和发展基本需求得以实现的公共服务。

按照公共物品理论，纯公共物品的供给方是政府，准公共物品的供给方可以是政府，也可以是市场。从基本公共服务的内涵可以看出，基本公共服务的供给方是政府，需求方是公众，同样，只有当其供给需求平衡时，才能实现经济效率。

如图 2-1 所示，由政府提供的基本公共服务的供需平衡首先是从公共需求调查识别开始，然后与供给进行对比，如果供需平衡，说明基本公共服务供给

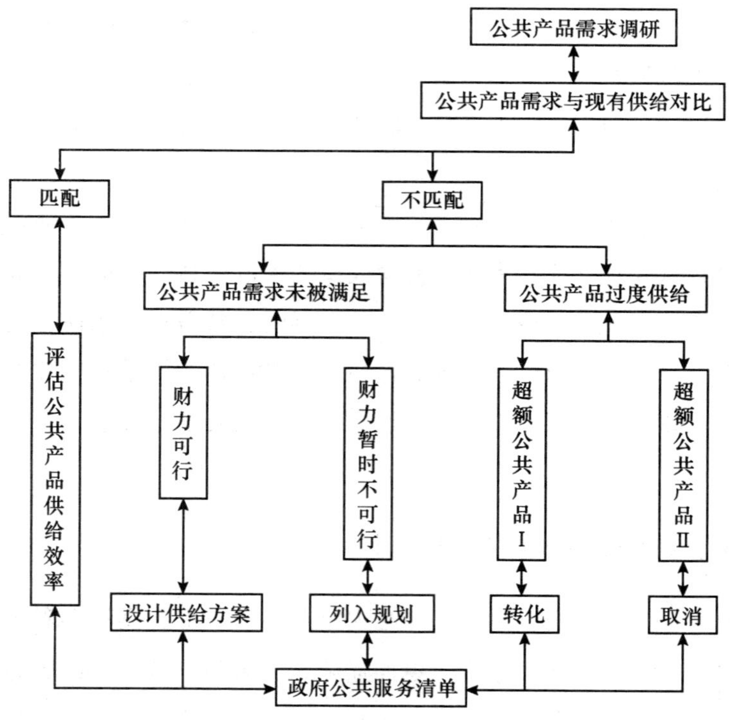


图 2-1　公共产品供需平衡关系

资料来源：周绍东．公共产品超额供给：特征、根源及其治理［J］．财政研究．2015（9）：94

① 孟春，陈昌盛，王婉飞．在结构性改革中优化公共服务［J］．国家行政学院学报，2004（4）：21-25.

是有效率的，供需平衡可能有两种类型，一种是高水平供需平衡，在后面的ISA模型分析中对应于高重要性、高满意度象限的公共服务；另一种是低水平供需平衡，对应低重要性、低满意度象限的公共服务。如果公共产品需求未被满足，那么需要在财力可行的前提下，设计提供方案，如果暂时财力不可行，则列入规划。对公共产品供给过度的情况，要么减少供给，要么进行转化。

## 第二节　研究理论逻辑与分析框架

对于基本公共服务均等化的研究目前主要基于供给视角展开，主要研究区域间、城乡间基本公共服务均等化现状。本研究分别从供给和需求角度研究西南地区基本公共服务均等化的发展现状，采用ISA模型分析基本公共服务供给需求匹配情况，对比分析基于供给视角的基本公共服务均等化情况和基于需求视角的基本公共服务均等化情况，寻找问题，并提出对策。

本书共四篇十四章，第一篇为理论篇，主要介绍研究的理论基础，文献回顾，研究思路及研究方法；第二篇是从供给视角研究西南四省（市）基本公共服务均等化现状；第三篇是从需求视角基于三次调研数据研究西南地区基本公共服务均等化现状，基于主观评价指标进行供需平衡分析；第四篇对比分析基于供给视角的基本公共服务均等化水平和基于需求视角分析的基本公共服务均等化水平，并与基本公共服务供需匹配情况进行对比分析，最后给出对策建议。

具体而言，本书一至二章为整个研究搭建了理论逻辑和分析框架。

三至七章回答了基本公共服务供给了什么，从区域差异角度定量分析了西南地区整体，以及西南四省（市）基本公共服务均等化情况。

八至十二章通过调研数据分析回答了供给的是否是社会需要的（采用ISA模型分析），以及从需求视角度量的基本公共服务群体差异，即需求视角的基本公共服务均等化情况。

十三至十四章定量比较分析基于供需视角西南地区基本公共服务均等化水平。十四章通过供给视角和需求视角基本公共服务均等化结论的对比，提出了对策建议。

具体研究思路如图 2-2 所示。

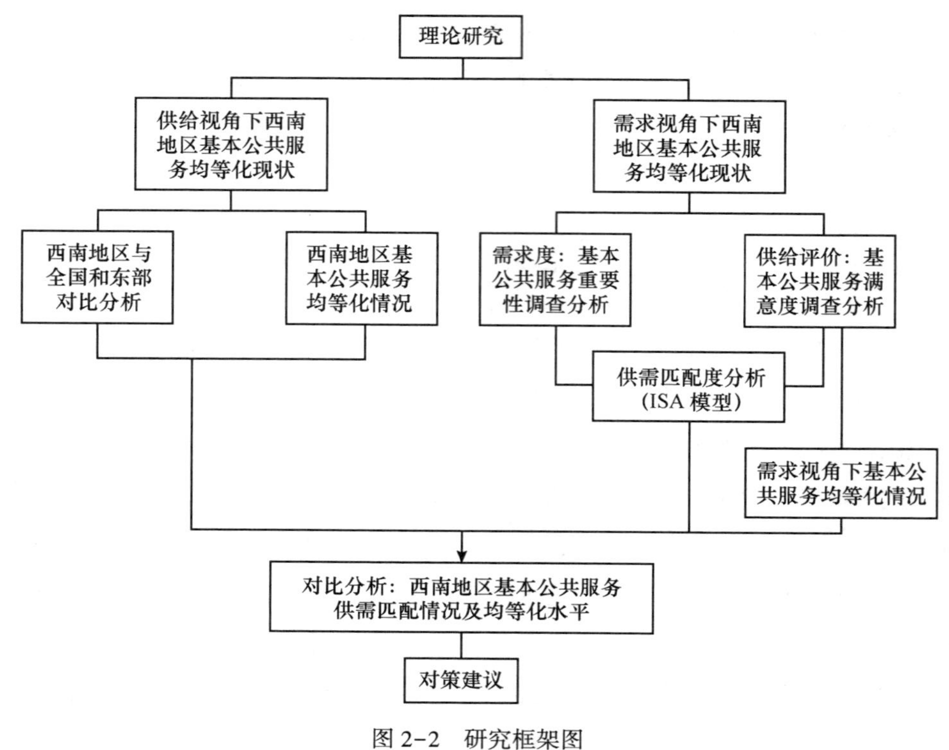


图 2-2 研究框架图

# 第三节 实证研究方法

## 一、基本公共服务均等化的相关研究方法

当前，对于度量基本公共服务均等化的研究方法较多，较为常见的有表示绝对差距的极差法，表示相对差距的基尼系数法，泰尔指数法。本研究对区域、城乡基本公共服务均等化情况进行分析时，实证部分的方法主要有熵值法、功效系数法和泰尔指数法。对人群基本公共服务均等化情况分析主要采用皮尔逊相关性分析。

1. 熵值法

熵值是指某指标对评估对象的重要性，或者指标系列中某单一指标变异程度。熵值法是指在多目标分析过程中，对不同指标相互重要性进行判断，从而确定各个层级指标权重。本研究采用最优改进极值熵值法，即先用极值处理法对基本公共服务的各项指标的原始数据进行无量纲化处理，再根据熵值法确定权重系数，最终进行综合评价。具体的方法步骤如下：

首先为统一不同指标量纲，便于指标间比较，须对各类指标进行无量纲化处理，本研究采取的是极值处理的方法来对原始数据进行标准化处理，熵具有不确定性，用 $P_j$ 来表示 $j$ 的信息不确定度，那么可用下式来表示 $n$ 个信息的不确定性：

$$S = -\mathrm{K}\sum_{j}^{n} P_j \ln(P_j) \tag{式 2-1}$$

熵的表达式即为上式，其中，K 为常数，当 $n$ 个信息不确定性相等时，也就是 $P_j = 1/n$，此时，熵值达到最大。

通过熵值确定各指标的权重，如下所示，即为多属性决策矩阵：

$$M = \begin{matrix} A_1 \\ \vdots \\ A_j \end{matrix}\begin{bmatrix} x_{11} & x_{12} & \cdots & x_{1n} \\ \vdots & \vdots & & \vdots \\ x_{m1} & x_{m2} & \cdots & x_{mn} \end{bmatrix}$$

用 $P_{ij} = \dfrac{x_{ij}}{\sum_{i=1}^{m} x_{ij}}$ 来度量第 $j$ 个属性下第 $i$ 个方案 $A_i$ 的贡献度。

由此，可以用 $E_j$ 度量所有方案对 $X_j$ 的贡献度：

$$E_j = -\mathrm{K}\sum_{i=1}^{m} P_{ij} \ln(P_{ij}) \tag{式 2-2}$$

其中，常数 $\mathrm{K} = 1/\ln(m)$，$E_j \in [0, 1]$。$E_j$ 越趋向于 1，此时，权重越低，可定义 $d_j$ 作为一致性程度，$d_j = 1 - E_j$，各指标的权重 $W_j$ 如下：

$$W_j = \frac{d_j}{\sum_{j=1}^{n} d_j} \tag{式 2-3}$$

其中，若 $d_j = 0$，意味着第 $j$ 个属性可以忽略不计，如果决策者出现一些主

观评价权重 $\lambda_j$，我们可以通过 $W_j$ 对 $\lambda_j$ 进行校正，如下式所示：

$$W_j^0 = \frac{\lambda_j W_j}{\sum_{j=1}^{n} \lambda_j W_j} \qquad (式 2-4)$$

综上所述，熵值法的优点在于忽略我们的主观随意性，直接根据决策矩阵来得到指标权重。

2. 功效系数法

功效系数法又被称为功效函数法，是指通过确定不同指标权重、计算指标总功效系数，从而为特定评价行为提供依据的评估方法。作为一种绩效评定工具，它通过综合指标值计算，为评价对象设定满意值、不允许值，并将其分别作为取值上下限，从而实现综合评估，综合功效分越大，则评价对象的综合状况越好。功效系数法最初用于企业绩效评价，经过不断完善和扩展，现已广泛应用于经济学、社会学、医药学及工业工程领域。

本研究通过熵值法对各项基本公共服务赋权，在此基础上，运用功效系数法对熵值法算出的权重通过几何加权评价法转换为百分制结果，统一进行绩效评定，具体步骤如下：

（1）选定反映总体特征的各项评价指标，得出各项指标的实际值，建立指标体系。

（2）确定各项指标的满意值 $x_{hj}$ 和不允许值 $x_{sj}$。

（3）计算各指标的功效系数值 $d_{ij}$。

$$d_{ij} = \frac{x_{ij} - x_{sj}}{x_{hj} - x_{sj}} \times 40 + 60 \quad (i = 1, 2, \cdots, n; j = 1, 2, \cdots, m)$$

其中，$x_{ij}$ 代表第 $i$ 个被评估对象第 $j$ 个评价指标的值，$x_{sj}$ 表示被评估对象第 $j$ 个指标的不可能值，$x_{hj}$ 表示被评估对象第 $j$ 个评价指标的最优值。

（4）利用熵值法计算出的权重，采用加权几何平均法计算总功效系数值 $D_i$。

$$D_i = \prod_{j=1}^{m} d_{ij}^{wj} \quad (i = 1, 2, \cdots, n; j = 1, 2, \cdots, m)$$

总功效系数是企业经济效益的综合评价值。$D_i$ 值越大，说明评价效果越好，由 $D_i$ 值的大小对评价对象进行排序。

3. 泰尔指数法

此前，关于基本公共服务均等化的研究大多均采用泰尔指数法、变异系数法等，对基本公共服务均等化水平进行测算。变异系数法是直接利用各项指标所包含的信息，通过计算得到指标的权重，是一种客观赋权的方法，但是其容易受到经济发展状况的影响。基尼系数是国际上通用的、用以衡量一个国家或地区居民收入差距的常用指标，介于 0~1 之间，基尼系数越大，表示不平等程度越高。但它也存在缺点，比如不便于核算分解的交叉项、使用率较低等。而泰尔指数是衡量个人之间或者地区间收入差距（或者称不平等度）的指标，可以较好地反映区域间、区域内的不平等情况，且计算简单，操作方便。综上所述，本研究在使用熵值法赋权进行综合评价之后，采用泰尔指数的方法对贵州省基本公共服务均等化水平进行综合分析。

泰尔指数（Theil index），由泰尔根据熵的理论得出，其用途是衡量地区与个人之间的不平等程度，根据泰尔指数的特点，可将总体差分为组内差和组间差，由此，可以较好地度量不公平程度。因此，泰尔指数被广泛表达为：

$$T = \frac{1}{n}\sum_{i=1}^{n}\frac{y_i}{\bar{y}}\log\left(\frac{y_i}{\bar{y}}\right) \qquad \text{（式 2-5）}$$

式中，$T$ 为收入差距程度的测度泰尔指数。$y$ 和 $\bar{y}$ 分别代表第 $i$ 个体的收入和所有个体的平均收入。

将其引用到基本公共服务领域，通过转化后，可以得到的公式如下所示：

$$T = \sum_{k=1}^{K} y_k \log\left(\frac{y_k}{n_k/n}\right) \qquad \text{（式 2-6）}$$

在这个公式中，$y_k$ 代表各地州市中某个城市基本公共服务指标的评价指数占总体样本指数的比重，$n_k$ 代表某地州市人口占所有地州市人口的比重，$T$ 为泰尔指数。

泰尔指数作为不平等程度的测度指标具备良好的可分割性，即将样本分为多个群组时，泰尔指数可以分别衡量组内、组间差距对于总差距的贡献度。假设有 $n$ 个样本，被分为 $k$ 个群组，各组分别是 $g_k$（$k=1，2，\cdots，K$），$g_k$ 中第 $k$ 组的个体数量为 $n_k$，可得到 $\sum_{k=1}^{k} n_k = n$，$y_i$ 表示样本 $i$ 的财政支出，$y_k$ 表示 $k$ 组财政支出总量，记 $T_b$ 和 $T_w$ 分别为群组间和群组内差距，则泰尔指数分解如下：

$$T = T_b + T_w = \sum_{k=1}^{k} y_k \log \frac{y_k}{n_k / n} + \sum_{k=1}^{k} y_k \left( \sum_{i \in g_k} \frac{y_i}{y_k} \log \frac{y_i / y_k}{1 / n_k} \right) \quad \text{（式 2-7）}$$

在上式中，群组间差距和群组内差距的泰尔指数可以分别表示为：

$$T_b = \sum_{k=1}^{k} y_k \log \left( \frac{y_k}{n_k / n} \right) \quad \text{（式 2-8）}$$

$$T_w = \sum_{k=1}^{k} y_k \left( \sum_{i \in g_k} \frac{y_i}{y_k} \log \frac{y_i / y_k}{1 / n_k} \right) \quad \text{（式 2-9）}$$

由于本研究主要测算的是贵州省各个地州市之间的基本公共服务均等化程度，因此，选取群组间泰尔指数公式用于研究与分析。

由泰尔指数相关公式与概念可以得到，其数值范围在 0 到 1 之间，且其值越高，就越说明基本公共服务均等化水平越低，越不公平；数值越小，代表基本公共服务的均等化水平越高，越公平。当泰尔指数值为 1 时，说明基本公共服务分配是最不公平的，均等化水平很差；当泰尔指数值为 0 时，说明基本公共服务处于绝对公平状态，均等化水平处于最优状态。

4. 皮尔逊相关性分析

基于需求视角基本公共服务均等化分析主要采用皮尔逊相关性检验，皮尔逊相关系数是一种度量两个变量间相关程度的方法。它是一个介于 1 和−1 之间的值，其中，1 表示变量完全正相关，0 表示无关，−1 表示完全负相关。看两者是否相关要看两方面：显著水平以及相关系数。（1）显著水平，就是 $P$ 值，这是衡量两组数据是否具有线性相关性，一般 $P$ 值小于 0.05 就是显著了；如果小于 0.01 就更显著；（2）相关系数，也就是 Pearson Correlation（皮尔逊相关系数），通常也称为 $R$ 值，在确认指标显著情况下，相关系数越高表明两者间关系越密切。在人群特征与满意度关系分析时，皮尔逊相关系数越高，说明在不同人群中间满意度差异性越强，相应的均等化程度越低。

## 二、调查研究法

课题组 2015 年、2017 年、2019 年前后三次对西部地区进行问卷调查，问卷调查范围主要集中在西南地区，时间延续五年，通过连续调查，研究西南地区基本公共服务需求强度与需求满意度情况，其中2017年调查问卷区分了城市和农村，通过调查数据，对比分析了城乡基本公共服务均等化情况，见表2-2。根据调查结果分析不同人群基本公共服务均等化情况，研究基本公共服务需求与供给的匹配情况，通过贵州省玉屏、道真、沿河三个少数民族自治县的调研，研究经济发展水平对基本公共服务均等化的影响，以及政民互动情况，根据调研数据定量分析了个人效能、政府效能和社会效能对基本公共服务满意度的影响。

表2-2 三次调研样本数统计

| 年份 | 2015 | 2017 | | 2019 | 合计 |
|---|---|---|---|---|---|
| | | 农村 | 城市 | | |
| 调查样本数 | 6 412 | 3 050 | 2 190 | 5 160 | 16 816 |

## 三、比较研究法

对基本公共服务均等化从供给视角和需求视角进行研究，供给视角主要从区域差异进行研究，需求视角主要从人群差异和城乡差异进行研究，见表2-3。评价指标上，供给视角主要依据客观指标，需求视角主要依据主观指标。评价方法上，供给视角主要采用泰尔指数，需求视角主要通过皮尔逊相关性检验分析不同人群基本公共服务满意度是否存在显著差异，从而判断其主观评价的均等化情况。

表2-3 基本公共服务均等化研究视角对比

| 评价指标 | 供给视角 | 需求视角 |
|---|---|---|
| 研究内容 | 区域差异 | 城乡差异、人群差异 |
| 评价指标值 | 客观 | 主观（满意度） |
| 评价方法 | 泰尔指数 | 皮尔逊相关性分析/双尾检验 |

## 四、 ISA模型分析法

ISA分析法即重要性—满意度分析法（Importance-Satisfaction Analysis，ISA），是一种简单有效的优化资源的方法，以其直观、易操作、易解读而得到广泛应用。ISA 分析法创始于 1977 年，由马提拉（Martilla）和詹姆斯（James）首先提出。其关键之处就在于把满意度和重要性连接了起来，通过满意度和重要性的对比，来找出需要优先解决的事项。ISA 分析法要求受访者对指定调查对象的各项衡量指标从重要性和满意度表现两个方面来评价各测评要素，通过获得的数据在 4 个象限中对应的位置，可帮助管理者确定改进的优先次序，整合稀缺资源，指导该项服务进行改进，进而提高顾客满意度。模型由四个基本象限组成，象限Ⅰ表示成功的区域，即地方政府在市民较重视的公共服务上表现优秀；象限Ⅱ表示满意度高而重要性低的领域，即公共服务供给超过了市民的预期，市民需求强度较低，这就可能需要减少相关投入；象限Ⅲ表示满意度和重要性均较低的领域，这个领域的问题不需要优先解决；象限Ⅳ表示关键问题领域，即地方政府在市民较重视的公共服务方面表现糟糕，这个领域展示的问题是政策制定者或公共管理者最应该重视的。总的来说，通过 ISA 模型，我们能比较容易定位哪些需优先解决，哪些需要继续保持或减少投入。该模型最早是用来分析管理战略，而后被逐渐用于公共服务市民评估方面（Hawes&Rao，1985；Myers，1999；Oliver，1997；Vavra，1997；Allen&Rao，2000）。

本研究借用这个模型来分析基本公共服务供需匹配情况，如图 2-3 所示，横轴重要性代表需求强度，纵轴满意度代表供给评价，模型分四个象限，第Ⅰ象限为双高区，高满意、高重要，代表基本公共服务供给和需求高水平均衡；第Ⅱ象限为高满意、低重要区，代表基本公共服务供给>需求；第Ⅲ象限为双低区，低满意、低重要，代表基本公共服务低水平均衡；第Ⅳ象限为低满意、高重要区，代表基本公共服务供给<需求。

满意度（供给评价）

| | |
|---|---|
| 第Ⅱ象限（高满意，低重要）<br>供给＞需求 | 第Ⅰ象限（双高）<br>供给＝需求<br>（高水平均衡） |
| 第Ⅲ象限（双低）<br>供给＝需求<br>（低水平均衡） | 第Ⅳ象限（低满意，高重要）<br>供给＜需求 |

重要性（需求强度）

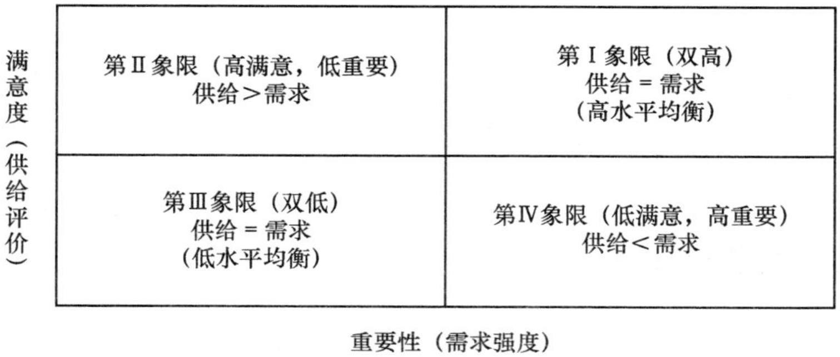

图 2-3　ISA 模型分析

# 第二篇

# 供给视角下西南地区基本公共服务均等化

# 第三章
# 四川省基本公共服务均等化情况

## 第一节　四川省基本概况

### 一、人口

四川省的常住人口在近几年有了稳步增加，截至 2018 年年底，四川常住人口达到 8 341 万人，户籍人口 9 121.8 万人，户籍人口城镇化率为 35.87%。常住人口城镇化率为 52.29%，比 2017 年提高了 1.5 个百分点。常住人口中，城镇人口为 4 361.5 万人，城镇人口相比较 2017 年而言增加了 144.9 万人，乡村人口为 3 979.5 万人，比 2017 年减少 105.9 万人[①]。由于城市化进程不断加快，城市人口不断上升，近年来四川省城乡人口变化情况如图 3-1 所示。

① 数据来源：百度百科（https://baike.baidu.com/item/%E5%9B%9B%E5%B7%9D/212569）.

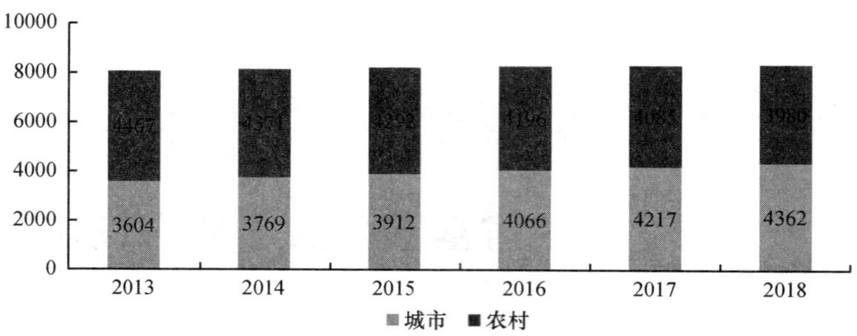


图 3-1　四川省人口变化情况（单位：万人）

数据来源：四川省 2013—2018 年国民经济和社会发展统计公报（13 页，中国统计出版社）

## 二、经济发展

西部大开发以来，西部通过国家政策帮扶和资金的支持，在经济、生态、基础设施等方面均有了较大的提升，逐渐缩小了与东部地区的差距。四川省作为西部地区省份之一，近十年来，经济发展方面取得了显著的成就。

1. 经济由高速转向中高速增长

实施西部大开发战略以来，近十年四川省的社会固定资产投资迅速增长。如图 3-2 所示，2008 年四川省社会固定资产投资共 7 581. 2 亿元，投资数额一直持续增长，到 2017 年完成固定资产投资 32 097. 3 亿元。其中 2009 年的投资增长达到最高点为 58. 1%，此后固定资产投资增速急剧下降至 13%，一直到 2017 年，四川省社会固定资产投资增长速度维持在 10%~20%。

大规模的资金投入及一系列优惠政策的实施，与经济结构调整等其他要素相结合，尤其是近几年新常态的背景下，强调调结构稳增长的经济，而不是总量经济，因此，促使四川省经济由高速增长转向当前的中高速增长，2009—2013 年，四川省经济增长速度超过 10%，经济处于高速增长的状态，2013 年以后，经济增长速度维持在 7%~8%，实现持续中高速稳定增长，如图 3-3 所示。

2. 产业结构明显优化

2009—2018 年，四川省第一产业占比呈现下降趋势，第二产业占比在波动中下降，第三产业占比在波动中上升（见图 3-4），一直到 2016 年以前，三产

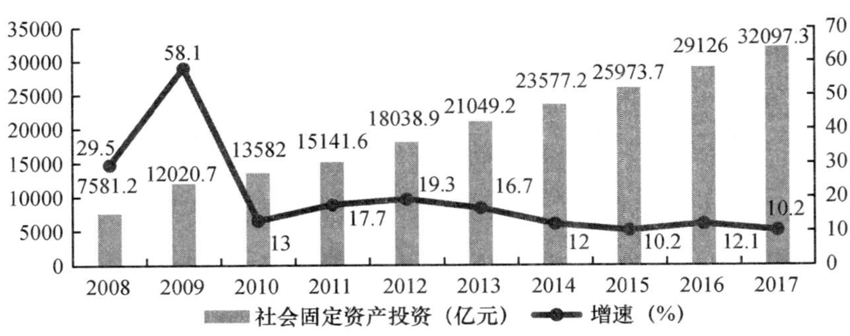


图 3-2　2008—2017 年四川省社会固定资产投资情况

数据来源：四川省 2013—2018 年国民经济和社会发展统计公报（5 页，中国统计出版社）

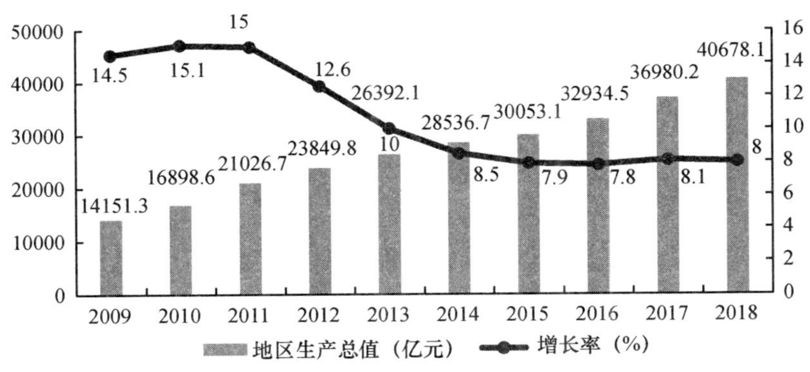


图 3-3　2009—2018 年四川省经济增长情况

数据来源：四川省 2013—2018 年国民经济和社会发展统计公报（1 页，中国统计出版社）

结构一直是第一产业占比最低，第二产业占比最高。2016 年以后，三产结构得到优化，第三产业比重超过了第二产业，占比最大。出现此种情况的主要原因是，近十年以来，四川省从事农业生产的人员向从事非农业生产的人员增加，尤其是第一产业人员往第三产业人员的转移变大，2009 年三产结构为 15. 8∶36. 8∶47. 4，至 2018 年三产结构为 10. 9∶37. 7∶51. 4。由此可见，四川省第三产业的就业人数在不断增加，但是从事第一产业生产的人员仍占有较大比重，四川省的产业仍以劳动密集型和资源密集型为主，这是因为地区经济发展及资源等原因所造成的，农牧业在第一产业中占比较大，四川省资源方面的优势加之新中国成立以来对重工业发展的优先政策，使得四川省的第二产业在

2016 年以前在三大产业中占比均为第一。

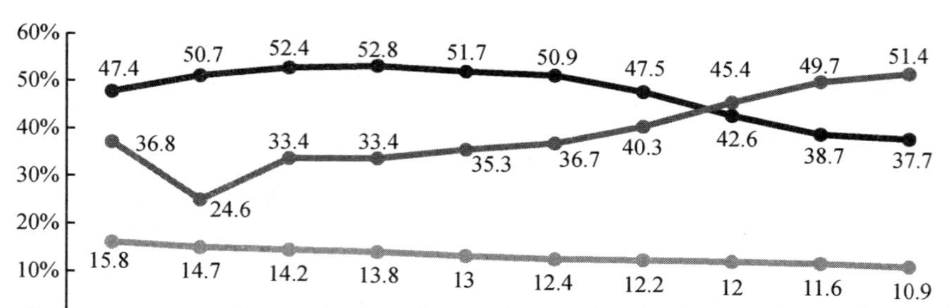


图 3-4　2009—2018 年四川省产业结构变化情况

数据来源：四川省 2013—2018 年国民经济和社会发展统计公报（第 1 页，中国统计出版社）

3. 城乡居民生活不断改善

近十年来，随着经济不断增长，四川省国民收入不断增加，人民的消费水平不断提升，生活质量在不断改善。如图 3-5 所示，2009—2018 年，四川省城乡居民人均可支配收入不断增加，其中 2018 年城镇居民人均可支配收入提高到 2009 年的 2.4 倍以上，2018 年农村居民人均可支配收入提高到 2009 年的近 3 倍之多，城乡居民生活不断得到改善。但在改善的过程中，依旧存在城乡居民人均可支配收入的差距，因为其每年增长的速度存在差距，使得城乡差距在不断扩大。

4. 新兴产业不断发展壮大

近年来，四川省高新技术产业和战略性新兴产业呈现出对经济贡献加大的局面。其中表现在：第一，高新技术和新兴产业发展全面提速。全省技术产业的增长速度远高于规模以上企业的增长速度，电子信息、装备制造产业产值分别取得了较快的发展，总产值近万亿元，高新技术产业总产值突破万亿元，达 1.8 万亿元。产业发展新增长点和后劲增强，新产业、新项目、新企业对工业增长的贡献超过 50%①。第二，重点企业生产经营稳中向好。近年来四川省大部分战略性新兴产业的企业经营状况良好，企业订单数有了稳步的提升，投

① 数据来源：四川省人民政府（https://www.sc.gov.cn/）.

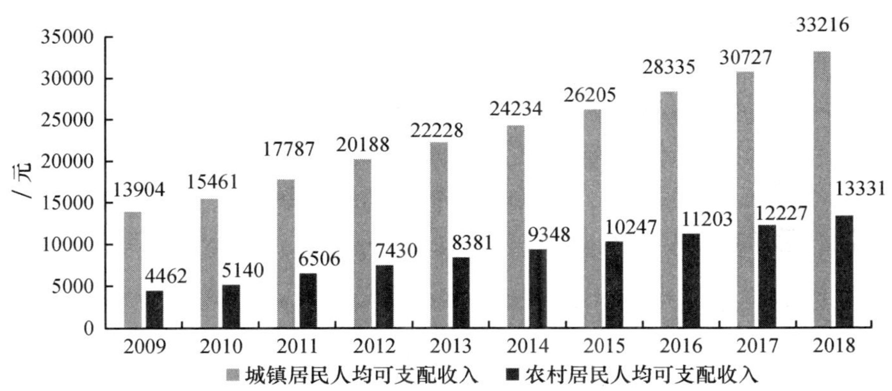


图 3-5 2009—2018 年四川省城乡居民人均可支配收入情况

数据来源：四川省 2013—2018 年国民经济和社会发展统计公报（14 页，中国统计出版社）

资、科研经费等均显著增加，这都为企业的创新发展奠定了基础。第三，经济新动能加快汇聚壮大。中国制造 2025 公共服务平台等“互联网+制造”试点示范稳步推进，极米激光电视、AIMATHS 高考机器人等新技术加速兴起；有 4 个基地获批国家第二批双创示范基地。目前四川省国家双创示范基地共 6 个，居全国第五，西部第一。随着创新驱动发展战略深入实施和经济新动能持续壮大，预计未来四川省高新技术和战略性新兴产业将继续保持稳中向好的增长势头①。

综上所述，实施西部大开发战略以来，四川省的经济发展在各方面确实取得了重大的成就，但是相对于全国平均水平和东部地区，四川省的经济还处于比较滞后的状态，与全国尤其是东部地区发展的差距虽然在不断缩小，但是仍然处于差距过大的状态，而且四川省自身还存在一些问题，阻碍了发展的进程。主要体现在：基础设施落后仍是制约四川省发展的薄弱环节；生态环境局部有所改善，但是总体恶化的趋势尚未扭转；水资源短缺矛盾突出；教育、卫生和社会保障等社会事业存在滞后现象；人才严重流失和不足等。因此，四川省当前经济发展的任务还很艰巨。在今后，必须要结合新的经济发展形势，加快转变经济发展方式，打好长远发展基础，要坚持增强自我发展能力，坚持走资源节约型和环境友好型发展之路。

① 数据来源：四川省人民政府（https://www.sc.gov.cn/）.

# 第二节　四川省基本公共服务现状

## 一、公共教育

1. 公共教育经费投入情况

增强经费投入力度是实现教育快速发展的途径之一，为了促进教育事业快速发展，2011 年四川省人民政府发布了《四川省人民政府关于进一步加大财政教育投入的意见》，文件充分认识加大财政教育投入的重要性和紧迫性，要求严格落实法定增长要求，切实提高财政教育支出占公共财政支出比重；拓宽经费来源渠道，多方筹集财政性教育经费；同时要对责任的落实加强监测。直至 2017 年，四川省财政教育经费总投入达到 2 102. 74 亿元，比上年的 1 923. 70 亿元增长 9. 31%，其中国家财政性教育经费（主要包括一般公共预算安排的教育经费，政府性基金预算安排的教育经费，企业办学中的企业拨款，校办产业和社会服务收入用于教育的经费等）为 1 682. 75 亿元，比上年的 1 537. 65 亿元增长 9. 44%①，财政教育经费支出不断增加。为了进一步的优化教育经费支出结构，2019 年四川省人民政府印发了《四川省进一步调整优化结构提高教育经费使用效益实施方案》，全面加强四川省教育经费投入使用管理，使得教育经费的使用结构能够更加合理优化，加快推进教育现代化，办好人民满意的教育；四川省着力提高教育经费使用效益的同时，予以优先保障和重点投入支持社会力量兴办教育，使财政教育经费着力向深度贫困地区和建档立卡等家庭经济困难学生倾斜，保障贫困地区未来教育的发展质量。

虽然四川省财政教育经费投入政策措施在不断改革和推进中取得了显著的成绩，教育经费投入力度增强，教育事业不断发展壮大。但是关于不同层级、不同地区的教育经费投入存在不均等化现象，见表 3-1，2016—2017 年四川省小学和初中的生均公共教育事业费分别为 9 003. 19 元和 12 063. 03 元、9 620. 83

① 数据来源：四川省教育厅（http://edu. sc. gov. cn/scedu/c100529/2020/1/17/71d85ae47e094df0a1b32b1954b1f45c. shtml）.

元和 13 394. 03 元，中小学生的生均公共教育事业费支出存在的差异明显。2016—2017 年中小学生的生均公用教育经费分别为 2 337. 49 元和 2 905. 91 元、2 727. 46 元和 3 374. 57 元，中小学生的生均公用教育经费同样存在显著的差异，说明目前四川省在不同层级的生均教育经费投入存在不均等问题。

表 3-1　2016—2017 年四川省生均教育经费投入情况　单位：元

| 年份 | 生均公共教育事业费 | | 生均公用教育经费 | |
|---|---|---|---|---|
| | 小学 | 初中 | 小学 | 初中 |
| 2016 | 9 003. 19 | 12 063. 03 | 2 337. 49 | 2 905. 91 |
| 2017 | 9 620. 83 | 13 394. 03 | 2 727. 46 | 3 374. 57 |

数据来源：四川省教育厅（http://edu. sc. gov. cn/scedu/c100529/2020/1/17/71d85ae47e094df0a1b32b1954b1f45c. shtml）

除了不同层级之间教育经费投入不均等之外，四川省在各个地区的教育经费投入也存在不均等现象。2017 年四川省各个地州市的一般公共预算教育经费投入最多的是成都市，为 251. 60 亿元，占一般公共预算支出比例的 14. 30%，见表 3-2。由于近年来凉山彝族自治州的教育事业发展形势严峻而受到社会广大群体的关注，社会性的教育资助不断增多，因而政府对凉山彝族自治州的教育事业发展重视力度加强，因此，2017 年凉山彝族自治州的一般公共预算教育经费支出列居省会成都市之后，为 118. 40 亿元，一般公共预算教育经费占一般公共预算支出的比例为 24. 67%，在各个地州市中占比最高。而 2017 年雅安市的一般公共预算教育经费支出最低，仅为 18. 14 亿元，为成都市的 7. 2%。阿坝藏族羌族自治州一般公共预算教育经费占一般公共预算支出的比例最低，为 11. 96%，甘孜藏族自治州紧随其后，列居倒数第二，为 11. 97%。四川省地州市数量较多，各个地州市之间的教育经费投入存在较大差距，存在严重的不均等现象。

2. 教育办学条件情况

教育办学条件是教育事业稳定发展的保障，主要包括师资队伍情况、教学基础设施情况、实践教学条件、管理及其他等，为了推进义务教育的均衡发展，四川省 2012 年发布了《四川省义务教育学校办学条件基本标准试行》通知，文件针对城乡中小学学校规模、基础设施、建设用地、教学设备等制定了

表 3-2　　2017 年四川省各个地州市教育经费投入情况

| 地区 | 一般公共预算教育经费（亿元） | 一般公共预算教育经费占一般公共预算支出的比例（%） |
|---|---|---|
| 成都市 | 251.60 | 14.30 |
| 自贡市 | 36.36 | 16.31 |
| 攀枝花市 | 23.38 | 17.06 |
| 泸州市 | 68.65 | 18.62 |
| 德阳市 | 36.36 | 15.14 |
| 绵阳市 | 61.51 | 16.85 |
| 广元市 | 42.79 | 17.07 |
| 遂宁市 | 37.66 | 16.33 |
| 内江市 | 39.26 | 18.05 |
| 乐山市 | 42.17 | 14.96 |
| 南充市 | 81.10 | 17.62 |
| 眉山市 | 41.80 | 18.54 |
| 宜宾市 | 71.96 | 19.42 |
| 广安市 | 58.44 | 21.96 |
| 达州市 | 79.50 | 20.45 |
| 雅安市 | 18.14 | 13.2 |
| 巴中市 | 50.34 | 17.89 |
| 资阳市 | 33.28 | 18.45 |
| 阿坝藏族羌族自治州 | 28.90 | 11.96 |
| 甘孜藏族自治州 | 41.10 | 11.97 |
| 凉山彝族自治州 | 118.40 | 24.67 |

数据来源：四川省教育厅（http://edu.sc.gov.cn/scedu/c100529/2020/1/17/71d85ae47e094df0a1b32b1954b1f45c.shtml）

明确的标准。近年来，四川省按照文件要求，加大了对四川省教育资金的投入力度，支援经济不发达地区发展资金和三州开发资金用于投入民族地区教育的比例不断提高。随着教育经费投入力度的增大，四川省教育系统基础设施项目的实施顺畅，办学条件取得了显著的改善。2016 年四川省初中学校占地面积为 128.75 千公顷，是 2011 年的 1.06 倍；教学图书共 15 831.81 万册，是 2011 年的 1.35 倍；新增校舍面积 3.34 千公顷；教学危房面积为 0.39 千公顷，比

2011 年减少了 1.89 千公顷。小学学校占地面积 232.08 千公顷，是 2011 年的 1.03 倍；教学图书共 228 855 万册，是 2011 年的 1.38 倍；新增校舍面积 4.79 千公顷；教学危房占地面积为 0.56 千公顷，比 2011 年减少了 58.5 千公顷①。

近几年，四川省的办学条件虽然得到了显著的改善，城乡和地区之间的差异在不断缩小，但是仅体现为学校占地面积、教学用房等方面，而中小学城乡危房占地面积、教学计算机台数、固定资产等办学条件存在的差距依然明显。对于危房占地面积，小学和中学的城乡差异分别为-4.06 千公顷和-2.21 千公顷；对于教学计算机台数，中小学城乡差异各为 4.32 万台和 1.83 万台，小学的差距明显大于中学。对于固定资产投资总值来说，中学生的城乡差异为 26.98 亿元，小学生的城乡差距为-33.38 亿元，农村中学的固定资产总值较低，城乡差距明显，见表 3-3。

表 3-3　　2018 年四川省中小学办学条件情况

| 阶段 | 办学条件 | 农村 | 城市 | 城乡差距 |
|---|---|---|---|---|
| 小学 | 危房占地面积（千公顷） | 4.47 | 0.41 | -4.06 |
| | 教学计算机台数（万台） | 14.86 | 19.18 | 4.32 |
| | 固定资产总值（亿元） | 184.34 | 150.96 | -33.38 |
| 初中 | 危房占地面积（千公顷） | 2.21 | 0 | -2.21 |
| | 教学计算机台数（万台） | 9.91 | 11.74 | 1.83 |
| | 固定资产总值（亿元） | 103.54 | 130.52 | 26.98 |

数据来源：中国教育统计年鉴 2017（https://data.cnki.net/Trade/yearbook/single/N2019030252? z=Z017）

3. 师资队伍力量

党的十八大以来，发展教育成为四川省政府作为治蜀兴川的头等大事，四川省开始着力于教育改革。这主要体现在：第一，不断加大对教师培训经费的投入，扩大培训规模，建立了“省、市、县、校”四级培训体系，改进培训方式、优化培训内容，采用送教下乡培训等形式，提高培训的效果；第二，大力实施“特岗计划”，通过争取中央资金为偏远地区补充教师资源，有效缓解师

① 数据来源：中国教育统计年鉴（https://data.cnki.net/Trade/yearbook/single/N2019030252? z=Z017）.

资紧缺矛盾；第三，建立考评体系，对于教师，分年度考评、评先评优等，通过一系列师德师风的考核来提升教师质量；第四，免费师范生计划的落实解决了地区留不住人才的尴尬场面，同时也为偏远地区贫困学校定向培养了教师；第五，统一公开招聘制度在中小学校展开，为各地中小学教师的资源补充提供了相应的规范；2016 年，初中专任教师增加 38. 23 万人，其中农村专任教师增加 6. 51 万人。少数民族地区专任教师人数为 33. 01 万人①。

从表 3-4 可知，2018 年四川省初中城市教师人数高于农村教师人数，其中农村研究生学历教师为 156 人，而初中城市研究生学历的教师为 2 605 人，是初中农村研究生学历教师的 16 倍之多；初中城市本科学历教师是农村本科学历人数的 2 倍多；相对来说城市高中及以下学历的教师比农村的多。而对于小学来说，农村研究生学历、本科学历、高中及以下学历的教师人数均低于城市教师人数，师资队伍力量较为薄弱。总体来说，中小学教师不同学历和城乡之间的人数差异明显，师资队伍力量差距悬殊。

**表 3-4　　2018 年四川省师资队伍力量情况　　单位：人**

| 阶段 | 学历 | 农村 | 城市 |
|---|---|---|---|
| 初中 | 研究生 | 156 | 2 605 |
| | 本科 | 23 137 | 49 000 |
| | 高中毕业及以下 | 0 | 0 |
| 小学 | 研究生 | 92 | 1 631 |
| | 本科 | 35 208 | 53 936 |
| | 高中毕业及以下 | 0 | 0 |

数据来源：中国教育统计年鉴 2019

## 二、医疗卫生

四川省作为我国西部的人口大省、经济重省，同时也是我国少数民族聚居、贫困多发的地区之一；在西部大开发战略以及大力支持民族地区、贫困地

① 数据来源：中国教育统计年鉴 2017（https://data.cnki.net/Trade/yearbook/single/N2019030252?z=Z017）.

区发展的重大利好政策背景下，近几年来其卫生资源总量得到了可观的改善，特别是四川省在医疗卫生方面取得了较好的成效，无论是在医疗卫生机构和床位数方面，还是在医疗卫生人员以及技术人员方面都在显著地增加，各项医疗设施的使用率也得到了提升，这表明四川省的医疗改革非常成功，其在医疗卫生方面的成效具体表现如下：

1. 医疗卫生机构和床位数情况

由表 3-5 可知，2011—2018 年，四川省基层医疗卫生机构由 73 646 家增加到了 78 427 家，床位数由 11. 28 万张增加到了 14. 38 万张，由此可见，四川省基层医疗卫生的机构供给正在不断增加。此外，社区卫生服务中心的数量也在不断增加，其中社区卫生服务中心增加了 12. 26%。而卫生院数量在 2011—2018 年处于一个不断减少的趋势，总的减少了 4. 03%，主要是因为行政方面的调整使得部分乡镇重组，乡镇重组后，其卫生院也进行了重组，与此同时，有些发展较好、医疗条件较好的卫生院升级，不再归类到基层医疗卫生机构的范围。

**表 3-5　　2011—2018 年四川省基础医疗卫生情况**

| 年份 | 基层医疗卫生机构 | | 卫生院 | | 社区卫生服务中心 | |
|---|---|---|---|---|---|---|
| | 机构数（家） | 床位数（万张） | 机构数（家） | 床位数（万张） | 机构数（家） | 床位数（万张） |
| 2011 | 73 646 | 11. 28 | 4 619 | 10. 25 | 873 | 0. 83 |
| 2012 | 74 215 | 12. 20 | 4 607 | 11. 16 | 928 | 0. 86 |
| 2013 | 75 161 | 12. 52 | 4 595 | 11. 44 | 907 | 0. 90 |
| 2014 | 76 110 | 12. 80 | 4 575 | 11. 71 | 928 | 0. 90 |
| 2015 | 76 214 | 13. 00 | 4 511 | 11. 92 | 937 | 0. 90 |
| 2016 | 76 619 | 13. 16 | 4 490 | 12. 04 | 951 | 0. 94 |
| 2017 | 77 487 | 13. 94 | 4 466 | 12. 71 | 940 | 1. 16 |
| 2018 | 78 427 | 14. 38 | 4 433 | 13. 15 | 980 | 1. 18 |

数据来源：2012—2019 年中国统计年鉴（21-1 页、21-6 页、22-1 页、22-5 页、22-6 页，中国统计出版社）

2. 卫生人员情况

表 3-6 显示，2012—2018 年，四川省卫生技术人员、注册护士在基层的规

模均呈现上升，但就占比而言，在各类卫生人员中占比出现下降。2012—2018年，各类基层机构均呈现上涨的趋势，其中村卫生室卫生技术人员上涨的幅度最大，达到 30.61%，卫生院和社区卫生服务中心分别增长了 16.23% 和 29.03%。就注册护士数量看，2018 年与 2012 年相比，村社区卫生服务中心、卫生院以及卫生室的注册护士数量均大幅增长，分别增长 47.07%、45.39%、46.23%。

**表 3-6　　2012—2018 年四川省基层卫生人员数**　　单位：人

| 年份 | 卫生院 | | 社区卫生服务中心 | | 村卫生室 | |
|---|---|---|---|---|---|---|
| | 卫生技术人员 | 注册护士 | 卫生技术人员 | 注册护士 | 卫生技术人员 | 注册护士 |
| 2012 | 1 026 674 | 250 038 | 386 952 | 128 652 | 148 441 | 16 935 |
| 2013 | 1 052 014 | 272 565 | 406 218 | 139 104 | 156 959 | 18 660 |
| 2014 | 1 061 513 | 284 165 | 417 503 | 145 672 | 158 331 | 18 544 |
| 2015 | 1 086 421 | 301 200 | 431 158 | 153 393 | 165 635 | 20 068 |
| 2016 | 1 124 431 | 321 080 | 446 176 | 162 132 | 168 900 | 21 146 |
| 2017 | 1 163 248 | 344 454 | 499 296 | 189 207 | 178 333 | 23 258 |
| 2018 | 1 193 290 | 363 521 | 499 296 | 189 207 | 193 881 | 24 764 |

数据来源：中国卫生健康统计年鉴（2-1 页，中国协和医科大学出版社）

3. 病床使用率情况

如图 3-6 所示，2011—2016 年，各类病床使用率均出现整体的上涨，但是上涨的幅度不大。相比较于 2011 年，2016 年的卫生院病床使用率增长 5.50%，社区卫生服务中心增长 2.39%，村卫生室的病床使用率增长的幅度最大，达 13.74%，但可看出整体的使用率不高，均未达到 80%。

综上所述，2011—2016 年，四川省在基层卫生医疗方面取得了较快的发展，医疗机构的数量规模有了较大的提升，机构人员、床位数、病床使用率均有不同程度的提高，这些信息均反映出医疗政策的落实到位取得效果，对四川省基层医疗的发展起到了较大的促进作用，但是在发展的过程中也存在着一定的问题，主要表现为：

（1）虽然有“分级诊疗”政策的实施，但是对基层医疗能力并没有有效的改善，使得患者对基层机构服务不到位、人员无动力等观念无法改变，一定程度上不利于基层医疗的发展。

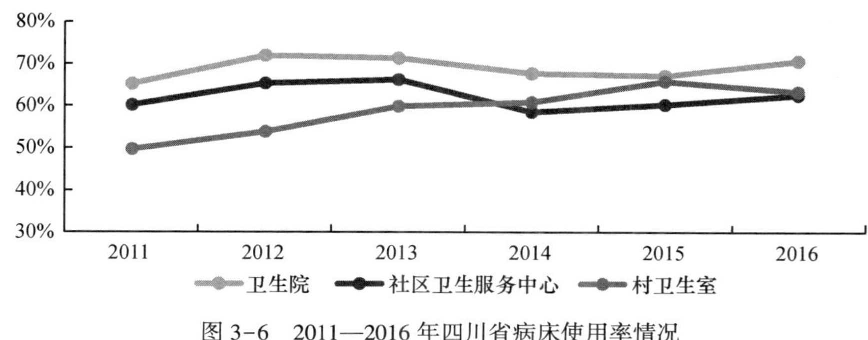


图 3-6 2011—2016 年四川省病床使用率情况

数据来源：四川省人民政府（http://www.sczwfw.gov.cn/jiq/front/item/gr_index?areaCode=510100000000&theme=145）

（2）基层医疗在很多方面虽然呈现出上升的趋势，如机构数、人员、病床数等均有增加，但是在全省中的占比却出现下降，卫生资源向上集聚效应难以遏制。

（3）卫生资源向上集聚引发了一些问题，如大医院因为其优势造成就诊人数增加，压力大，而基层的医疗机构就诊人数很少，一定程度上造成了医疗资源的浪费。

## 三、社会保障服务

我国的社会保障体系包括社会保险、社会福利、优抚安置、社会救助（城镇居民最低生活保障制度、部分农村居民最低生活保障制度、救灾救济制度、扶贫开发制度）等。四川省极度重视社会保障服务建设，并采取了一系列措施促进其健康快速发展。

对于社会保险服务，自 2018 年开始，四川省实施了医疗保险的代缴政策，代缴的人员范围主要包括全省建档立卡标注为未脱贫的贫困人员以及低保等生活困难的人员，由省级以及市（州）财政代缴一部分，这在很大程度上减轻了这类贫困人员的缴费负担。其中，对非贫困县省级财政补助 50%，对一般贫困县省级补助 70%，对深度贫困县 2018 年新增部分省级补助 100%，截至 2018 年 5 月，省级财政已全部下达 2018 年困难群众社会保险个人缴费财政代缴资金

13.17 亿元[①]。

对于社会救助服务，四川省积极探索高效的救助模式，2014 年“救急难”在四川省遂宁市安居区开始试点，为此遂宁市制定了《进一步加强社会救助工作实施意见》，切实加强社会救助工作；遂宁市不断完善互济性救助，“定点帮扶”和“结对帮扶”在该市也得到了很好的体现。“救急难”工作开展后，遂宁市安居区整合了低保、受灾人员救助、住房、就业等八项救助项目。2015—2016 年 5 月，临时救助在试点地区实施次数达到 2 684 人次，救助金额分为六个档次，每增加 500 元为一档，2 000 元为最高档，其中接受 0～500 元的救助最多，次数达到 1 767 人次，教育救助是平均救助最多的项目[②]。

对于养老服务。截至 2017 年年底，四川省 60 岁及以上老年人口 1 750 万人，其中农村占比较大，达到 1 080 万人。2017 年，四川省开始开展农村养老服务体系建设试点，并安排资金投放到眉山、绵阳两个市，剑阁、金堂等 7 个县。此外，为了应对人口老龄化的加剧和健康养老的迫切需求，2018 年四川省政府在《四川省医疗卫生与养老服务相结合发展规划（2018—2025 年）》中提出，建设“一核两带三区三中心”，推进医养结合，加快老龄事业和产业发展。计划到 2025 年，全省开设老年病科的医院，尤其是二级以上的综合医院和中医医院比例达 80%[③]。

但是目前四川省社会保障服务仍然存在一些问题，以最低生活保障来说，见表 3-7，2010—2018 年，四川省农村和城市最低生活保障人数呈现波动状态，农村低保资金逐年在增加，而城市的低保资金数则是呈现先增后减的状态。将保障资金和最低生活保障人数相比计算出人均低保资金数，可以看出，2010—2018 年城市人均低保资金均高于农村人均低保资金，城乡差距缺口较大，不均等现象严重。

---

① 数据来源：四川省人民政府（http://www.sc.gov.cn/）.

② 数据来源：四川省遂宁市安居区民政局（http://ahmhxc.com/gongzuobaogao/5812.html）.

③ 数据来源：四川省民政厅（https://mzt.sc.gov.cn/）.

表 3-7　　2010—2018 年四川省居民最低生活保障情况

| 年份 | 最低生活保障人数（万人） | | 低保资金（万元） | | 人均低保资金（元） | |
|---|---|---|---|---|---|---|
| | 农村 | 城市 | 农村 | 城市 | 农村 | 城市 |
| 2010 | 394.47 | 186.97 | 310 207.3 | 403 601 | 786.39 | 2 158.64 |
| 2011 | 425.1 | 189.31 | 437 368.1 | 455 812 | 1 028.86 | 2 407.75 |
| 2012 | 434.48 | 186.38 | 411 567.8 | 428 390 | 947.27 | 2 298.48 |
| 2013 | 439.46 | 183.57 | 559 692.7 | 507 682 | 1 273.59 | 2 765.6 |
| 2014 | 425.33 | 173.44 | 531 593.7 | 468 792 | 1 249.84 | 2 702.91 |
| 2015 | 405.47 | 156.35 | 590 044.5 | 490 012 | 1 455.21 | 3 134.07 |
| 2016 | 356.68 | 134.49 | 705 992.7 | 484 439 | 1 979.34 | 3 602.04 |
| 2017 | 366.31 | 118.41 | 728 896 | 431 683 | 1 989.83 | 3 645.66 |
| 2018 | 339.92 | 93.71 | 748 958 | 387 269 | 2 203.34 | 4 132.63 |

数据来源：四川省统计年鉴 2010—2018（233 页，中国统计出版社）

## 四、文化体育

1. 文化事业发展情况

四川省文化底蕴深厚，文化资源富集，巴蜀文化辉煌灿烂、源远流长，是中华文化中厚重而充满活力的重要组成部分。近些年来，四川省在地方一般公共预算文化体育与传媒支出方面有较大的进步，2017 年人均文化事业费支出 49.8 元，相比较 2010 年而言，增长了 178.2%。人均群众文化业务活动专项经费为 6.5 元，相比较于 2010 年，增长了 434.7%。相较 40 年前，基本公共文化设施建设也取得了较好的发展，在不断完善的过程中，2017 年，全省的文化馆、文化站、博物馆分别为 207 个、4 578 个、252 个，相比较于 40 年前，分别增长 29 个、4 570 个、241 个。广播电视覆盖面不断扩大，全省广播综合人口覆盖率在 2017 年达到 97.4%，跟 40 年前相比有了飞速发展，增长了 50.5 个百分点①。

四川省政府办公厅 2017 年 1 月印发《四川省“十三五”文化发展规划》，通过对四川省规模以上文化及相关产业 1 709 家企业调查，2018 年第一季度上

① 数据来源：四川省体育局（http://tyj.sc.gov.cn/）.

述企业实现营业收入 6 895 257 万元，比上年同期增长 16. 2%[①]。四川省文化厅 2017 年年底印发《四川省贯彻落实“十三五”时期全国公共图书馆事业发展规划的实施意见》，2017 年四川省公共图书馆 204 家，全省市级公共图书馆设置率达 100%。因为全省的行政区域出现调整，新增了一些区，使得区县级图书馆设置率为 97. 8%。未设置公共图书馆的县级行政区有宜宾市翠屏区、内江市市中区、内江市东兴区、乐山市市中区共 4 个，具体数据见表 3-8。

表 3-8　　2017 年四川省各级公共图书馆数量统计

| 公共图书馆类别 | 数量（个） | 各行政区划图书馆数量（个） | | 设置率 |
|---|---|---|---|---|
| 副省级以上图书馆 | 2 | 市（州） | 21 | 100% |
| 地市级图书馆 | 20 | | | |
| 市级少儿图书馆 | 1 | | | |
| 县（市、区）级图书馆 | 180 | 县（市、区） | 184 | 97. 8% |
| 区级少儿图书馆 | 1 | | | |

数据来源：四川省文化厅（https://www.sc.gov.cn/10462/10778/10876/2014/6/25/10305714.shtml）

相较以前，目前四川省文化事业发展取得了较好的发展，基础设施不断完善，服务层面的能力也在不断加强，但是在某些层面一些问题逐渐显现，如表 3-9 所示，2014—2017 年，四川省的文化机构数发生细微的改变，数量在逐渐减少；这两年文化事业实际完成基建投资先增后减，2015—2017 年的文化事业实际完成基建投资由 49 045 万元减少到 14 270 万元，发生了大幅度削减；同样地，文化事业费占财政支出比重由 0. 51%增至 0. 53%，后来又减少到 0. 48%，全国位次由第 5 位减少到第 17 位；人均文化事业费先减后升，但是全国位次在降低，2017 年排在全国 22 位。说明近年来四川省小幅度地缩减了文化事业费支出，导致了文化机构数量不断减少。

2. 体育事业发展情况

自步入“十三五”期间以来，四川省社会体育蓬勃发展，特色鲜明。2016 年 5 月四川省政府印发了《四川省国民经济和社会发展第十三个五年规划纲要》对各事项进行相应的要求以后，2018 年，全省群众体育、竞技体育和体育

① 数据来源：四川省统计局（http://www.stats.gov.cn/tjfw/dftjxmgl/dftjdczd/sc/）.

表 3-9　　2014—2017 年四川省文化事业变化情况

| 文化事业实际完成基建投资（万元） | | 文化事业费占财政支出比重 | | 人均文化事业费 | |
|---|---|---|---|---|---|
| | | 比重（%） | 全国位次 | 人均经费（元） | 全国位次 |
| 2014 | 34 032 | 0. 51 | 5 | 42. 89 | 15 |
| 2015 | 49 045 | 0. 53 | 5 | 48. 24 | 18 |
| 2016 | 19 680 | 0. 5 | 11 | 48. 86 | 20 |
| 2017 | 14 270 | 0. 48 | 17 | 49. 77 | 22 |

数据来源：中国文化文物统计年鉴 2015—2018（324-327 页，国家图书馆出版社）

产业实现了“三位一体”协调发展，各市根据自身的特色和体育相结合，加快体育发展，“我要上省运，健康四川人”等活动不断吸引着人们的参与，使得越来越多的人爱上体育，也使得体育在发展中有了稳步的提升。建设农民体育健身工程，安排省级体彩公益金 1. 1 亿元用于 88 个贫困县的贫困村农民体育健身项目。同时积极推进公共体育场馆免费、低收费开放，完成全年目标任务的 192%①。与此同时，2018 年全省体育系统在省委、省政府的坚强领导下，研究出四川体育发展合适的战略部署“123456”，为四川省未来体育的发展指明了方向，目前正在一步一个脚印地向体育强省的宏伟目标迈进。

当前四川省体育事业发展依然面临一些主要的矛盾与问题，最大的问题仍是发展不足、不平衡的问题，人们多元化的需求跟公共服务供给之间存在较大矛盾，加之各组织机构未能充分发挥其作用，使得构建全民健身服务体系的任务依然艰巨；全社会的体育氛围与全面建设体育强省的奋斗目标还有较大差距。这些矛盾和问题必须高度重视并努力解决。

## 五、就业和住房保障

1. 就业情况

就业对于社会来说，能够促进经济发展和社会稳定，对于个人而言，能够实现自身价值，促进全面发展。近年来，四川省不断加强公共就业服务体系建设，通过加大创新创业从而实现就业增长，并通过一系列有利于就业的措施，

① 数据来源：四川省体育局（http://tyj. sc. gov. cn/）.

使就业得到保障，取得了显著的成就。主要体现在：①不断完善积极就业政策。制定颁布了《四川省就业创业促进条例》，出台了《关于进一步引导和鼓励高校毕业生到基层工作的实施意见》《关于做好当前和今后一段时期就业创业工作的实施意见》《关于加强技能人才队伍建设大力培养高素质产业大军的意见》《关于支持“8·8”九寨沟地震灾后恢复重建政策措施的意见》等政策，为推动全省实现更高质量和更充分就业提供了制度保障。②全面推进创新创业活动。截至目前，区域、高校和科研院所、企业三类国家双创示范基地在四川省均有布局，全省国家双创示范基地达到 7 个，数量居全国第 5、西部第 1。③大力推进就业扶贫攻坚。2017 年加大就业补助资金倾斜力度，对 88 个贫困县专项安排 3 亿元就业创业补助资金和 1.76 亿元的贫困地区返乡创业风险分担基金。创建全国就业扶贫基地 72 个、省级就业扶贫示范村 100 个，打造就业扶贫车间 387 个，公益性岗位托底安置贫困劳动力 6.6 万名。启动 45 家培训机构与 45 个深度贫困县“一帮一”职业培训和就业指导，培训贫困劳动力 18.4 万人。④着力强化职业技能培训。各地贯彻落实《四川省技能人才队伍建设“十三五”规划》，围绕特色产业培育、工业园区发展、新农村建设等开展农民工职业技能培训，2017 年 40 余万名劳动者参加了职业技能培训，开展中高级劳务品牌培训 5.8 万人①。

在取得就业成就的同时，四川省还面临一些就业形势挑战。一是就业的结构性矛盾依然突出。全省人力资源结构调整滞后于经济发展需求，突出表现为技术技能人才和创新型人才短缺，从人力资源市场统计分析看，技术工人比普通劳动者的求人倍率高 1 倍以上。二是服务业吸纳就业能力依然不足。目前四川省产业结构从大到小为三、二、一，而就业结构是一、三、二，第一产业就业比重过大，第三产业就业比重仍然不高，比全国低 7.9 个百分点，服务业吸纳就业的能力还未充分发挥。三是高校毕业生和农民工就业任务依然艰巨②。近年来，四川省高校毕业生数量保持高位，有效岗位需求相对不足，毕业生教育结构、就业观念与市场需求脱节的结构性矛盾仍然突出；同时，选择在省内就业的农民工人数也在不断增多，农民工返乡就业的压力将更加突出。另外，

---

①② 数据来源：四川省人民政府（http://www.sc.gov.cn/）.

实体经济发展依然面临压力，企业融资难、债务危机风险以及人工智能发展对传统就业岗位的冲击等诸多因素可能增大就业的不确定性。

2. 住房保障情况

保障性住房是指政府为中低收入住房困难家庭所提供的限定标准、限定价格或租金的住房，一般由廉租住房、经济适用住房、政策性租赁住房等构成。四川省从“十一五”初期开始建立廉租住房制度并逐步发展，并从2010年起，开始发展公共租赁住房建设，增加限价商品住房供应，一直到2014年实行公租房和廉租住房并轨运行，截至2017年，四川省共建设约70万套公共租赁住房（含并轨运行前的廉租住房），加上发放租赁补贴，惠及60多万群众①。2016年开始，分配已建成房屋和货币保障相结合使得新建保障房全面停止，在2017年四川省出台的促进基本公共服务均等化发展的相关政策中明确提出“十三五”期间将实物保障和货币保障并举，公租房保障货币化，进一步规范发展公租房，落实土地、资金、税费等各项支持政策。

虽然四川省住房保障建设成效显著，但是建设不平衡、质量安全管理等问题依然存在，需要在资金投入和土地供应、保障覆盖面等方面进一步完善。

## 第三节　四川省基本公共服务均等化实证研究

为了能够建立一个科学合理的测度指标体系，本研究首先确立了测度基本公共服务均等化的标准，构建了以基本公共服务均等化函数为主的基本指标体系。在此前提下按照若干相关原则进行筛选，使得指标具有高度代表性、综合性以及指标间的相对独立性。并搜集有关数据，运用相关分析及熵值法对指标进行量化判断，将三级指标赋予权重，确定基本公共服务均等化综合测度指标体系。此后，运用泰尔指数法对基本公共服务均等化水平进行实证研究，并对实证结果加以分析。

① 数据来源：四川省人民政府（http://www.sc.gov.cn/10462/10464/10465/10595/2017/7/13/10428031.shtml）.

## 一、基本公共服务均等化的标准建立

1. 指标体系构建原则

指标体系是若干个相互联系的统计指标组成的有机体，是评价综合能力的一个核心和关键的环节，指标体系涵盖全面、层次结构清晰合理将关系到评估质量的好坏。因此，为使指标体系科学化、规范化，在构建指标体系时，从系统性原则、典型性原则、一致性原则、可获得性原则出发，结合相应的政策以及四川省的实际情况，设计出一套符合四川省基本公共服务均等化研究的指标体系。

2. 构建评价指标体系

对于基本公共服务指标体系，不同的学者建立的指标体系不尽相同，本研究在参照以往研究指标体系的基础上，以最新的文件《“十三五”推进基本公共服务均等化规划》为指导原则，再结合四川省的实际情况，考虑数据的可获得性，综合确定如表 3-10 所示的评价指标体系，其中一级指标表示基本公共服务，二级指标包含 7 类，分别是公共教育、劳动就业创业、社会保险、医疗卫生、社会服务、住房保障以及文化，二级指标下设 14 个三级指标，包括九年义务教育巩固率、基本均衡县（市、区）的比例、城镇新增就业人数、基本养老保险参保率、基本医疗保险参保率、医疗卫生机构数、医院床位数、医疗卫生人员数、养老服务床位数、城镇棚户区改造、农村危房改造、公共图书馆数、文化馆数、广播电视综合覆盖率。

本章用上述 14 个指标作为三级分析指标，部分指标没有采用《“十三五”推进基本公共服务均等化规划》的指标体系，例如，三级指标没有根据该规划选取医疗卫生方面的孕产妇死亡率、婴儿死亡率、5 岁以下儿童死亡率，社会服务方面的养老床位中护理型床位比例、生活不能自理特困人员集中供养率等，二级指标文化体育也缩减成了文化。主要是因为地市一级的这些数据目前还无法获取，将其作为分析指标不具有可行性。

3. 样本选取及数据来源

本章选取了四川省地市级数据进行研究，由于资阳市的数据缺失严重，因

表 3-10　　贵州省基本公共服务指标体系建立

| 一级指标 | 二级指标 | 三级指标 |
|---|---|---|
| 基本公共服务 | 公共教育 | 九年义务教育巩固率（%） |
| | | 基本均衡县（市、区）的比例 |
| | 劳动就业创业 | 城镇新增就业人数（万人） |
| | 社会保险 | 基本养老保险参保率（%） |
| | | 基本医疗保险参保率（%） |
| | 医疗卫生 | 医疗卫生机构数（个） |
| | | 医院床位数（万张） |
| | | 医疗卫生人员数（万人） |
| | 社会服务 | 养老服务床位数（张） |
| | 住房保障 | 城镇棚户区改造（万套） |
| | | 农村危房改造（万户） |
| | 文化 | 公共图书馆数（个） |
| | | 文化馆数（个） |
| | | 广播电视综合覆盖率（%） |

此将其剔除，研究样本地区包括成都市、绵阳市、攀枝花市、广元市等 20 个地州市，样本数据采用四川省 20 个地州市基本公共服务 2012—2017 年的数据。

大部分数据来源于四川省 20 个地州市 2012—2017 年的国民经济和社会发展公报，其中基本养老保险参保率和基本医疗保险参保率是通过分别采用基本养老保险投保人数和基本医疗保险投保人数除以户籍人数而得到。少部分数据例如城镇棚户区改造、农村危房改造数据来源于 20 个地州市的政府工作报告。

4. 基本公共服务均等化测算方法选取

相较于基尼系数法、变异系数法等对基本公共服务均等化水平进行测算的利弊分析，本章采用泰尔指数的方法对四川省基本公共服务均等化水平进行分析评价。公式已在第二章进行详细描述。

5. 实证结果分析

由于各个指标的单位存在不一致，为了方便进行比较，事先对数据进行无量纲化处理。首先先计算各个基本公共服务之间的极差，得出绝对化的均等水平。其次，运用熵值法赋权，运用熵值法对各个指标赋权，在此基础上运用功效系数法计算四川省各项基本公共服务得分情况。最后，运用第二章公式计算出 $T$ 值，$T$ 值（泰尔指数）表示贵州省各地州市基本公共服务均等化程度；$k=1, 2, \cdots, 20$ 表示将贵州省以地州市为单位划分成 20 个组；$y_k$ 表示第 $k$ 的基本公共服务三级指标数据，$n_k$ 表示第 $k$ 组的人口占四川省地市级总人口的比重。本章研究时间为 2012—2017 年，计算基本公共服务的相对均等化水平。

（1）公共教育

首先对公共教育数据进行无量纲化处理，然后计算四川省 2012—2017 年 20 个地州市的绝对均等化值——极差，如图 3-7 所示，2012—2017 年，四川省教育极差出现明显下降趋势，说明四川省公共教育的绝对差距在不断缩小。如图 3-8 所示，四川省公共教育泰尔指数呈现先升后降的状态，特别是 2016—2017 年，公共教育的极差和泰尔指数降低趋势大致相同，说明目前四川省的绝对差距和相对差距处于缩小的状态，公共教育逐渐趋向均等化。

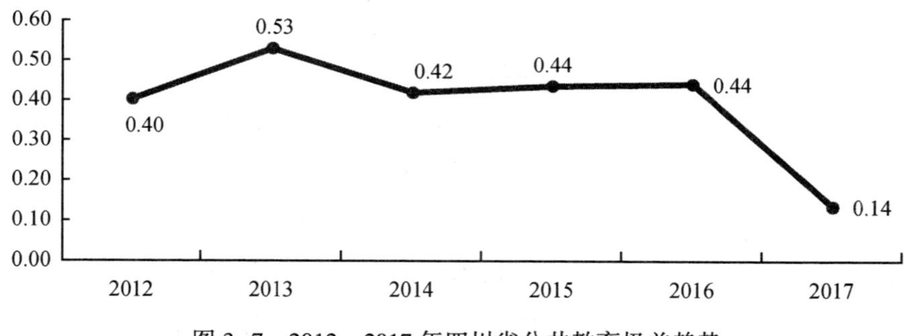


图 3-7　2012—2017 年四川省公共教育极差趋势

图 3-8　2012—2017 年四川省公共教育泰尔指数趋势

运用熵值法对各个指标赋权，在此基础上运用功效系数法计算四川省 20

个地州市2017年的基本公共服务得分情况，最终结果体现出百分制的形式，见表3-11，2017四川省各个地州市中成都市的教育评分最高，为84.69分，而德阳市教育评分最低为68.60分，其他的地州市教育评分则在70~80分之间。

表3-11　　2017年四川省各地州市教育评分情况

| 地区 | 教育评分 | 地区 | 教育评分 |
| --- | --- | --- | --- |
| 成都市 | 84.69 | 南充市 | 74.40 |
| 自贡市 | 74.71 | 眉山市 | 72.08 |
| 攀枝花市 | 72.62 | 宜宾市 | 74.42 |
| 泸州市 | 73.24 | 广安市 | 71.77 |
| 德阳市 | 68.60 | 达州市 | 73.82 |
| 绵阳市 | 75.35 | 雅安市 | 70.59 |
| 广元市 | 73.58 | 巴中市 | 72.22 |
| 遂宁市 | 72.67 | 阿坝藏族羌族自治州 | 71.68 |
| 内江市 | 70.88 | 甘孜藏族自治州 | 73.73 |
| 乐山市 | 73.21 | 凉山彝族自治州 | 73.13 |

（2）劳动就业创业

同样地，经过计算，劳动就业创业的极差、泰尔指数如图3-9、图3-10所示，2012—2017年，从绝对值角度看，四川省劳动就业创业极差呈逐渐攀升趋势，从0.76增加到0.96，说明不均等化程度在扩大，但是从相对值角度来看，2013—2017年，四川省劳动就业创业泰尔指数在降低，从0.043 5降到0.023 2，说明四川省劳动就业创业的差距在逐渐缩小，均等化程度越来越高，说明近几年来四川省加大了就业支出和扶持力度，缩小了地区差距。

从四川省劳动就业创业综合评分来看，见表3-12，2017年成都市就业创业评分处于领先地位，成都市属于省会城市，城市化水平和就业率较高，因此，综合就业创业评分高。而作为发展相对落后的民族地区，甘孜藏族自治州综合就业创业评分均处于最低状态，仅为60.98分，仅有成都市、南充市和宜宾市的分数达到70分以上，其他地州市就业创业评分低于70分，说明当前四川省就业形势严峻，情况不容乐观。

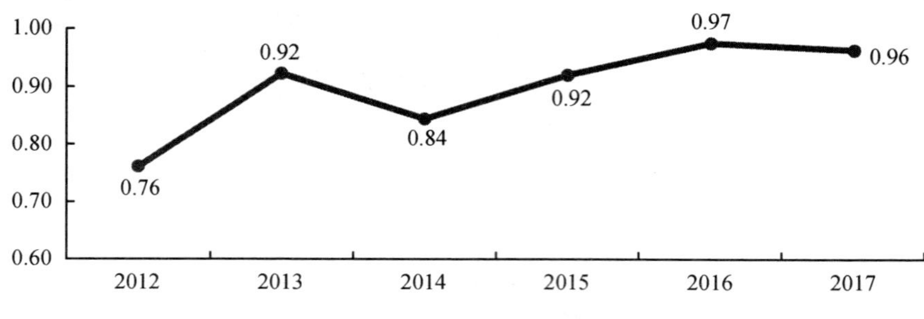


图 3-9　2012—2017 年四川省就业创业极差趋势

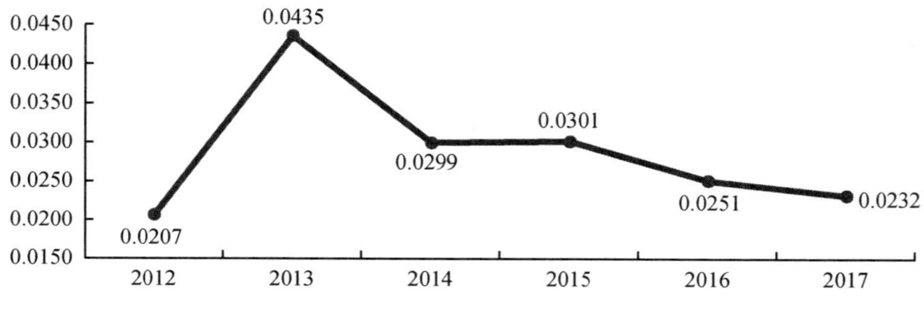


图 3-10　2012—2017 年四川省就业创业泰尔指数趋势

**表 3-12　　2017 年四川省各地州市就业创业评分情况**

| 地区 | 就业创业评分 | 地区 | 就业创业评分 |
|---|---|---|---|
| 成都市 | 99.57 | 南充市 | 72.06 |
| 自贡市 | 66.14 | 眉山市 | 64.92 |
| 攀枝花市 | 62.49 | 宜宾市 | 70.43 |
| 泸州市 | 66.12 | 广安市 | 66.67 |
| 德阳市 | 66.37 | 达州市 | 66.25 |
| 绵阳市 | 68.12 | 雅安市 | 62.70 |
| 广元市 | 65.62 | 巴中市 | 65.02 |
| 遂宁市 | 65.50 | 阿坝藏族羌族自治州 | 61.26 |
| 内江市 | 67.14 | 甘孜藏族自治州 | 60.98 |
| 乐山市 | 62.37 | 凉山彝族自治州 | 63.26 |

（3）社会保险

如图 3-11、图 3-12 所示，2012—2017 年四川省社会保险的极差处于波动且趋于稳定状态，稳定值在 0.81；社会保险的泰尔指数 2012—2017 年上下波动幅度较大，最低值为 0. 116 0，2016—2017 年趋势下降，说明目前泰尔指数在减小，四川省近年来社会保险的不均等化程度降低，差距在缩小。对于社会保险的综合评分来说，大部分地区总体评分相对较高，评分最高的是自贡市，为 98. 96 分，最低是 65. 03 分的德阳市，见表 3-13，各地区评分极差较大，虽然四川省的社保均等化程度在提升，但是还需进一步提升该领域的均等化程度，使得均等化程度更高。

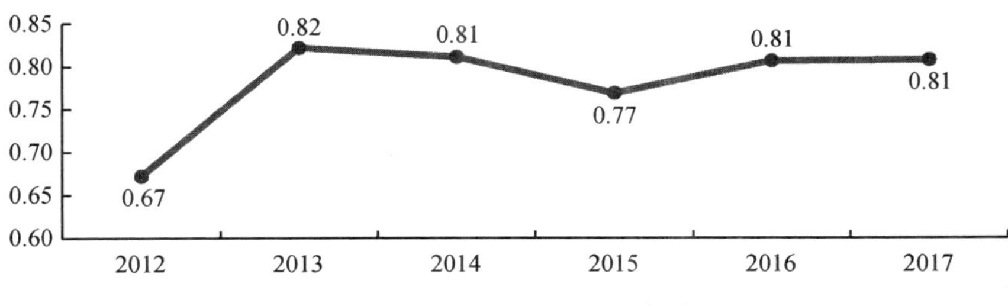


图 3-11　四川省各地州市社会保险极差

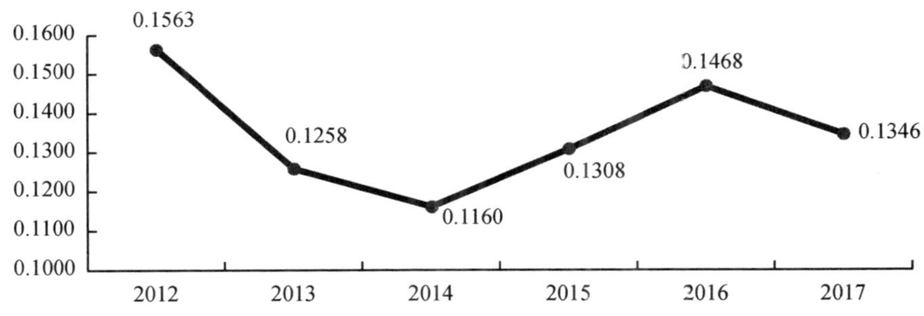


图 3-12　四川省各地州市间社会保险泰尔指数趋势

**表 3-13　　2017 年四川省各地州市社会保险评分情况**

| 地区 | 社会保险评分 | 地区 | 社会保险评分 |
|---|---|---|---|
| 成都市 | 80. 06 | 南充市 | 69. 82 |
| 自贡市 | 98. 96 | 眉山市 | 91. 59 |
| 攀枝花市 | 93. 54 | 宜宾市 | 87. 96 |
| 泸州市 | 89. 08 | 广安市 | 83. 49 |
| 德阳市 | 65. 03 | 达州市 | 86. 07 |
| 绵阳市 | 92. 96 | 雅安市 | 88. 89 |
| 广元市 | 90. 23 | 巴中市 | 88. 19 |

续表

| 地区 | 社会保险评分 | 地区 | 社会保险评分 |
| --- | --- | --- | --- |
| 遂宁市 | 87.53 | 阿坝藏族羌族自治州 | 91.60 |
| 内江市 | 88.59 | 甘孜藏族自治州 | 88.33 |
| 乐山市 | 88.96 | 凉山彝族自治州 | 88.74 |

（4）医疗卫生

将数据代入公式，经过计算获得反映四川医疗卫生均等化水平的各项指标的极差和泰尔指数，同时也算出了 2017 年四川省各地州市的医疗卫生综合评分情况。图 3-13、图 3-14 中四川省医疗卫生极差和泰尔指数的变动趋势具有高度的相似性，都呈现出上升的趋势，并且在 2017 年达到最高，极差值达到 0.99，$T$ 值高达 0.037 8，说明四川省近年来医疗卫生均等化水平越来越低，差距明显扩大。由表 3-14 可知，四川省各地州市医疗卫生总体评分相对较低，大部分地区评分仅在 60~80 分，最高分为成都市的 97.49 分，最低分为攀枝花市 60.78 分，总体医疗卫生服务还需提升。

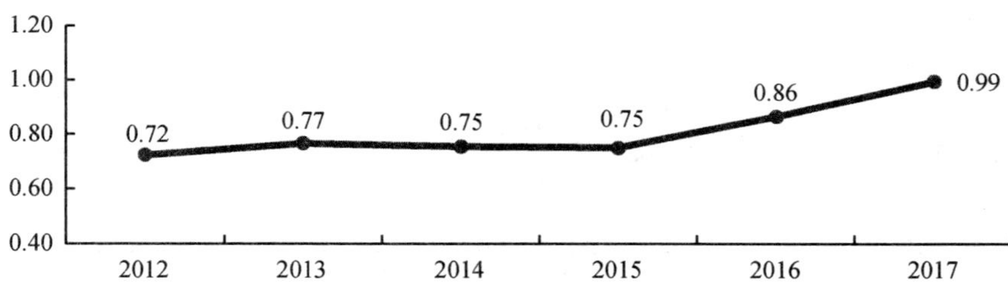


图 3-13　2012—2017 年四川省医疗卫生极差趋势

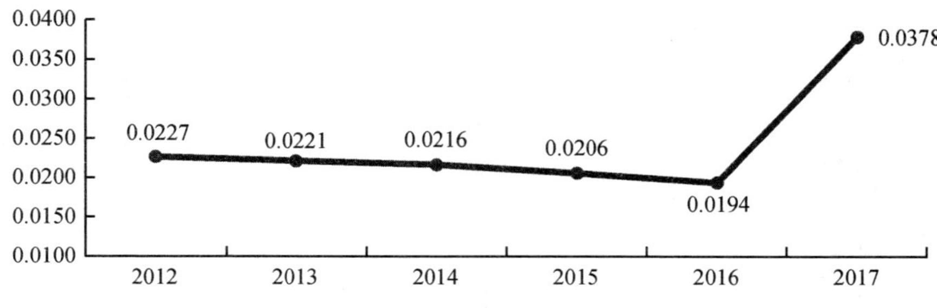


图 3-14　2012—2017 年四川省医疗卫生泰尔指数趋势

表 3-14　　2017 年四川省各地州市医疗卫生评分情况

| 地区 | 医疗卫生评分 | 地区 | 医疗卫生评分 |
| --- | --- | --- | --- |
| 成都市 | 97.49 | 南充市 | 76.29 |
| 自贡市 | 65.98 | 眉山市 | 65.03 |
| 攀枝花市 | 60.78 | 宜宾市 | 70.85 |
| 泸州市 | 69.46 | 广安市 | 67.03 |
| 德阳市 | 66.65 | 达州市 | 69.09 |
| 绵阳市 | 70.88 | 雅安市 | 63.05 |
| 广元市 | 67.06 | 巴中市 | 66.35 |
| 遂宁市 | 67.19 | 阿坝藏族羌族自治州 | 62.12 |
| 内江市 | 67.47 | 甘孜藏族自治州 | 63.41 |
| 乐山市 | 67.47 | 凉山彝族自治州 | 64.92 |

（5）社会服务

如图 3-15、图 3-16 所示，2012—2017 年四川省社会服务的极差在不断上升，说明绝对差距在不断拉大，但泰尔指数从逐渐降低到缓慢回升，由 0.077 减少到 0.043 2 又再升到 0.052 2，特别是 2013—2015 年，速度急剧降低，但是近两年来有所提升，说明近两年来，四川省社会服务的差距呈现出缓慢扩大的状态，不均等现象日益明显，需要进一度增强对社会服务的重视，需要尽快采取有效的措施促使均等化程度水平提升。

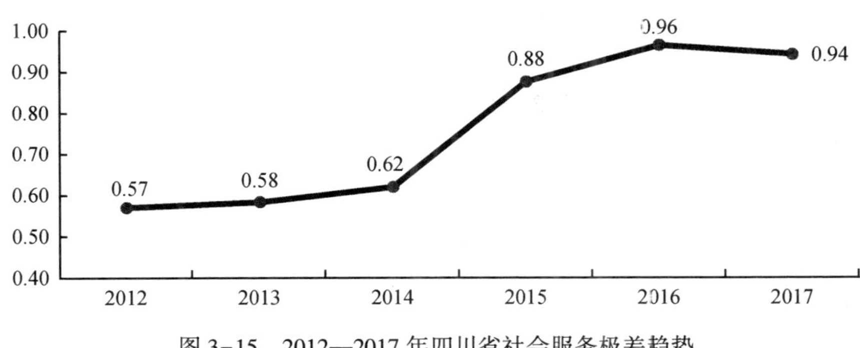


图 3-15　2012—2017 年四川省社会服务极差趋势

2017 年四川省社会服务的综合评分大多地州市均在 60~80 分，成都市社会服务的综合评分较高，为 98.82 分，最低分为攀枝花市 61 分，见表 3-15。

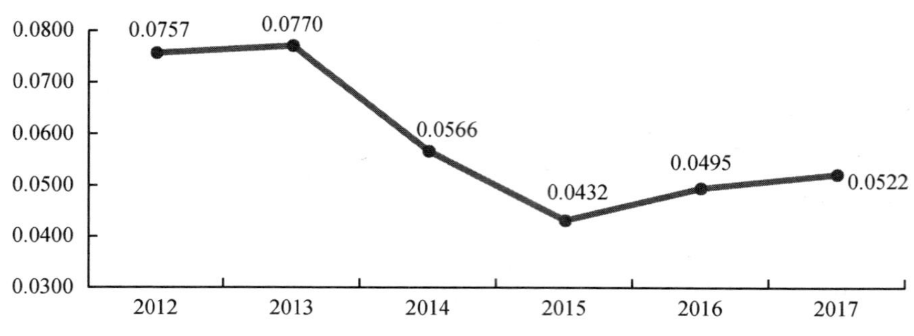


图 3-16　2012—2017 年四川省社会服务泰尔指数趋势

**表 3-15　　2017 年四川省各地州市社会服务评分情况**

| 地区 | 社会服务评分 | 地区 | 社会服务评分 |
|---|---|---|---|
| 成都市 | 98.82 | 南充市 | 82.76 |
| 自贡市 | 74.93 | 眉山市 | 74.32 |
| 攀枝花市 | 61.00 | 宜宾市 | 70.66 |
| 泸州市 | 71.67 | 广安市 | 67.53 |
| 德阳市 | 69.53 | 达州市 | 79.91 |
| 绵阳市 | 77.22 | 雅安市 | 64.96 |
| 广元市 | 77.57 | 巴中市 | 69.08 |
| 遂宁市 | 75.15 | 阿坝藏族羌族自治州 | 64.49 |
| 内江市 | 61.59 | 甘孜藏族自治州 | 64.85 |
| 乐山市 | 62.26 | 凉山彝族自治州 | 65.14 |

（6）住房保障

如图 3-17、图 3-18 和表 3-16 所示，2012—2014 年四川住房保障的极差处于下降趋势，但是 2014—2015 年急剧上升以后极差值又急速下跌至 2017 年的 0.23。通过计算的泰尔指数从 2015 年后在逐渐减小，由 0.238 9 减少到 0.152 2，说明四川省对住房保障越来越重视，致力于解决居民住房难题，使得均等化水平不断提高。

此外，2017 年四川省各地州市住房保障整体评分偏低，均低于 70 分，最高的仅为甘孜藏族自治州 68.19 分，四川省未来还需加强住房保障建设，使人们真正实现“安居”。

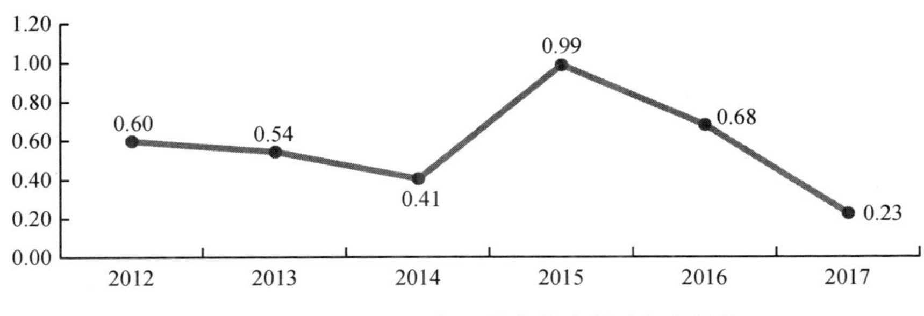


图 3-17　2012—2017 年四川省住房保障极差趋势

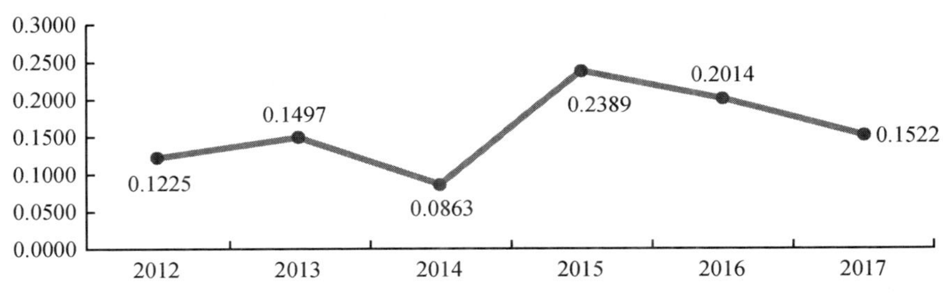


图 3-18　2012—2017 年四川省住房保障泰尔指数趋势

**表 3-16　　　　2017 年四川省各地州市住房保障情况**

| 地区 | 住房保障评分 | 地区 | 住房保障评分 |
|---|---|---|---|
| 成都市 | 62.43 | 南充市 | 65.00 |
| 自贡市 | 67.49 | 眉山市 | 61.29 |
| 攀枝花市 | 62.81 | 宜宾市 | 64.99 |
| 泸州市 | 63.03 | 广安市 | 63.24 |
| 德阳市 | 61.32 | 达州市 | 64.54 |
| 绵阳市 | 64.56 | 雅安市 | 61.83 |
| 广元市 | 62.45 | 巴中市 | 64.62 |
| 遂宁市 | 64.87 | 阿坝藏族羌族自治州 | 61.01 |
| 内江市 | 61.15 | 甘孜藏族自治州 | 68.19 |
| 乐山市 | 66.26 | 凉山彝族自治州 | 64.06 |

（7）文化

由图 3-19、图 3-20 和表 3-17 可知，2012—2017 年，四川省文化的极差是处于先升后降状态，四川省文化的泰尔指数由 0.087 9 升到了 0.095 1，从相对值的角度来看，四川省近几年来的文化均等化水平有所降低。作为少数民族聚居地，有着丰富的民族文化内涵，但是却面临着传承意识淡薄等问题，使得民族文化差距越来越大。

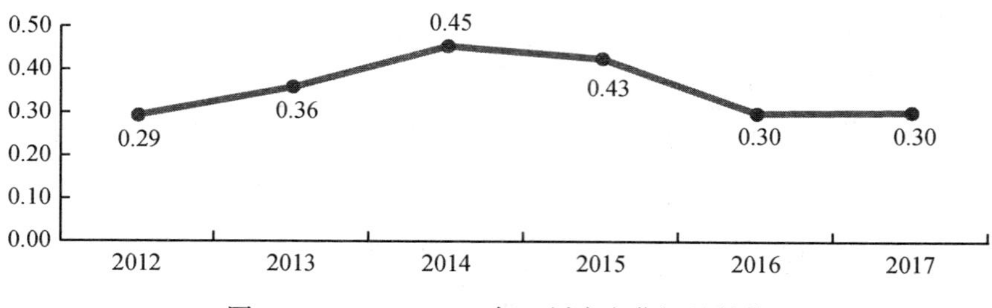


图 3-19　2012—2017 年四川省文化极差趋势

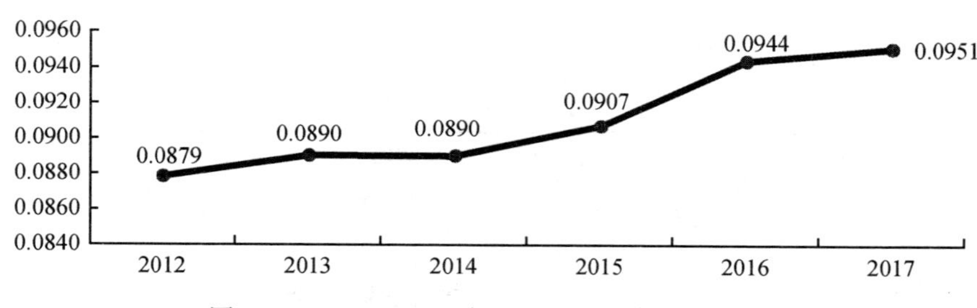


图 3-20　2012—2017 年四川省文化泰尔指数趋势

**表 3-17　　2018 年四川省各地州市文化评分情况**

| 地区 | 文化评分 | 地区 | 文化评分 |
|---|---|---|---|
| 成都市 | 90.90 | 南充市 | 77.30 |
| 自贡市 | 74.27 | 眉山市 | 74.28 |
| 攀枝花市 | 86.15 | 宜宾市 | 77.48 |
| 泸州市 | 75.86 | 广安市 | 74.30 |
| 德阳市 | 73.02 | 达州市 | 74.42 |
| 绵阳市 | 77.75 | 雅安市 | 75.45 |
| 广元市 | 75.39 | 巴中市 | 72.88 |
| 遂宁市 | 73.10 | 阿坝藏族羌族自治州 | 80.68 |
| 内江市 | 70.75 | 甘孜藏族自治州 | 86.66 |
| 乐山市 | 79.96 | 凉山彝族自治州 | 81.73 |

对于地州市文化综合评分来说，总体评分相对较高，均为 70 分以上，各

地州市的评分存在较小的差异，其中成都市文化评分最高，为 90.90 分，与其他地州市相比，三个民族自治州的分数均为 80 分以上，民族文化事业发展较好。

（8）基本公共服务均等化总体情况

2012—2017 年四川省各地州市的极差情况如图 3-21 所示，医疗卫生、就业、社会保障等极差数值较大，存在明显的上升趋势。住房保障极差呈现的波动幅度较大，2015 年后走势急剧下降。文化和教育的极差相较其他基本公共服务而言最低。2012—2017 年，总体基本公共服务极差呈现逐步上升趋势。

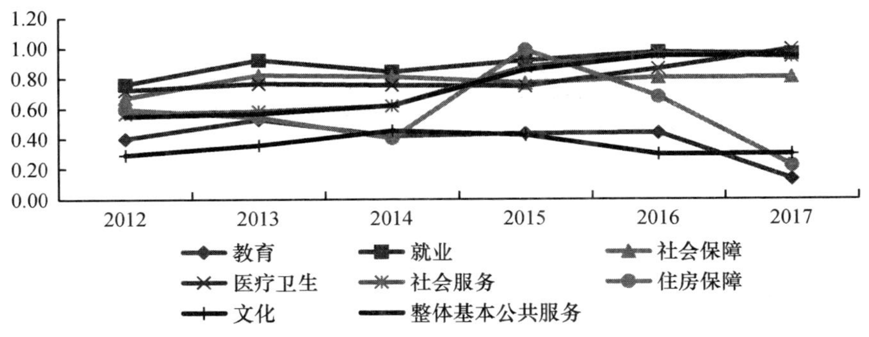


图 3-21　2012—2017 年四川省基本公共服务极差趋势

2012—2017 年，四川各地级市间基本公共服务泰尔指数如表 3-18 和图 3-22 所示，其中住房保障 $T$ 值波动幅度较大，均等化程度提高明显；而其余基本公共服务的泰尔指数波动趋势不明显。与 2012 年相比，2017 年社会保障和社会服务的 $T$ 值存在小幅度的降低，教育、就业、医疗卫生、住房保障和文化的 $T$ 值均在上升，说明它们之间的差异有所提高，均等化程度降低。但是从总体基本公共服务角度来看，其近年来 $T$ 值较小且不断地在降低，降低幅度为 13.96%，说明四川各地州市的总体基本公共服务差异在不断缩小。

**表 3-18　四川省基本公共服务泰尔指数**

| 年份 | 教育 | 就业 | 社会保障 | 医疗卫生 | 社会服务 | 住房保障 | 文化 | 总体基本公共服务 |
|---|---|---|---|---|---|---|---|---|
| 2012 | 0.087 4 | 0.020 7 | 0.156 3 | 0.022 7 | 0.075 7 | 0.122 5 | 0.087 9 | 0.048 7 |
| 2013 | 0.076 8 | 0.043 5 | 0.125 8 | 0.022 1 | 0.077 0 | 0.149 7 | 0.089 0 | 0.050 6 |

续表

| 年份 | 教育 | 就业 | 社会保障 | 医疗卫生 | 社会服务 | 住房保障 | 文化 | 总体基本公共服务 |
|---|---|---|---|---|---|---|---|---|
| 2014 | 0. 084 8 | 0. 029 9 | 0. 116 0 | 0. 021 6 | 0. 056 6 | 0. 086 3 | 0. 089 0 | 0. 041 0 |
| 2015 | 0. 090 1 | 0. 030 1 | 0. 130 8 | 0. 020 6 | 0. 043 2 | 0. 238 9 | 0. 090 7 | 0. 030 5 |
| 2016 | 0. 102 4 | 0. 025 1 | 0. 146 8 | 0. 019 4 | 0. 049 5 | 0. 201 4 | 0. 094 4 | 0. 034 8 |
| 2017 | 0. 087 8 | 0. 023 2 | 0. 134 6 | 0. 037 8 | 0. 052 2 | 0. 152 2 | 0. 095 1 | 0. 041 9 |

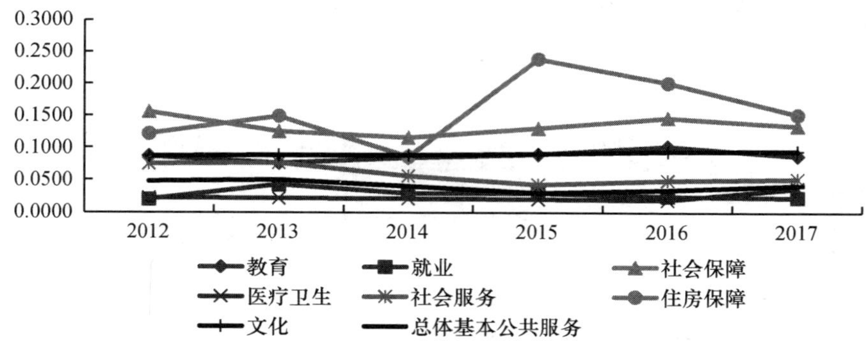


图 3-22　2012—2017 年四川省基本公共服务泰尔指数趋势

运用熵值法和功效系数法，计算出四川省各个地州市总体基本公共服务得分，见表 3-19。其中，成都市的总体公共服务评分最高，达到 84. 69 分，德阳市总体基本公共服务评分最低，为 68. 60 分。四川省总体基本公共服务综合评分较高，2017 年综合基本公共服务得分均为 70 分以上，仅有一个地州市得分未低于 70 分，各地州市整体基本公共服务供给力度较强。

**表 3-19　　2017 年四川省总体公共服务评分情况**

| 地区 | 总体基本公共服务评分 | 地区 | 总体基本公共服务评分 |
|---|---|---|---|
| 成都市 | 84. 69 | 南充市 | 74. 40 |
| 自贡市 | 74. 71 | 眉山市 | 72. 08 |
| 攀枝花市 | 72. 62 | 宜宾市 | 74. 42 |
| 泸州市 | 73. 24 | 广安市 | 71. 77 |
| 德阳市 | 68. 60 | 达州市 | 73. 82 |
| 绵阳市 | 75. 35 | 雅安市 | 70. 59 |
| 广元市 | 73. 58 | 巴中市 | 72. 22 |

续表

| 地区 | 总体基本公共服务评分 | 地区 | 总体基本公共服务评分 |
| --- | --- | --- | --- |
| 遂宁市 | 72.09 | 阿坝藏族羌族自治州 | 71.68 |
| 内江市 | 70.88 | 甘孜藏族自治州 | 73.73 |
| 乐山市 | 73.21 | 凉山彝族自治州 | 73.13 |

## 第四节　本章小结

四川省公共教育方面，四川省通过颁布各个相关政策促进了教育经费投入逐年增加，切实提高财政教育支出占公共财政支出比重，进一步优化了教育经费的支出结构，与此同时办学条件得到了改善，师资力量不断壮大。但是关于不同层级、不同地区的教育经费投入依然存在不均等化现象、中小学城乡危房占地面积、教学计算机台数、固定资产等办学条件存在的差距依然明显、教师不同学历和城乡之间的人数差异明显，师资队伍力量差距悬殊等问题尚未得到有效的解决。医疗卫生方面，四川省基层医疗卫生机构发展取得一定成效，卫生资源总量持续上升，无论是医疗机构总数、机构人员数还是床位数都不同程度地增加，服务量也呈增长趋势，病床使用率也不断提升。但是存在着卫生资源向上集聚效应难以遏制、基层医疗机构资源闲置等问题。社会保障服务方面，近年来四川省社会保险、社会救助、养老服务的工作切实取得了显著的成就，保障了大量有困难的人群的基本生活，而城乡最低生活保障的人均生活保障支出存在差异显著的问题还有待进一步解决。文化体育方面，四川省文化底蕴深厚，文化资源富集，体育事业出现了“三位一体”协调发展，但是文化机构和文化事业费支出却在发生细微的减少，人民群众日益增长的多元化、多层次体育需求与基本体育公共服务供给不足的矛盾依然突出。就业和住房保障方面，通过鼓励创新创业促进就业的发展，坚持对就业政策的落实，使得就业规模在稳定中扩大，取得了显著的成就；2016 年开始，四川省全面停止新建保障房，转为分配已建成房屋和货币保障相结合，进一步保障了人们的利益。但是人才稀缺、服务业吸纳就业能力不足、保障性住房建设不平衡、质量安全管理等问题依然存在，需要再进一步完善。

从泰尔指数实证分析法对四川省 20 个地州市基本公共服务均等化水平的分析看，从总体基本公共服务角度来看，其近年来 $T$ 值较小且不断地在降低，四川省的总体基本公共服务差异在不断缩小，均等化程度水平在逐渐提升。但是其中住房保障、社会保障、教育和文化的泰尔指数相对较大，未来特别需要予以强烈的关注，提升各项基本公共服务均等化水平，特别是住房保障，$T$ 值波动幅度大，且数值较高，均等化水平低。

# 第四章
# 贵州省基本公共服务均等化情况

## 第一节　贵州省基本概况

### 一、人口

近几年来贵州省常住人口数量不断增加，部分归因于出生率不断增长而死亡率不断下降，自然增长率逐渐呈上升趋势，见表 4-1。

表 4-1　　贵州省人口情况

| 年份 | 常住人口（万人） | 出生率（‰） | 死亡率（‰） | 自然增长率（‰） |
|---|---|---|---|---|
| 2013 | 3 502.22 | 13.05 | 7.15 | 5.90 |
| 2014 | 3 508.04 | 12.98 | 7.18 | 5.80 |
| 2015 | 3 529.50 | 13.00 | 7.20 | 5.80 |
| 2016 | 3 555.00 | 13.43 | 6.93 | 6.50 |
| 2017 | 3 580.00 | 13.98 | 6.88 | 7.10 |

数据来源：2013—2017 年贵州省统计年鉴（43-45 页，中国统计出版社）

截至2018年年末，贵州省常住人口3 600.00万人，比上年末增加了20.00万人。其中城镇常住人口1 710.72万人，占年末常住人口的比重（常住人口城镇化率）为47.52%，比上年年末提高了1.50个百分点。男性人口1 859.95万人，占年末常住人口数51.67%，男女性别比（以女性为100）为106.89。2017年全年出生人口49.90万人，出生率为13.90‰；死亡人口24.59万人，死亡率为6.85‰；自然增长率为7.05‰①。

## 二、经济发展

改革开放以来，贵州省的经济面貌焕然一新，通过自身的资源优势，大力发展重工业，以重工业带动经济的发展，经济的不断进步也改善了人民的生活水平。作为西部地区落后省份，近年来，为了促进经济发展，国家从财政拨款、政策扶持等方面全方位大力扶持贵州省经济发展，贵州省也在努力奋进，结合当前自身发展态势和未来预期情况，大力推进经济建设，取得了显著的成就。具体体现为以下几点：

1. 经济规模持续扩大

近年来，“一带一路”、西部大开发、贵州省“两高”（贵阳至广州高速铁路、高速公路）经济带等经济发展战略规划，为贵州省带来了新的机遇，使得经济得到了快速发展。如图4-1所示，2011—2018年贵州省经济从高速增长转向了中高速增长状态，增长速度放缓，但是2011—2017年全省地区生产总值增长速度连续七年位居全国第三，年均增长10%以上，到了2018年贵州省经济增速达到9.1%，增速高于全国2.5个百分点，和西藏并列第一，连续8年来位居全国前列。虽然经济增长速度放缓，但是全省地区生产总值的规模在不断扩大，全省地区生产总值从2011年的5 701.84亿元提高到2018年的14 806.45亿元，经济总量占全国比重从2011年的1.21%提高到2018年的1.65%②。

① 数据来源：贵州省统计年鉴2018（43-45页，中国统计出版社）.

② 数据来源：贵州省统计局（http://202.98.195.171:81/articles/c7/2020/06/a178/a178.html? locationhref=http://202.98.195.171:81/channels/c7/c7_2.html&pagesize=15&curpage=2&curainum=9）.

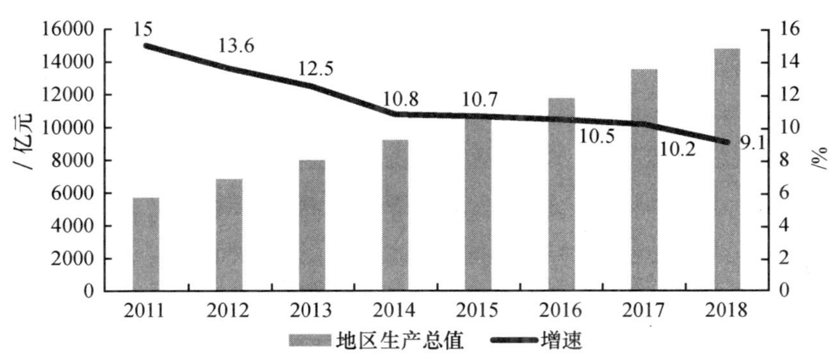


图 4-1　2011—2018 年贵州省地区生产总值情况

数据来源：2011—2018 年贵州省国民经济和社会发展统计公报（1 页，中国统计出版社）

2. 产业结构逐渐优化

近年来，正是由于贵州省经济发展速度不断加快，经济规模逐渐扩大，贵州省产业结构也在不断地调整和升级，第一产业比重不断较少，第三产业比重逐渐增大，三产产业蓬勃发展，产业结构逐渐实现优化。如图 4-2 所示，2015—2018 年，贵州省第一产业比重从 15. 6%降低到 14. 6%，第二产业比重呈微小波动降低状态，占比分别为 39. 6%、39. 6%、40. 1%、38. 9%，第三产业比重从 44. 8%增加至 46. 5%①。

3. 发展动力持续增大

改革开放 40 年来，贵州始终坚持以扩大需求带动经济的发展，投资成为经济发展的重要方面，全社会固定资产投资增速总体加快，其中 1979—1988 年年均增长 14. 9%；1989—1998 年年均增长 20%；1999—2008 年年均增长 19. 2%；2009—2018 年年均增长 28. 7%。特别是党的十八大以来，投资对经济增长的贡献率始终保持在 70%以上②。

4. 经济效益稳步提升

经济快速增长，社会固定资产投资总体增速不断加快，带来了居民收入大

① 数据来源：2018 年贵州省国民经济和社会发展统计公报（http://www.guizhou.gov.cn/zfsj/tjgb/201904/t20190409_2380522.html）.

② 数据来源：新浪财经（https://finance.sina.com.cn/roll/2019-01-09/doc-ihqhqcis4339371.shtml）.

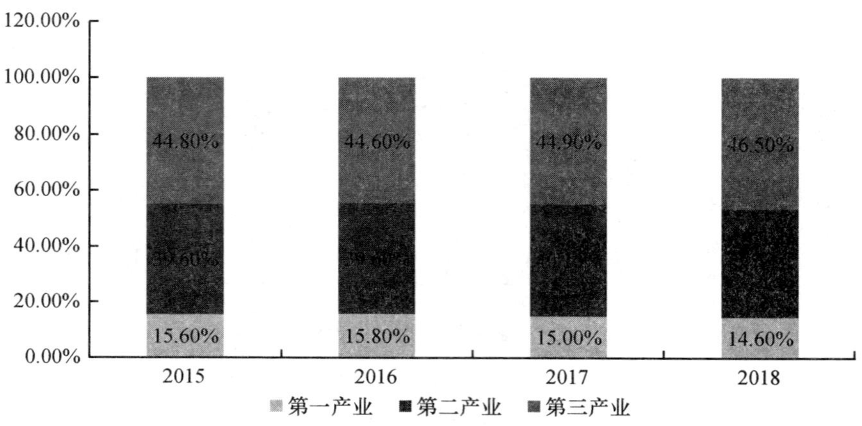


图 4-2 贵州省产业结构占比情况

数据来源：2015—2018 年贵州省国民经济和社会发展统计公报（1 页，中国统计出版社）

幅度提升，降低了贫困发生率。如图 4-3 所示，2014—2018 年贵州省城乡居民的人均可支配收入保持较快增长，相较农村而言，城镇居民人均可支配收入增长速度较快，从 2014 年的 22 548. 12 元增加到 2018 年的 31 592 元①。

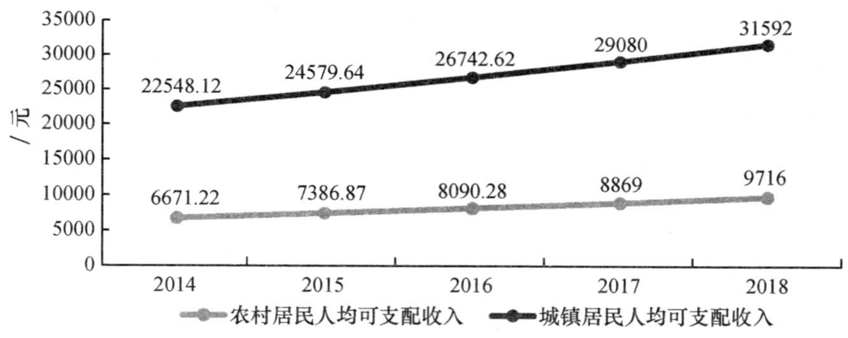


图 4-3 2014—2018 年贵州省居民人口可支配收入情况

数据来源：2014—2018 年贵州省国民经济和社会发展统计公报（11 页，中国统计出版社）

5. 节能降耗取得较快发展，能效水平大幅提高

改革开放以来，通过节能减耗的各项政策措施的落实，贵州省在此方面取得了较大的进步，相比较于 1985 年，到 2017 年，单位生产总值能耗累计降低

① 数据来源：贵州省统计局（http://202. 98. 195. 171:81/articles/c7/2020/06/a466/a466. html? locationhref=http://202. 98. 195. 171:81/channels/c7/c7_1. html&pagesize=15&curpage=1&curainum=7）.

61.8%，年均下降3.8%，呈现出稳步下降的趋势。自“十一五”以来，单位生产总值能耗指标已经连续三次被纳入贵州省国民经济和社会发展五年规划纲要。“十一五”时期，预计2010年相比于2005年单位生产总值能耗下降20%，实际降低20.06%；“十二五”时期，预计2015年相比于2010年单位生产总值能耗下降15%，实际降低22.44%①。

新的经济发展战略和政策方针为贵州省经济发展带来了许多机遇，在多方面实现了快速发展以及显著的成就，但是依然面临其所带来的挑战。第一，产业结构层次较低，单一依赖自然资源发展。与全国相比，贵州省的第一产业占比很大，特色农业没有得到很好的发展；粗加工的工业占比过大，科技含量等轻工业行业的区位商较小；第三产业发展幅度有限。第二，城乡发展差距过大，农村人均收入远低于城镇人均收入，而且区域发展也不均匀。第三，贫困发生率较高。虽然近几年来贵州省的贫困发生率在不断降低，但是相较全国水平而言，贵州省贫困人口较多，被列入了脱贫攻坚的一线作战地，省内贫困人口多、贫困面大、贫困程度较深。因此，贵州省需要在国家政策的扶持下实施一些新的措施来改变目前的发展状况，尤其是针对扶贫、产业结构进一步调整、传统特色推陈出新，加快经济健康发展。

## 第二节　贵州省基本公共服务现状

### 一、公共教育服务

改革开放以来，贵州教育在党中央和国家有关部委的关心支持下，在西部地区率先实施“两基”攻坚并通过国家督导评估，教育“9+3”计划和“4+2”教育突破工程，成效明显。1990年，贵州省为了加强基础教育，颁发了《贵州省关于多渠道筹措教育经费暂行办法》，各项筹措的资金应重点用于中小学（幼儿园、托儿所）改善办学条件。1991年，为了推进九年制义务教育的实

① 数据来源：贵州省统计局（http://202.98.195.171:81/channels/c7/c7_1.html）.

施，不断提高教育质量和办学效益，贵州省人民政府颁发了《贵州省基础教育实施分级办学分级管理的暂行规定》，进一步加强了对基础教育的管理。针对农村教育落后现象，2006 年，贵州省人民政府印发《贵州省农村义务教育经费保障机制改革工作实施方案的通知》，加大了农村义务教育经费的投入力度，农村事业发展取得了显著的成就。2016 年，针对优质教育资源区域间、城乡间、校际间配置仍不平衡，教师队伍结构不合理等现象，贵州省人民政府颁发了《贵州省教育综合改革方案》的通知，要求着力推进重点领域和关键环节改革创新，着力推进系统完备、办学多元化、管理科学、开放有序、高效公平的教育体制机制体系建设，建立完善各级各类教育办学标准体系，推进教育改革发展进入法治化轨道。根据政策的向导，贵州省的公共教育取得了不错的成效，但是在发展的过程中仍然存在着一些问题需要解决，主要体现在以下几个方面。

1. 公共教育经费投入不均

近年来，贵州省对义务教育的投入经费不断加大，生均教育经费不断增长，以生均公共财政预算教育事业费支出为例，2016 年贵州省普通小学、普通中学生均公共财政预算教育事业费分别为 9 659. 17 元、10 131. 84 元，分别比上年增加 11. 72%、16. 39%，其中农村生均教育经费分别是 9 773. 55 元、9 905. 84 元，分别比上年增加 13. 78%、20. 08%，见表 4-2。对于普通小学，2016 黔西南的生均教育经费最高，为 12 166. 49 元，增长速度也最高，而毕节市生均教育经费最低，为 7 090. 97 元。对于普通初中，2016 年贵阳市人均教育经费最高，为 15 258. 66 元，而毕节市生均教育经费最低，为 6 786. 64 元，整个义务教育阶段安顺市的生均教育经费增速最低。总体来说，目前贵州省各个地区之间生均义务教育经费支出差距较为明显，地区经费投入不均等①。

2. 城乡公共教育教学条件差异显著

在一个统一的国家之内，各个区域的教育机会供给应该是相对均衡的。近年来，农村中小学办学条件在逐步改善，多数农村中小学新增校舍质量明显提高，由于贵州省农村人口较多，近年来，贵州省政府财政基础教育经费重点

① 数据来源：贵州省教育厅（http://stjj. guizhou. gov. cn/）.

**表 4-2　2016 年贵州省公共教育生均公共财政预算教育事业费支出情况**

| 地区 | 普通小学（元） | | | | 普通中学（元） | | | |
|---|---|---|---|---|---|---|---|---|
| | 2016 年 | 比上年增减（%） | 其中：农村 | | 2016 年 | 比上年增减（%） | 其中：农村 | |
| | | | 2016 年 | 增减（%） | | | 2016 年 | 增减（%） |
| 贵州省 | 9 659. 17 | 11. 72 | 9 773. 55 | 13. 78 | 10 131. 84 | 16. 39 | 9 905. 84 | 20. 08 |
| 贵阳市 | 11 384. 92 | 7. 85 | 11 997. 00 | -0. 43 | 15 258. 66 | 10. 49 | 13 450. 97 | 13. 62 |
| 六盘水市 | 9 217. 82 | 9. 46 | 9 906. 95 | 8. 55 | 9 514. 79 | 18. 49 | 9 753. 80 | 21. 40 |
| 遵义市 | 9 607. 40 | 11. 02 | 10 111. 63 | 11. 68 | 9 497. 64 | 15. 76 | 9 642. 32 | 14. 28 |
| 安顺市 | 8 404. 22 | 2. 70 | 8 371. 70 | 5. 27 | 9 074. 56 | 8. 87 | 8 687. 18 | 8. 34 |
| 毕节市 | 7 090. 97 | 9. 61 | 7 168. 35 | 9. 94 | 6 786. 64 | 18. 09 | 6 786. 61 | 18. 72 |
| 铜仁市 | 10 707. 39 | 17. 37 | 10 871. 80 | 16. 06 | 11 151. 47 | 17. 16 | 11 531. 64 | 16. 67 |
| 黔西南布依族苗族自治州 | 12 166. 49 | 23. 14 | 12 035. 67 | 28. 11 | 12 283. 50 | 20. 52 | 12 080. 39 | 20. 18 |
| 黔东南苗族侗族自治州 | 10 793. 88 | 9. 65 | 10 957. 72 | 9. 35 | 11 620. 92 | 15. 92 | 11 678. 90 | 20. 65 |

数据来源：贵州省教育厅（http://stjj. guizhou. gov. cn/）.

向农村地区倾斜，公用经费标准明显提高。2018 年，贵州省农村小学的办学条件总体要强于城市小学的办学条件，城乡小学办学条件的差距更突出地表现在新增宿舍面积、多媒体教室以及固定资产投入总值上，而危房面积的城乡差距为零，见表 4-3。针对初中来说，农村的办学条件相对于城市的办学条件较差，农村初中与城市初中的危房面积均为零，而对于新增宿舍面积、多媒体教室、固定资产投入总值来说，城市初中的办学条件要优于农村初中办学条件。总体来说，无论是小学或是初中，城乡办学条件依然存在明显差距，不均衡化现象严重。

**表 4-3　2018 年贵州省公共教育办学条件城乡比较**

| 阶段 | 办学条件 | 农村 | 城市 | 城乡差距 |
|---|---|---|---|---|
| 小学 | 危房面积（平方米） | 0 | 0 | 0 |
| | 新增宿舍面积（平方千米） | 82. 40 | 51. 53 | -30. 87 |
| | 多媒体教室（间） | 41 313 | 17 030 | -24 283 |
| | 固定资产投入总值（亿元） | 126. 33 | 70. 56 | -55. 77 |

续表

| 阶段 | 办学条件 | 农村 | 城市 | 城乡差距 |
| --- | --- | --- | --- | --- |
| 初中 | 危房面积（平方米） | 0 | 0 | 0 |
| | 新增宿舍面积（平方千米） | 21.88 | 21.67 | -0.21 |
| | 多媒体教室（间） | 8 290 | 9 714 | 1 424 |
| | 固定资产投入总值（亿元） | 45.95 | 64.34 | 18.39 |

数据来源：中国经济社会大数据研究平台（https://data.cnki.net/ItemSearch/Index?ky=%E4%B8%AD%E5%9B%BD%E6%95%99%E8%82%B2%E7%BB%9F%E8%AE%A1%E5%B9%B4%E9%89%B4&f=item）

3. 公共教育师资力量薄弱，城乡差异较大

经过计算，小学、初中城乡之间师生比差异不大，均在7%上下浮动，这和农村生源相对分散，城市生源相对集中的生源状况有一定关系。但是，城乡之间教师的素质差异是巨大的。这突出表现在两方面：一是农村教师中教师实际学历合格率较低，存在大量低学历的教师；二是在教师高学历方面，农村学校与城市学校有着天壤之别。

由表4-4可知，无论小学还是初中，相对于农村本科以上学历，城市本科以上教师占比较高，专业化师资力量较为雄厚，而农村小学教师处于高中学历的教师占比达到7.04%，任职教师处于低学历状态的比重偏大。因此，城乡任职教师在不同层级教育中的高层次学历比例方面差距较为明显，高级别职称比例的城乡差距也比较大。此外，更重要的是，还要必须看到，农村中小学中过去存在大量的民办教师，这些教师原来学历并没有达到要求，而是通过进修获得学历并转正的。他们中相当一部分原来只读过小学或者初中，其教学水平是难以保证的①。

**表4-4　2018年贵州省城乡普通初中和普通小学教师学历对比情况**

| 阶段 | 学历 | 农村 | 城市 |
| --- | --- | --- | --- |
| 初中 | 研究生毕业教师占比（%） | 0.34 | 2.09 |
| | 本科毕业教师占比（%） | 81.23 | 86.2 |
| | 专科毕业教师占比（%） | 18.25 | 11.53 |
| | 高中毕业教师占比（%） | 0.17 | 0.17 |

① 数据来源：中国教育统计年鉴2018（142-143页、164-165页，中国统计出版社）.

续表

| 阶段 | 学历 | 农村 | 城市 |
| --- | --- | --- | --- |
| 初中 | 高中以下毕业教师占比（%） | 0. 01 | 0. 01 |
| 小学 | 研究生毕业教师占比（%） | 0. 05 | 0. 37 |
| | 本科毕业教师占比（%） | 45. 7 | 60. 93 |
| | 专科毕业教师占比（%） | 46. 88 | 36. 09 |
| | 高中毕业教师占比（%） | 7. 04 | 2. 56 |
| | 高中以下毕业教师占比（%） | 0. 33 | 0. 05 |

数据来源：中国教育统计年鉴 2018（142-143 页、164-165 页，中国统计出版社）

## 二、医疗卫生

随着经济社会的发展，近几年来，贵州省在医疗卫生计生事业发展方面、医疗卫生服务体系方面不断完善，供给能力持续增强，健康保障水平进一步提高，居民健康水平不断提高。为了促进医疗卫生资源进一步优化配置，提高服务能力和可及性，2015 年以来相继出台了《中共贵州省委贵州省人民政府关于大力推动医疗卫生事业改革发展的意见》《中共贵州省委贵州省人民政府关于加快推动卫生与健康事业改革发展的意见》《贵州省医疗卫生服务体系规划》等文件，进一步推动了贵州省卫生事业的发展，2016 年，人均卫生费 2 472 元，截至 2017 年年底，全省共有医疗卫生机构共 28 053 个，其中卫生院、医院就有 2 682 个；医疗卫生床位数 232 903 张，医疗卫生病床使用率为 72. 5%，平均每千人拥有床位数 6. 51 张；卫生人员 301 900 人，其中卫生技术人员 225 870 人，执业医师 75 500 人。此外，2017 年全省的新生儿死亡率为 4. 5‰，婴儿死亡率为 7. 4‰，孕产妇死亡率 22. 8‰[①]，均低于 2016 年的数值，说明医疗卫生情况在逐年改善，但是依然存在一些问题，形势依然严峻，主要包括以下几个方面：

1. 地区间医疗财力投入不均

“看病难”“看病贵”问题成了当前医疗卫生的一个焦点，医疗卫生体制改

① 数据来源：贵州省统计年鉴 2018（16-18 页，中国统计出版社）.

革的失败使我国医疗卫生也进一步影响着地区医疗卫生的差异。贵州省地区之间的卫生服务水平存在较大差异，卫生健康投入、卫生服务的可及性和人民健康水平等方面存在巨大差异。根据贵州 2017 年各个地区的常住人口以及财政医疗支出数据计算得出各地区的人均医疗支出，可以看出，2017 年贵州省人均卫生支出较高的是黔东南州，为 1 367.03 元，其次是铜仁市，人均医疗支出为 1 348.16 元；人均医疗支出最低的是贵阳市，不足千元，仅为 885.05 元，见表 4-5。各个地区之间人均医疗支出存在着较为显著的差异，说明当前贵州省在地区之间医疗财力资源投入不均等①。

表 4-5　　2017 年贵州省财政医疗支出情况

| 地区 | 常住人口（万人） | 医疗支出（万元） | 人均医疗支出（元） |
|---|---|---|---|
| 贵阳市 | 480.2 | 425 000 | 885.05 |
| 遵义市 | 624.83 | 751 300 | 1 202.41 |
| 六盘水 | 292.41 | 325 700 | 1 113.85 |
| 安顺市 | 234.44 | 260 000 | 1 109.03 |
| 铜仁市 | 315.69 | 425 600 | 1 348.16 |
| 毕节市 | 665.97 | 675 700 | 1 014.61 |
| 黔东南州 | 352.37 | 481 700 | 1 367.03 |
| 黔西南州 | 286 | 347 700 | 1 215.73 |

数据来源：贵州省统计局（http://202.98.195.171:81/channels/c7/c7_1.html）

2. 医疗卫生人员城乡差异显著

生老病死是人一生中不可避免的事情，国家也在制定相关政策，不断努力的改善医疗卫生条件。近几年来，贵州省在政策的引导下，在医疗卫生服务水平上有了很大的提升，医疗卫生人员数也不断地在增加。2012—2017 年，医疗卫生人员总数由 152 608 人增加到了 301 900 人，但是农村乡镇的卫生人员占比最高仅达到 20.82%，说明当前农村卫生人员数较少，出现供给不足现象，见表 4-6。此外，2012—2015 年，农村乡镇卫生人员总数在城乡卫生人员总数中的比例也在逐渐上升，到达 2015 年的高峰点后，至 2017 年，贵州省农村乡镇卫生人员总数在城乡卫生人员总数中的比例不断下降，城乡差距不断扩大。

① 数据来源：贵州省统计局（http://202.98.195.171:81/channels/c7/c7_1.html）.

可以看出贵州省医疗卫生情况城乡差异较大，城乡的医疗卫生人员资源分配不均，农村乡镇的医疗卫生建设还是欠缺足够的投入①。

**表 4-6　　　　2012—2017 年贵州省城乡卫生人员占比情况**

| 年份 | 2012 | 2013 | 2014 | 2015 | 2016 | 2017 |
|---|---|---|---|---|---|---|
| 城乡卫生人员总数（人） | 152 608 | 156 557 | 169 799 | 187 361 | 277 437 | 301 900 |
| 农村乡镇卫生人员总数（人） | 26 113 | 29 725 | 32 845 | 39 014 | 42 400 | 44 940 |
| 农村乡镇卫生人员占比（%） | 17.11 | 18.99 | 19.34 | 20.82 | 15.28 | 14.88 |

数据来源：贵州省统计局（http://202.98.195.171:81/channels/c7/c7_1.html）

3. 医疗卫生资源分布不均

城乡卫生资源差距首先表现在医疗卫生床位数上，根据统计，近几年来，贵州省医疗卫生床位总数不断在增加，2018 年达到最高 232 903 张，同样的，农村乡镇卫生院床位总数也在不断增长，但是相对医疗卫生床位总数来说，其增长速度较慢，导致 2014—2017 年贵州省的农村乡镇床位数占比呈下滑趋势，从 21.01%减至 17.92%，拉大城乡卫生资源的差距，加剧了不均等化程度，见表 4-7。此外，城乡卫生资源差距也表现在城市和农村医疗卫生机构方面，2012—2017 年，贵州省医疗卫生机构数量在逐渐增加，但是 2014 年以后，农村乡镇卫生院机构总数在逐渐减少，导致农村乡镇卫生院占比也在降低，城乡医疗卫生机构数量差异更加显著。综合来说，近几年来，贵州省城乡卫生资源差距明显扩大，主要体现在医疗卫生机构数以及医疗卫生床位数两个方面②。

**表 4-7　　　　2012—2017 年贵州省医疗卫生资源分布情况**

| 年份 | 2012 | 2013 | 2014 | 2015 | 2016 | 2017 |
|---|---|---|---|---|---|---|
| 卫生机构总数（个） | 27 379 | 29 182 | 28 995 | 28 740 | 28 027 | 28 053 |
| 农村乡镇卫生院机构总数（个） | 1 438 | 1 430 | 1 427 | 1 419 | 1 399 | 1 362 |
| 农村乡镇卫生院占比（%） | 5.42 | 4.9 | 4.92 | 4.94 | 4.99 | 4.85 |
| 卫生机构床位总数（万张） | 13.65 | 16.33 | 18.17 | 19.65 | 21.02 | 23.29 |
| 农村乡镇卫生院床位总数（张） | 33 148 | 36 812 | 38 178 | 38 454 | 39 905 | 41 754 |
| 农村乡镇床位数占比（%） | 24.43 | 22.54 | 21.01 | 19.57 | 18.98 | 17.92 |

数据来源：贵州省统计局（http://202.98.195.171:81/channels/c7/c7_1.html）

①② 数据来源：贵州省统计局（http://202.98.195.171:81/channels/c7/c7_1.html）.

## 三、社会保障服务

1. 社会保障参保人数情况

我国的社会保障体系包括社会保险、社会福利、优抚安置、社会救助（城镇居民最低生活保障制度、部分农村居民最低生活保障制度、救灾救济制度、扶贫开发制度）等。其中，社会保险在社会保障中具有重要的作用，社会保险主要包括养老、失业、医疗、工伤、生育保险等。居民享受到的社会保障的项目和标准因身份条件、居住地、工作单位、户口等的不同而不同。如图 4-4 所示，由于人口老龄化日趋严重，人们的养老保障意识逐渐增强，近几年来贵州省城乡居民基本养老保险的人数在缓慢增加，同时相较其他社会保障来说，城乡居民基本养老保险的人数最多，其次是基本医疗保险参保人数，医疗健康意识也越来越强。但失业保险、工伤保险以及生育保险的参保人数较低，同时增长幅度不明显。

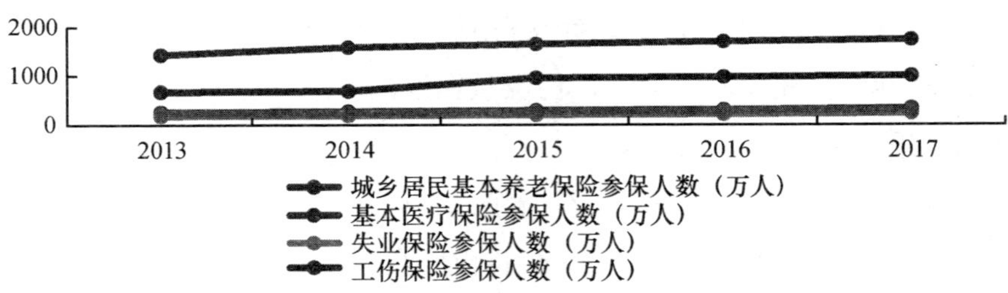


图 4-4　2013—2017 年贵州省居民社会保障参保情况

数据来源：2018 年贵州统计年鉴（10-1 页，中国统计出版社）

2. 城乡人均最低生活保障支出情况

此外，获得社会救助或最低生活保障是公民的一项基本权利。2013 年，贵州省人民政府印发了《关于进一步加强和改进最低生活保障的实施意见》，进一步加强和改进贵州省最低生活保障工作，随后相继推出了针对农村和城市居民最低生活保障的相关办法，城乡居民最低生活保障支出不断增加，2017 年城乡居民人均最低生活保障支出达到 5 052. 41 元和 3 039. 83 元，分别比上年增长 7.43%和 39.36%[①]。长期以来，我国的社会保障政策城乡分割，城市的最低生活保障制度已逐步完善，而大部分农村地区的基本生活保障则处于极不完善的状态。如表 4-8 所示，对于贵州省来说，2013—2017 年，城乡最低生活保障人数均在不断增加，同时，城乡最低生活保障支出也随着人数的增长在同步增加。但是，通过计算，城乡最低生活保障支出/城乡最低生活保障人数，即城乡人均生活保障支出差距明显，2013—2017 年，城乡人均生活保障支出差距分别为 2 130.51 元、2 101.06 元、2 341.50 元、2 521.42 元、2 012.58 元，城乡差距达到 2 000 元以上，且差距数量增减波动不稳定。

**表 4-8　　贵州省最低生活保障情况**

| 年份 | 最低生活保障人数（万人） | | 最低生活保障支出（万元） | | 人均生活保障支出（元） | |
|---|---|---|---|---|---|---|
| | 农村 | 城市 | 农村 | 城市 | 农村 | 城市 |
| 2013 | 477 | 51 | 612 328 | 174 125 | 1 283.71 | 3 414.22 |
| 2014 | 416 | 47 | 610 283 | 167 700 | 1 467.03 | 3 568.09 |
| 2015 | 332 | 40 | 618 067 | 168 126 | 1 861.65 | 4 203.15 |
| 2016 | 304.81 | 35.82 | 664 893 | 168 453 | 2 181.34 | 4 702.76 |
| 2017 | 260.01 | 31.5 | 790 386 | 159 151 | 3 039.83 | 5 052.41 |

数据来源：2018 年贵州省统计年鉴（10-1 页，中国统计出版社）

3. 社会福利机构数量总体情况

社会福利机构属于社会福利的一部分，是对老年人、弃婴、残疾人、孤儿等提供养护等工作的机构，是为了给这类人群更好的保障，提高其生活物质水平等所设立的。与此同时，社会福利机构也担任起这类人群延续的责任。由表 4-9 可知，2013—2017 年贵州省社会福利企业、优抚事业单位、救助类事业数量在逐渐减少，最低时数量分别为 32 个、39 个、51 个；而提供住宿的社会服务机构的数量有增有减上下波动，未来趋势走向不明确。

总体来说，近几年来，贵州省的社会保障服务水平不容乐观，社会保障参保人数差异较大、城乡人均最低生活保障支出不均等、社会福利机构数量降低等问题突出，未来还需进一步规范和完善社会保障服务制度，提升全省各个地区社会保障服务均等化水平。

---

① 数据来源：贵州省统计年鉴 2018（10-1 页，中国统计出版社）.

表 4-9　　2013—2017 年贵州省社会福利机构数量情况　　单位：个

| 年份 | 社会福利企业 | 优抚事业单位 | 救助类单位 | 提供住宿的社会服务机构 |
|---|---|---|---|---|
| 2013 | 48 | 81 | 72 | 1 286 |
| 2014 | 41 | 80 | 75 | 519 |
| 2015 | 32 | 64 | 78 | 936 |
| 2016 | 32 | 59 | 81 | 1 015 |
| 2017 | — | 39 | 51 | 980 |

数据来源：2018 年贵州省统计年鉴（23-11 页，中国统计出版社）

## 四、文化体育

随着社会技术进步，社会经济不断发展，人们生活质量水平逐渐提升，当人们在满足基本的生存需求以后，文化体育在他们生活中受到越来越多的重视，人们想通过文化体育活动改造客观世界、调节自身情感以及协调群体关系，使自己在精神上得到更高层次的满足。贵州省一直致力于加强文化体育宣传与建设，人们的文化体育意识在逐渐增强，积极参与近几年来举办的多项大型文化体育活动中。2017 年 4 月，贵州省体育局与多彩贵州文化集团签署战略合作框架协议，双方联手促进体育与“宣传、文化、旅游、农业”五位一体的深度融合，并积极研究探索出一条体育与文化、旅游、扶贫、媒体等融合发展的新路子，同年文化体育事业取得了显著的成就，主要体现为：启动了“万里健身绿道”工程建设并完成 1 000 公里项目建设①；包含规上、规下单位和个体户在内的全省文化产业实现增加值 324.04 亿元，比 2014 年增长 89.4%②。在取得显著成就的同时，贵州省的文化体育建设依然存在着巨大的挑战，主要体现为以下的几点：

1. 地区文化设施建设情况

文化设施建设是体现文化发展的基础，加强文化设施建设对于保持和发展优秀文化有重要意义。通过表 4-10 可知，2017 年黔东南州的图书馆数和文化馆数最高，都为 17 个，六盘水图书馆和文化馆数最低，分别为 4 个和 5 个，图

① 数据来源：贵州省体育局（http://tyj.guizhou.gov.cn/）.

② 数据来源：中商产业研究院（http://zsjjyjy086.cn.b2b168.com/）.

书馆数和文化馆数极差较大，差异明显。此外，相较于其他地州市，作为省会的贵阳市经济发展较好，2017 年电视广播设施覆盖率最高，达到 99.86%，其次是六盘水市，为 98.2%；而黔东南州的电视广播覆盖率仅为 93.46%，全省各地州市的电视广播覆盖率存在略小的差距。总体来说，目前贵州省各地州市之间的文化设施建设还有待进一步缩小差距，增强相互沟通、互帮互助意识，促进文化均等化发展。

表 4-10 2017 年贵州省各地州市文化设施建设情况

| 地区 | 图书馆数（个） | 文化馆数（个） | 电视广播覆盖率（%） |
|---|---|---|---|
| 贵阳市 | 14 | 13 | 99.86 |
| 遵义市 | 14 | 14 | 94 |
| 六盘水市 | 4 | 5 | 98.2 |
| 安顺市 | 6 | 7 | 94.2 |
| 铜仁市 | 11 | 11 | 94.5 |
| 毕节市 | 9 | 9 | 93.56 |
| 黔东南州 | 17 | 17 | 93.46 |
| 黔西南州 | 9 | 9 | 96.33 |

数据来源：贵州省各个地州市 2017 年国民经济与社会发展公报（10 页，中国统计出版社）

2. 农村公共体育场所建设力度情况

根据 2018 年《贵州省统计年鉴》统计数据可知，村级农民体育健身工程仅是 2017 年才开始启动，2017 年实现的村级农民体育健身工程有 11 631 个①，在此之前并没有开展乡镇、村级的体育健身工程建设，说明当前贵州省农村体育建设的重视力度严重不够，还需要从多方面入手，加强农村体育建设，促进城乡体育建设均衡化发展。

## 五、就业和住房保障

1. 就业情况

贵州省就 2015 年的《贵州省人民政府关于进一步做好新形势下就业创业

① 数据来源：贵州省统计局（http://202.98.195.171:81/channels/c7/c7_1.html）.

工作的实施意见》实施了一系列的鼓励就业创业的政策，政策效果喜人，自政策实施以来，共扶持了 6.58 万户微型企业，带动了 32.64 万人就业[①]。

此外，贵州省还通过一系列政策的落实来促进就业的发展，比如“双百工程”等，通过搭建大学生创业平台，鼓励创新创业的发展，从而带动就业，促进就业体系的完善。同时，贵州省“雁归兴贵”计划的发展，使得外出务工人员返乡就业，实施妇女创业行动，能够带动不同的人在不同的领域发挥其优势，为社会的发展提供新的动力。总体来说，贵州省目前就业仍保持稳中有进、稳中向好的发展趋势。

但是，贵州省就业形势依然严峻，人才流失问题严重；政府就业帮扶项目与群众实际需求不对接；部分就业培训项目不适用等问题显著，矛盾逐日升级，因此未来在保持稳定发展的基础上更进一步解决矛盾问题。

2. 住房保障情况

2017 年，贵州省政府办公厅印发《关于贵州省农村危房改造和住房保障三年行动计划（2017—2019 年）的通知》，旨在推进农村危房改造，全面消除就地脱贫群众住房安全隐患，截至 2018 年 12 月 30 日，已进行危房改造达 39.81 万户，达到了 103.3%的开工率；公租房累计分配 82.88 万套；发放城镇住房保障家庭租赁补贴 5.6 万户；城镇保障性安居工程完成投资 785.84 亿元，占年度投资计划的 114.69%。总体来说，贵州省住房城乡建设工作在城镇化、住房保障、城市管理等方面获得了显著的提升。为了实现目标，2019 年，贵州省计划投资 800 亿元进行棚户区改造，开工棚户区改造 7.6 万套，建成 8.38 万套；计划完成 4 万户农村危房改造任务，实施“三改”和农村老旧住房透风漏雨整治总任务 30.04 万户，基本消除农村老旧住房透风漏雨现象[②]。

在未来贵州省住房保障要面临两个最大的挑战：一个是存量问题——城镇现有农民工的居住问题，另一个是增量问题——即将迁入城镇的农民工的住房问题。为此，贵州省既需要同步推进住房保障制度改革与户籍制度改革，加快新型城镇化的步伐，又需要从提高效率和促进公平等更加全面的视角来看待住

① 数据来源：贵州日报（http://gzrb.gog.cn/）.

② 数据来源：贵州省人民政府（http://www.guizhou.gov.cn/）.

房保障，促进住房问题的整体性解决。

## 第三节　贵州省基本公共服务均等化实证研究

为了能够建立一个科学合理的测度指标体系，本章首先确立了测度基本公共服务均等化的标准，构建了以基本公共服务均等化函数为主的基本指标体系。在此前提下按照若干相关原则进行筛选，使得最终指标具有代表性、综合性及相对独立性。通过对有关数据的收集，并采用相关分析，运用熵值法对指标进行量化判断，将三级指标赋予权重，确定基本公共服务均等化综合测度指标体系。其次运用泰尔指数法对基本公共服务均等化水平进行实证研究，并对实证结果加以分析。

### 一、基本公共服务均等化的标准建立

1. 指标体系构建原则

按照系统性、典型性、一致性、可获得性四个原则，结合相应的政策以及贵州省的实际情况，设计出一套符合贵州省基本公共服务均等化研究的指标体系。

2. 构建评价指标体系

对于基本公共服务指标体系，不同的学者对指标的选取和指标体系的建立存在着差异，本章是在已有研究的基础之上，以《“十三五”推进基本公共服务均等化规划》为指导原则，再结合贵州省的实际情况，考虑数据的可获得性，综合确定如表4-11所示的评价指标体系，其中一级指标表示基本公共服务，二级指标包含7类，分别是公共教育、劳动就业创业、社会保险、医疗卫生、社会服务、住房保障以及文化，二级指标下设14个三级指标，包括九年义务教育巩固率、基本均衡县（市、区）的比例、城镇新增就业人数、基本养老保险参保率、基本医疗保险参保率、医疗卫生机构数、医院床位数、医疗卫生人员数、养老服务床位数、城镇棚户区改造、农村危房改造、公共图书馆

数、文化馆数、广播电视综合覆盖率。

表 4-11　　贵州省基本公共服务指标体系建立

| 一级指标 | 二级指标 | 三级指标 |
| --- | --- | --- |
| 基本公共服务 | 公共教育 | 九年义务教育巩固率（%） |
| | | 基本均衡县（市、区）的比例 |
| | 劳动就业创业 | 城镇新增就业人数（万人） |
| | 社会保险 | 基本养老保险参保率（%） |
| | | 基本医疗保险参保率（%） |
| | 医疗卫生 | 医疗卫生机构数（个） |
| | | 医院床位数（万张） |
| | | 医疗卫生人员数（万人） |
| | 社会服务 | 养老服务床位数（张） |
| | 住房保障 | 城镇棚户区改造（万套） |
| | | 农村危房改造（万户） |
| | 文化 | 公共图书馆数（个） |
| | | 文化馆数（个） |
| | | 广播电视综合覆盖率（%） |

本章采用以上 14 个指标作为三级分析指标，部分指标没有采用《“十三五”推进基本公共服务均等化规划》的指标体系，例如，三级指标没有根据该规划选取医疗卫生方面的孕产妇死亡率、婴儿死亡率、5 岁以下儿童死亡率，社会服务方面的养老床位中护理型床位比例、生活不能自理特困人员集中供养率等，二级指标文化体育也缩减成为了文化，主要原因是因为一些地级市的数据无法准确得到，会影响研究结果的准确度。

3. 样本选取及数据来源

本章选取贵州省地市级数据进行研究，由于黔南布依族苗族自治州的数据缺失严重，因此将其剔除，研究样本地区包括贵阳市、六盘水市、遵义市、铜仁市、安顺市、毕节市、黔东南苗族侗族自治州、黔西南布依族苗族自治州，样本数据采用贵州省 8 个地州市基本公共服务 2012—2017 年的数据。

大部分数据来源于贵州省 8 个地州市 2012—2017 年的国民经济和社会发展公报，其中基本养老保险参保率和基本医疗保险参保率是通过分别采用基本养老保险投保人数和基本医疗保险投保人数除以户籍人数而得到。少部分数据例如城镇棚户区改造、农村危房改造来源于 8 个地州市的政府工作报告。

## 第四节　实证结果分析

由于各个指标的单位存在不一致，为了方便进行比较，事先对数据进行无量纲化处理。首先先计算各个基本公共服务之间的极差，得出绝对化的均等水平。其次，运用熵值法赋权，运用熵值法对各个指标赋权，在此基础上运用功效系数法计算贵州省各项基本公共服务得分情况。最后，将数据代入公式 4 中，$T$ 表示贵州省各地州市基本公共服务差异程度的总泰尔指数；$k=1$，2，…，8 表示将贵州省以地州市为单位划分成 8 个组，即分别代表贵阳市、六盘水市、遵义市、铜仁市、安顺市、毕节市、黔东南州、黔西南州 8 个组；$y_k$ 表示第 $k$ 组的基本公共服务三级指标数据，$n_k$ 表示第 $k$ 组的人口占贵州省地州市级总人口的比重。依据研究的时效性和数据的可获得性，本研究基本公共服务均等化指标数据的截取选定在 2012—2017 年，计算基本公共服务的相对均等化水平。

### 一、公共教育

首先对数据进行无量纲化处理，然后计算 2012—2017 年 8 个地州市的绝对均等化值——极差，如图 4-5 所示，2012—2017 年，贵州省公共教育的极差在不断扩大，并且上升趋势明显，从 2012 年的 0.07 上升到了 2017 年的 0.33，这也反映出贵州省各地州市公共教育的差距在不断扩大，存在不均等现象严重。

运用熵值法对各个指标赋权，在此基础上运用功效系数法计算贵州省 8 个地州市 2012—2017 年的基本公共服务得分情况，最终结果体现出百分制的形式，如图 4-6 所示，贵阳市近几年来综合评分在急剧下降，至 2017 年下降至 50 分，六盘水的综合评分保持不变的趋势，而其他地州市的评分在提升，其中

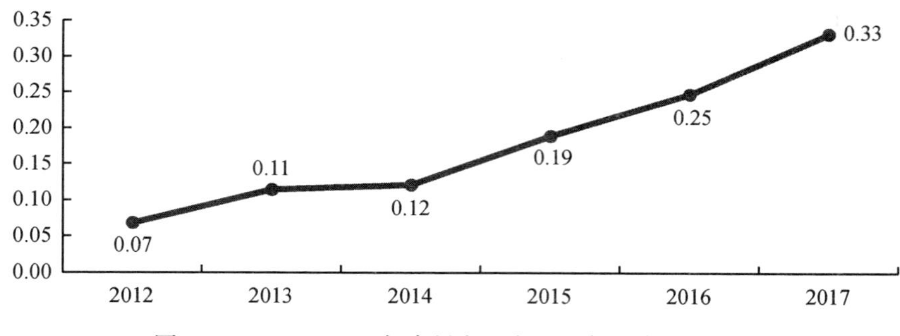


图 4-5　2012—2017 年贵州省 8 个地州市公共教育极差

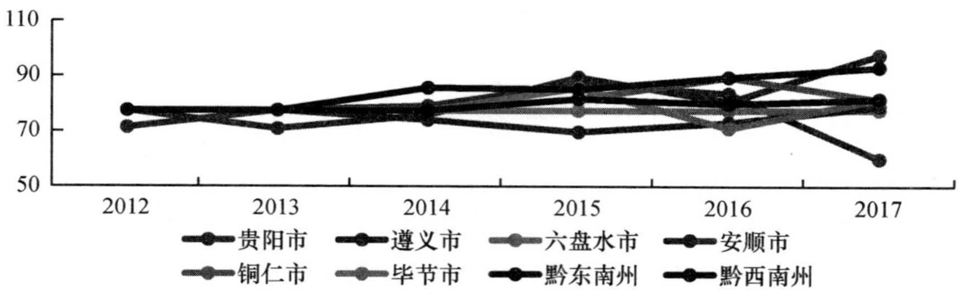


图 4-6　2012—2017 年贵州省 8 个地州市公共教育综合评分

提升较大的是遵义市，2017 达到最高分，为 97.58 分，在 8 个地州市位列第一。

运用熵值法的结果，计算公共教育的泰尔指数，如图 4-7 所示，2017 年贵州省基本公共教育服务的泰尔指数波动幅度较小，呈现波动上升的趋势，总体贵州省公共教育水平差异发生微小性扩大。贵州省是一个多民族省份，民族地区和非民族地区界限明显，民族地区近几年来对教育的重视程度加大，无论是入学率还是教师资源都能充分体现出这一点，而民族地区又因其地理位置的原因，教学环境有待提高，留不住教师资源，导致贵州省公共教育存在不均等现象。

## 二、劳动就业创业

同样的，经过计算，劳动就业创业的极差、综合评分、泰尔指数如图 4-8、

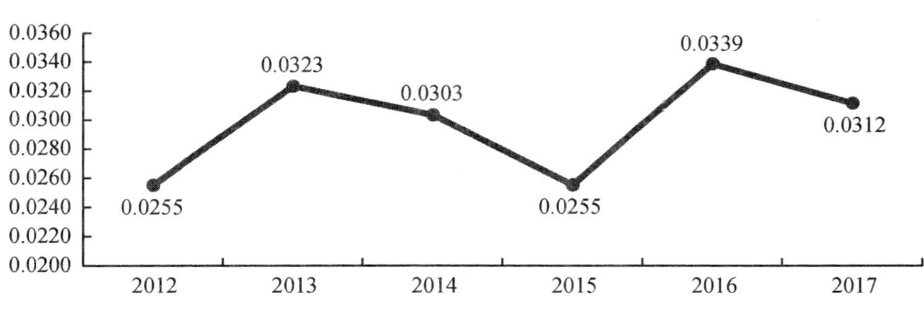


图 4-7　贵州省各地州市间公共教育泰尔指数趋势

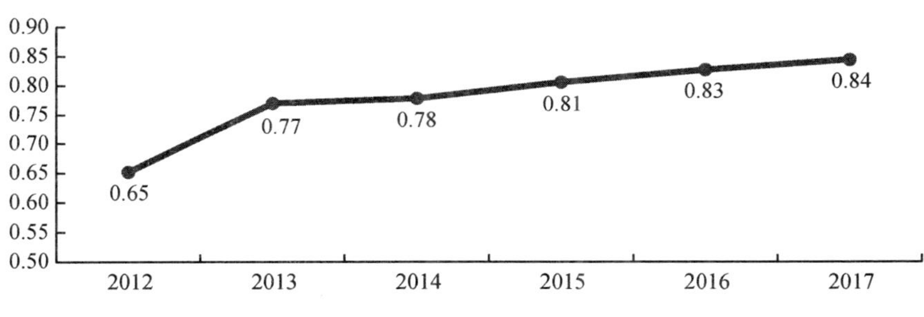


图 4-8　贵州省劳动就业创业极差情况

图 4-9、图 4-10 所示，2012—2017 年，从绝对值角度看，贵州省劳动就业创业极差在缓慢增加，说明不均等化程度在扩大，但是从相对值角度来看，贵州省劳动就业创业泰尔指数在降低，说明贵州省劳动就业创业的差距在逐渐缩小，均等化程度越来越高，说明近几年来贵州省加大了就业创业扶持政策的实施力度，缩小了地区差距。从贵州省劳动就业创业综合评分来看，近年来各个

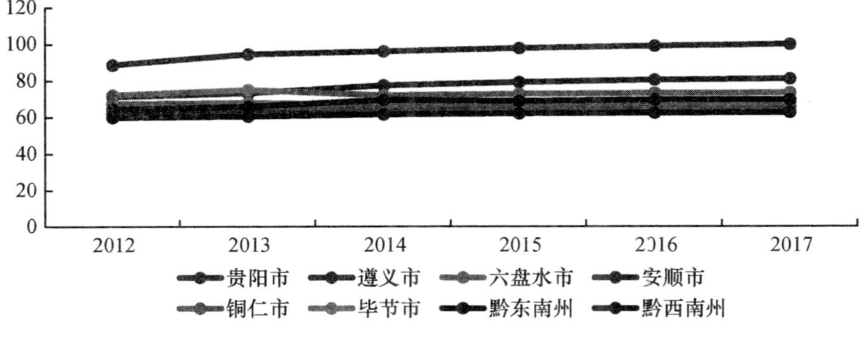


图 4-9　2012—2017 年贵州省劳动就业创业综合评分

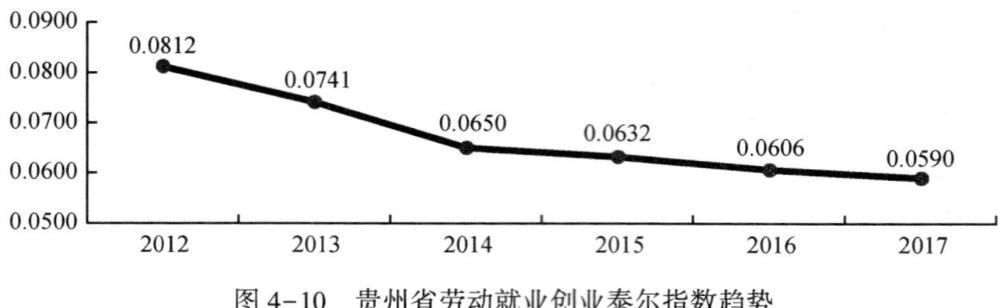


图 4-10　贵州省劳动就业创业泰尔指数趋势

省份的增长速度趋于平稳，其中贵阳市一直处于领先地位，贵阳市属于省会城市，城市化水平和就业率较高，因此，综合就业评分高。作为发展相对落后的民族地区，黔西南州综合就业评分均处于最低水平。

## 三、社会保险

如图 4-11、图 4-12、图 4-13 所示，2012—2017 年，贵州省社会保险的极差在不断降低，说明差距在逐渐缩小，最低值达到 0. 51；社会保险的泰尔指数在 2012—2015 年上下波动幅度较大，但是 2015 年以后趋于平稳，平稳值为 0. 059 1，相对于 2015 年以前，目前泰尔指数在减小，说明贵州省近几年来社会保险的不均等化程度降低，差距在不断缩小。而对于社会保险的综合评分来说，大部分地区处于波动上升的状态，2017 年地区综合评分呈现两极分化现象，评分较高的是黔西南州、安顺市、毕节市、贵阳市，综合评分较低的是六盘水市、黔东南州、遵义市、铜仁市。总体来说，虽然贵州省的社会保险均等化程度在提升，但是还需进一步提升该领域的均等化程度，使得均等化程度更高。

## 四、医疗卫生

将数据代入公式，经过计算获得反映贵州省医疗卫生均等化水平的各项指标的极差和泰尔指数，同时也算出了贵州省 8 个地州市的医疗卫生综合评分情况。图 4-14、图 4-15 中贵州省医疗卫生极差和泰尔指数的变动趋势具有高度

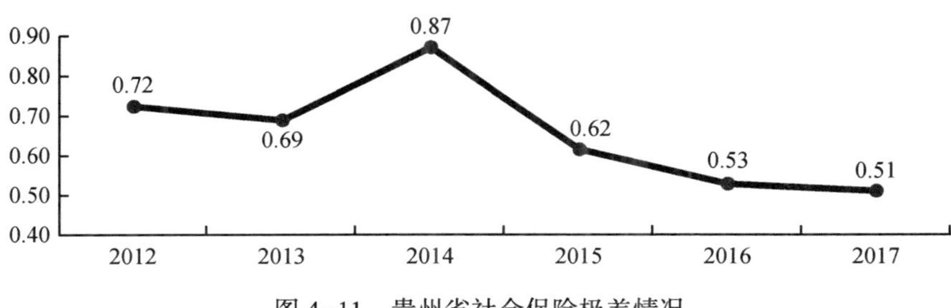


图 4-11 贵州省社会保险极差情况

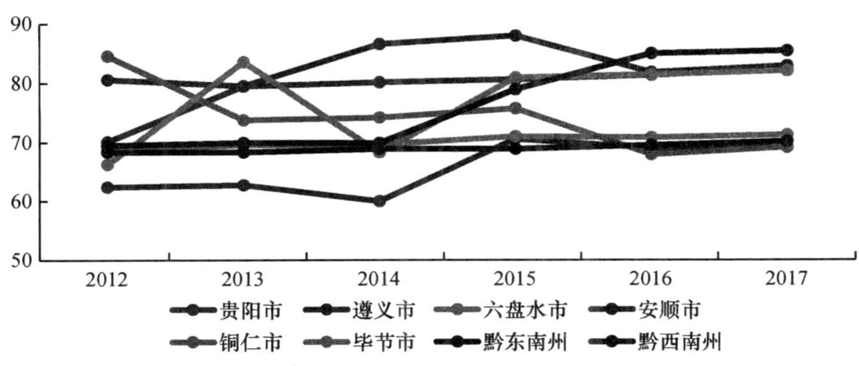


图 4-12 贵州省 8 个地州市社会保险综合评分情况

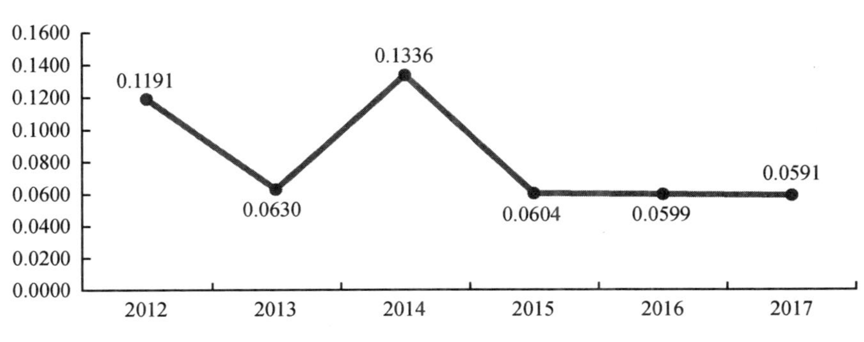


图 4-13 贵州省各地州市间社会保险泰尔指数趋势

的相似性，都呈现出下降的趋势，并且在 2017 年达到最低，特别是 $T$ 值仅为 0. 009 0，说明贵州省近年来医疗卫生均等化大力投入取得了较好的成绩，差距明显缩小，均等化水平越来越高。但是总体的医疗卫生评分较低，存在的差距明显，特别是安顺市、黔西南州的医疗卫生服务水平还有待提升。

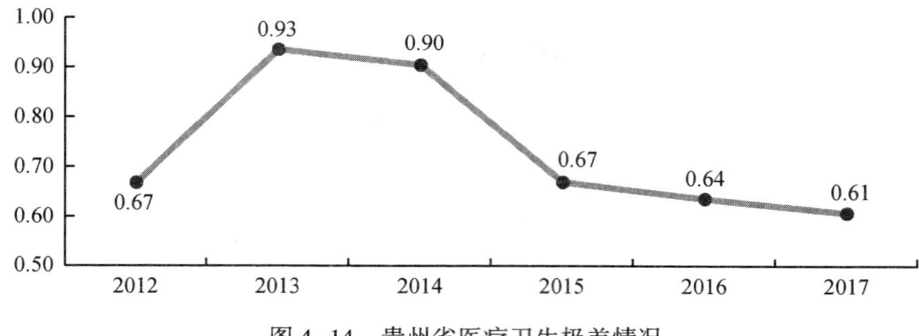


图 4-14　贵州省医疗卫生极差情况

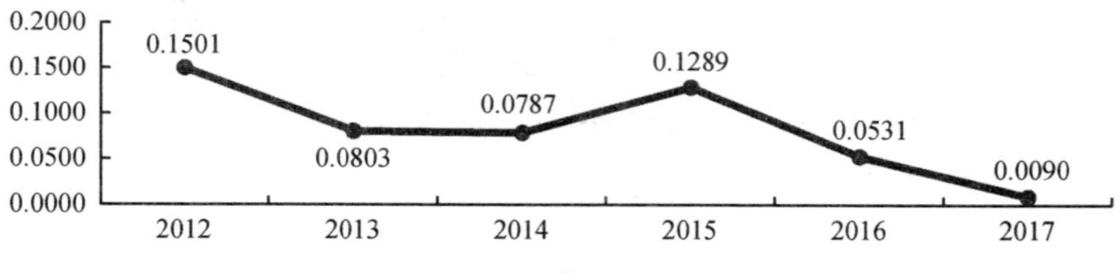


图 4-15　贵州省各地州市间医疗卫生泰尔指数趋势

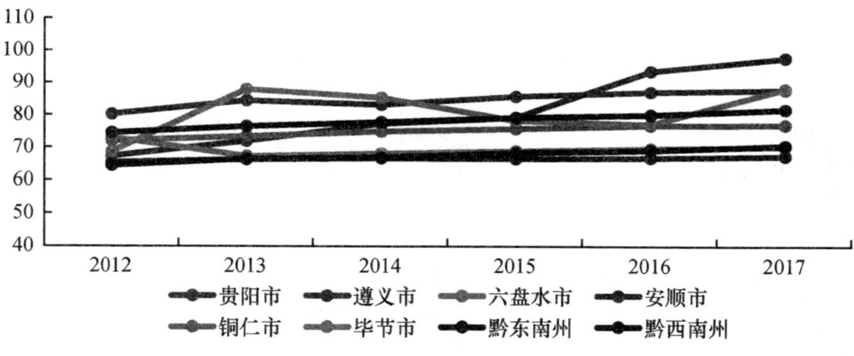


图 4-16　贵州省 8 个地州市医疗卫生综合评分情况

## 五、社会服务

如图 4-17、图 4-18、图 4-19 所示，2012—2017 年贵州省社会服务的极差在不断上升，同样地，通过计算的泰尔指数也在逐渐增加，由 0.080 9 增加到 0.114 8，特别是 2015 年以来，增长速度加快，说明近两年来，贵州省社会服务的差距明显拉大，不均等现象日益严重，需要进一步增强对社会服务的重视，需要尽快采取有效的措施促使均等化程度水平提升。此外，贵州省大多地州市的社会服务综合评分均在60~80分，仅有遵义市得分较高。

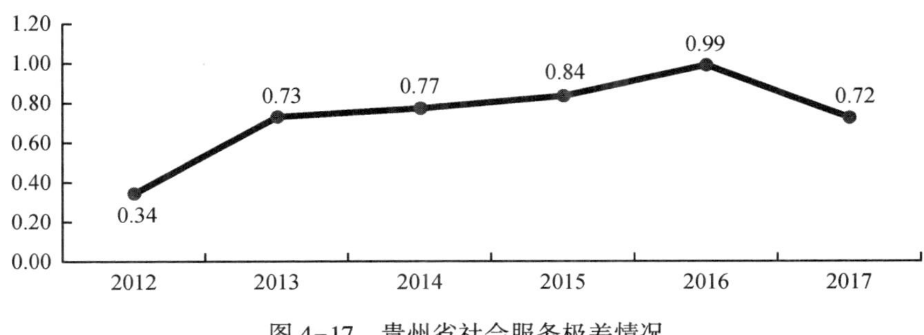


图4-17　贵州省社会服务极差情况

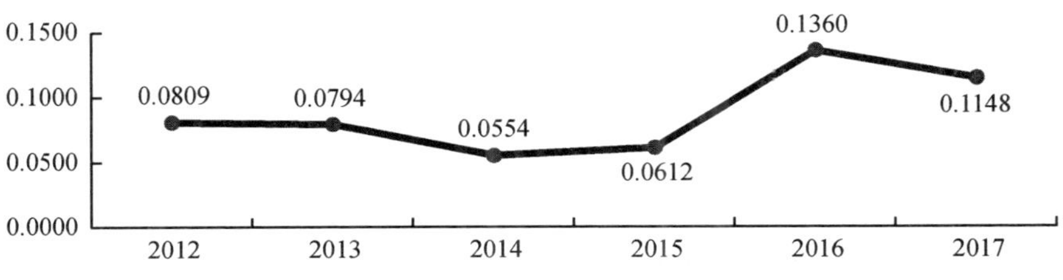


图4-18　贵州省各地州市间社会服务泰尔指数趋势

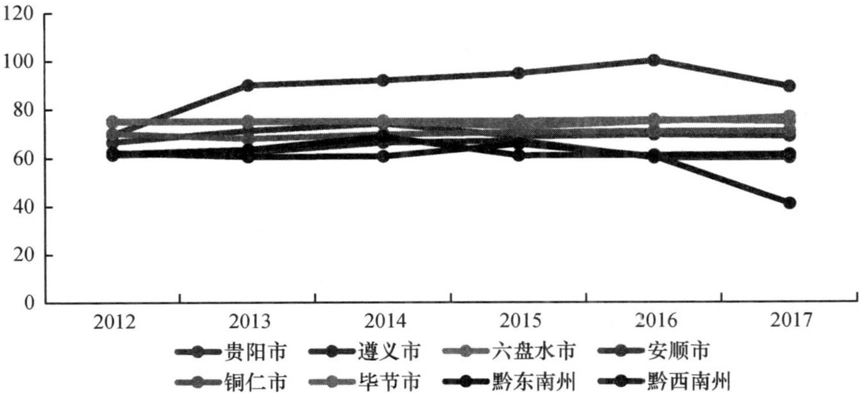


图4-19　贵州省8个地州市社会服务综合评分情况

## 六、住房保障

如图 4-20、图 4-21、图 4-22 所示，2013—2016 年，贵州省住房保障的极差处于上升状态，但是 2016 年以后开始急速下跌。通过计算的泰尔指数从 2013 在逐渐减小，由 0.033 7 减少到 0.023 5，近一年有较小程度的提升，但变化不太明显。说明贵州省对住房保障越来越重视，致力于解决居民住房难题，使得均等化水平不断提高。此外，2014—2016 年，在贵州省住房保障的综合评分中大多地州市的综合评分上升速度加快，但是 2016 年以后，呈明显下降趋势，整体的住房保障综合评分还有待提升。

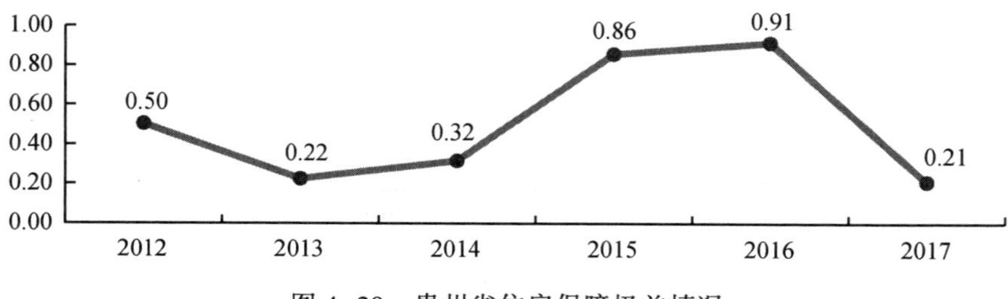


图 4-20　贵州省住房保障极差情况

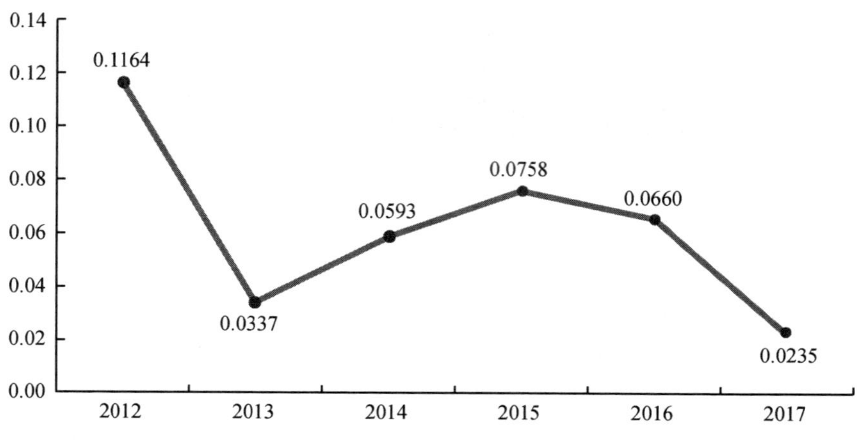


图 4-21　贵州省各地州市间住房保障泰尔指数趋势

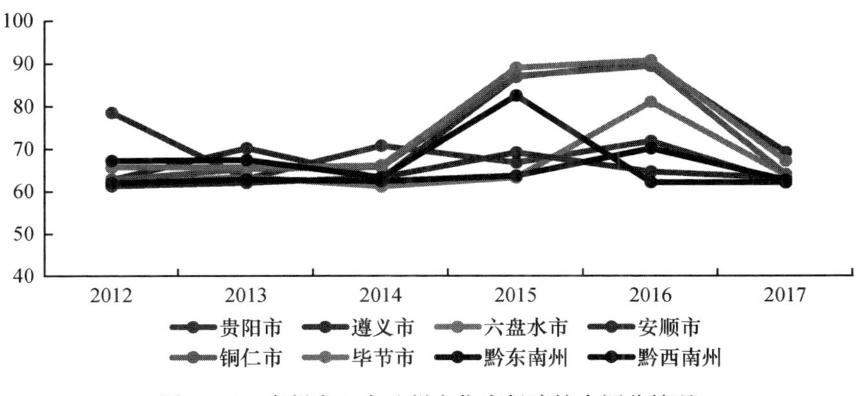


图 4-22 贵州省 8 个地州市住房保障综合评分情况

## 七、文化

由图 4-23、图 4-24、图 4-25 可知，2013—2017 年，贵州省文化的极差处于上升趋势，相反地，贵州省文化的泰尔指数由 0.027 4 降到了 0.026 8，从相对值的角度来看，贵州省近几年来的文化均等化水平有所提升。作为少数民族聚居地，有着丰富的民族文化内涵，贵州省比较重视文化的发展，所以在这一方面人均财政支出较大。对于地州市文化综合评分来说，总体评分较高，均为 70 分以上，各个地州市的评分存在较小的差异，其中黔东南的综合评分一直处于领先位置，因为作为民族地区，黔东南更加重视文化的建设。

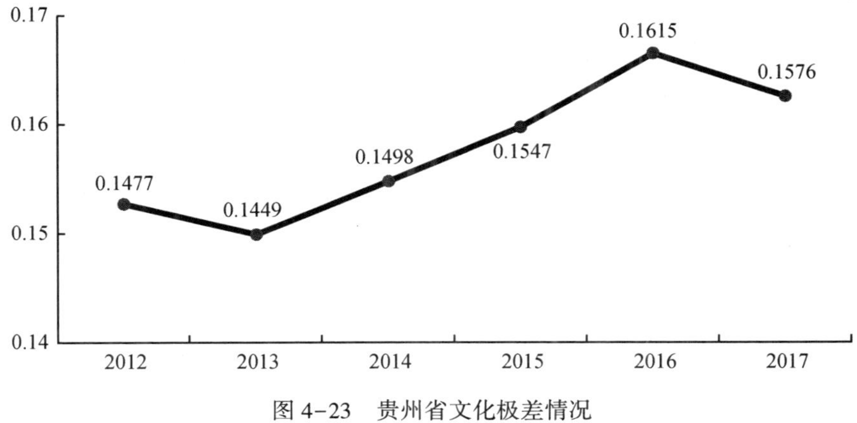


图 4-23 贵州省文化极差情况

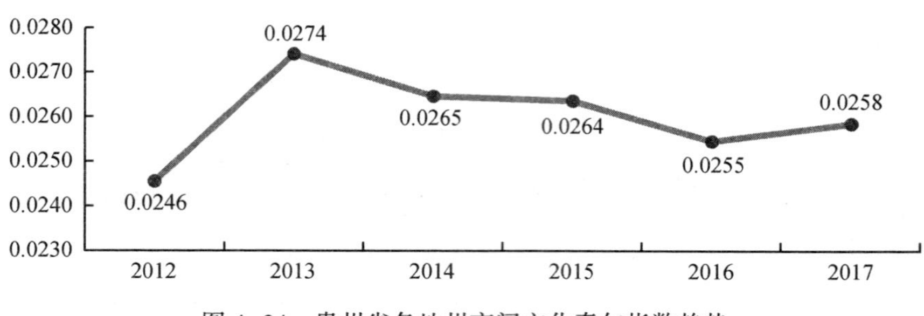


图 4-24 贵州省各地州市间文化泰尔指数趋势

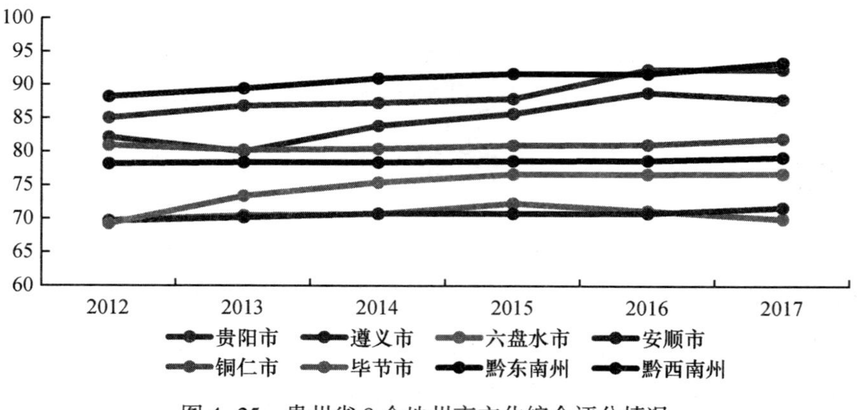


图 4-25 贵州省 8 个地州市文化综合评分情况

## 八、基本公共服务均等化总体情况

首先，对贵州省 8 个地州市的基本公共服务指标数据进行无量纲化处理，如图 4-26 所示，2012—2017 年，各个基本公共服务的极差差距明显，其中近两年来社会服务、就业的极差较大，而文化、住房保障和教育的极差较低。除了教育和文化以外，贵州省各个地州市的其他基本公共服务极差数值波动较大，其中医疗卫生、社会保障和住房保障极差近年来下降趋势明显，而社会服务、就业则呈现上升走势，总体基本公共服务极差呈现出明显的上升趋势，但 2016 年后其极差开始减小。

其次，运用熵值法对各个指标赋权，在此基础上运用功效系数法计算贵州省 8 个地州市 2012—2017 年的各项基本公共服务得分情况，如图 4-27 所示：

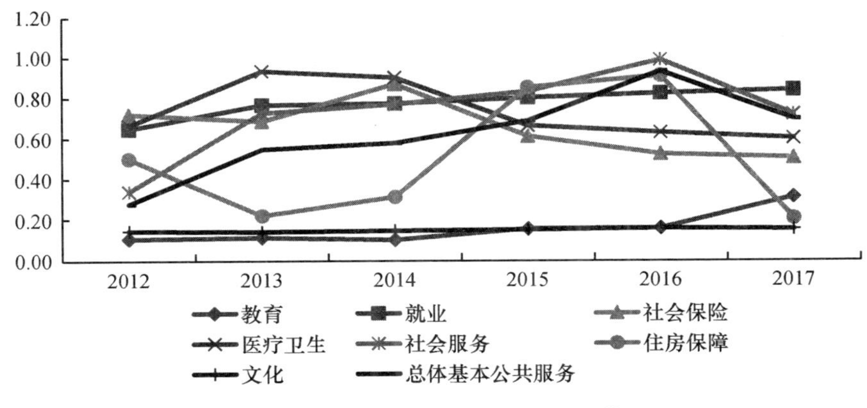


图 4-26　贵州省基本公共服务极差情况

从综合得分情况来看，8 个地州市中，贵阳市和遵义市的得分列居一、二名，2016 年，得分最高的是遵义市，为 85.78 分；而安顺市的得分最低，为 68.72 分。

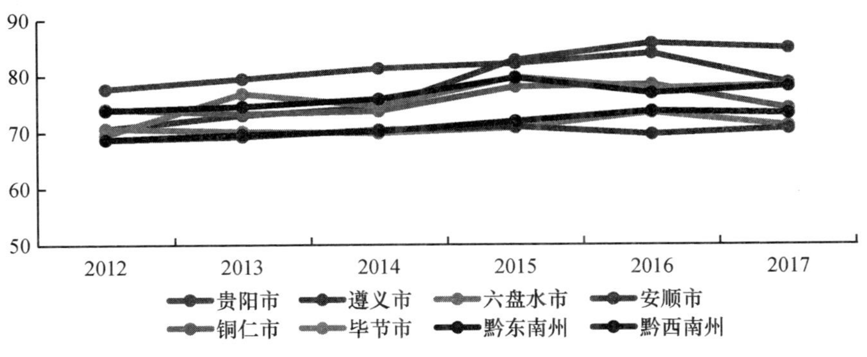


图 4-27　贵州省各地州市整体基本公共服务综合得分情况

最后，将数据代入公式计算各项基本公共服务泰尔指数。从表 4-12 和图 4-28 中可看出，2012—2017 年，贵州省地州市间总体基本公共服务的泰尔指数偏小，基本公共服务均等化程度较高，但是 $T$ 值近几年存在上升趋势。其中 2017 年均等化程度较高的是医疗卫生、住房保障和文化三项，而均等化程度较低的是社会服务、社会保障和就业。各项基本公共服务中 $T$ 值最高时达到 0.069 9，相较于 2012 年，2017 年贵州省地级市间总体基本公共服务的泰尔指数上升了 6.87%，说明近几年来贵州省各地州市基本公共服务的差异在小幅度扩张。除此之外，2017 年社会服务、教育和住房保障的 $T$ 值较 2012 年均有所上升，其中社会服务上升幅度较大，为 41.9%，说明各地州市社会服务差异在不断拉大，均等化程度不断降低。而医疗卫生和社会保障的泰尔指数近年来大幅度减小，下降幅度分别为 94% 和 50.38%，说明差异在逐渐减小，均等化程度较高。

表 4-12　2012—2017 年贵州省各地级市间基本公共服务泰尔指数

| 年份 | 教育 | 就业 | 社会保险 | 医疗卫生 | 社会服务 | 住房保障 | 文化 | 总体基本公共服务 |
|---|---|---|---|---|---|---|---|---|
| 2012 | 0.025 5 | 0.081 2 | 0.119 1 | 0.150 1 | 0.080 9 | 0.024 6 | 0.024 6 | 0.046 6 |
| 2013 | 0.032 3 | 0.074 1 | 0.063 0 | 0.080 3 | 0.079 4 | 0.027 4 | 0.027 4 | 0.026 0 |
| 2014 | 0.030 3 | 0.065 0 | 0.133 6 | 0.078 7 | 0.055 4 | 0.026 5 | 0.026 5 | 0.018 7 |
| 2015 | 0.025 5 | 0.063 2 | 0.060 4 | 0.128 9 | 0.061 2 | 0.026 4 | 0.026 4 | 0.031 9 |
| 2016 | 0.033 9 | 0.060 6 | 0.059 9 | 0.053 1 | 0.136 0 | 0.025 5 | 0.025 5 | 0.069 9 |
| 2017 | 0.031 2 | 0.059 0 | 0.059 1 | 0.009 0 | 0.114 8 | 0.025 8 | 0.025 8 | 0.049 8 |

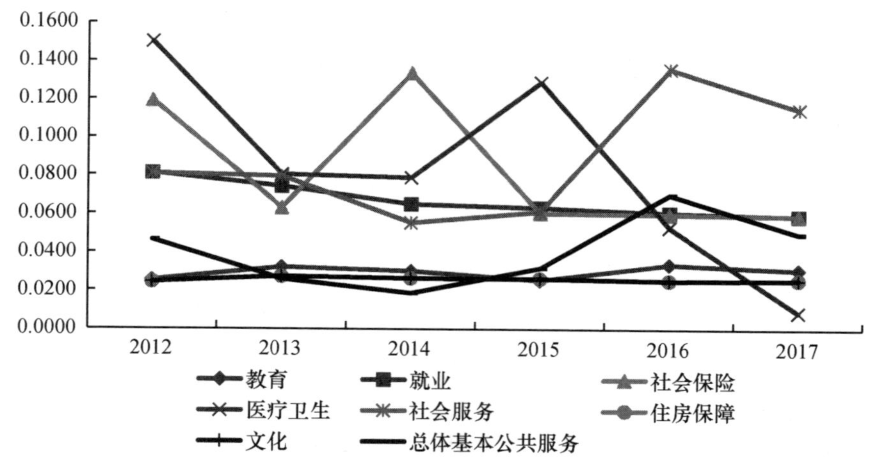


图 4-28　贵州省各地级市间基本公共服务泰尔指数趋势

## 第五节　本章小结

贵州省各项基本公共服务都取得显著成效，医疗卫生服务体系不断完善，供给能力持续增强，文化和体育事业的深度融合，探索出一条体育与文化、旅游、扶贫、媒体等融合发展的新路子，文化体育事业取得了显著的成就，但仍存在很多挑战。

从贵州省 8 个地州市基本公共服务均等化水平实证分析看，总体基本公共服务的泰尔指数较小，基本公共服务均等化程度较高，但是 $T$ 值近几年存在上升趋势。2017 年贵州省地级市间总体基本公共服务的泰尔指数上升了 6.87%，说明近几年来贵州省各地州市基本公共服务的差异在小幅度扩张。社会服务、教育和住房保障的 $T$ 值均有所上升，其中社会服务上升幅度较大，各地州市社会服务差异在不断拉大，均等化程度有所降低。

# 第五章
# 云南省基本公共服务均等化情况

## 第一节　云南省基本概况

### 一、人口

2018年年末，全省常住人口4 829. 5万人，比上年末增加29. 0万人，其中城镇人口占比为47. 81%，人口达到2 309. 0万，比上年末提高1. 12个百分点。全年出生率为13. 19‰，出生总人口为63. 5万；死亡率为6. 32‰，死亡人口数为30. 4万，自然增长率比上年提高0. 02‰，达到了6. 87个千分点。由于城市化进程不断加快，城市人口不断上升，2012—2017年云南省常住人口数量不断增加，城乡人口变化情况如图5-1所示①：

① 数据来源：搜狗百科（https://baike. sogou. com/v66806. htm）.

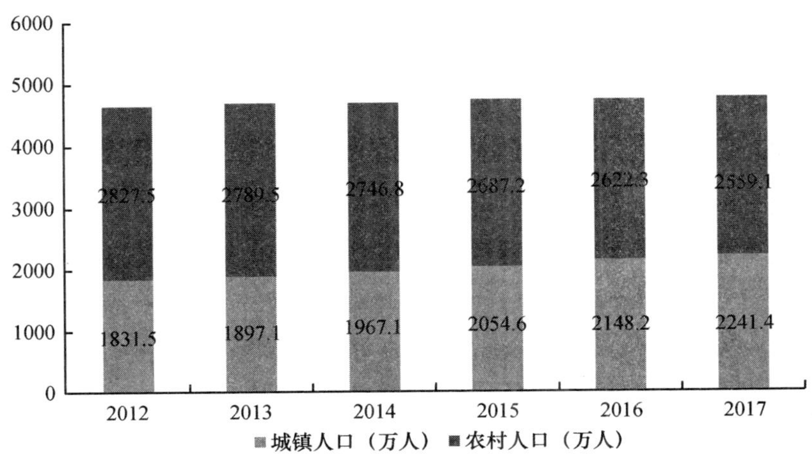


图 5-1　云南省人口变化情况

数据来源：2012—2017 年云南省国民经济和社会发展统计公报（11 页，中国统计出版社）

## 二、经济发展

### （一）经济中高速平稳发展

如图 5-2 所示，2008 年云南省全社会固定资产投资共 3 526.6 亿元，投资数额保持稳定增长态势，2017 年云南省全社会固定资产投资总额达到 18 935.99 亿元。从 2008—2017 年云南省固定资产投资的增速来看，2009 年全社会固定资产投资增速最高达到 28.37%，之后增速大幅下降，在 2012—2013 年有所回升，之后的增速明显放缓。

从图 5-3 可以看出，云南省经济增长速度在 2011 年达到最高值 23.19%，2009—2011 年经济处于高速增长状态，2012 年以后经济增长速度在 6%～16%之间，增速有所放缓，呈中高速稳定增长态势，2012 年至 2015 年持续下降，2015 年以后经济增速有所上升。

### （二）产业结构优化升级

如图 5-4 所示，2008 年以来，云南省的第一、二产业占 GDP 的比重均出

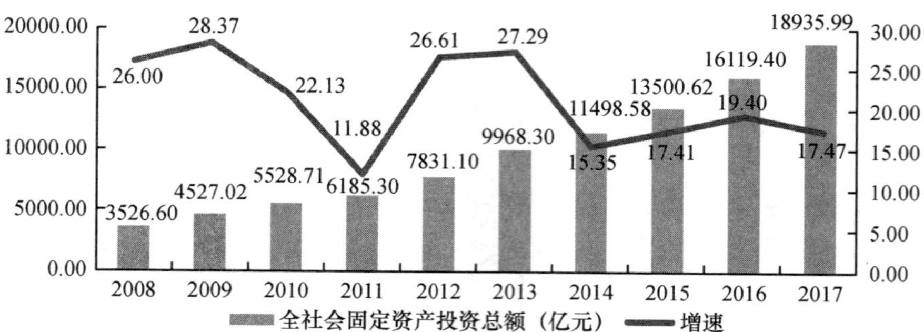


图 5-2　2008—2017 年云南省全社会固定资产投资情况

数据来源：2008—2017 年云南省国民经济和社会发展统计公报（4 页，中国统计出版社）

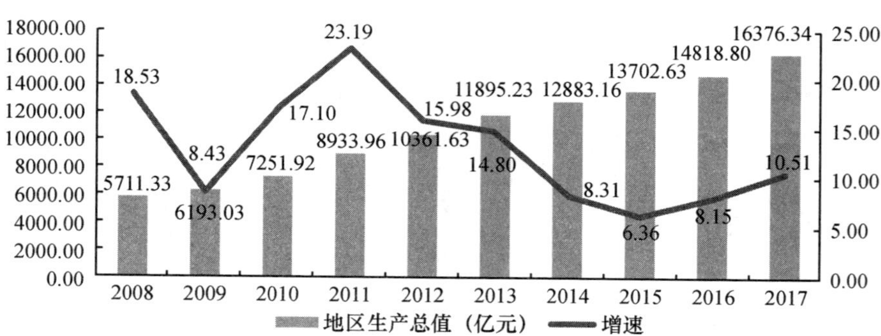


图 5-3　2008—2017 年云南省经济增长情况

数据来源：2008—2017 年云南省国民经济和社会发展统计公报（1 页，中国统计出版社）

现不同程度的下降，而第三产业却在稳步上升的阶段。2013 年，云南省第三产业产值比重超过第二产业产值比重，成为三产中产值比重最高的产业，此后三产规模从“二三一”改变为“三二一”的结构，三产占比从 2008 年的 43.09%、38.97%、17.93%发展为 2017 年的 47.83%、37.89%、14.28%，产业结构得到优化升级。

1. 工业经济高开稳走

云南省工业化发展有一定的成效，从旧方式向新方式的过渡较为流畅，一系列项目的发展也逐渐有保障，工业化与信息化的融合越来越有效，制造业与互联网深入融合发展，34 户企业成为全国“两化”融合管理体系贯标试点企业，昆钢、云内动力成为工信部制造业与互联网融合试点项目。多类电子产品

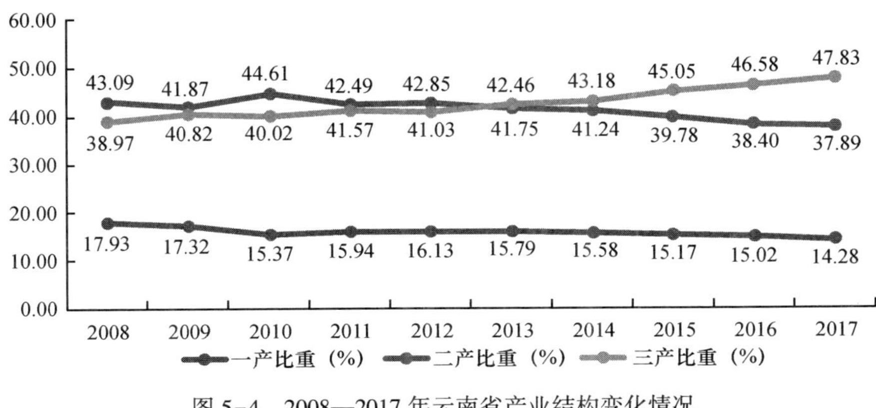


图 5-4　2008—2017 年云南省产业结构变化情况

数据来源：2008—2017 年云南省国民经济和社会发展统计公报（1 页，中国统计出版社）

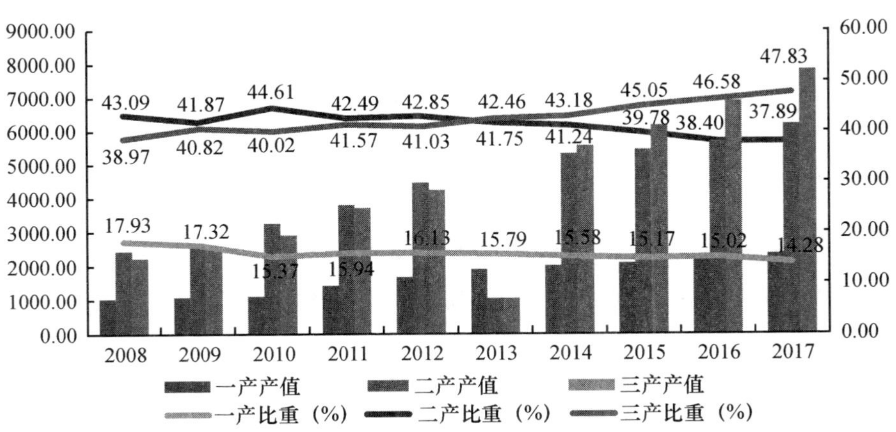


图 5-5　2008—2017 年云南省三次产业占地区生产总值的比重

数据来源：2008—2017 年云南省国民经济和社会发展统计公报（1 页，中国统计出版社）

实现“云南造”的零突破。智能机器人、3D 打印机、智能终端、车载电子导航、视频监控系统等多门类产品进一步丰富，填补了云南省产业链空白。创新驱动发展战略的落实有一定成效，研发投入逐年增加，年平均增长 17.9%。坚持“两型三化”产业发展方向，“中国制造 2025”云南实施意见和“云上云”行动计划持续推进，年均增长 8.7%的规模以上工业增加值、企业主营业务收入突破万亿元大关[①]。2018 年全年全部工业增加值 4 483.96 亿元，比上年增长 11.6%。大力加快传统产业和新兴产业的结合。全省规模以上工业增加值，相比较于上一年，增速提升了 1%，放眼全国的平均增速 6.2%，云南有显著的上升，其上升幅度位居全国第二。其中，烟草制品业增加值同比增长 1.3%，非烟工业增加值同比增长 16.9%，石油加工业增长 1.5 倍，电子制造业增长 75.5%，拉动了全省工业的快速增长[②]。在规模以上工业中，分经济类型看，13.7%的私营企业增长，11.4%的国有及国有控股企业增长，7.6%的集体企业下降，9.5%的股份制企业增长。分门类看，10.9%的制造业增加值增长；6.6%的采矿业增加值增长；电力、热力、燃气及水生产和供应业增加值增长 17.7%[③]。

2. 第三产业稳步发展，转型升级步伐加快

2018 年，云南省第三产业增加值年均增长 9.9%。民营经济显著提升，非公有制经济的增加值也有显著的进步，在国民经济中的比重提升至了 47.2%。现代金融、养生养老、大健康、旅游、文化等产业加快发展。全年邮电业务总量 2 567.46 亿元，比上年增长 1.12 倍。全年实现旅游业总收入、金融业实现增加值、年末金融机构人民币存款余额分别为 8 991.44 亿元、1 222.68 亿元、30 554.00 亿元，增长分别为 29.9%、2.2%、1.9%[④]。

## （三）城乡居民生活不断改善

云南省居民的生活水平不断提高，这得益于十年来云南省经济总量的增长，同时居民的消费水平不断提高，生活质量得到不断改善。如图 5-6 所示，2008—2017 年，云南省城乡居民人均可支配收入不断增加，2017 年，城镇居民人均可支配收入、农村居民人均可支配收入分别达到 30 996 元、9 862 元，

---

① 数据来源：云南省人民政府（https://www.sogou.com/link? url = LeoKdSZoUyDwSO20NJ_bKxT-bAvmjC6sg-xfACrrcMK0vkVOf9Xfm3R4HwV7D9Jr4tm9KfI7qKwvdrdQC6VUsL5gH51mz_TM3）.

② 数据来源：中华人民共和国商务部（http://www.mofcom.gov.cn/article/resume/dybg/201902/20190202836831.shtml）.

③ 数据来源：中国统计信息网（https://www.sogou.com/link? url = DSOYnZeCC_rAZrN1qEDmGrGKgdea_NhVRlfrVFYswh2qS4dJrM7uBK3mlRzfPLR2）.

④ 数据来源：云南省 2018 年政府工作报告（https://wenku.baidu.com/view/94078dd9c67da26925c52cc58bd63186bdeb9276.html）.

两者均有较大幅度的增加，分别为 2008 年的 2~3 倍。由此可见，城乡居民的生活不断得到改善，但是，农村居民人均可支配收入的增长速度明显低于城镇居民人均可支配收入，城乡居民人均可支配收入的差距显著。

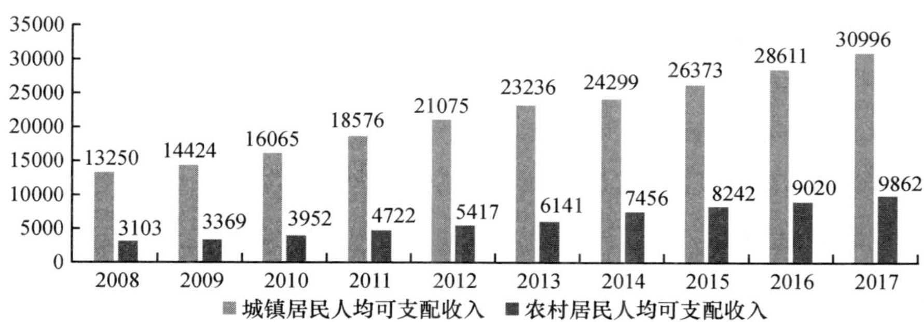


图 5-6　2008—2017 年云南省城乡居民人均可支配收入情况

数据来源：2008—2017 年云南省国民经济和社会发展统计公报（11 页，中国统计出版社）

## 第二节　云南省基本公共服务现状

### 一、公共教育

#### （一）公共教育经费投入情况

教育对于一个地区而言是至关重要的，教育兴，云南兴，教育强，云南强，教育是离不开政治和经济的，在省委、省政府的领导下，云南省的教育事业有了突破性进展，教育与政治和经济的挂钩促进了当地经济的发展。“我的中国梦”等主题教育在云南省深入开展，高校大学生的思想教育工作测评也有序开展，在此基础上，加大对学校卫生和视频安全方面的重视，从而形成更有活力和特色的现代教育体系。

教育治理能力不断提高。全面加强党的建设，推动高校党组织的党建工作进一步完善，坚持完善党风廉政建设，进一步规范制度强化教育督导工作，最终达到完善监测体系的目的。

深入开展教育领域改革。省级政府教育统筹综合改革取得了明显的成效，积极促进高校的分级管理、转型、特色发展。滇西应用技术大学的建设取得重大发展，重视滇西的人力资源开发，构建完善的省部协同推进机制。

就学前教育而言，第一期三年行动计划完成，开启第二期三年行动计划，学期三年的毛入园率有所增长，达到 63. 82%。继续努力推动义务教育的均衡发展，129 县基本实现义务教育的均衡，93. 30%的九年义务教育的巩固率，99. 68%的小学学龄儿童净入学率，106. 36%的初中教育毛入学率。普高也是在特色发展的过程中稳步前进，教学质量不断提升，与此同时，现代职业教育体系也逐步开始构建，职教园区取得了不错的进展[①]。

相比较九年义务教育的毛入学率，高中阶段的毛入学率较低，为 80. 10%，而高等教育的毛入学率在逐年增加，达 30. 20%，积极启动高水平大学建设，加强民族地区的双语教育，民办教育发展得到有效保障，在校人数也有一定的提升，达 118. 1 万人。针对特殊教育，云南省实施特殊教育提升计划，残疾儿童的义务教育入学率达 91. 36%。

2017 年，全省教育经费总收入 1 333. 20 亿元，比 2016 年的 1 191. 73 亿元增加了 141. 47 亿元，增长 11. 87%。其中，国家财政性教育经费 1 152. 94 亿元（主要包括一般公共预算安排的教育经费、政府性基金预算安排的教育经费、企业办学中的企业拨款、校办产业和社会服务收入用于教育的经费等），比上年的 1 025. 76 亿元增加 127. 18 亿元，增长 12. 40%[②]。

如表 5-1 所示，2016—2017 年云南省普通小学、普通初中、普通高中、中等职业学校、普通高等学校生均公共教育事业费支出和生均公用教育经费支出存在的差异明显。普通高等学校占据很大一部分，普通小学最少，普通初中和普通高中相差较小。说明目前云南省在不同层级的生均教育经费投入上存在不均等问题。

除了不同层级之间教育经费投入不均等之外，云南省在各个地区的教育经费投入也存在不均等现象，各地州市之间的教育经费投入存在较大差距，存在

① 数据来源：道客巴巴（https://www. doc88. com/p-4157669285859. html）.

② 数据来源：搜狐（https://www. sohu. com/a/281936094_673549）.

表 5-1　　2016—2017 年云南省生均教育经费投入情况　　单位：元

| 年份 | 生均公共教育事业费 | | | | |
|---|---|---|---|---|---|
| | 普通小学 | 普通初中 | 普通高中 | 中等职业学校 | 普通高等学校 |
| 2016 | 8 931.4 | 10 822.1 | 10 370.2 | 10 860 | 15 425 |
| 2017 | 10 491 | 12 730.8 | 11 687.8 | 11 220 | 14 932 |
| 年份 | 生均公共教育经费 | | | | |
| 2016 | 2 187.9 | 2 840.87 | 2 885.07 | 4 787.6 | 5 961.9 |
| 2017 | 2 205.9 | 2 877.19 | 2 390.66 | 3 503.5 | 5 061.7 |

数据来源：云南省教育厅（http://jyt.yn.gov.cn/）

严重的不均等现象。如表 5-2 所示，2017 年云南省各个地州市中，一般公共预算教育经费投入最多的是昆明市，为 119.57 亿元，占一般公共预算支出的比例为 15.41%；一般公共预算教育经费投入最少的是迪庆藏族自治州，为 13.75 亿元，与昆明市差距 7.697 倍，其一般公共预算教育经费占一般公共预算支出的比例为 9.83%，为唯一低于 10%的地州。所有地州市的一般公共预算教育经费本年比上年增长均为正增长，其中，增长最多的为曲靖市，达到 23.54%，最低为迪庆藏族自治州，仅有 3.8%。

表 5-2　　2017 年云南省各个地州市教育经费投入情况

| 省（市） | 一般公共预算教育经费（亿元） | 一般公共预算教育经费占一般公共预算支出的比例（%） | 一般公共预算教育经费本年比上年增长（%） |
|---|---|---|---|
| 云南省 | 988.75 | 17.31 | 14.42 |
| 昆明市 | 119.57 | 15.41 | 5.46 |
| 曲靖市 | 117.59 | 26.57 | 23.54 |
| 玉溪市 | 48.33 | 18.44 | 20.33 |
| 保山市 | 42.92 | 18.03 | 13.97 |
| 昭通市 | 99.35 | 23.86 | 17.26 |
| 丽江市 | 25.48 | 15.85 | 15.42 |
| 普洱市 | 47.58 | 17.51 | 13.66 |
| 临沧市 | 43.26 | 17.81 | 14.36 |
| 楚雄彝族自治州 | 46.55 | 18.72 | 12.74 |
| 红河哈尼族彝族自治州 | 80.04 | 19.87 | 9.54 |

续表

| 省（市） | 一般公共预算教育经费（亿元） | 一般公共预算教育经费占一般公共预算支出的比例（%） | 一般公共预算教育经费本年比上年增长（%） |
|---|---|---|---|
| 文山壮族苗族自治州 | 72.46 | 22.53 | 17.54 |
| 西双版纳傣族自治州 | 21.38 | 18.15 | 13.70 |
| 大理白族自治州 | 64.09 | 18.95 | 15.68 |
| 德宏傣族景颇族自治州 | 26.23 | 17.38 | 18.47 |
| 怒江傈僳族自治州 | 14.49 | 16.16 | 17.29 |
| 迪庆藏族自治州 | 13.75 | 9.83 | 3.80 |

数据来源：云南省教育厅（http://jyt.yn.gov.cn/）

## （二）教育办学条件情况

“全面改薄”项目在云南省启动推进，加强对农村义务教育的经费投入，使得农村义务教育得到有效的保障，全面免除农村义务教育阶段的费用，实现对义务教育的双补贴，即营养改善和学生住宿的补贴，与此同时，加大对贫困学生的资助，完善“应助尽助”体系。

教育办学条件情况是教育事业能够得以持续稳定发展的前提，主要包括师资队伍的情况、教育教学基础设施情况、教育教学条件、管理及其他。为贯彻落实《云南省中长期教育改革和发展规划纲要（2010—2020年）》，推进全省义务教育的均衡发展，云南省根据《义务教育法》和国家有关法律法规、标准，结合云南省的实际，制定了《云南省义务教育学校办学标准》。文件中提到义务办学标准是各级政府规划、设置和管理普通中小学的重要依据，要能够遵循分级负责、分步推进的原则实施，学校在确定用地规模时，要将城市规划和土地资源等结合起来，从实际用地情况出发，同时，学校的新建、改建、扩建等都要达到《标准》的要求，不能自行为之。而学校设施设备是完成教育教学任务必须具备的基本条件之一，应当满足教育教学的需求和学生学习的实际需求，这有利于提高教育教学质量，有利于促进学生的全面发展。学校设施设备一般包括常规通用教学设备、学校专用教学设备和学校办公及生活设备。配备时要本着经济实用、便利规范的原则，同时考虑设备的功能、特点、更新周期和利用效率等多方面因素。

近年来，云南省各级教育行政部门和各级各类学校按照文件要求，在肯定成绩的基础上，认清形势，严格按照《云南省全面改善贫困地区义务教育薄弱学校基本办学条件“20 条底线”细化标准》，进行仔细核查。认真查找工作中存在的不足和问题，分析原因，加强领导，加强资金筹措，科学安排项目，强化进度管理，重视信息填报，强化督查促落实，确保全省 88 个贫困县的所有义务教育阶段学校在 2017 年 12 月 20 日前，全部实现“20 条底线”达标目标[①]。云南省在小学校舍面积中危房面积从 2015—2017 年，近三年危房面积在逐年减少，而且下降幅度很大，而在小学固定资产总值中，金额在逐年加大，这表明云南省逐渐重视基础教育的实施和建设，正在往好的道路上前进着。

就 2018 年而言，云南省的城乡和地区之间，在普通小学、普通初中、普通高中城乡危房占地面积、教学计算机台数、固定资产等办学条件的差异明显，见表 5-3，其中，城乡小学以及城乡初中的城乡危房占地面积差距较大，城市普通小学与普通初中的校舍危房面积远低于农村，普通小学的差距最大，高达 46.4 公顷；而城市普通高中的校舍危房面积高于普通小学，差距达到 14.01 公顷。从教学计算机台数来看，城市的普通小学以及普通初中的教学计算机台数均低于农村，普通小学的城乡差距达到 17.64 万台，普通初中的城乡差距达到 3.01 万台，而城市普通高中的教学计算机台数高于农村，城乡差距达到 5.92 万台。从固定资产总值来看，城市普通小学以及普通初中的教育固定资产也明显低于农村，其中普通小学的城乡差距巨大，高达 341.59 亿元，普通初中的城乡差距达到 66.12 亿元，而城市普通高中的教育固定资产总值相对高于农村，城乡差距达到 102.6 亿元。总体来看，2018 年云南省农村的普通小学及普通初中的办学条件总体优于城市，而城市普通高中的办学条件要优于农村，且城乡差距显著，尤其在普通小学办学条件方面，农村的支持力度明显大于城市。

---

① 数据来源：中国教育部（https://www.sogou.com/link? url = DSOYnZeCC_rI1hHilN6cwLequmj0S8eSh9iiKl6R2ebHR3refJqS4d38ZgWBUPyXdNxZaZeOmaqrlNJyfwX56D5MwZVcqqnJVBWv8mucc748MMG-E-QO27bAp6VRqT6Q）.

表 5-3　　2018 年云南省中小学办学条件情况

| 阶段 | 办学条件 | 农村 | 城市 | 城乡差距 |
| --- | --- | --- | --- | --- |
| 小学 | 校舍危房面积（公顷） | 61.53 | 15.13 | -46.4 |
| | 教学计算机台数（万台） | 24.36 | 6.72 | -17.64 |
| | 固定资产总值（亿元） | 409.13 | 67.54 | -341.59 |
| 初中 | 校舍危房面积（公顷） | 22.27 | 9.30 | -12.97 |
| | 教学计算机台数（万台） | 7.55 | 4.54 | -3.01 |
| | 固定资产总值（亿元） | 120.93 | 54.81 | -66.12 |
| 高中 | 校舍危房面积（公顷） | 1.67 | 15.68 | 14.01 |
| | 教学计算机台数（万台） | 0.98 | 6.9 | 5.92 |
| | 固定资产总值（亿元） | 31.12 | 133.72 | 102.6 |

数据来源：中国经济社会大数据平台（https://data.cnki.net/yearbook/Single/N2020070382）

## （三）师资队伍力量

为保障教育水平能力提升，完善教师招聘机制，提高教师队伍能力，当地大力开展“云岭教学名师”等名师计划。全面推进教育信息化，提高教师使用信息化平台能力，实现教学数字化和教学设备标准化。加强对乡村教育支持，提高乡村教师薪资和特困地区乡村教师生活补助，实现优秀教师下乡村，提高乡村教师队伍力量①。统一全省中小学教师编制标准，出台特殊教育学校教职工编制标准。建立了一批国家和省级名师、名校长工作室，培养和引进了一大批海内外高层次人才。

由表 5-4 可以看出，2018 年，云南省城市与农村的普通小学、普通初中以及普通高中的师资队伍力量也存在一定的差距。从普通小学的师资队伍力量来看，城市普通小学教师中，本科生学历教师人数最多，达到 26 255 人，高中毕业及以下学历人数最少，为 10 人。农村普通小学教师中，本科学历教师同样人数最多，且为城市本科学历教师人数的 2 倍以上，但研究生学历教师人数较少，仅为 152 人，远低于城市的 654 人，高中毕业及以下教师人数高达 449 人。从普通中学的师资队伍力量来看，无论是城市还是农村，本科学历的初中教师

① 数据来源：海外网（http://www.haiwainet.cn/special/yn/2017-08/5409.html）。

人数依然占比最大，且农村本科学历教师人数大于城市，研究生学历初中教师人数中，城市远高于农村，是农村的5倍以上，城乡高中毕业及以下学历初中教师人数均少于15人。从普通高中的师资队伍力量来看，城市的研究生学历及本科学历高中教师人数都远远高于农村，其中本科生学历高中教师人数城乡差距最大，城市为20 627人，农村仅为2 966人，城乡高中毕业及以下学历高中教师人数均为0人。总体来说，云南省师资队伍力量的城乡差距较大，城市明显好于农村，且高中的师资队伍力量差距最大。

表5-4 2018年云南省师资队伍力量情况 单位：人

| 阶段 | 学历 | 农村 | 城市 |
|---|---|---|---|
| 小学 | 研究生学历 | 152 | 654 |
| | 本科学历 | 56 093 | 26 255 |
| | 高中毕业及以下 | 449 | 10 |
| 初中 | 研究生学历 | 207 | 1 128 |
| | 本科学历 | 32 935 | 22 429 |
| | 高中毕业及以下 | 12 | 0 |
| 高中 | 研究生学历 | 148 | 1 788 |
| | 本科学历 | 2 966 | 20 627 |
| | 高中毕业及以下 | 0 | 0 |

数据来源：中国经济社会大数据平台（https://data.cnki.net/yearbook/Single/N2020070382）

## 二、医疗卫生

2018年，云南省根据党中央、国务院关于医疗卫生服务体系建设和相关领域改革共7个方面36项重点工作任务。筹集资金对全省的基本公共药物进行相应的补助，并给予所有的乡村医生每人每月300元的补助，持续推进公立医院综合改革，探索公立医院运行保障新机制，支持云南省阜外心血管医院改革试点。筹措安排资金7.8亿元，支持全省新增4所甲等医院、40所县级公立医院晋级达标[①]。

① 数据来源：云南省人民政府（http://www.yn.gov.cn/）。

## （一）医疗卫生机构和床位数情况

如表 5-5 所示，2012—2017 年，云南省卫生机构数及床位数、医院及卫生院机构数以及床位数，整体上均处于不断增加的趋势，2017 年，云南省卫生机构数总计 24 684 个，卫生机构床位数达到 27.48 万张；医院及卫生院个数为 2 607 个，医院及卫生院床位数共计 26.08 万张。

表 5-5　　2012—2017 年云南省基础医疗卫生情况

| 年份 | 卫生机构 | | 医院及卫生院 | |
|---|---|---|---|---|
| | 数量（个） | 床位数（万张） | 数量（个） | 床位数（万张） |
| 2012 | 23 248 | 19.47 | 2 308 | 18.33 |
| 2013 | 24 264 | 21.01 | 2 376 | 19.81 |
| 2014 | 24 281 | 22.49 | 2 340 | 21.32 |
| 2015 | 24 181 | 23.76 | 2 473 | 22.57 |
| 2016 | 24 234 | 25.36 | 2 553 | 24.09 |
| 2017 | 24 684 | 27.48 | 2 607 | 26.08 |

数据来源：中国经济社会发展统计数据库（https://data.cnki.net/Yearbook）

## （二）卫生人员情况

如表 5-6 所示，2012—2017 年，云南省卫生技术人员、执业（助理）医师、注册护士总人数均不断增加。综上所述，2012—2017 年，云南省医疗机构、机构人员、床位数均有不同程度的增加，反映出云南省的医疗卫生取得了不错的进展。

表 5-6　　2012—2017 年云南省基层卫生人员数　　单位：人

| 年份 | 卫生技术人员总数（万人） | 执业医师、执业助理医师（人） | 注册护士（人） |
|---|---|---|---|
| 2012 | 16.48 | 68 466 | 60 755 |
| 2013 | 19.33 | 74 860 | 73 305 |
| 2014 | 20.89 | 75 246 | 82 823 |
| 2015 | 22.80 | 79 567 | 93 278 |
| 2016 | 25.02 | 85 876 | 105 966 |
| 2017 | 28.39 | 93 925 | 128 513 |

数据来源：中国经济社会发展统计数据库（https://data.cnki.net/Yearbook）

## 三、社会保障服务

### （一）社会保险

2018年年末，云南省参加城镇职工基本养老保险人数相比与上年末增加24.76万人，达到616.22万人，同比增加24.76万人。这当中，参保职工、参保离退休人员为440.23万人和175.99万人。参加城乡基本养老保险、医疗保险、失业保险、工伤保险的人数分别是2 360.98万、4 519.84万人、273.12万人、403.30万人，各保险的参保人数均有不同程度的增加。参加生育保险人数达339.52万人，增加31.60万人[①]。加快完善社会保障制度体系，全面完成机关事业单位养老保险制度改革，同步调整企业退休人员和机关事业单位退休人员基本养老金，企业退休人员养老金实现“十四连增”。提高失业保障水平，切实保障失业人员的基本生活。做好农民工工资支付保障工作。做好基本医疗保险基金收支预算管理和支付方式改革。

### （二）社会救助

云南省结合自身的经济发展水平以及政策规定，制定了符合本省情况的全省城乡居民最低生活保障标准和特困人员救助供养标准政策。将城乡的最低生活保障指导标准提高了。到2018年，云南省33个贫困县申请脱贫摘帽，2 298个贫困村出列，全省贫困发生率下降到5.38%。农村低保保障标准统一提高到每人每年不低于3 500元。企业退休人员养老金实现“14年连调”。实现跨省异地就医直接结算全覆盖[②]。

2018年，争取中央财政专项扶贫资金93.03亿元，较2017年增长29.66%；省级财政安排专项扶贫资金45.9亿元，较2017年增长40.3%。聚焦深度贫困地区和迪庆怒江两州，争取中央安排迪庆藏族自治州、怒江傈僳族自

---

① 2018年云南省国民经济和社会发展统计公报（11页，中国统计出版社）.

② 数据来源：https://www.nonglinmuyu.com.cn/article/uwuz11.html.

治州3年新增资金107.54亿元。资金投向深度贫困地区、特殊贫困人群，新增加资金数额超过全省的平均水平，强化资金整合、资金监管和完善扶贫资金绩效管理，破除县级“不敢整、不能整、整不动”等体制机制性障碍，此项改革成为《中国财经报》公布中国八大财政改革新亮点之一①。

筹措资金107亿元，使得社会保障能够和市场的物价浮动有一定的联动性。筹措资金55亿元，支持做好农村危房改造工作。筹集资金5.3亿元，支持开展自然灾害生活救助。筹措资金3.5亿元，统筹做好残疾人和儿童服务保障，以及残疾儿童康复服务等工作。推进农村留守儿童关爱保护和困境儿童保障，落实建立孤儿生活补助标准自然增长机制。筹措资金3.3亿元，支持养老服务体系建设。筹措资金32亿元，积极做好优抚安置和退役军人经费保障②。

### （三）养老服务

“十三五”期间，云南省加大了对养老服务设施的支持力度，并对养老服务设施给予基金的支持，分别设立了10.8亿元和17.75亿元两项专项基金。自2012年以来，云南省就高度重视养老服务，并将养老服务建设项目列入每年的重要工作项目中，截止到2017年，增加到1 025家全省各类养老机构，2 186个城乡居家养老服务中心，15.95万张养老服务总床位，每千名老年人拥有养老床位28张。2018年，2 718个云南省各类提供住宿的社会服务机构和设施，其中，2 497个养老服务机构和设施。12.17万张社会服务床位，11.07万张养老床位，3 301个各类社区服务设施，其中，1 767个社区服务中心，1 444个社区服务站，全年销售社会福利彩票81.35亿元③。

此外，为加快推进养老服务供给结构调整和供给能力提升，云南省民政厅推动出台了一系列政策为社会资本参与养老服务业发展提供了有力政策支撑。自2015年起，省政府每年拨5 000万元用于社会力量兴办养老机构，全省社会兴办养老机构获补助的数量达到106家，带动约13.11亿元参与养老服务建设④。

---

① 数据来源：房天下（https://lijiang.news.fang.com/2019-01-27/31394197.htm）.

②③④ 数据来源：云南省人民政府（http://www.yn.gov.cn/）.

同时云南省在养老机构运营和建设等模式上积极探索。“十三五”期间，相关部门通过一系列社会改革工作调动公办养老机构改革的社会积极性，还通过与当地旅游资源相结合的方式打造“健康生活目的地牌”，“候鸟式”养老的方式也逐渐出现，满足了市场对于养老项目的多元化需求①。

## 四、文化体育

2018 年，云南省统筹中央和省级财政资金安排公共文化服务体系建设相关资金 11.4 亿元，支持“六馆一站”举办免费公益活动，实施文化惠民工程，保障人民群众基本文化权益。整合宣传、文化和旅游、广电、体育等部门相关资金 3.73 亿元，按照 26 万元/村的标准，支持实施贫困地区民族自治县边境县村综合文化服务中心覆盖工程项目 1 433 个，丰富边境贫困地区群众精神文化生活。开展全民健身工程，支持竞技体育和群众体育共同发展。

### （一）文化事业发展情况

2018 年年末全省各种艺术表演团体、文化馆、公共图书馆、博物馆分别为 101 个、149 个、151 个、136 个。全省广播覆盖率达到 98.7%，电视人口覆盖率跟广播覆盖率接近，为 98.9%。中、短波转播发射台、广播电台、电视台、广播电视台分别为 52 座、9 座、15 座、124 座，有线电视实际用户 460.34 万户②。2012—2017 年云南省文化事业变化情况见表 5-7。

表 5-7　　2012—2017 年云南省文化事业变化情况

| 年份 | 文化机构数（个） | 文化事业实际完成基建投资（万元） | 文化事业费占财政支出比重 | | 人均文化事业费 | |
|---|---|---|---|---|---|---|
| | | | 比重（%） | 全国位次 | 人均经费（元） | 全国位次 |
| 2012 | 1 526 | 38 891 | 0.37 | 21 | 28.07 | 21 |
| 2013 | 1 546 | 24 555 | 0.35 | 22 | 30.66 | 21 |
| 2014 | 1 558 | 8 319 | 0.39 | 21 | 37.09 | 20 |

① 数据来源：云南省人民政府（http://www.yn.gov.cn/）.

② 数据来源：中国统计信息网（http://www.tjcn.org/tjgb/25yn/36087.html）.

续表

| 年份 | 文化机构数（个） | 文化事业实际完成基建投资（万元） | 文化事业费占财政支出比重 | | 人均文化事业费 | |
|---|---|---|---|---|---|---|
| | | | 比重（%） | 全国位次 | 人均经费（元） | 全国位次 |
| 2015 | 1 564 | 18 597 | 0. 41 | 20 | 40. 32 | 20 |
| 2016 | 1 583 | 30 184 | 0. 44 | 19 | 45. 85 | 22 |
| 2017 | 1 593 | 2 704 | 0. 42 | 21 | 50. 2 | 21 |

数据来源：中国文化文物统计年鉴 2012—2017（366-369 页，中国统计出版社）

## （二）体育事业发展情况

2018 年，云南省贯彻落实国家全民健身战略，全面推进“七彩云南全民健身工程”，超额完成惠民体育任务，并开启“千里健身步道”建设工程①。全省全面优化竞技体育项目结构，不断进行突破，提高自身潜力，综合实力得到极大提升，并组织大批次人员，人员全面覆盖云南各州市和各少数民族。第十五届云南省运动会成功举办，其比赛项目、参赛人数及赛事时间均创历届运动会记录。为增强青少年体育氛围，全省组织各种有趣的体育活动如：“阳光体育大会”等，不仅培养了青少年对于体育活动的喜爱而且完善了青少年运动体系。全省支持体育建设，为省运动队输送了大量人才，使得云南省竞技体育后备人才有了明显的改善。另外体育对外交流更加广泛，上合马拉松、格兰芬多自行车节等国际赛事，已成为云南省品牌国际赛事，且规模和水平不断攀高，促进云南体育国际化，不断地推动云南辐射中心建设能力。体育精准扶贫也取得重大突破，仅 2018 年全省共有 1. 61 亿元体育公益金用于扶贫，为脱贫攻坚做出了巨大贡献。联合团省委、教育厅多次开展体育冠军进校园扶贫扶志宣讲，使教师和学生受益良多，获得社会广泛好评。如今，居民只需要一部手机，就能查询在全省政务体系中查询各种体育事项，使得服务经济社会能力得到明显的提升②。2018 年云南运动员体育竞技能力明显提升，在各大国际赛事中获金、银、铜牌共 25 枚，其中金牌 9 枚；在全国比赛中获金、银、铜牌 296

① 数据来源：云南网（http://yn. yunnan. cn/system/2019/01/15/030179288. shtml）.

② 云南省体育局（http://tyj. yn. gov. cn/）.

枚，其中金牌 122 枚①。

## 五、就业和住房保障

### （一）就业情况

2018 年，全省筹措安排资金 12.9 亿元支持就业创业。通过安排省级就业创业专项资金，如期完成全年“贷免扶补”扶持创业 5 万人、创业担保贷款扶持创业 5 万人的任务。支持实施“创业孵化基地建设计划”，2018 年重点培育建设 3 个省级创业园示范基地，落实奖补政策，大力支持社会投资机构通过购买闲置楼盘来建设创业孵化基地，并出台相应的资金补助。

### （二）住房保障情况

1. 棚户区改造情况

2018 年中共中央下达了对云南省农村危房的改造任务，其补助资金和任务指标均位列全国第 1 名。对建档立卡贫困户、低保户等 4 类省内重要关注对象危房进行改造，总计改造达 46 万套（户）。农村危房改造任务的顺利实施，不仅为百姓遮风挡雨，更是给了一个温暖的家。

2. 公共租赁住房保障情况

2017 年，云南省城镇保障性安居工程项目年度投资人物完成投资 200 亿元，全省实施各类棚户区改造 10 万套（户）以上，基本建成城镇保障性住房 10 万套（户），新增发放租赁补贴 2 000 户，并投资 50 亿元资金用于进行易地扶贫搬迁项目。

① 数据来源：云南日报（http://yndaily.yunnan.cn/html/2019-06/14/content_1285098.htm? div=-1）.

## 第三节　云南省基本公共服务均等化实证研究

本章首先确立了公共服务均等化的标准，构建了与基本公共服务高度相关的指标体系。并保证指标体系在选取上具有代表性、独立性和综合性。通过熵值法对相关指标数据进行量化分析，并对指标赋予权重，确定基本公共服务均等化综合测度指标体系。其次，运用泰尔指数法对基本公共服务均等化水平进行实证研究，并对实证结果加以分析。

### 一、基本公共服务均等化的标准建立

#### （一）指标体系构建原则

指标体系是指能够表示对象多个方面特征具有内在联系的多个指标所构成的有机体。指标体系建立是评价对象的核心环节，选取的指标体系将会直接影响到整个评价过程的质量。因此，为了使指标体系科学化、规范化，在构建指标体系时，应遵循系统性原则、典型性原则、一致性原则、可获得性。从以上四个原则出发，再结合相应的政策以及云南省的实际情况，设计出一套符合云南省基本公共服务均等化研究的指标体系。

#### （二）构建评价指标体系

对于基本公共服务指标体系，不同的学者建立的指标体系不尽相同，本章在参照以往研究指标体系的基础上，以最新的文件《“十三五”推进基本公共服务均等化规划》为指导原则，再结合云南省的实际情况，考虑数据的可获得性，综合确定如表 5-8 所示的评价指标体系，其中一级指标表示基本公共服务，二级指标包含 4 类，分别是基本公共教育、基本劳动就业创业、基本医疗卫生、基本公共文化体育，二级指标下设 10 个三级指标，包括九年义务教育巩固率、义务教育基本均衡县（市、区）的比例、城镇新增就业人数、医疗卫

生机构数、医院床位数、卫生技术人员数、公共图书馆数、文化馆数、广播电视综合覆盖率、每千人拥有公共图书馆藏书量。

表 5-8　　云南省基本公共服务指标体系建立

| 一级指标 | 二级指标 | 三级指标 |
| --- | --- | --- |
| 基本公共服务 | 基本公共教育 | 九年义务教育巩固率（%） |
| | | 义务教育基本均衡县（市、区）的比例 |
| | 基本劳动就业创业 | 城镇新增就业人数（万人） |
| | 基本医疗卫生 | 医疗卫生机构数（个） |
| | | 医院床位数（万张） |
| | | 卫生技术人员数（万人） |
| | 基本公共文化体育 | 公共图书馆数（个） |
| | | 文化馆数（个） |
| | | 广播电视综合覆盖率（%） |
| | | 每千人拥有公共图书馆藏书量（册） |

本章用以上 10 个指标作为三级分析指标，部分指标没有采用《“十三五”推进基本公共服务均等化规划》的指标体系，例如，三级指标没有根据该规划选取医疗卫生方面的孕产妇死亡率、婴儿死亡率、5 岁以下儿童死亡率，社会服务方面的养老床位中护理型床位比例、养老服务床位数、生活不能自理特困人员集中供养率，基本住房保障中的城镇棚户区住房改造等。主要是因为地市一级的这些数据目前还无法获取，将其作为分析指标不具有可行性。

### （三）样本选取及数据来源

本章选取了云南省地市级数据进行研究，包括昆明、曲靖、玉溪等 16 个地州市。由于邵通、临沧、怒江、迪庆的数据缺失严重，因此将其剔除，研究样本地区包括剔除之后的其他 12 个地州市，即样本数据采用云南省 12 个地州市 2012—2017 年基本公共服务的数据。

大部分数据来源于云南省 12 个地州市 2012—2017 年的国民经济和社会发展公报以及云南省国民经济与社会发展公报、各地州市各年度的政府工作报告和地方统计年鉴，其中基本养老保险率和基本医疗保险率是分别采用养老保险投保人数和医疗保险投保人数除以户籍人数而得到。九年义务教育巩固率除了在公报中直接给出的，其他基本上都是采用初中毕业人数除以小学入学人数得到的。

### （四）基本公共服务均等化测算方法选取

相较于基尼系数法、变异系数法等对基本公共服务均等化水平进行测算的利弊分析，本研究采用泰尔指数的方法对云南省基本公共服务均等化水平进行分析评价。

## 二、实证结果分析

由于各个指标的单位存在不一致，为了方便进行比较，事先对数据进行无量纲化处理。首先先计算各个基本公共服务之间的极差，得出绝对化的均等水平。

其次，运用熵值法赋权，运用熵值法对各个指标赋权，在此基础上运用功效系数法计算云南省各项基本公共服务得分情况。$T$ 表示云南省各地州市基本公共服务差异程度的总泰尔指数；表示将云南省以地级市为单位划分成 12 个组：$y_k$ 表示第 $k$ 的基本公共服务三级指标数据，$k=1$，2，3，…，12，$n_k$ 表示第 $k$ 组的人口占云南省地市级总人口的比重。依据研究的时效性和数据的可获得性，本研究基本公共服务均等化指标数据的截取选定在 2012—2017 年，计算基本公共服务的相对均等化水平。

### （一）公共教育

首先对公共教育数据进行无量纲化处理，然后计算云南省从 2012—2017 年 12 个地州市的绝对均等化值——极差，如图 5-7 所示，2012—2014 年，云南省教育极差出现大幅上升，在 2014—2015 年有一个大的下降的波动，然后在 2015—2017 年又呈现出了大幅上升又下降，波动逐渐平缓，说明了云南省公共教育的绝对差距的变化波动较大。如图 5-8 所示，云南省公共教育泰尔指数呈现先升后降的状态，公共教育的极差下降幅度较大，而且教育泰尔指数整体差距较小，说明目前云南省的公共教育相差不大，并且逐渐趋向均等化。

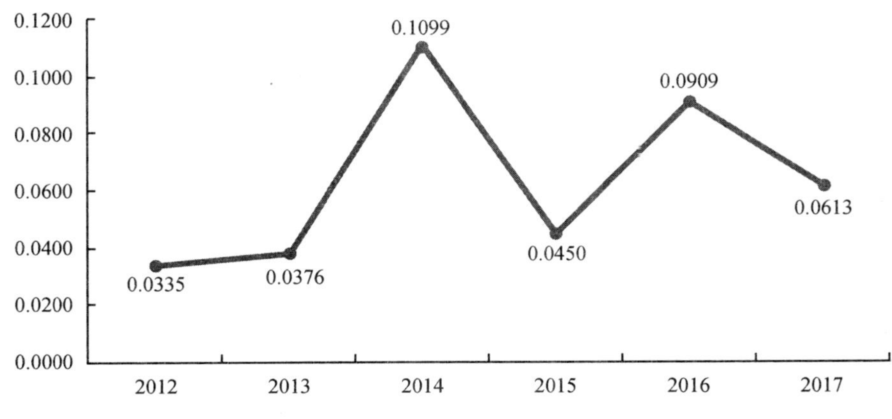


图 5-7 2012—2017 年云南省基本公共教育极差趋势图

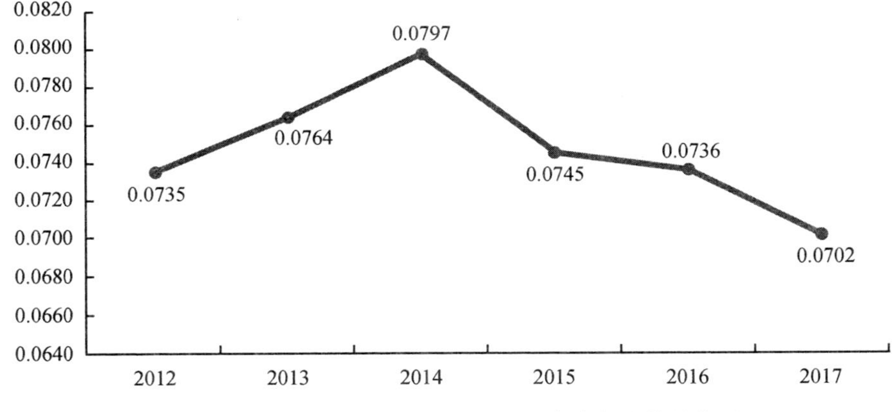


图 5-8 2012—2017 年云南省公共教育泰尔指数趋势图

运用熵值法对各个指标赋权，在此基础上运用功效系数法计算云南省 12 个地州市 2017 年的基本公共服务得分情况，最终结果体现出百分制的形式，见表 5-9，2017 云南省各个地州市中，玉溪市的教育评分最高，为 87.53 分，而西双版纳傣族自治州教育评分最低，为 66.61 分，其他的地州市教育评分则在 70~80 分。

表 5-9　　2017 年云南省各地州市教育评分情况

| 地州市 | 年份 | 教育评分 | 排名 | 地州市 | 年份 | 教育评分 | 排名 |
|---|---|---|---|---|---|---|---|
| 楚雄 | 2012 | 74.54 | 1 | 保山 | 2014 | 64.62 | 9 |
| 玉溪 | 2012 | 74.07 | 2 | 文山 | 2014 | 62.95 | 10 |
| 普洱 | 2012 | 73.86 | 3 | 西双版纳 | 2014 | 62.29 | 11 |
| 丽江 | 2012 | 69.58 | 4 | 红河 | 2014 | 61.78 | 12 |
| 昆明 | 2012 | 68.44 | 5 | 玉溪 | 2015 | 78.59 | 1 |
| 大理 | 2012 | 68.27 | 6 | 楚雄 | 2015 | 75.87 | 2 |
| 德宏 | 2012 | 68.07 | 7 | 普洱 | 2015 | 74.96 | 3 |
| 曲靖 | 2012 | 67.03 | 8 | 昆明 | 2015 | 73.92 | 4 |
| 保山 | 2012 | 66.04 | 9 | 丽江 | 2015 | 71.90 | 5 |
| 西双版纳 | 2012 | 62.91 | 10 | 大理 | 2015 | 71.20 | 6 |
| 红河 | 2012 | 62.04 | 11 | 德宏 | 2015 | 70.41 | 7 |
| 文山 | 2012 | 61.95 | 12 | 曲靖 | 2015 | 67.03 | 8 |
| 玉溪 | 2013 | 75.51 | 1 | 保山 | 2015 | 63.60 | 9 |
| 楚雄 | 2013 | 75.41 | 2 | 红河 | 2015 | 63.57 | 10 |
| 普洱 | 2013 | 74.13 | 3 | 文山 | 2015 | 62.91 | 11 |
| 德宏 | 2013 | 70.58 | 4 | 西双版纳 | 2015 | 62.76 | 12 |
| 丽江 | 2013 | 69.86 | 5 | 楚雄 | 2016 | 89.44 | 1 |
| 昆明 | 2013 | 68.44 | 6 | 玉溪 | 2016 | 88.30 | 2 |
| 大理 | 2013 | 68.29 | 7 | 昆明 | 2016 | 83.82 | 3 |
| 曲靖 | 2013 | 67.03 | 8 | 普洱 | 2016 | 79.15 | 4 |
| 保山 | 2013 | 65.46 | 9 | 大理 | 2016 | 78.85 | 5 |
| 文山 | 2013 | 64.55 | 10 | 德宏 | 2016 | 77.00 | 6 |
| 西双版纳 | 2013 | 62.77 | 11 | 曲靖 | 2016 | 74.95 | 7 |
| 红河 | 2013 | 61.42 | 12 | 保山 | 2016 | 73.55 | 8 |
| 德宏 | 2014 | 90.63 | 1 | 丽江 | 2016 | 72.94 | 9 |
| 楚雄 | 2014 | 76.28 | 2 | 红河 | 2016 | 70.10 | 10 |
| 玉溪 | 2014 | 75.36 | 3 | 文山 | 2016 | 65.48 | 11 |
| 普洱 | 2014 | 73.81 | 4 | 西双版纳 | 2016 | 60.00 | 12 |
| 丽江 | 2014 | 71.18 | 5 | 玉溪 | 2017 | 87.53 | 1 |
| 昆明 | 2014 | 68.44 | 6 | 昆明 | 2017 | 83.82 | 2 |
| 大理 | 2014 | 68.38 | 7 | 文山 | 2017 | 82.60 | 3 |
| 曲靖 | 2014 | 67.03 | 8 | 普洱 | 2017 | 81.78 | 4 |

续表

| 地州市 | 年份 | 教育评分 | 排名 | 地州市 | 年份 | 教育评分 | 排名 |
|---|---|---|---|---|---|---|---|
| 楚雄 | 2017 | 79.31 | 5 | 曲靖 | 2017 | 72.40 | 9 |
| 德宏 | 2017 | 78.69 | 6 | 丽江 | 2017 | 69.52 | 10 |
| 大理 | 2017 | 78.61 | 7 | 红河 | 2017 | 68.66 | 11 |
| 保山 | 2017 | 73.78 | 8 | 西双版纳 | 2017 | 66.61 | 12 |

## （二）劳动就业创业

同样的，经过计算，劳动就业创业的极差、泰尔指数如图 5-9、图 5-10 所示，2012—2017 年，从绝对值角度看，云南省劳动就业创业极差在 2012—2015 年呈逐渐下降趋势，从 0.073 4 下降到 0.731；但在 2015 年之后呈现出上升趋势，增加到 0.093 6，说明不均等化程度在缩小后扩大。从相对值角度来看，2012—2017 年，云南省劳动就业创业泰尔指数表现出小幅下降—大幅上升—大幅下降的趋势，说明 2012—2017 年云南省劳动就业创业的差距缩小后增大。

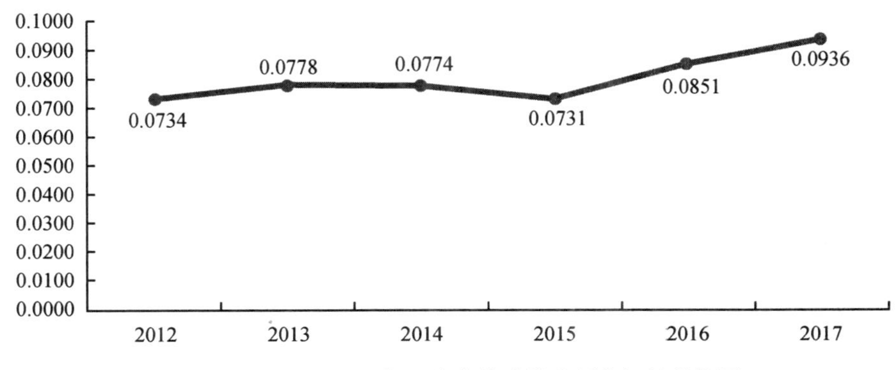

图 5-9 2012—2017 年云南省劳动就业创业极差趋势图

从云南省劳动就业创业综合评分来看，见表 5-10，2017 年昆明市就业评分处于领先地位，昆明市属于省会城市，城市化水平和就业率较高，因此，综合就业评分相对较高。而作为发展相对落后的民族地区，楚雄彝族自治州综合就业评分均处于最低状态，仅为 60.56 分，仅有红河哈尼族彝族自治州和文山壮族苗族自治州的分数达到 70 分以上，其他地州市就业评分低于 70 分，说明

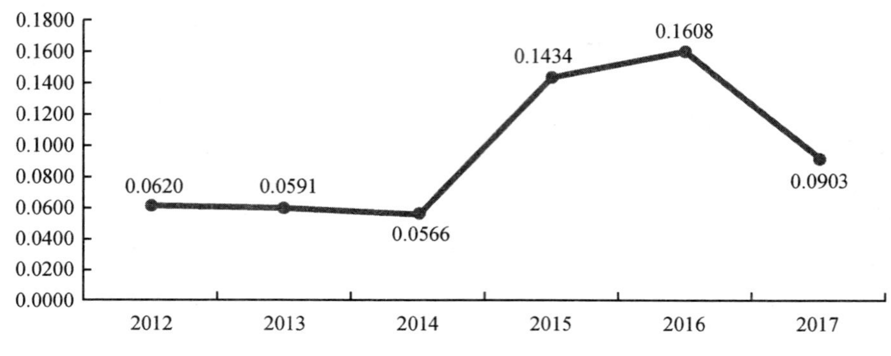


图 5-10 2012—2017 年云南省劳动就业创业泰尔指数趋势图

当前云南省就业形势严峻，情况不容乐观。

表 5-10 2017 年云南省各地州市就业评分情况

| 地州市 | 年份 | 就业评分 | 排名 | 地州市 | 年份 | 就业评分 | 排名 |
|---|---|---|---|---|---|---|---|
| 昆明 | 2012 | 91. 93 | 1 | 德宏 | 2013 | 62. 13 | 9 |
| 红河 | 2012 | 67. 69 | 2 | 普洱 | 2013 | 62. 12 | 10 |
| 曲靖 | 2012 | 66. 34 | 3 | 丽江 | 2013 | 61. 73 | 11 |
| 大理 | 2012 | 65. 22 | 4 | 西双版纳 | 2013 | 61. 13 | 12 |
| 玉溪 | 2012 | 64. 93 | 5 | 昆明 | 2014 | 92. 91 | 1 |
| 楚雄 | 2012 | 64. 37 | 6 | 曲靖 | 2014 | 68. 51 | 2 |
| 文山 | 2012 | 63. 67 | 7 | 红河 | 2014 | 68. 28 | 3 |
| 保山 | 2012 | 63. 47 | 8 | 楚雄 | 2014 | 66. 62 | 4 |
| 普洱 | 2012 | 62. 12 | 9 | 大理 | 2014 | 65. 50 | 5 |
| 丽江 | 2012 | 61. 79 | 10 | 玉溪 | 2014 | 65. 41 | 6 |
| 西双版纳 | 2012 | 61. 49 | 11 | 保山 | 2014 | 63. 81 | 7 |
| 德宏 | 2012 | 61. 02 | 12 | 文山 | 2014 | 63. 75 | 8 |
| 昆明 | 2013 | 93. 90 | 1 | 普洱 | 2014 | 62. 40 | 9 |
| 曲靖 | 2013 | 68. 03 | 2 | 丽江 | 2014 | 61. 36 | 10 |
| 红河 | 2013 | 67. 75 | 3 | 西双版纳 | 2014 | 61. 28 | 11 |
| 楚雄 | 2013 | 66. 34 | 4 | 德宏 | 2014 | 60. 31 | 12 |
| 大理 | 2013 | 65. 41 | 5 | 玉溪 | 2015 | 90. 80 | 1 |
| 玉溪 | 2013 | 64. 93 | 6 | 昆明 | 2015 | 90. 19 | 2 |
| 文山 | 2013 | 63. 73 | 7 | 红河 | 2015 | 69. 29 | 3 |
| 保山 | 2013 | 63. 64 | 8 | 曲靖 | 2015 | 69. 07 | 4 |

续表

| 地州市 | 年份 | 就业评分 | 排名 | 地州市 | 年份 | 就业评分 | 排名 |
|---|---|---|---|---|---|---|---|
| 楚雄 | 2015 | 66.06 | 5 | 普洱 | 2016 | 63.53 | 9 |
| 大理 | 2015 | 65.50 | 6 | 丽江 | 2016 | 62.24 | 10 |
| 文山 | 2015 | 63.75 | 7 | 西双版纳 | 2016 | 61.28 | 11 |
| 普洱 | 2015 | 62.69 | 8 | 大理 | 2016 | 61.16 | 12 |
| 德宏 | 2015 | 62.60 | 9 | 昆明 | 2017 | 100.00 | 1 |
| 丽江 | 2015 | 62.12 | 10 | 红河 | 2017 | 72.70 | 2 |
| 西双版纳 | 2015 | 61.34 | 11 | 曲靖 | 2017 | 68.76 | 3 |
| 保山 | 2015 | 60.00 | 12 | 保山 | 2017 | 66.81 | 4 |
| 昆明 | 2016 | 96.99 | 1 | 玉溪 | 2017 | 66.06 | 5 |
| 德宏 | 2016 | 85.91 | 2 | 文山 | 2017 | 65.19 | 6 |
| 曲靖 | 2016 | 69.94 | 3 | 普洱 | 2017 | 63.79 | 7 |
| 红河 | 2016 | 69.72 | 4 | 丽江 | 2017 | 62.44 | 8 |
| 玉溪 | 2016 | 66.20 | 5 | 西双版纳 | 2017 | 62.40 | 9 |
| 保山 | 2016 | 66.16 | 6 | 德宏 | 2017 | 61.22 | 10 |
| 文山 | 2016 | 64.93 | 7 | 大理 | 2017 | 61.15 | 11 |
| 楚雄 | 2016 | 63.78 | 8 | 楚雄 | 2017 | 60.56 | 12 |

## （三）医疗卫生

将数据代入公式，经过计算获得反映云南医疗卫生均等化水平的各项指标的极差和泰尔指数，同时也算出了 2012—2017 年云南省各地州市的医疗卫生综合评分情况。图 5-11、图 5-12 中云南省医疗卫生极差变动较为平缓，基本医疗卫生极差呈平稳上升趋势，说明云南省从 2012—2017 年医疗卫生均等化水平存在下降趋势。2012—2017 年云南省医疗卫生泰尔指数表现出大幅下降后轻微上升的趋势，总体看来云南省医疗卫生均等化水平在提高。由表 5-11 可知，2012—2017 年云南省各地州市医疗卫生总体评分中，2017 年，昆明市稳居第一，达到 100 分，评分最低的为楚雄彝族自治州，只有 62.16 分，其余均在 60~70 分。省会与地州之间的医疗水平相差较大。

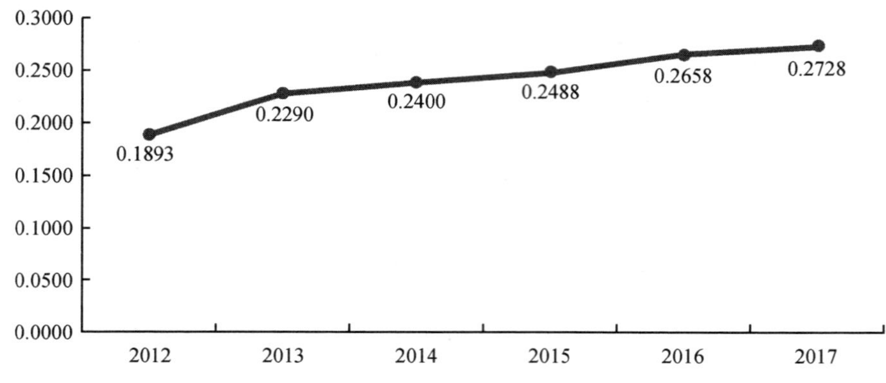


图 5-11　2012—2017 年云南省医疗卫生极差趋势图

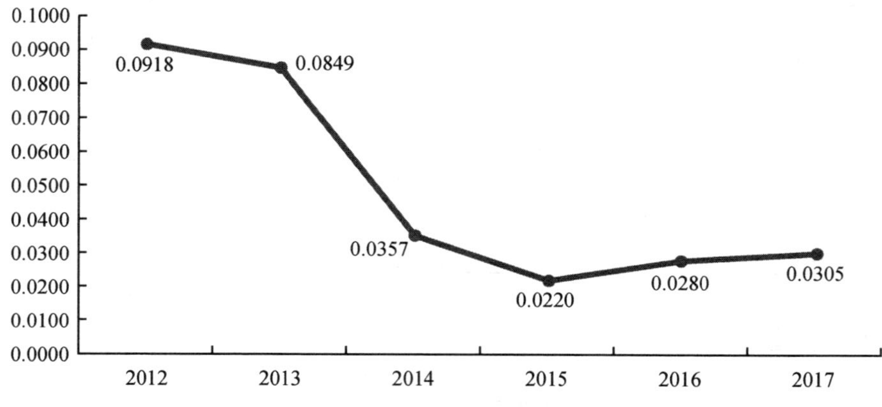


图 5-12　2012—2017 年云南医疗卫生泰尔指数趋势图

**表 5-11　　2017 年云南省各地州市医疗卫生评分情况**

| 地州市 | 年份 | 医疗卫生评分 | 排名 | 地州市 | 年份 | 医疗卫生评分 | 排名 |
|---|---|---|---|---|---|---|---|
| 昆明 | 2012 | 86. 26 | 1 | 保山 | 2012 | 62. 99 | 9 |
| 红河 | 2012 | 72. 26 | 2 | 普洱 | 2012 | 62. 99 | 10 |
| 曲靖 | 2012 | 68. 28 | 3 | 德宏 | 2012 | 62. 44 | 11 |
| 楚雄 | 2012 | 67. 22 | 4 | 丽江 | 2012 | 60. 05 | 12 |
| 玉溪 | 2012 | 66. 67 | 5 | 昆明 | 2013 | 91. 79 | 1 |
| 大理 | 2012 | 63. 91 | 6 | 红河 | 2013 | 72. 47 | 2 |
| 文山 | 2012 | 63. 52 | 7 | 大理 | 2013 | 69. 61 | 3 |
| 西双版纳 | 2012 | 63. 26 | 8 | 曲靖 | 2013 | 68. 79 | 4 |

续表

| 地州市 | 年份 | 医疗卫生评分 | 排名 | 地州市 | 年份 | 医疗卫生评分 | 排名 |
|---|---|---|---|---|---|---|---|
| 玉溪 | 2013 | 67.17 | 5 | 普洱 | 2015 | 64.10 | 9 |
| 保山 | 2013 | 66.06 | 6 | 西双版纳 | 2015 | 63.83 | 10 |
| 楚雄 | 2013 | 65.32 | 7 | 德宏 | 2015 | 63.05 | 11 |
| 文山 | 2013 | 64.71 | 8 | 丽江 | 2015 | 61.13 | 12 |
| 普洱 | 2013 | 63.60 | 9 | 昆明 | 2016 | 98.18 | 1 |
| 西双版纳 | 2013 | 63.44 | 10 | 曲靖 | 2016 | 75.31 | 2 |
| 德宏 | 2013 | 62.75 | 11 | 红河 | 2016 | 75.09 | 3 |
| 丽江 | 2013 | 60.18 | 12 | 大理 | 2016 | 70.56 | 4 |
| 昆明 | 2014 | 93.32 | 1 | 楚雄 | 2016 | 69.46 | 5 |
| 红河 | 2014 | 77.24 | 2 | 文山 | 2016 | 68.82 | 6 |
| 曲靖 | 2014 | 73.81 | 3 | 玉溪 | 2016 | 68.37 | 7 |
| 大理 | 2014 | 70.24 | 4 | 保山 | 2016 | 67.05 | 8 |
| 楚雄 | 2014 | 68.96 | 5 | 普洱 | 2016 | 64.62 | 9 |
| 玉溪 | 2014 | 67.53 | 6 | 西双版纳 | 2016 | 64.04 | 10 |
| 普洱 | 2014 | 66.70 | 7 | 德宏 | 2016 | 63.12 | 11 |
| 保山 | 2014 | 66.36 | 8 | 丽江 | 2016 | 61.34 | 12 |
| 文山 | 2014 | 65.18 | 9 | 昆明 | 2017 | 100.00 | 1 |
| 西双版纳 | 2014 | 63.69 | 10 | 红河 | 2017 | 76.11 | 2 |
| 德宏 | 2014 | 62.99 | 11 | 曲靖 | 2017 | 75.35 | 3 |
| 丽江 | 2014 | 60.12 | 12 | 大理 | 2017 | 71.23 | 4 |
| 昆明 | 2015 | 95.61 | 1 | 文山 | 2017 | 70.71 | 5 |
| 红河 | 2015 | 77.59 | 2 | 玉溪 | 2017 | 68.51 | 6 |
| 曲靖 | 2015 | 73.81 | 3 | 保山 | 2017 | 67.74 | 7 |
| 大理 | 2015 | 70.50 | 4 | 普洱 | 2017 | 65.03 | 8 |
| 楚雄 | 2015 | 69.24 | 5 | 西双版纳 | 2017 | 63.98 | 9 |
| 文山 | 2015 | 68.49 | 6 | 德宏 | 2017 | 63.63 | 10 |
| 玉溪 | 2015 | 68.15 | 7 | 丽江 | 2017 | 63.54 | 11 |
| 保山 | 2015 | 66.71 | 8 | 楚雄 | 2017 | 62.16 | 12 |

## (四) 文化体育

由图 5-13、图 5-14 及表 5-12 可知，2012—2017 年，云南省基本公共文化的极差是处于降低后上升，再降低的状态，到 2017 年达到 0. 176 0。从相对值的角度来看，云南省近几年来的文化均等化水平有所上升。从 2012 年的 0. 115 9 下降至 2017 年的 0. 073 4。

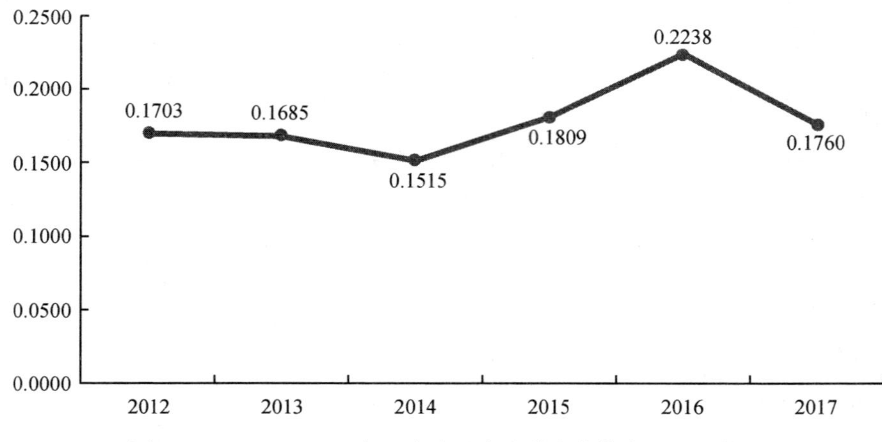


图 5-13　2012—2017 年云南省基本公共文化体育极差趋势图

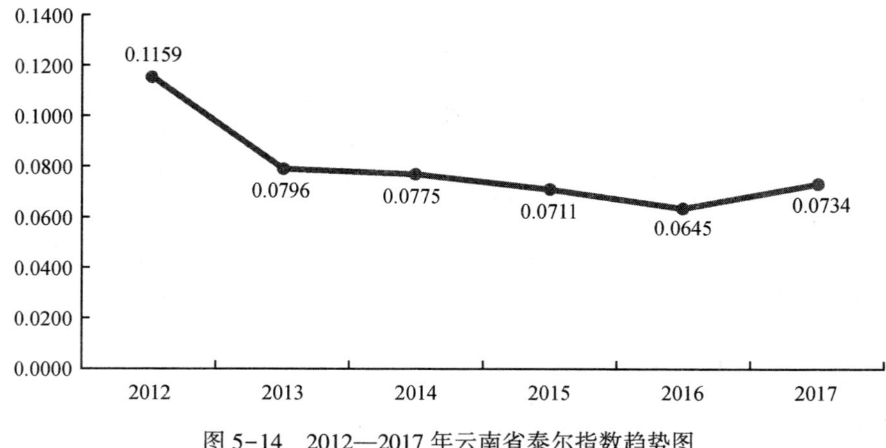


图 5-14　2012—2017 年云南省泰尔指数趋势图

对于地州市文化综合评分来说，总体评分相对较高，2017 年，除西双版纳傣族自治州低于 70 分以外，其余地州市均在 70 分以上，昆明市以 92. 16 的高分位居第一。

表 5-12　　2018 年云南省各地州市文化评分情况

| 地州市 | 年份 | 文化评分 | 排名 | 地州市 | 年份 | 文化评分 | 排名 |
|---|---|---|---|---|---|---|---|
| 昆明 | 2012 | 92.13 | 1 | 德宏 | 2014 | 73.12 | 9 |
| 大理 | 2012 | 86.84 | 2 | 丽江 | 2014 | 72.93 | 10 |
| 红河 | 2012 | 86.39 | 3 | 文山 | 2014 | 70.42 | 11 |
| 楚雄 | 2012 | 85.88 | 4 | 西双版纳 | 2014 | 69.35 | 12 |
| 普洱 | 2012 | 81.78 | 5 | 昆明 | 2015 | 92.83 | 1 |
| 曲靖 | 2012 | 78.97 | 6 | 红河 | 2015 | 87.30 | 2 |
| 西双版纳 | 2012 | 77.73 | 7 | 大理 | 2015 | 86.63 | 3 |
| 玉溪 | 2012 | 77.68 | 8 | 楚雄 | 2015 | 83.97 | 4 |
| 德宏 | 2012 | 74.29 | 9 | 普洱 | 2015 | 82.74 | 5 |
| 保山 | 2012 | 72.12 | 10 | 玉溪 | 2015 | 81.25 | 6 |
| 丽江 | 2012 | 70.98 | 11 | 曲靖 | 2015 | 79.44 | 7 |
| 文山 | 2012 | 69.64 | 12 | 保山 | 2015 | 77.62 | 8 |
| 昆明 | 2013 | 90.40 | 1 | 德宏 | 2015 | 72.89 | 9 |
| 红河 | 2013 | 86.84 | 2 | 文山 | 2015 | 72.33 | 10 |
| 大理 | 2013 | 85.77 | 3 | 西双版纳 | 2015 | 69.48 | 11 |
| 楚雄 | 2013 | 84.44 | 4 | 丽江 | 2015 | 67.99 | 12 |
| 普洱 | 2013 | 81.86 | 5 | 昆明 | 2016 | 98.34 | 1 |
| 玉溪 | 2013 | 80.88 | 6 | 红河 | 2016 | 89.20 | 2 |
| 曲靖 | 2013 | 78.70 | 7 | 大理 | 2016 | 86.85 | 3 |
| 保山 | 2013 | 73.00 | 8 | 楚雄 | 2016 | 85.48 | 4 |
| 德宏 | 2013 | 72.67 | 9 | 普洱 | 2016 | 83.10 | 5 |
| 丽江 | 2013 | 70.33 | 10 | 玉溪 | 2016 | 81.32 | 6 |
| 文山 | 2013 | 70.01 | 11 | 曲靖 | 2016 | 79.42 | 7 |
| 西双版纳 | 2013 | 69.49 | 12 | 保山 | 2016 | 78.76 | 8 |
| 昆明 | 2014 | 87.93 | 1 | 丽江 | 2016 | 75.19 | 9 |
| 红河 | 2014 | 87.24 | 2 | 德宏 | 2016 | 75.03 | 10 |
| 大理 | 2014 | 86.07 | 3 | 文山 | 2016 | 70.96 | 11 |
| 楚雄 | 2014 | 85.61 | 4 | 西双版纳 | 2016 | 69.52 | 12 |
| 普洱 | 2014 | 82.22 | 5 | 昆明 | 2017 | 92.16 | 1 |
| 玉溪 | 2014 | 80.01 | 6 | 红河 | 2017 | 89.32 | 2 |
| 曲靖 | 2014 | 78.58 | 7 | 大理 | 2017 | 87.78 | 3 |
| 保山 | 2014 | 74.46 | 8 | 楚雄 | 2017 | 83.94 | 4 |

续表

| 地州市 | 年份 | 文化评分 | 排名 | 地州市 | 年份 | 文化评分 | 排名 |
|---|---|---|---|---|---|---|---|
| 普洱 | 2017 | 83.43 | 5 | 德宏 | 2017 | 77.50 | 9 |
| 玉溪 | 2017 | 82.60 | 6 | 保山 | 2017 | 76.56 | 10 |
| 曲靖 | 2017 | 80.15 | 7 | 文山 | 2017 | 71.14 | 11 |
| 丽江 | 2017 | 77.55 | 8 | 西双版纳 | 2017 | 69.59 | 12 |

### （五）基本公共服务均等化总体情况

2012—2017 年云南省各地级市的极差情况如图 5-15 所示，其中，基本公共文化体育的极差数值变动幅度最大。云南省的基本就业和基本教育的极差相较其他基本公共服务而言最低。

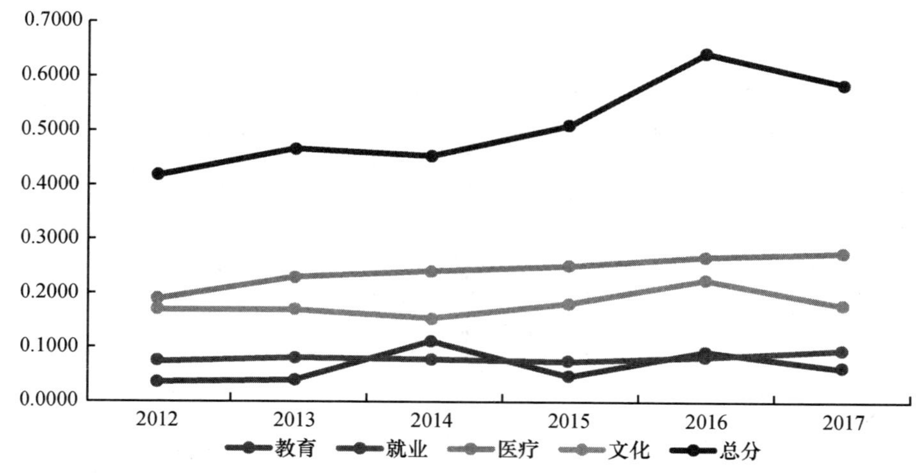


图 5-15　2012—2017 年云南省基本公共服务极差趋势图

2012—2017 年，云南各地级市间基本公共服务泰尔指数如表 5-13 和图 5-16 所示，其中就业得分相对较高，$T$ 值较高，均等化程度高；而其余基本公共服务的泰尔指数波动趋势不明显。与 2012 年相比，2017 年基本教育泰尔指数先上升后下降，基本就业泰尔指数先下降后上升，在 2017 年大幅下降。所有基本公共服务泰尔指数基本上总体呈现下降趋势。从总体基本公共服务角度来看，云南省近年来 $T$ 值较小，从 2015 年起有小幅上升趋势。

表 5-13　　云南省基本公共服务泰尔指数

| 年份 | 教育 | 就业 | 医疗卫生 | 文化 | 总体基本公共服务 |
|---|---|---|---|---|---|
| 2012 | 0.073 5 | 0.062 0 | 0.091 8 | 0.115 9 | 0.070 4 |
| 2013 | 0.076 4 | 0.059 1 | 0.084 9 | 0.079 6 | 0.051 6 |
| 2014 | 0.079 7 | 0.056 6 | 0.035 7 | 0.077 5 | 0.025 9 |
| 2015 | 0.074 5 | 0.143 4 | 0.022 0 | 0.071 1 | 0.015 6 |
| 2016 | 0.073 6 | 0.160 8 | 0.028 0 | 0.064 5 | 0.017 9 |
| 2017 | 0.070 2 | 0.090 3 | 0.030 5 | 0.073 4 | 0.019 1 |

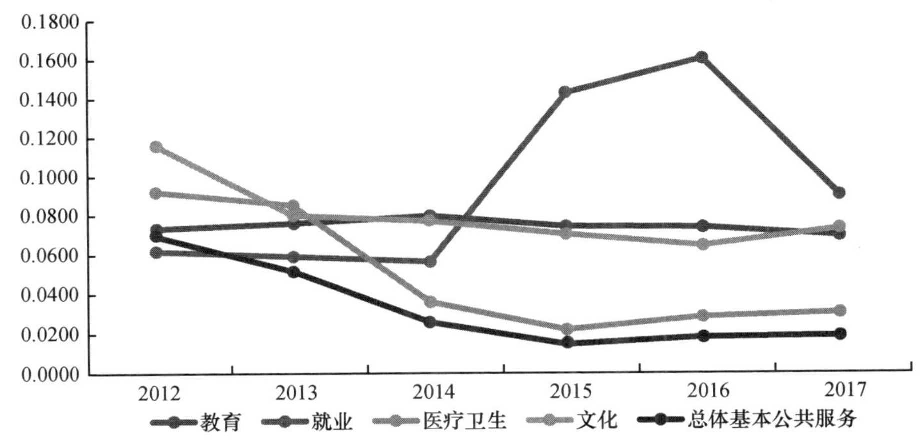


图 5-16　2012—2017 年云南基本公共服务泰尔指数趋势图

运用熵值法和功效系数法，计算出云南省各个地级市总体基本公共服务得分，见表 5-14。其中，2017 年，昆明市的总体公共服务评分最高为 93.43 分，西双版纳傣族自治州总体基本公共服务评分最低，为 66.54 分。除昆明市以外，2017 年综合基本公共服务得分在 60～80 分，除丽江市以及西双版纳傣族自治州的得分低于 70 分以外，地州市得分高于 70 分。

表 5-14　　2017 年云南省总体基本公共服务评分情况

| 地州市 | 年份 | 综合评分 | 排名 | 地州市 | 年份 | 综合评分 | 排名 |
|---|---|---|---|---|---|---|---|
| 昆明 | 2012 | 85.10 | 1 | 玉溪 | 2012 | 72.19 | 5 |
| 楚雄 | 2012 | 75.36 | 2 | 普洱 | 2012 | 72.08 | 6 |
| 红河 | 2012 | 74.79 | 3 | 曲靖 | 2012 | 71.90 | 7 |
| 大理 | 2012 | 73.36 | 4 | 西双版纳 | 2012 | 68.42 | 8 |

续表

| 地州市 | 年份 | 综合评分 | 排名 | 地州市 | 年份 | 综合评分 | 排名 |
|---|---|---|---|---|---|---|---|
| 德宏 | 2012 | 67.94 | 9 | 楚雄 | 2015 | 75.81 | 5 |
| 保山 | 2012 | 67.18 | 10 | 曲靖 | 2015 | 74.07 | 6 |
| 丽江 | 2012 | 66.31 | 11 | 普洱 | 2015 | 73.08 | 7 |
| 文山 | 2012 | 65.59 | 12 | 保山 | 2015 | 69.46 | 8 |
| 昆明 | 2013 | 86.22 | 1 | 文山 | 2015 | 68.33 | 9 |
| 大理 | 2013 | 74.92 | 2 | 德宏 | 2015 | 68.26 | 10 |
| 红河 | 2013 | 74.86 | 3 | 丽江 | 2015 | 66.00 | 11 |
| 楚雄 | 2013 | 74.61 | 4 | 西双版纳 | 2015 | 65.55 | 12 |
| 玉溪 | 2013 | 73.81 | 5 | 昆明 | 2016 | 95.07 | 1 |
| 普洱 | 2013 | 72.38 | 6 | 红河 | 2016 | 78.76 | 2 |
| 曲靖 | 2013 | 72.14 | 7 | 楚雄 | 2016 | 78.72 | 3 |
| 保山 | 2013 | 68.37 | 8 | 大理 | 2016 | 77.28 | 4 |
| 德宏 | 2013 | 68.06 | 9 | 玉溪 | 2016 | 76.88 | 5 |
| 文山 | 2013 | 66.64 | 10 | 曲靖 | 2016 | 76.29 | 6 |
| 丽江 | 2013 | 66.16 | 11 | 普洱 | 2016 | 74.29 | 7 |
| 西双版纳 | 2013 | 65.41 | 12 | 保山 | 2016 | 72.75 | 8 |
| 昆明 | 2014 | 85.61 | 1 | 德宏 | 2016 | 72.59 | 9 |
| 红河 | 2014 | 76.60 | 2 | 丽江 | 2016 | 68.99 | 10 |
| 楚雄 | 2014 | 76.46 | 3 | 文山 | 2016 | 68.58 | 11 |
| 大理 | 2014 | 75.25 | 4 | 西双版纳 | 2016 | 65.03 | 12 |
| 曲靖 | 2014 | 73.69 | 5 | 昆明 | 2017 | 93.43 | 1 |
| 玉溪 | 2014 | 73.64 | 6 | 红河 | 2017 | 79.12 | 2 |
| 普洱 | 2014 | 73.51 | 7 | 大理 | 2017 | 77.79 | 3 |
| 德宏 | 2014 | 71.60 | 8 | 玉溪 | 2017 | 77.25 | 4 |
| 保山 | 2014 | 68.85 | 9 | 曲靖 | 2017 | 75.92 | 5 |
| 丽江 | 2014 | 67.32 | 10 | 普洱 | 2017 | 75.07 | 6 |
| 文山 | 2014 | 66.61 | 11 | 楚雄 | 2017 | 73.40 | 7 |
| 西双版纳 | 2014 | 65.35 | 12 | 文山 | 2017 | 72.53 | 8 |
| 昆明 | 2015 | 89.22 | 1 | 保山 | 2017 | 72.26 | 9 |
| 玉溪 | 2015 | 77.42 | 2 | 德宏 | 2017 | 71.56 | 10 |
| 红河 | 2015 | 77.28 | 3 | 丽江 | 2017 | 69.94 | 11 |
| 大理 | 2015 | 76.14 | 4 | 西双版纳 | 2017 | 66.54 | 12 |

虽然云南省近年来 $T$ 值较小且不断地在降低，说明了云南各地州市的总体基本公共服务差异在不断缩小，但对比分析云南省总体基本公共服务综合评分并不是很高，虽然出台了一系列的应对公共服务的政策，但效果依旧不是特别理想。政策出台了以后，可能最关键的还是实施的力度，比如查阅《中国教育统计年鉴 2017》的教育基本建设投资可以发现，国家预算的总投资是 33 620 140 万元，其中中央预算 6 161 570 万元，省级 27 458 570 万元，而实际年度完成投资额 7 155 789 万元；对于云南省，国家预算的总投资是 348 450 万元，其中中央预算 125 829 万元，省级 222 558 万元，而实际年度完成投资额只有 135 135 万元。可以发现，预算与实际完成额相差巨大，甚至最终的完成额才是省级预算的 1/2，而这种差距云南省并不是特列，是每个省份每个地区都普遍存在的问题。所以政策的落实与完成情况才是我们最需要关注的事实，毕竟，公共服务与我们的社会福利相关，如何使人民的生活更加美好，如何达到帕累托最优，最重要的不仅是各种政策的出台，还需要我们坚决贯彻执行，把福利真正落实到百姓身上，是一件值得考虑的事情。

## 第四节　本 章 小 结

云南省各项基本公共服务水平都有所提高，但是城乡差距明显。云南省基本公共服务综合评价泰尔指数较小，且小幅下降，说明云南省基本公共服务水平均等化水平较高，且不断提高。从分项看，公共教育、医疗卫生、文化体育泰尔指数下降，其中医疗卫生泰尔指数下降幅度最大，说明这些基本公共服务均等化水平在不断提高，但是劳动就业泰尔指数明显上升，且在各指标中位列第一，说明云南省需要重视劳动就业的地区间差距。除公共教育服务评分玉溪位列第一以外，其他各项昆明都位列第一，说明省会城市吸收了更多的公共服务资源。

# 第六章
# 重庆市基本公共服务均等化情况

## 第一节　重庆市基本概况

### 一、人口

2019年年末，全市常住人口为3 124.32万人，比上年增加22.53万人。全年出生人口32.62万人，人口出生率为10.48‰；死亡人口数为23.56万人，人口死亡率为7.57‰；人口自然增长率为2.91‰。从性别结构看，男性人口1 575.40万人，女性人口1 548.92万人，总人口性别比为101.71（女性为100）。从年龄构成看，16至59周岁的劳动年龄人口1 913.96万人，占总人口的比重为61.26%；60周岁及以上人口643.61万人，占总人口的20.60%，其中65周岁及以上人口467.40万人，占总人口的14.96%。从城乡结构看，城镇常住人口2 086.99万人，比上年增加55.40万人；乡村常住人口1 037.33万人，比上年减少32.87万人；城镇人口占总人口比重（城镇化率）为66.8%，比上年提高 1.3 个百分点。全市外出人口 474.02 万人，外来人口 182.05 万人①。由于城市化进程不断加快，城市人口不断上升，2010—2019 年重庆市常住人口数量不断增加，城乡人口变化情况如图 6-1 所示。

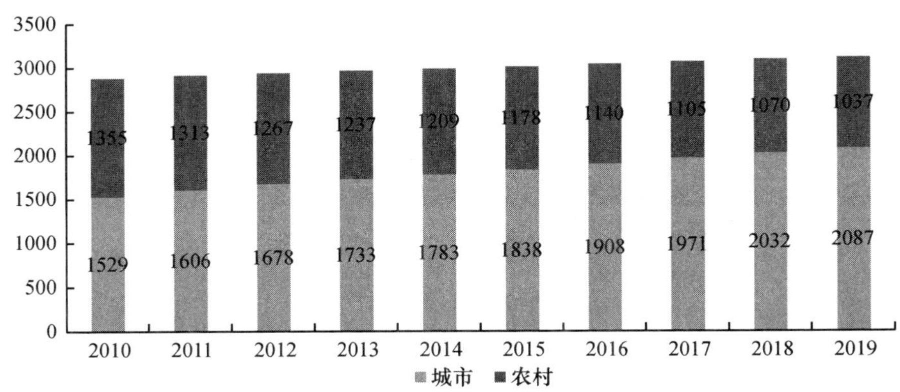


图 6-1　重庆市人口变化情况

数据来源：2010—2019 年重庆市国民经济和社会发展统计公报（2 页，中国统计出版社）

## 二、经济发展

1. 经济由高速转向中高速增长

如图 6-2 所示，2008 年重庆市社会固定资产投资共 4 045.25 亿元，投资数额一直保持持续增长，到 2019 年完成固定资产投资 21 500.61 亿元。在此期间，2009 年社会固定资产投资增速最高达到了 31.5%，到 2011 年达到 31%，然后开始持续下降，一直到 2019 年的 5.7%，总体上仍然处于中高速增长。

经济增长由高速增长转为高质量增长的背景下，强调稳定经济增长，因此也就促使重庆市的经济由高速增长转向当前的中高速增长，2008—2019 年，重庆市经济增长速度在 2010 年达到最高值 17.1%，2010—2018 年持续下降，如图 6-3 所示。2008—2016 年，重庆市的经济增长速度超过 10%，处于高速增长阶段，2016 年后经济增长速度处于中高速增长的状态。

---

① 数据来源：百度百科（https://baike.baidu.com/item/%E9%87%8D%E5%BA%86/23586#5_1）.

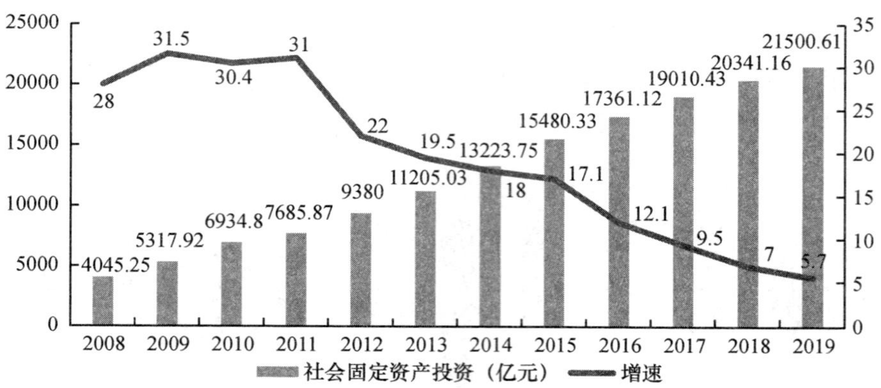


图 6-2　2008—2019 年重庆市社会固定资产投资情况

数据来源：2008—2019 年重庆市国民经济和社会发展统计公报（6 页，中国统计出版社）

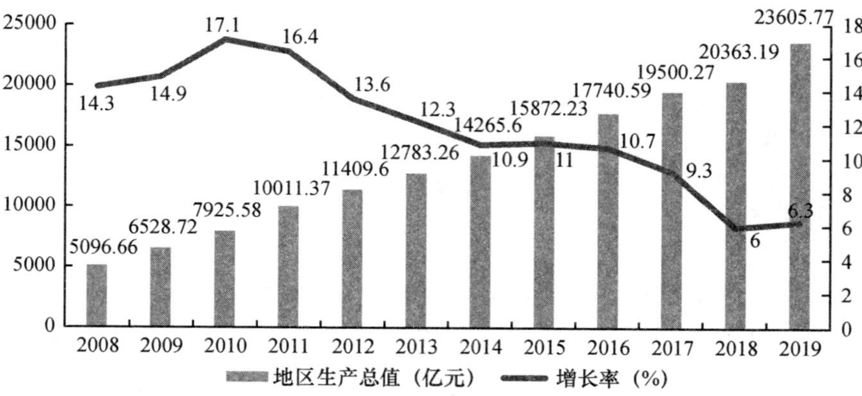


图 6-3　2008—2019 年重庆市经济增长情况

数据来源：2008—2019 年重庆市国民经济和社会发展统计公报（1 页，中国统计出版社）

2. 产业结构优化

如图 6-4 所示，2008—2019 年以来，重庆市的第一产业占比总体上呈下降趋势，第二产业占比呈现波动下降趋势，第三产业占比波动并上升，2014 年以前，第二产业在三产业中占比最高，其次是第三产业，第一产业占比最低。在 2014 年以后第一产业占比最低，第三产业占比超过第二产业占比达到最高，此后产业规模也由“二三一”改变为“三二一”的结构。三产占比由 2008 年的 11. 3 ∶ 41 ∶ 47. 7，至 2019 年三产结构 6. 6 ∶ 53. 2 ∶ 40. 2。这主要是由于重庆市从事农业生产的人员向从事非农业生产的人员的增加。

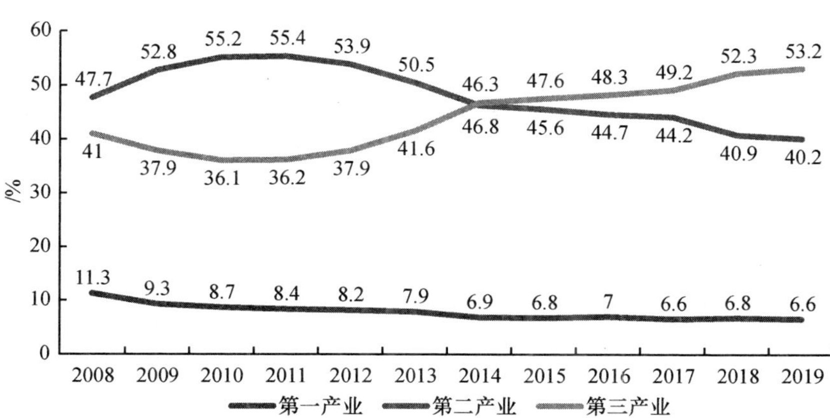


图 6-4　2008—2019 年重庆市产业结构变化情况

数据来源：2008—2019 年重庆市国民经济和社会发展统计公报（1 页，中国统计出版社）

3. 城乡居民生活不断改善

近年来，随着经济的不断增长，人民生活水平不断提高，生活质量得到不断改善。如图 6-5 所示，2008—2019 年，重庆市城乡居民可支配收入不断增加，城镇居民人均可支配收入从 2008 年的 14 368 元增长到 2019 年的 37 939 元，提高了 2.6 倍以上，农村居民人均可支配收入从 4 126 元提高到了 15 133 元，提高了 3.6 倍以上。由此可见，城乡居民的生活状况得到不断的改善，但是在这个过程中，城乡居民的人均可支配收入的差距依然显著。因为城乡居民人均可支配收入的增长速度存在着差异。

4. 新兴产业不断发展壮大

“十三五”时期，全市深入实施创新驱动发展战略，着力提升创新平台，培育创新主体，优化创新生态，牢牢把握智能制造主攻方向，积极对接国家新一轮重大技术改造升级工程，推动企业数字化、网络化、智能化改造步伐，激发制造业创新活力、转型动力和发展潜力。全市累计推动 200 多家企业实施智能化改造，其中智能工厂 14 个、数字化车间 62 个，全市数字化研发设计工具普及率 73.4%，关键工序数控化率 48.6%，智能制造就绪率 8.7%。集成电路设计业销售额增速达 206%，“芯”“屏”产业产值同比增速均超过 20%。全市持续推进科教兴市和人才强市行动计划，加速创新人才、卓越人才培养，着力

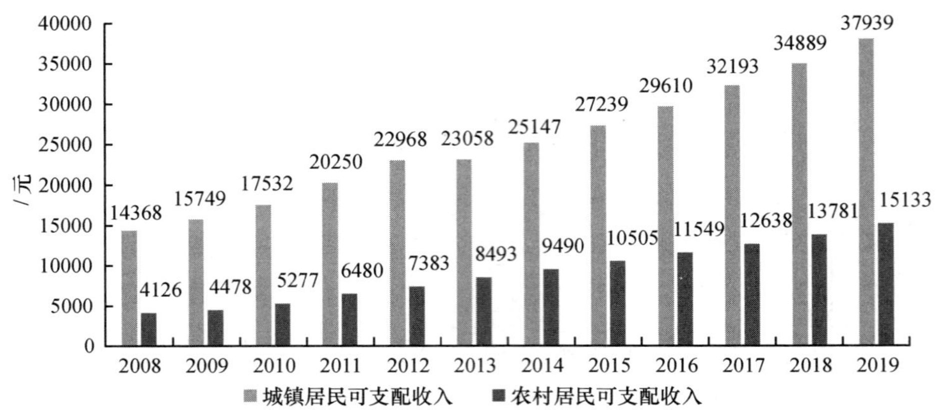


图 6-5　2008—2019 年重庆市城乡居民人均可支配收入情况

数据来源：2008—2019 年重庆市国民经济和社会发展统计公报（10 页，中国统计出版社）

高端人才集聚，为推动新兴产业发展提供了不竭动力①。

## 第二节　重庆市基本公共服务现状

### 一、公共教育

1. 公共教育经费投入情况

教育事业的发展对于一个地区而言是至关重要的，而加大教育经费的投入是实现教育事业快速发展的一个重要途径。2019 年全市地方教育经费总投入 1 144. 3 亿元，比上年的 1 021. 63 亿元增加 122. 67 亿元，增长 12. 01%。其中，国家财政性教育经费（主要包括一般公共财政预算安排的教育经费、政府性基金预算安排的教育经费、国有及国有控股企业办学中的企业拨款、校办产业和社会服务收入用于教育的经费等）为 913. 9 亿元，比上年的 828. 46 亿元增加 85. 44 亿元，增长 10. 31%②，财政教育经费支出不断增加。为了进一步提高教

① 数据来源：重庆市人民政府（http://www. cq. gov. cn/）.

② 数据来源：重庆市教育委员会（http://jw. cq. gov. cn/zwxx_209/gggs/202012/t20201218_8668870. html）.

育经费使用效益，2019 年重庆市政府印发了《重庆市进一步调整优化结构提高教育经费使用效益实施方案》，全面加强重庆市教育经费投入使用管理，使得教育经费的使用结构能够更加合理优化，加快推进教育现代化，提高教育经费使用效益；围绕公平和质量，针对教育最薄弱环节，坚持“保基本、补短板、促公平、提质量”，统筹推进城乡、区域以及各级教育发展，促进条件改善和质量提升。打赢教育脱贫攻坚战，促进贫困区县教育均衡发展；聚焦人民群众最关心、最直接、最现实的教育问题，努力实现“幼有所育、学有所教、弱有所扶”目标，合理引导社会预期，促进教育事业可持续健康发展。

虽然重庆市财政教育经费投入政策措施在不断改革和推进中取得了显著的成绩，教育经费投入的力度不断加强，教育事业的发展不断扩大。但是不同层级的教育经费投入存在不均等化的问题。如表 6-1 所示，2018—2019 年重庆市小学和初中的生均公共教育事业费分别为 11 380. 09 元和 15 389. 89 元、12 154. 34 元和 16 197. 57 元，中小学生的生均公共教育事业费存在显著的差异。2018—2019 年重庆市小学和初中的生均公用教育经费分别为 3 175. 72 元和 4 112. 83 元、3 245. 26 元和 4 201. 06 元，中小学生的生均公用教育经费同样存在显著的差异，说明目前重庆市在不同层级的生均教育经费投入上存在不均等问题。

表 6-1　　2018—2019 年重庆市生均教育经费投入情况　　单位：元

| 年份 | 生均公共教育事业费 | | 生均公用教育经费 | |
|---|---|---|---|---|
| | 小学 | 初中 | 小学 | 初中 |
| 2018 | 11 380. 09 | 15 389. 89 | 3 175. 72 | 4 112. 83 |
| 2019 | 12 154. 34 | 16 197. 57 | 3 245. 26 | 4 201. 06 |

数据来源：重庆市教育委员会（http://jw. cq. gov. cn/zwxx_209/gggs/202012/t20201218_8668870. html）

除了不同层级之间教育经费投入不均等之外，重庆市在各个地区的教育经费投入也存在不均等现象，各区之间的教育经费投入存在较大的差距，存在严重的不均等的现象。如表 6-2 所示，2019 年重庆市各个区中，一般公共预算教育经费投入最多的是万州区，为 27. 01 亿元，占一般公共预算支出的比例为 20. 31%；一般公共预算教育经费投入最少的是大渡口区，为 5. 83 亿元，与万州区差距 4. 63 倍，其一般公共预算教育经费占一般公共预算支出的比例为

20.66%。璧山区一般公共预算教育经费占一般公共预算支出的比例最低，为13.24%，大足区紧随其后，列居倒数第二，为13.32%。

表6-2　　2019年重庆市各个区教育经费投入情况

| 地区 | 一般公共预算教育经费（亿元） | 一般公共预算教育经费占一般公共预算支出的比例（%） |
| --- | --- | --- |
| 重庆市 | 730.28 | 15.06 |
| 万州区 | 27.01 | 20.31 |
| 黔江区 | 12.42 | 19.37 |
| 涪陵区 | 20.20 | 31.55 |
| 渝中区 | 13.68 | 18.42 |
| 大渡口区 | 5.83 | 20.66 |
| 江北区 | 13.63 | 13.58 |
| 沙坪坝区 | 21.25 | 20.36 |
| 九龙坡区 | 19.44 | 16.31 |
| 南岸区 | 15.45 | 15.73 |
| 北碚区 | 12.66 | 18.84 |
| 渝北区 | 22.41 | 18.70 |
| 巴南区 | 16.29 | 17.54 |
| 长寿区 | 15.01 | 20.27 |
| 江津区 | 23.18 | 16.68 |
| 合川区 | 19.34 | 18.21 |
| 永川区 | 23.49 | 21.43 |
| 南川区 | 10.34 | 15.70 |
| 綦江区 | 13.63 | 22.26 |
| 大足区 | 15.62 | 13.32 |
| 璧山区 | 11.58 | 13.24 |
| 铜梁区 | 13.42 | 17.37 |
| 潼南区 | 14.55 | 19.03 |
| 荣昌区 | 19.82 | 21.54 |
| 开州区 | 21.12 | 22.84 |
| 梁平区 | 15.80 | 22.10 |
| 武隆区 | 8.27 | 16.88 |

数据来源：重庆市教育委员会（http://jw.cq.gov.cn/zwxx_209/gggs/202012/t20201218_8668870.html）

2. 教育办学条件情况

教育办学条件对于教育事业的稳定发展是至关重要的。重庆市于 2011 年印发《重庆市义务教育学校办学条件基本标准（试行）》的通知，文件表示为了促进义务教育均衡发展，提高义务教育质量和水平，针对政府基本公共服务均等化、科学配置义务教育资源、义务教育学校的选址、规模以及教学设施和师资队伍等制定了明确的目标。2016 年，全市基础教育新增校舍面积 254.5 万平方米，完成投资 82.1 亿元。为顺利推进主城区中小学基本建设，出台了《关于进一步规范学校基本建设管理工作的通知》，完善了学校基建管理制度。继续实施“中西部农村学前教育推进工程”，构建覆盖城乡、布局合理的学前教育公共服务体系奠定基础，2016 年度“学前教育推进工程”项目共开工 125 个，完工项目 121 个，全市有义务教育阶段学校 3 839 所，比 2015 年减少 1 237 所，下降 24.4%；比 2010 年减少 2 710 所，下降 41.38%。有教职工 121 753 人（民办小学 3 092 人），比 2015 年增加 3 943 人，增长 2.0%；比 2010 年增加 5 250 人，增长 2.7%①。如表 6-3 所示，对于危房占地面积，小学和中学的城乡差异分别为-2.13 千公顷和 0.054 千公顷；对于教学计算机台数，中小学城乡差异各为 7.85 万台和 2.96 万台，小学的差距明显大于中学。对于固定资产总值来说，中小学的城乡差异分为 107.15 亿元和 83.39 亿元，其中小学的差异明显大于中学。总体上，小学与初中的城乡办学条件依然存在着明显的差距，不均衡化依然严重。

表 6-3　　2019 年重庆市公共教育办学条件情况

| 阶段 | 办学条件 | 农村 | 城市 | 城乡差距 |
|---|---|---|---|---|
| 小学 | 危房面积（千公顷） | 2.62 | 0.49 | -2.13 |
| | 教学计算机台数（万台） | 5.66 | 13.51 | 7.85 |
| | 固定资产总值（亿元） | 44.57 | 151.72 | 107.15 |
| 初中 | 危房面积（千公顷） | 0.921 | 0.975 | 0.054 |
| | 教学计算机台数（万台） | 1.06 | 4.02 | 2.96 |
| | 固定资产总值（亿元） | 19.91 | 103.30 | 83.39 |

数据来源：2019 年中国教育统计年鉴（https://navi.cnki.net/knavi/yearbooks/YZKRM/detail）

① 数据来源：重庆市教育委员会（http://jw.cq.gov.cn/）.

3. 师资队伍力量

坚持以习近平新时代中国特色社会主义思想为指导，深入贯彻党的十九大精神，全面落实习近平总书记对重庆市提出的“两点”定位、“两地”“两高”目标和“四个扎实”要求，深入实施科教兴市和人才强市行动计划，加强教师思想政治和师德师风建设，全面提升教师队伍整体素质，把“四有好老师”标准、“四个引路人”“四个相统一”和“四个服务”等要求，细化落实到师德教育的全过程。建立高素质专业化的中小学教师队伍，完善国培、市培制度设计，推进“互联网+教师专业发展”建设。

由表6-4可知，2019年重庆市初中城市的教师人数远高于农村的教师人数，尤其是高学历的教师，其中初中农村研究生学历的教师人数57人，初中城市研究生学历的教师人数2 457人，是初中农村研究生学历教师的43倍之多；初中农村本科学历的教师5 739人，初中城市本科学历的教师为31 275人，是初中城市本科学历教师的5倍之多；农村和城市初中中高中毕业及以下学历的教师的人数相差不大。农村和城市小学中的研究生学历的教师相差较大，城市小学的研究生学历的教师是农村的35倍之多，本科学历的教师城市是农村的2倍之多，而农村中高中毕业及以下的学历的小学教师比城市中的要多。总体看来，城市农村的中小学教师的人数和师资力量相差悬殊。

**表6-4　2019年重庆市师资队伍力量情况**　单位：人

| 阶段 | 学历 | 农村 | 城市 |
|---|---|---|---|
| 初中 | 研究生学历 | 57 | 2 457 |
| | 本科学历 | 5 739 | 31 275 |
| | 高中毕业及以下 | 31 | 28 |
| 小学 | 研究生学历 | 55 | 1 942 |
| | 本科学历 | 13 087 | 37 410 |
| | 高中毕业及以下 | 801 | 296 |

数据来源：2019年中国教育统计年鉴（https：//navi. cnki. net/knavi/yearbooks/YZKRM/detail）

## 二、医疗卫生

近年来，重庆市委市政府始终坚持以科学发展观指导卫生事业发展，以提高居民健康水平、促进人口均衡发展为目标，加快实施全面深化医药卫生体制改革，扎实推进基本公共服务均等化，进一步健全医疗服务体系。近十年来重庆不断强化医疗卫生人才队伍建设，稳步推进医药卫生体制改革，顺利完成了市、区县两级急救医疗体系和 38 个区县级传染病救治项目建设。重庆市在医疗卫生方面的表现如下：

1. 医疗卫生机构和床位情况

由表 6-5 可知，2011 年到 2018 年之间，重庆市的基层医疗卫生机构由 17 037 家增加到了 19 535 家，床位数由 3. 72 万张增加到了 5. 29 万张，由此可以看出重庆市的基层医疗卫生的供给在不断地增加。卫生院的供给反而在不断地减少，由 2011 年的 974 家减少到了 2018 年的 884 家，床位数反而由 2011 年的 3. 23 万张增加到了 4. 33 万张，这主要是由于在不断的发展过程中，卫生院得以重组升级改造。社区服务中心的机构数呈现一个波动状态，但是相对于 2011 年的 468 家 2018 年也增加到了 472 家，床位数则从 2011 年的 0. 46 万张增加到了 2018 年的 0. 94 万张。

**表 6-5　　2011—2018 年重庆市基础医疗卫生情况**

| 年份 | 基层医疗卫生机构 | | 卫生院 | | 社区服务中心 | |
|---|---|---|---|---|---|---|
| | 机构数（家） | 床位数（万张） | 机构数（家） | 床位数（万张） | 机构数（家） | 床位数（万张） |
| 2011 | 17 037 | 3. 72 | 974 | 3. 23 | 468 | 0. 46 |
| 2012 | 17 310 | 4. 11 | 942 | 3. 52 | 485 | 0. 55 |
| 2013 | 18 025 | 4. 47 | 971 | 3. 76 | 493 | 0. 66 |
| 2014 | 17 886 | 4. 74 | 945 | 3. 94 | 499 | 0. 74 |
| 2015 | 18 986 | 4. 87 | 937 | 4. 04 | 500 | 0. 79 |
| 2016 | 19 044 | 5. 03 | 907 | 4. 12 | 497 | 0. 88 |
| 2017 | 18 748 | 5. 10 | 895 | 4. 22 | 468 | 0. 85 |
| 2018 | 19 535 | 5. 29 | 884 | 4. 33 | 472 | 0. 94 |

数据来源：2012—2019 年重庆市统计年鉴（中国统计出版社）

2. 卫生人员情况

由表 6-6 可知，2011—2018 年间，重庆市的卫生技术人员、注册护士的规模呈现上升的趋势。其中，卫生院的卫生技术人员由 2011 年的 26 234 人增加到 2018 年的 29 840 人，增长了 13.75%，社区服务中心的卫生技术人员由 5 364 人增加到 10 486 人，增长幅度最大，为 95.49%，村卫生室的卫生技术人员增长幅度最小，为 5.73%。相对来说，注册护士的增长幅度要明显大于卫生技术人员，卫生院、社区服务中心以及村卫生室的增长幅度分别为 62.10%、113.32%、924%。

表 6-6　　2011—2018 年重庆市基层卫生人员数　　单位：人

| 年份 | 卫生院 | | 社区服务中心 | | 村卫生室 | |
|---|---|---|---|---|---|---|
| | 卫生技术人员 | 注册护士 | 卫生技术人员 | 注册护士 | 卫生技术人员 | 注册护士 |
| 2011 | 26 234 | 5 681 | 5 364 | 1 929 | 3 088 | 265 |
| 2012 | 26 316 | 6 183 | 6 987 | 2 309 | 3 145 | 711 |
| 2013 | 26 281 | 6 419 | 7 527 | 2 564 | 2 975 | 1 294 |
| 2014 | 26 686 | 6 934 | 8 063 | 2 898 | 3 148 | 1 689 |
| 2015 | 27 247 | 7 423 | 8 780 | 3 140 | 3 041 | 1 951 |
| 2016 | 27 838 | 8 072 | 9 394 | 3 467 | 1 962 | 2 075 |
| 2017 | 28 320 | 8 476 | 9 303 | 3 492 | 2 982 | 2 360 |
| 2018 | 29 840 | 9 209 | 10 486 | 4 115 | 3 265 | 2 713 |

数据来源：2012—2019 年中国卫生健康统计年鉴（56 页，中国协和医科大学出版社）

3. 病床使用率情况

如图 6-6 所示，2014—2018 年，卫生院和村卫生室的病床使用率呈现上涨的趋势，社区服务中心的病床使用率呈现下降的趋势。其中，村卫生室的上涨幅度最大，为 6%，卫生院的病床使用率上涨 2.8%，社区服务中心的病床使用率下降 5.7%。

总体来说，重庆市的医疗卫生方面取得了较快的发展，医疗机构的数量有了较大的提升，医疗技术人员、床位数以及病床使用率总体上都得到了不同程度的提高，这反映了近些年来重庆市医疗政策的落实对于重庆市医疗卫生的发展起到了很大的促进作用。

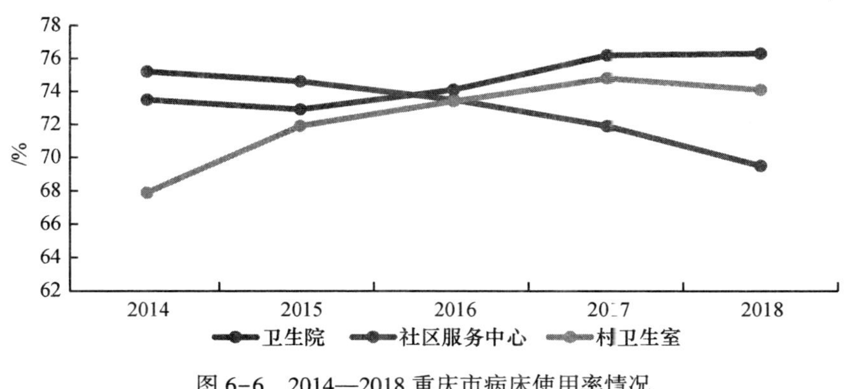


图 6-6　2014—2018 重庆市病床使用率情况

数据来源：2015—2019 年中国卫生健康统计年鉴（188 页，中国协和医科大学出版社）

## 三、社会保障服务

我国的社会保障体系包括社会保险、社会福利、优抚安置、社会救助（城镇居民最低生活保障制度、部分农村居民最低生活保障制度、救灾救济制度、扶贫开发制度）等。其中，社会保险在社会保障体系中居于核心地位，它是社会保障体系的重要组成部分，是实现社会保障的基本纲领，社会保险主要包括养老、失业、医疗、工伤、生育保险等。2019 年，重庆市持续推进全民参保计划和社保扶贫，全力做好降费减负任务。2019 年 9 月 30 日，建档立卡贫困人员参加基本养老保险实现应保尽保，12 月末，全市养老、失业、工伤保险参保人数分别为 2 290 万人、515 万人和 662 万人，城乡养老保险参保率稳定在 95%以上[①]。如图 6-7 所示，由于老龄化的加剧和健康养老的迫切需要，人们的养老保障意识逐渐增强，相对于失业保险以及工伤保险而言，城乡居民基本养老保险参保人数最多。

由表 6-7 可知，重庆农村的最低生活保障人数是呈现波动递减的状态，城市的最低生活保障人数呈现递减的状态，农村的低保资金是逐年递增的，而城市的低保资金呈现波动的状态。但是通过比较城市和农村的人均低保资金可以发现，城市的人均低保资金明显高于农村的人均低保资金，反映出城乡之间的不均衡状态依然严重。

① 数据来源：重庆市人民政府（http://www.cq.gov.cn/）.

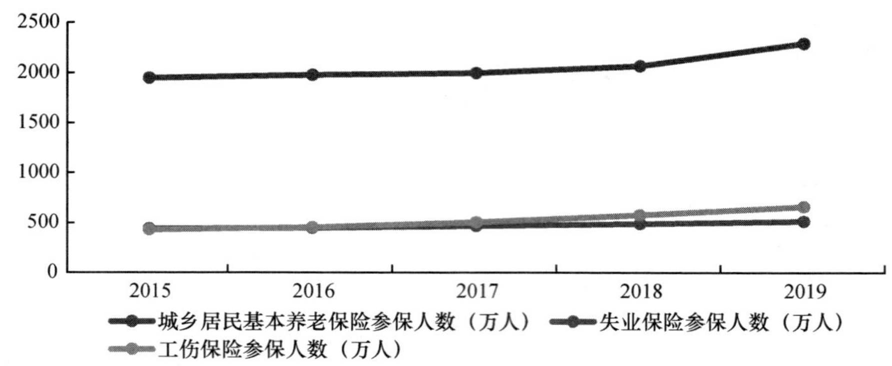


图 6-7　2015—2019 年重庆市居民社会保障参保情况

数据来源：2017—2019 重庆统计年鉴（19-12 页，中国统计出版社）

表 6-7　　2012—2019 年重庆市居民最低生活保障情况

| 年份 | 最低生活保障人数（万人） | | 低保资金（万元） | | 人均低保资金（元） | |
|---|---|---|---|---|---|---|
| | 农村 | 城市 | 农村 | 城市 | 农村 | 城市 |
| 2012 | 74. 57 | 51. 53 | 168 229. 9 | 203 440. 4 | 2 256 | 3 948 |
| 2013 | 62. 66 | 45. 81 | 150 384 | 192 402 | 2 400 | 4 200 |
| 2014 | 50. 24 | 40. 98 | 132 633. 6 | 184 410 | 2 640 | 4 500 |
| 2015 | 50. 26 | 37. 52 | 138 717. 6 | 189 100. 8 | 2 760 | 5 040 |
| 2016 | 58. 98 | 34. 78 | 212 328 | 191 985. 6 | 3 600 | 5 520 |
| 2017 | 60. 22 | 33. 97 | 252 924 | 203 820 | 4 200 | 6 000 |
| 2018 | 58. 09 | 31. 14 | 285 802. 8 | 204 029. 3 | 4 920 | 6 552 |
| 2019 | 57. 89 | 28. 10 | 305 659. 2 | 195 576 | 5 280 | 6 960 |

数据来源：2012—2019 年重庆市国民经济和社会发展统计公报（9 页，中国统计出版社）

## 四、文化体育

1. 文化事业发展情况

重庆市是一座举世闻名的历史文化名城，是巴渝文化的发祥地，有文字记载的历史已达 3 000 多年。近十年来，重庆市的文化体育发展取得了较快的进步，2019 年全市共有博物馆 104 个，文化馆 41 个，公共图书馆 43 个，艺术表演团体机构 1 646 个。广播综合人口覆盖率 99. 17%；电视综合人口覆盖率 99. 40%。全年生产电视剧 2 部、电影 21 部、电视动画片 1 小时 40 分钟。出版各类报纸 16 813 万份，各类期刊 4 300 万册，图书 13 777 万册（张）。全市共有国家级综合档案馆 40 个、市级专业档案馆 1 个、市级部门档案馆 4 个①。由表 6-8 可知，博物馆的机构数由 2010 年的 37 个增加到 2019 年的 104 个，增加 2. 8 倍，文物藏品也由 488 955 件增加到 556 678 件，增加 1. 14 倍；公共图书馆的机构数虽然 2010—2019 年一直是 43 个，但是总藏量发生了大幅度的增加，由 1 030. 77 万册增加到 1 901. 34 万册，增加 1. 84 倍；艺术团体表演机构最初减少到 2012 年的 244 个，后来一直增加到 1 646 个，得到了大幅度的增长；广播节目覆盖率一直呈现递增的状态，由 95. 7%增加到 99. 2%。总体来说，近十年来重庆文化事业的发展取得了很大的进步，体现了当地政府对于文化事业政策的落实。

表 6-8　　2010—2019 年重庆市文化事业变化情况

| 年份 | 博物馆 | | 公共图书馆 | | 艺术团体表演机构 | 广播节目覆盖率（%） |
|---|---|---|---|---|---|---|
| | 机构数 | 文物藏品 | 机构数 | 总藏量（万册） | | |
| 2010 | 37 | 488 955 | 43 | 1 030. 77 | 381 | 95. 7 |
| 2011 | 39 | 519 143 | 43 | 1 148. 74 | 282 | 98. 0 |
| 2012 | 39 | 566 967 | 43 | 1 521. 92 | 244 | 98. 2 |
| 2013 | 71 | 679 375 | 43 | 1 128. 85 | 443 | 98. 3 |
| 2014 | 78 | 646 125 | 43 | 1 242. 25 | 512 | 98. 4 |
| 2015 | 78 | 607 418 | 43 | 1 303. 80 | 730 | 98. 6 |
| 2016 | 82 | 508 431 | 43 | 1 441. 83 | 770 | 98. 9 |
| 2017 | 94 | 560 457 | 43 | 1 671. 79 | 1 283 | 99. 0 |
| 2018 | 100 | 540 005 | 43 | 1 807. 94 | 1 571 | 99. 0 |
| 2019 | 104 | 556 678 | 43 | 1 901. 34 | 1 646 | 99. 2 |

数据来源：国家统计局（https://data. stats. gov. cn/）

2. 体育事业发展情况

2019 年 8 月，国务院办公厅印发《体育强国建设纲要》（以下简称《纲要》），要求持续提升体育发展的质量和效益，大力推动全民健身与全民健康

① 数据来源：2019 年重庆市国民经济和社会发展统计公报（8 页，中国统计出版社）.

深度融合，努力将体育建设成为中华民族伟大复兴的标志性事业。市委、市政府高度重视体育工作。“十三五”时期特别是党的十九大以来，全市体育工作坚持以习近平新时代中国特色社会主义思想为指导，认真学习贯彻习近平总书记关于体育工作的重要论述，着力推动全民健身与全民健康深度融合，不断满足人民对美好生活的需要，开创了体育事业发展新局面。为贯彻落实《体育强国建设纲要》，加快推动重庆市体育强市建设，特制定实施《关于建设体育强市的实施意见》。

近年来，黔江区在体育事业的发展投入力度较大，全区体育设施面积达 77 万余平方米。建成全国示范乡镇全民健身中心 2 个，乡镇全民健身广场 19 个，农民体育健身工程覆盖 193 个行政村。在城区，建成登山步道 5 条，全民健身路径覆盖所有城区社区，面积约 4. 5 万平方米的综合性全民健身中心目前已经动工建设，计划 2020 年建成投用。将公共文化体育设施建设纳入国民经济“十三五”规划纲要和全区社会事业“十三五”总体规划，编制出台了《重庆市黔江区公共文化与体育设施布局规划（2016—2020 年）》《关于加快构建现代化公共文化服务体系的实施方案》等指导性文件。目前，全区各种体育社会组织不断壮大，已成立各体育单项协会、俱乐部46 家，体育运动项目 30 余项、健身团队近百个，推动形成了良好的全民健身范围。城乡、社区群众体育健身组织网络建立，有力地推进了基层公共文化服务建设①。

但是当前重庆市体育事业发展仍然存在着一些问题，其中最主要的依然是城乡的发展不平衡，体育意识以及生活方式的不同。政府有必要制定城乡体育教育统筹发展相关政策。

## 五、就业和住房保障

1. 就业情况

就业是最大的民生，也是头号民心工程。就业是经济的“晴雨表”，也是社会的“稳定器”。2019 年重庆市全年城镇新增就业 75 万人，英才大会前，重

① 数据来源：重庆市体育局（http://tyj. cq. gov. cn/）.

庆市人力资源与社会保障局与顺丰速运签订了就业扶贫框架合作意向书，双方将重点围绕就业、创业、培训等方面深入开展合作，为重庆贫困地区提供不少于400个就业岗位。为加强贫困区劳动力就业、创业、技能培训等方面的工作，市人力社保局制定了《关于进一步促进农村建档立卡贫困劳动力就业创业的指导意见》，大力推进就业扶贫示范车间、创业就业示范街（山村）建设，建立稳定有效可持续的托底帮扶机制，并深入贫困地区送服务，开展就业指导、技能培训等活动，提高贫困人员主动就业创业意识和能力，促进贫困户增收。为了就业的持续稳定，重庆市采取了建立就业补助资金倾斜等激励机制，强化社保降费、稳岗返还、稳岗补贴等扶持政策落地，建立多部门高校毕业生工作定期会商机制，抓好高校毕业生基层成长计划实施，探索出台农民工返乡创业资金补助办法，促进农民工就业创业，推动公共就业创业服务“三级四同”“全渝通办”，实现标准化、信息化、便民化，加快实施职工技能提升培训，推进企校双制、工学一体，支持各类职业院校、技工院校、职业培训机构和企业承担培训①。由表6-9可知，2010—2018年间第一产业就业人数占比由40.3%减少到27.2%，第二产业就业人数占比由22.9%增加到25.9%，第三产业就业人数占比由36.8%增加到46.9%。可知第三产业就业人数最多，其次是第一产业，最后是第二产业。

表6-9　　2010—2018年重庆市各产业就业情况

| 年份 | 第一产业就业人数占比（%） | 第二产业就业人数占比（%） | 第三产业就业人数占比（%） |
|---|---|---|---|
| 2010 | 40.3 | 22.9 | 36.8 |
| 2011 | 38.1 | 24.7 | 37.2 |
| 2012 | 36.3 | 25.9 | 37.8 |
| 2013 | 34.5 | 26.9 | 38.6 |
| 2014 | 32.7 | 27.4 | 39.9 |
| 2015 | 30.8 | 27.8 | 41.4 |
| 2016 | 28.9 | 27.7 | 43.4 |
| 2017 | 27.7 | 26.9 | 45.4 |
| 2018 | 27.2 | 25.9 | 46.9 |

数据来源：2019年重庆统计年鉴（3-10页，中国统计出版社）

① 数据来源：重庆市人民政府（http://www.cq.gov.cn/）.

2. 住房保障情况

为全面贯彻党的十九大精神，深入贯彻落实习近平总书记视察重庆重要讲话和在解决“两不愁三保障”突出问题座谈会上的重要讲话精神，重庆市按照中共中央办公厅、国务院办公厅《农村人居环境整治三年行动方案》和全市乡村振兴战略安排部署的要求，遵循产业兴旺、生态宜居、乡风文明、治理有效、生活富裕的总体目标，有序整治农村旧房，提升乡村建筑风貌，推进美好环境与幸福生活共同缔造，让农房既好用又好看，让农村成为安居乐业的美丽家园。重庆政府提出在2018年已启动10万户的基础上，2019年、2020年分别再完成农村旧房整治提升15万户、20万户，做到功能得到完善、风貌得到改观、价值得到彰显、村容村貌得到提升。农村危房改造、易地扶贫搬迁任务一并纳入当年统计口径。建立区县为主、市级补助的政府投入机制，市级财政对每户补助0.5万元，市级财政补助资金实行“先建后补”，各区县完成竣工验收后将结果报送至市住房城乡建委，市住房城乡建委据实下达资金计划，市财政局据实下达资金预算。重庆市公租房累计分配50.5万套，140余万住房困难群众实现“住有所居”，累计完成25.71万户危房改造（其中建卡贫困户15.3万户）①。

## 第三节　重庆市基本公共服务均等化实证研究

为了对重庆市基本公共服务均等化建立一个更加科学合理的指标体系，首先确立了公共服务均等化的标准，构建了与基本公共服务相关的指标体系。为了保证指标体系具有高度代表性、独立性和综合性。通过熵值法对指标数据进行量化分析，并对指标赋予权重，确定基本公共服务均等化综合测度指标体系。其次，运用泰尔指数法对基本公共卫生服务均等化水平进行实证研究，并对实证结果加以分析。

① 数据来源：重庆市人民政府（http://www.cq.gov.cn/）.

## 一、基本公共服务均等化的标准建立

### （一）指标体系构建原则

指标体系是若干个相互联系的统计指标组成的有机体，是评价综合能力的一个核心和关键的环节，选取的指标体系将会直接影响到整个评价过程的质量。因此，为了使指标体系科学化、规范化，在构建指标体系时，从系统性原则、典型性原则、一致性原则、可获得性原则四个原则出发，结合相应的政策以及重庆市的实际情况，设计出一套符合重庆市基本公共服务均等化研究的指标体系。

### （二）构建评价指标体系

对于基本公共服务指标体系，不同的学者建立的指标体系不尽相同，本章在参照以往研究指标体系的基础上，以《“十三五”推进基本公共服务均等化规划》为指导原则，再结合重庆市的实际情况，考虑数据的可获得性，综合确定如表 6-10 所示的评价指标体系，其中一级指标表示基本公共服务，二级指标包含 5 类，分别是公共教育、劳动就业创业、社会保险、医疗卫生、公共文化体育，二级指标下设 11 个三级指标，包括九年义务教育巩固率、城镇新增就业人数、基本养老保险参保率、基本医疗保险参保率、医疗卫生机构数、医院床位数、医疗卫生人员数、公共图书馆数、文化馆数、广播电视综合覆盖率、每千人拥有公共图书馆藏书量。

本文用以上 11 个指标作为三级分析指标，部分指标没有采用《“十三五”推进基本公共服务均等化规划》的指标体系，例如，三级指标没有根据该规划选取医疗卫生方面的孕产妇死亡率、婴儿死亡率、5 岁以下儿童死亡率，公共教育方面的基本均衡县，社会服务方面的养老床位中护理型床位比例、养老服务床位数、生活不能自理特困人员集中供养率，基本住房保障中的城镇棚户区住房改造等。主要是因为区、县一级的这些数据目前还无法获取，将其作为分析指标不具有可行性。

表 6-10　　重庆市基本公共服务指标体系建立

| 一级指标 | 二级指标 | 三级指标 |
| --- | --- | --- |
| 基本公共服务 | 公共教育 | 九年义务教育巩固率（%） |
| | 劳动就业创业 | 城镇新增就业人数（万人） |
| | 社会保险 | 基本养老保险参保率（%） |
| | | 基本医疗保险参保率（%） |
| | 医疗卫生 | 医疗卫生机构数（个） |
| | | 医院床位数（张） |
| | | 医疗卫生人员数（人） |
| | 公共文化体育 | 公共图书馆数（个） |
| | | 文化馆数（个） |
| | | 广播电视综合覆盖率（%） |
| | | 每千人拥有公共图书馆藏书量（册） |

## （三）样本选取及数据来源

本研究选取了重庆市区级数据进行研究，包括黔江区、沙坪坝区、渝北区等 11 个区。由于万州区、涪陵区、渝中区等地的数据缺失严重，因此将其剔除，研究地区包括剔除之后的其他 11 个区，即样本数据采用重庆市 11 个区 2014—2019 年基本公共服务的数据。

大部分数据来源于重庆市 11 个区 2014—2019 年的国民经济和社会发展公报以及重庆市国民经济与社会发展公报、各区各年度政府工作报告和重庆统计年鉴，其中基本养老保险率和基本医疗保险率是分别采用养老保险投保人数和医疗保险投保人数除以户籍人数而得到。九年义务教育巩固率除了在公报中直接给出的，其他基本上都是采用初中毕业人数除以小学入学人数得到的。

## （四）基本公共服务均等化测算方法选取

相较于基尼系数法、变异系数法等对基本公共服务均等化水平进行测算的利弊分析，本研究采用泰尔指数的方法对重庆市基本公共服务均等化水平进行分析评价。

## 二、实证结果分析

由于各个指标的单位存在不一致，为了方便进行比较，事先对数据进行无量纲化处理。首先先计算各个基本公共服务之间的极差，得出绝对化的均等水平。

其次，运用熵值法赋权，运用熵值法对各个指标赋权，在此基础上运用功效系数法计算重庆市各项基本公共服务得分情况。$T$ 表示重庆市各区基本公共服务差异程度的总泰尔指数；表示将重庆市以区为单位划分成 11 个组：$y_k$ 表示第 $k$ 的基本公共服务三级指标数据 $k=1$，2，3，…，11，$n_k$ 表示第 $k$ 组的人口占重庆市区级总人口的比重。依据研究的时效性和数据的可获得性，本研究基本公共服务均等化指标数据的截取选定在 2014—2019 年，计算基本公共服务的相对均等化水平。

### （一）公共教育

首先对公共教育数据进行无量纲化处理，然后计算重庆市 2014—2019 年 11 个区的绝对均等化值——极差，如图 6-8 所示，2014—2019 年，重庆市教育极差出现了大幅度的上升，说明了重庆市公共教育的绝对差距在不断地扩大。如图 6-9 所示，重庆市公共教育泰尔指数呈现上升的趋势，特别是在 2016—2019 年，公共教育极差与和泰尔指数的趋势基本趋同，说明目前重庆市公共教育的绝对差距和相对差距处于扩大的状态，说明不均等化程度在扩大。

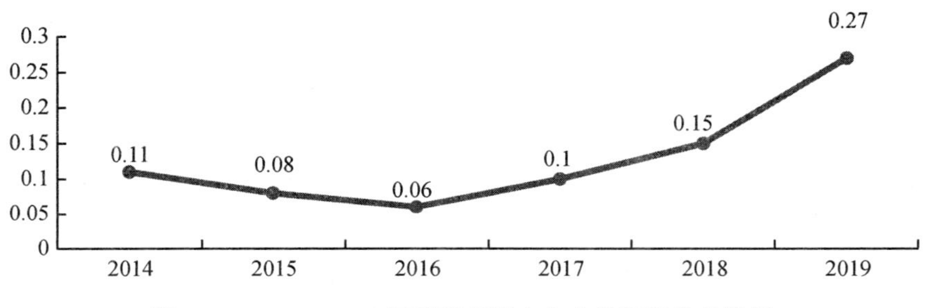


图 6-8　2014—2019 年重庆市基本公共教育极差趋势图

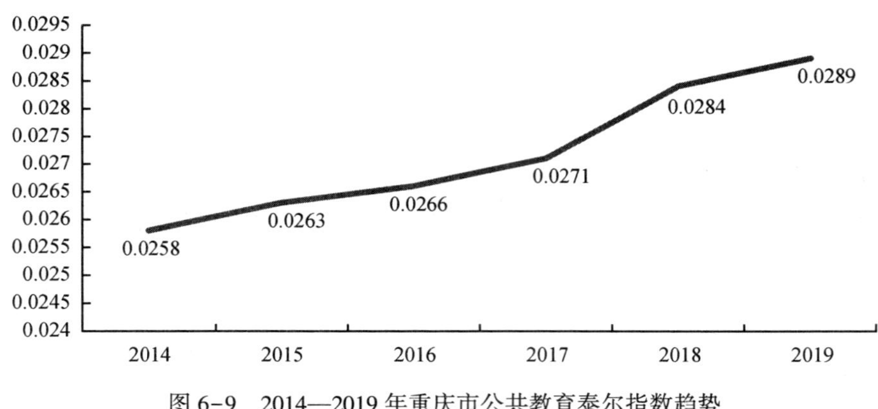


图 6-9 2014—2019 年重庆市公共教育泰尔指数趋势

运用熵值法对各个指标赋权，在此基础上运用功效系数法计算重庆市 11 个区 2019 年的公共基本公共服务得分情况，最终结果体现出百分制的形式，如表 6-11 所示，2019 重庆市各区中，巴南区教育评分最低，为 60 分，其他区除了武隆区的 92.71 分和綦江区的 99.71 分，都为 100 分。

表 6-11 2019 年重庆市各区教育评分情况

| 地区 | 教育评分 | 地区 | 教育评分 |
|---|---|---|---|
| 黔江区 | 100 | 沙坪坝区 | 100 |
| 渝北区 | 100 | 巴南区 | 60 |
| 长寿区 | 100 | 永川区 | 100 |
| 綦江区 | 99.71 | 铜梁区 | 100 |
| 荣昌区 | 100 | 开州区 | 100 |
| 武隆区 | 92.71 | | |

## （二）劳动就业创业

同样的，经过计算，劳动就业创业的极差、泰尔指数如图 6-10、图 6-11 所示，2014—2019 年，从绝对值角度看，重庆市劳动就业创业极差在 2014—2015 年成下降趋势，下降到 0.6；但在 2015 年后呈现上升趋势，增加到 0.77，说明不均等化程度在缩小后扩大。从相对值角度来看，2014—2019 年，重庆市劳动就业创业泰尔指数呈现出上升—下降—上升—下降的趋势，但是总体来说，2019 年的泰尔指数相对于 2014 年降低了，说明重庆市劳动就业创业的差距在逐渐缩小，均等化程度越来越高。

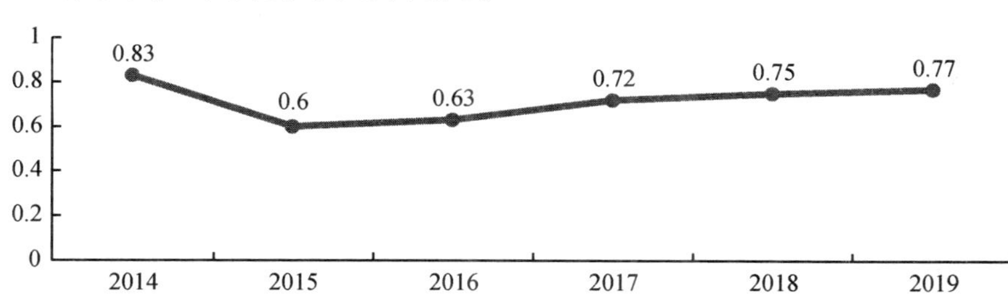


图 6-10 2014—2019 年重庆市劳动就业创业极差趋势图

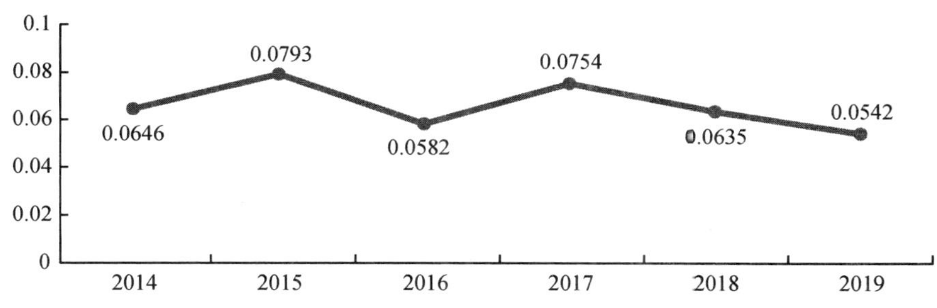


图 6-11 2014—2019 年重庆市劳动就业创业泰尔指数趋势图

从重庆市劳动就业创业综合评分来看，如表 6-12 所示，2019 年渝北区就业评分处于领先地位，为 92. 91 分。而武隆区就业评分最低，仅为 61. 12 分，仅有沙坪坝区、渝北区、巴南区和永川区的分数达到 70 分以上，其他区的就业评分均低于 70 分，说明当前重庆市就业形势严峻，情况不容乐观。

表 6-12 2019 年重庆市各区劳动就业创业评分情况

| 地区 | 就业评分 | 地区 | 就业评分 |
|---|---|---|---|
| 黔江区 | 67. 8 | 沙坪坝区 | 78. 03 |
| 渝北区 | 92. 91 | 巴南区 | 74. 08 |
| 长寿区 | 68. 12 | 永川区 | 72. 24 |
| 綦江区 | 69. 10 | 铜梁区 | 65. 56 |
| 荣昌区 | 67. 94 | 开州区 | 66. 19 |
| 武隆区 | 61. 12 | | |

### （三）社会保险

如图 6-12、图 6-13 所示，2014—2019 年重庆市社会保险极差处于先下降后上升的波动状态，说明不均等化程度先缩小后扩大；社会保险的泰尔指数在 2014—2017 年处于上升的趋势，最高为 0.026 9，在 2017—2019 年趋势下降，2019 年为 0.025 7，说明重庆市近两年的不均等化程度在降低。

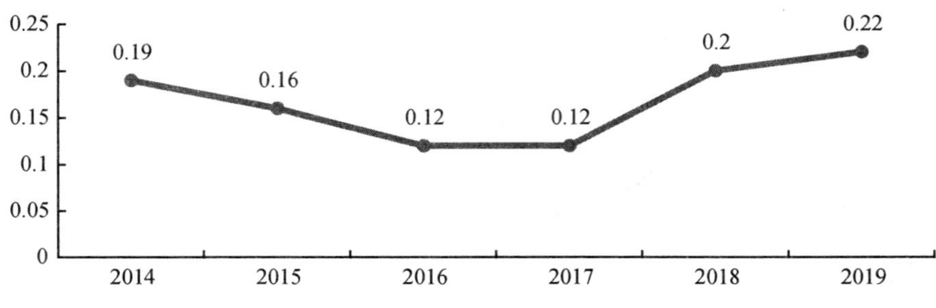


图 6-12　2014—2019 年重庆市社会保险极差趋势图

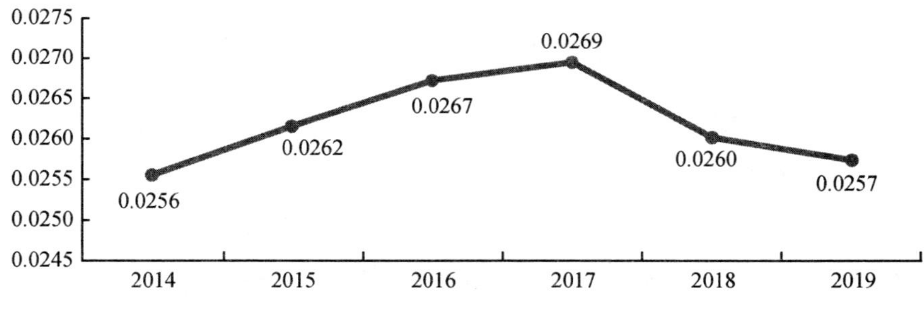


图 6-13　2014—2019 年重庆市社会保险泰尔指数趋势图

从重庆市各区社会保险评分来看，2019 年渝北区社会保险评分处于领先地位，为 93. 31 分，见表 6-13。而开州区就业评分最低，仅为 75. 66 分，其次武隆区评分为 79. 11，其他区的社会保险评分基本上处在 80～90，因此，均等化程度还有待提高。

**表 6-13　　　　　2019 年重庆市各区社会保险评分情况**

| 地区 | 社会保险评分 | 地区 | 社会保险评分 |
| --- | --- | --- | --- |
| 黔江区 | 81. 62 | 沙坪坝区 | 89. 21 |
| 渝北区 | 93. 31 | 巴南区 | 87. 99 |

续表

| 地区 | 社会保险评分 | 地区 | 社会保险评分 |
|---|---|---|---|
| 长寿区 | 80.42 | 永川区 | 88.17 |
| 綦江区 | 85.91 | 铜梁区 | 84.63 |
| 荣昌区 | 81.38 | 开州区 | 75.66 |
| 武隆区 | 79.11 | | |

## （四）医疗卫生

将数据代入公式，经过计算获得反映重庆医疗卫生均等化水平的各项指标的极差和泰尔指数，同时也算出了2014—2019年重庆市各区的医疗卫生综合评分情况。图6-14、图6-15中重庆市医疗卫生极差和泰尔指数的变动趋势具有高度相似性，都呈现上升趋势，说明重庆市在2014—2019年医疗卫生均等化水平存在下降趋势，差距明显扩大。由表6-14可知，2019年重庆市各区医疗卫生总体评分中，沙坪坝区评分最高，达到95.36分，评分最低的为武隆区，只有62.94分，各区之间的评分差距较大。

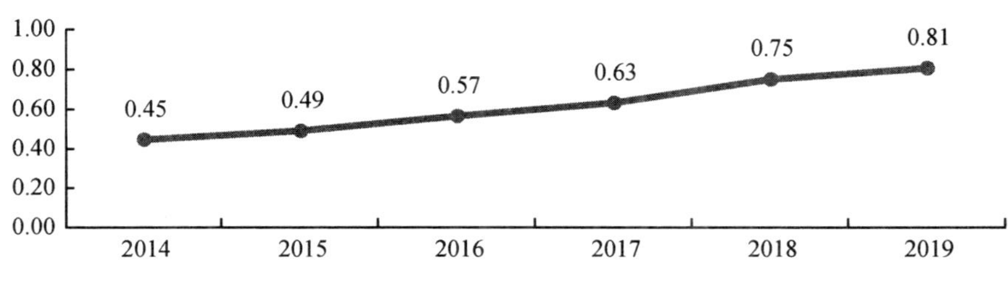


图6-14　2014—2019年重庆市医疗卫生极差趋势图

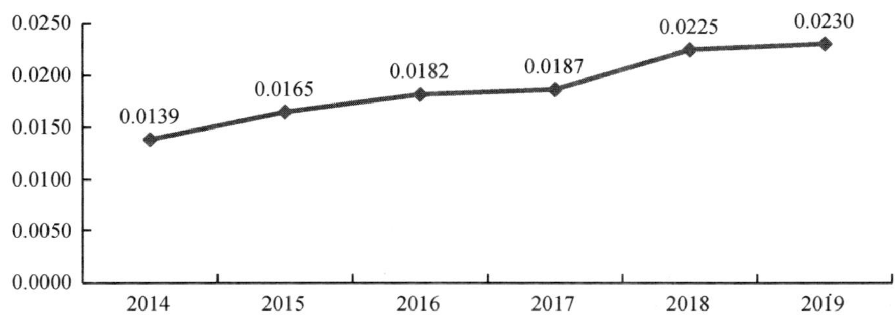


图6-15　2014—2019年重庆市医疗卫生泰尔指数趋势图

表 6-14　　2019 年重庆市各区医疗卫生评分情况

| 地区 | 医疗卫生评分 | 地区 | 医疗卫生评分 |
| --- | --- | --- | --- |
| 黔江区 | 67.13 | 沙坪坝区 | 95.36 |
| 渝北区 | 87.30 | 巴南区 | 85.23 |
| 长寿区 | 74.27 | 永川区 | 86.96 |
| 綦江区 | 87.38 | 铜梁区 | 78.85 |
| 荣昌区 | 72.78 | 开州区 | 84.62 |
| 武隆区 | 62.94 | | |

## （五）文化

由图 6-16、图 6-17，表 6-15 可知，2014—2019 年间文化极差处于上升后稳定状态，由 2014 年 0.43 升到了 2019 年的 0.76，从相对值的角度来看，重庆市近几年来的文化均等化水平处于先下降后上升的状态。2019 年重庆市各区文化总体评分中，沙坪坝区评分最高，达到 87.93 分，评分最低的为永川区，只有 67.92 分，其余均在 60~80 分，总体文化水平还需提高。

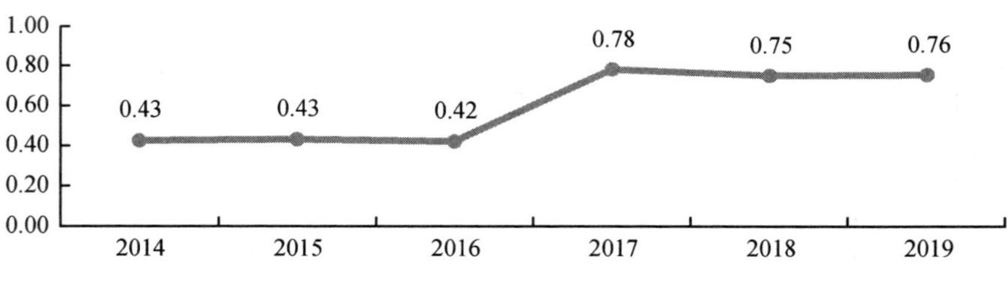


图 6-16　2014—2019 年重庆市文化极差趋势图

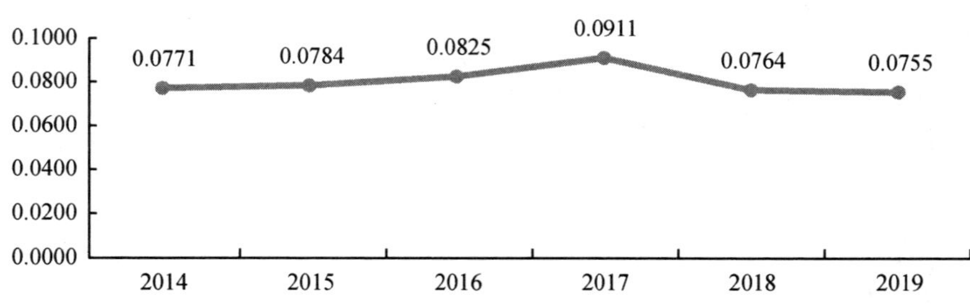


图 6-17　2014—2019 年重庆市文化泰尔指数趋势图

表 6-15　　2019 年重庆市各区文化评分情况

| 地区 | 文化评分 | 地区 | 文化评分 |
|---|---|---|---|
| 黔江区 | 69.52 | 沙坪坝区 | 87.93 |
| 渝北区 | 71.55 | 巴南区 | 74.61 |
| 长寿区 | 72.09 | 永川区 | 67.92 |
| 綦江区 | 79.71 | 铜梁区 | 70.38 |
| 荣昌区 | 69.52 | 开州区 | 68.81 |
| 武隆区 | 72.53 | | |

## （六）基本公共服务均等化总体情况

2014—2019 年重庆市各区的极差情况如图 6-18 所示，其中，基本公共文化的极差数值变化幅度最大。重庆市的基本社保和基本教育的极差相较其他基本公共服务而言较低。

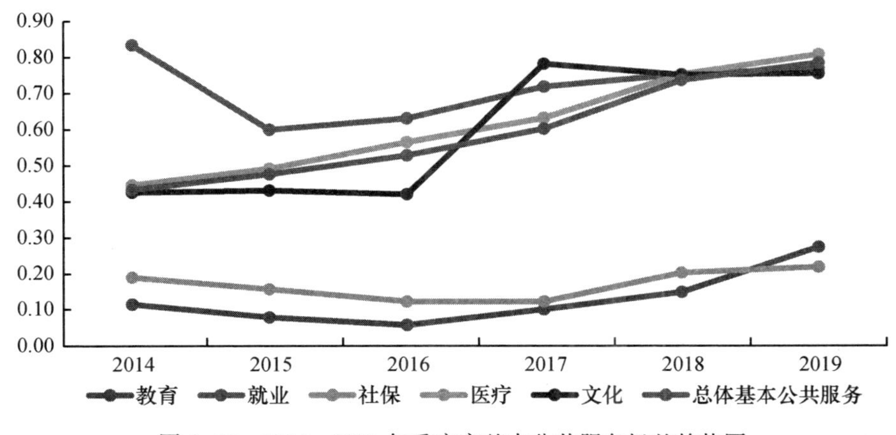


图 6-18　2014—2019 年重庆市基本公共服务极差趋势图

2014—2019 年，重庆市各区间基本公共服务泰尔指数如表 6-16 和图 6-19 所示，其中就业 $T$ 值波动幅度较大，均等化程度提高明显；相对而言，其余基本公共服务的泰尔指数波动趋势不明显。与 2014 年相比，2019 年就业和文化的 $T$ 值在下降，教育、社会保障、医疗卫生的 $T$ 值均在上升，说明它们之间的差异有所提高，均等化程度降低。从总体基本公共服务角度来看，其近年来 $T$ 值在上升，说明重庆各区之间的总体基本公共服务差异在不断地增加。

表 6-16　　重庆市基本公共服务泰尔指数

| 年份 | 教育 | 就业 | 社会保障 | 医疗卫生 | 文化 | 总体基本公共服务 |
|---|---|---|---|---|---|---|
| 2014 | 0.025 8 | 0.064 6 | 0.025 6 | 0.013 9 | 0.077 1 | 0.014 0 |
| 2015 | 0.026 3 | 0.079 3 | 0.026 2 | 0.016 5 | 0.078 4 | 0.016 4 |
| 2016 | 0.026 6 | 0.058 2 | 0.026 7 | 0.018 2 | 0.082 5 | 0.017 9 |
| 2017 | 0.027 1 | 0.075 4 | 0.026 9 | 0.018 7 | 0.091 1 | 0.018 8 |
| 2018 | 0.028 4 | 0.063 5 | 0.026 0 | 0.022 5 | 0.076 4 | 0.022 4 |
| 2019 | 0.028 9 | 0.054 2 | 0.025 7 | 0.023 0 | 0.075 5 | 0.022 6 |

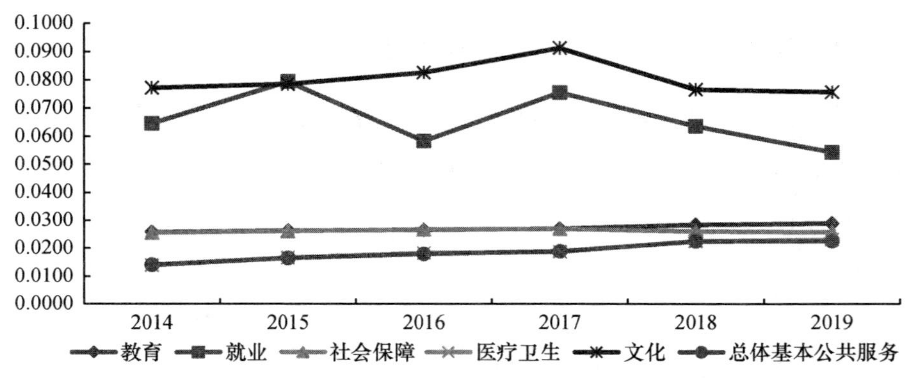


图 6-19　2014—2019 年重庆市基本公共服务泰尔指数趋势图

运用熵值法和功效系数法，计算出重庆市各个区总体基本公共服务得分，见表 6-17。其中，2019 年，沙坪坝区的总体基本公共服务评分最高为 90.21 分，武隆区的总体基本公共服务评分最低，为 71.37 分。重庆市总体基本公共服务综合评分较高，2019 年综合基本公共服务得分均在 70 分以上，各区整体基本公共服务供给力度较强。

表 6-17　　2019 年重庆市总体基本公共服务评分情况

| 地区 | 文化评分 | 地区 | 文化评分 |
|---|---|---|---|
| 黔江区 | 73.12 | 沙坪坝区 | 90.21 |
| 渝北区 | 83.69 | 巴南区 | 78.11 |
| 长寿区 | 75.98 | 永川区 | 79.36 |
| 綦江区 | 83.46 | 铜梁区 | 77.01 |
| 荣昌区 | 74.71 | 开州区 | 76.36 |
| 武隆区 | 71.37 | | |

## 第四节 本章小结

重庆市各项基本公共服务水平都有所提高，但是城乡差距依然明显，虽然重庆市财政教育经费投入政策措施在不断改革和推进中取得了显著的成绩，教育经费投入的力度不断加强，教育事业的发展不断地扩大，师资力量不断提升。但是不同层级、不同地区的教育经费投入依然存在不均等化的问题、教育办学条件存在明显的差距、教师的学历差异明显等问题未得到有效的解决。医疗卫生方面，重庆市近年来基本医疗服务取得了一定的提高，医疗基础设施、医疗卫生技术人员都得到了不同的增加，卫生院、村卫生室的病床使用率也不断地提升。社会保障服务方面，近年来重庆的基本养老保障服务、失业保障服务都取得了显著的成就，但是城市的人均低保资金明显高于农村的人均低保资金，体现城乡之间的不均衡状态依然严重。文化体育方面，随着生活水平的提高，人民对于体育方面的需求也逐渐的多元化，这与基本体育公共服务的供给不足的矛盾依然突出。就业和住房保障方面，重庆市政府通过鼓励创新创业，企校双制，加强职工技能培训，使得就业规模不断扩大；政府注重农村危房改造、易地扶贫搬迁任务。

从泰尔指数实证分析法对重庆市 11 个区基本公共服务均等化水平的分析看，重庆市整体 $T$ 值上升，除了就业和文化外，其余基本公共服务的 $T$ 值都在上升，其中医疗卫生上升幅度最大，就业下降幅度最大。文化的 $T$ 值位列第一，医疗卫生 $T$ 值最小。

# 第七章
# 西南地区概况及比较研究

## 第一节　西南地区概况

中国西南地区包含四川、云南、贵州、西藏、重庆共五省区市，其总面积共234.06万平方公里，占全国面积的24.5%①。西南地区地形结构较为复杂，主要以平原、山地为主，地理上包括青藏高原东南部，四川盆地、云贵高原大部分。同时，西南地区与印度、老挝、尼泊尔、巴基斯坦、缅甸等一些国家接壤，在西南地区五省中，成渝地区的经济较为发达，人口较为稠密，交通较为便捷。

2019年年末，西南地区人口约2.025亿人，占西部地区总人口的53.30%，占全国总人口的14.08%②。西南地区的平均人口密度远高于全国每平方公里人数的平均水平，全国人口密度为每平方公里60人，而西南地区人口密度为每

①② 数据来源：百度百科（https://baike.baidu.com/item/%E8%A5%BF%E5%8D%97%E5%9C%B0%E5%8C%BA/4465918? fr=aladdin）.

平方公里的人数达到了 114 人①，其中四川人口数最多，2019 年年末四川常住人口达到了 8 367 万人，占整个西南地区的 40.8%。

本书分析西南地区基本公共服务均等化问题，由于西藏地区基本公共服务方面的数据缺失严重，因此，将研究对象定为西南地区中的四川、重庆市、云南、贵州这四个省市。

## 第二节　西南地区基本公共服务与全国比较分析

本节首先将西南地区的 4 个省（市），包括四川、重庆市、云南、贵州与全国发展情况进行对比，分析西南地区整体发展水平。

### 一、公共教育

1. 我国公共教育发展情况

义务教育是国民教育的基本组成部分，在整个国民教育体系中具有基础性地位。《“十三五”推进基本公共服务均等化规划》提出的内容包括残疾人服务、劳动就业创业、社会保障、医疗卫生、社会服务、住房保障等 8 个基本公共服务清单，重点突出了义务教育在基本公共教育的地位。

（1）我国基本公共教育的财政投入

在国民生产总值中，基本公共教育服务经费所占比重的大小，既能体现出政府在教育当中的投入力度，又能较为精准地度量教育在总体国家战略中的地位。近年来，我国财政教育经费投入的状况见表 7-1。

由表 7-1 中可知，我国教育经费占 GDP 比重在 2012 年首次实现 4%的突破，此后，连续 4 年维持在 4%以上的水平。从上表国民生产总值中财政性教育经费比例的变化可以看出，我国对教育的重视程度不断加强。

（2）我国基本公共教育师资情况

① 数据来源：由国家数据计算得出（https://data.stats.gov.cn/easyquery.htm? cn=E0103）.

表 7-1　　2006—2018 年我国财政教育经费的投入状况

| 年度 | GDP（亿元） | 国家财政教育经费（亿元） | 国家教育经费占 GDP 比重（%） |
|---|---|---|---|
| 2006 | 219 438.5 | 6 348.36 | 2.89 |
| 2007 | 270 232.3 | 8 280.21 | 3.06 |
| 2008 | 319 515.5 | 10 449.63 | 3.27 |
| 2009 | 349 081.4 | 12 231.09 | 3.50 |
| 2010 | 413 030.3 | 14 670.07 | 3.55 |
| 2011 | 489 300.6 | 18 586.7 | 3.80 |
| 2012 | 540 367.4 | 22 236.23 | 4.12 |
| 2013 | 595 244.4 | 24 488.22 | 4.11 |
| 2014 | 643 974 | 26 240.58 | 4.07 |
| 2015 | 689 052.1 | 29 221.45 | 4.24 |
| 2016 | 744 127.2 | 31 396.25 | 4.22 |
| 2017 | 820 754.3 | 34 207.75 | 4.17 |
| 2018 | 900 309.5 | 36 995.77 | 4.11 |

数据来源：2019 年中国统计年鉴（3-1 页、21-23 页，中国统计出版社）、2018 年全国教育经费执行情况统计公报

由图 7-1 可知，我国小学和初中专任教师呈现出逐年增长的趋势，有利于发展教育，促进教育水平不断提升。

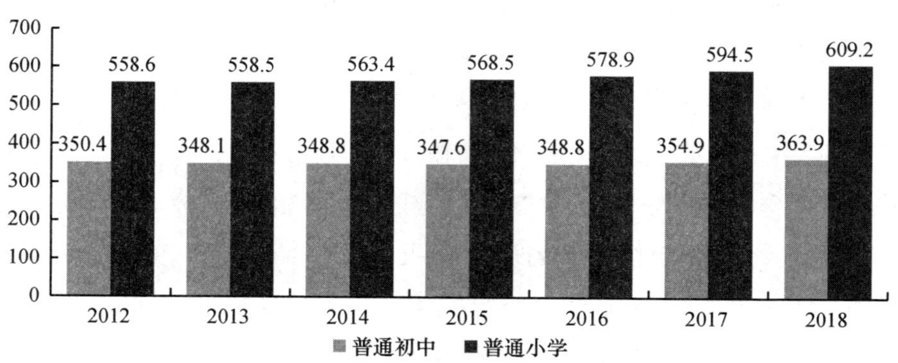


图 7-1　2012—2018 年我国各类学校专任教师情况

数据来源：中国统计年鉴 2013—2019（21-18 页、21-19 页、21-28 页、21-29 页、21-35 页、21-36 页，中国统计出版社

2. 西南地区与全国公共教育水平比较

（1）九年义务教育巩固率

由图 7-2 可知，西南地区的九年义务教育巩固率与全国的九年义务教育巩固率水平相当，相差不多。差距最大的时候是 2018 年，仅相差 4%不到，这表明西南地区教育水平较为稳定。这主要得益于国家不断重视西南地区教育的发展，先后出台了一系列政策支持和帮助西南地区教育的持续发展。

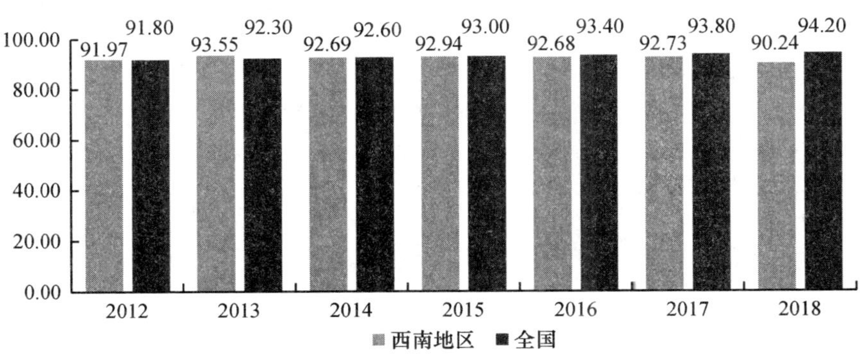


图 7-2　西南地区和全国九年义务教育巩固率（%）

数据来源：中华人民共和国教育部（http://www.moe.gov.cn/jyb_sjzl/）

（2）教育经费投入

截至 2018 年年底，全国教育财政支出总计 36 995 8 亿元，西南地区为 5 826.08 亿元，全国教育财政支出是西南地区的 6.35 倍，西南地区仅占全国教育经费支出的 15.74%①，西南地区教育财政支出在总量上面存在着严重不足现象。

由图 7-3 可知，除教育财政支出不足之外，西南地区 2012—2018 年人均教育经费投入也远低于全国水平，可见教育经费投入存在着区域差异性，西南地区严重不足，影响其教育质量的提高和教育水平的提升。

① 数据来源：国家数据（https://data.stats.gov.cn/easyquery.htm? cn=C01）.

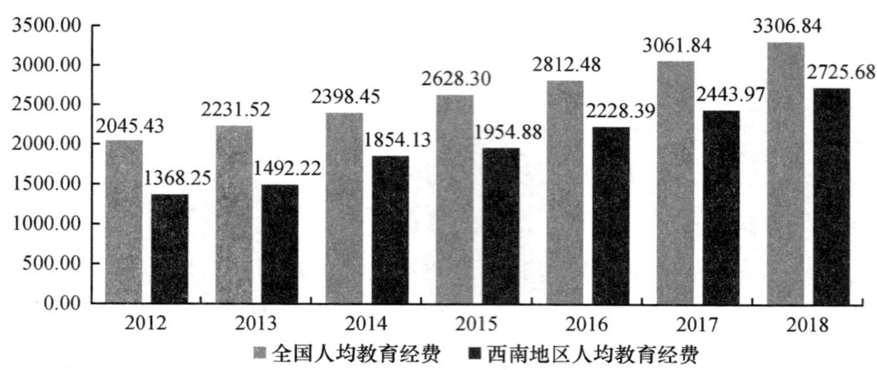


图 7-3　西南地区和全国人均教育经费投入情况（元）

数据来源：国家数据（https://data. stats. gov. cn/easyquery. htm? cn=C01）、2019 年中国统计年鉴（21-40 页，中国统计出版社）

## 二、医疗卫生

1. 我国医疗卫生发展基本情况

近年来，随着经济的快速发展以及居民对于公共服务需求的增加，国家越来越重视基本公共卫生服务的提供，公共服务的提供力度得到了增加，运行体系也得到了完善。整体而言，我国的基本公共服务体系在慢慢健全，情况越来越好，各地区间的基本公共服务水平差异也越来越小，居民的身体健康也有了机制保障。

中国 14 亿多人口在基本的公共卫生领域实现了全覆盖，这一方面提升了资金使用效率，增加了服务的广度，另一方面也增强了财政的公平程度。这不仅体现了我国财政运用当中的“以人为本”理念，而且证明了国家财政在可持续的范围内提供基本公共服务是合理的。尤其是在 2017 年，有超过 10 项基本公共卫生服务项，使人民群众的健康得到了有力的保障。在这几年中，医疗保障体系得到了改善，全国各省基本上形成了稳定的基本公共卫生服务框架体系，基本公共卫生服务水平得到了提高。

但是，我国医疗卫生发展也存在以下主要问题：

(1) 经费投入

无论是在医疗设施提供的质量上还是医疗卫生人员、技术人员的数量或者素质方面都离不开国家财政资金的大力支持，而医疗水平的高低又取决于前两方面的因素，因此国家财政资金对于基本公共卫生服务的提供以及改善有着很大的作用。目前，虽然我国已经建立基本公共卫生服务项目筹资机制，即中央与地方政府两级分级承担，但是实际上中央只是负责补助，绝大部分的支出责任落在了地方政府上面，这就导致地方政府财政压力过大。此外，因为我国政府近年来财政赤字紧张，而医疗方面又必须加大投入，进一步引发医疗卫生事业的赤字更多。

（2）经费的使用

中央财政正在逐步增加基本公共卫生服务的经费投入，但是一个庞大的经费投入需要建立一个良好的资金管理体系，这是顺利实施基本公共卫生服务的基本要求。一方面，良好的资金管理体系可以保证资金的使用合理、规范以及科学，另一方面，这也可以避免很多资金滥用、资金不能及时到位的问题。

（3）资金的管理

目前，我国对于基本公共卫生服务的资金管理方面还存在诸多问题，如对于基本公共卫生服务的资金使用没有一个全局、科学以及合理的规划，对于其被用了多少，投入到哪里都未说明清楚，这就使得在公共卫生单位医疗资源配置极不均衡、对于专项资金出现过度使用或者使用标准不明确以及违规使用资金和服务人员工作积极性差等现象同时存在的问题。

2. 西南地区与全国医疗卫生发展情况对比

（1）医疗机构情况

医疗机构情况用每千人医疗卫生机构床位数来衡量，西南地区每年的数据为四个省份每年的平均数计算而得。由图 7-4 可以看出，西南每千人医疗卫生机构床位数在 2012—2018 年是略高于全国的，总体而言，西南地区医疗机构床位数与全国相差不大。

（2）医疗卫生水平

医疗水平情况用每千人卫生人员数来衡量，西南地区每年数据为四个省份每年的平均数计算而来。由图 7-5 可知，2012—2018 年，西南地区每千人卫生人员数也是略高于全国每千人卫生人员数，表明西南地区医疗水平已经超过了全国平均水平。

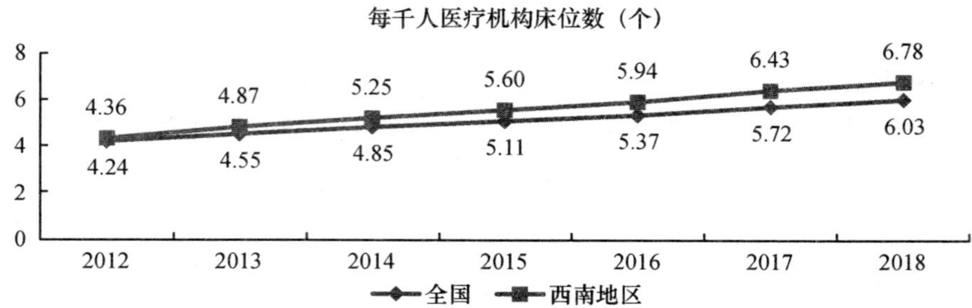


图 7-4　2012—2018 年西南地区与全国每千人医疗卫生机构床位数情况

数据来源：中国统计年鉴 2013—2019（22-7 页、21-7 页，中国统计出版社）

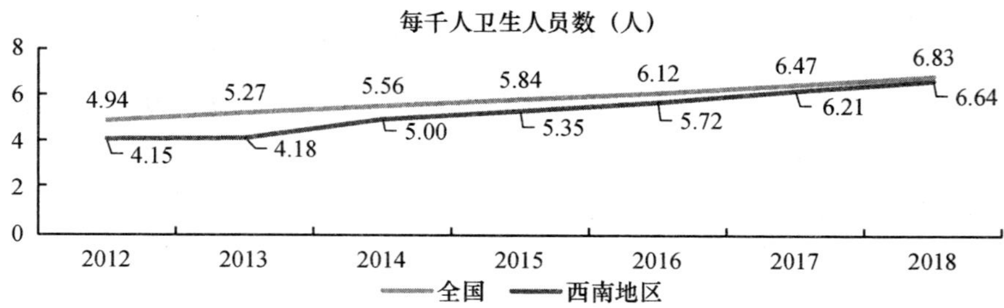


图 7-5　2012—2018 年西南地区与全国每千人卫生人员数情况

数据来源：中国统计年鉴 2013—2019（22-3 页、21-3 页，中国统计出版社）

## 三、社会保障服务

1. 全国社会保障服务发展基本情况

改革开放至今，我国的社会保障事业从无到有，大致经历了社会保障制度的试点探索、社会保障制度框架初步形成，以及制度体系完善和法制化建设加强三个典型阶段。国家通过加大财政专项投入与积极调动社会多方主体力量，使我国社会保障体系内容逐渐完善，保障范围与保障力度逐渐提升，促进社会经济发展，维护了国家稳定，保障了广大民众的基本权利。

在社会保障领域中，惠及的领域和范围不断增加，基本实现了全民共享。在社会保险方面，从 1989 年我国开始实施养老保险制度，直到 2017 年年底，我国有 9. 15 亿人参加了社会基本养老保险。1992 年实施的失业保险制度和

1993 年的医疗保险、工伤保险等制度，其覆盖广度和深度都与之前不同。通过表 7-2 可以看出社会保险数据呈现出参保人数快速增长的特点：

**表 7-2　　社会保险历年参保人数统计**

| 年度 | 医疗保险 | 失业保险 | 养老保险 | 生育保险 | 工伤保险 |
|---|---|---|---|---|---|
| 1989 | — | — | 5 710 | — | — |
| 1992 | — | 7 443 | 9 456 | — | — |
| 1993 | 290 | 7 924 | 9 848 | 557 | 1 104 |
| 1997 | 1 762 | 7 961 | 11 204 | 2 486 | 3 508 |
| 2002 | 9 401 | 10 182 | 14 737 | 3 488 | 4 406 |
| 2007 | 22 311 | 11 645 | 20 137 | 7 775 | 12 173 |
| 2012 | 54 641 | 15 225 | 78 796 | 15 429 | 19 010 |
| 2017 | 117 681 | 18 784 | 91 548 | 19 300 | 22 724 |

数据来源：国家数据（https://data. stats. gov. cn/easyquery. htm? cn=C01）

资金源源不断地投入社会救济方面，并且国家对不同的人群进行了分类，制定了最低生活保障、特困人员救助供养、临时救助、医疗救助、防灾减灾救灾等不同救助项目，使社会救济更加能体现在社会保障方面的兜底作用。

截至 2017 年年底，国家在安置优抚对象方面，帮助各类重点优抚对象达到 857. 7 余万人次①。各级财政共支出的抚恤事业费 827. 3 亿元②，优抚安置扶持力度的提高，充分使得军人以及其家属没有后顾之忧。

但是社会保障在发展中也存在着一些问题，其中主要是基金监管方面。在社保基金监管方面其涉及中央和地方财政与审计部门的监管以及法律监管等，这就需要各部门各司其职，权责明晰。此外，我国社保基金内部监管中还存在一系列的问题，如社保基金被挪用或者占用、滥用职权等，近年来的社保基金侵占案件广受国家以及群众的关注。社保基金内部监管不力主要有两方面的因素，一方面在于监管人员的监管不力，监管人员的素质有高有低，又缺乏专业技术，这导致监管人员没有能力对社保基金的运营作出正确的判断。另一方面在于监管体制的

①②　数据来源：2017 年社会服务发展统计公报（https://doc. mbalib. com/view/2e0739d0c6c32c98983d4db2850cd9f1. html）.

不完善，各部门之间的权责并没有明晰的界定，也没有一个相互制约的机制，这就造成各部门之间分工混乱，效率偏低，难以形成一个有效的监管。

2. 西南地区与全国社会保障发展情况对比

（1）养老保险

由图 7-6 可以看出，2012—2018 年间，西南地区和全国医疗保险参保率都在不断地上升，其中西南地区医疗保险参保率略低于全国水平，且随着时间的增长，其差距在不断地缩小，这说明西南地区的养老保险情况正在不断得到改善，养老保障制度正在完善。

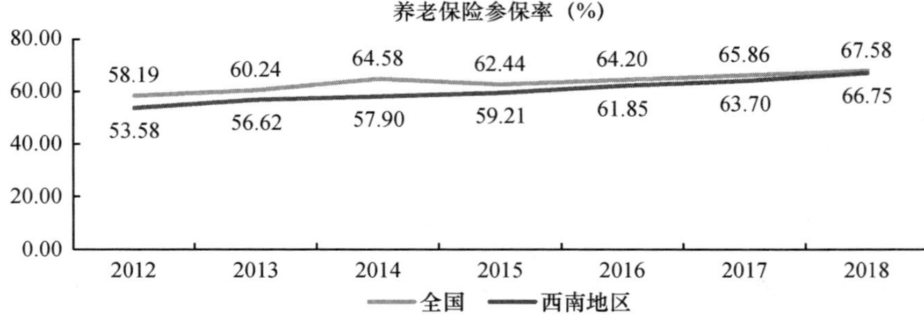


图 7-6　2012—2018 年西南地区与全国养老保险参保情况

数据来源：中国统计年鉴 2013—2019（24-30 页、24-31 页、24-32 页、24-33 页、23-36 页、23-42 页，中国统计出版社）

（2）医疗保险

由图 7-7 可知，2012—2018 年间，西南地区和全国医疗保险参保率在不断地增加。其中，2012—2017 年，西南地区的医疗保险参保率低于全国医疗保险参保率，从 2018 年开始，西南地区医疗保险参保率开始超过全国医疗保险参保率，表明西南地区医疗保险发展速度开始加快，在医疗保险参保方面开始赶超全国。

## 四、文化

1. 全国文化发展基本情况

如图 7-8 所示，2018 年年末，纳入统计范围的全国各类文化（文物）单

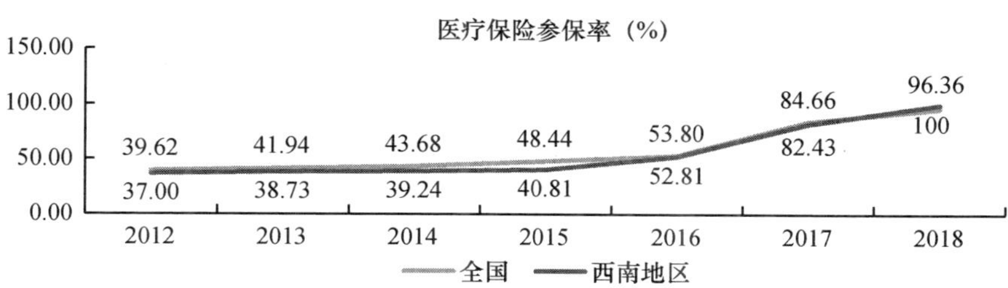


图 7-7　2012—2018 年西南地区与全国医疗保险参保情况

数据来源：中国统计年鉴 2013—2019（24-33 页、24-35 页、23-38 页，中国统计出版社）

位 30.63 万个，比上年末减少了 2.01 万个；从业人员 240.78 万人，比上年末减少了 7.47 万人。

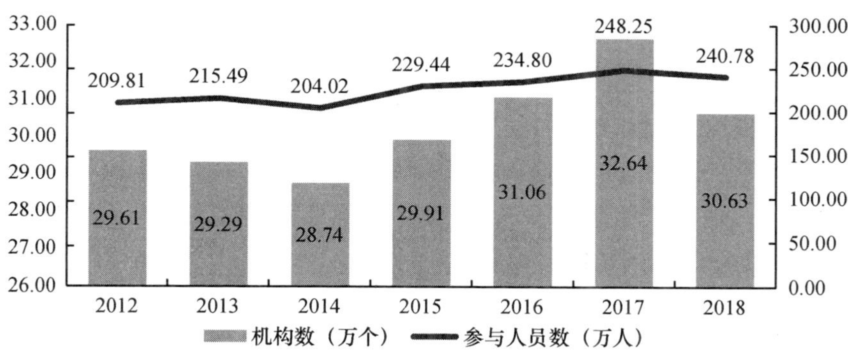


图 7-8　2012—2018 年全国文化单位机构数及从业人员数

数据来源：中国统计年鉴 2013—2019（23-21 页、23-22 页、22-22 页，中国统计出版社）

公共文化服务水平不断提高，艺术创作持续繁荣，文化市场规范有序，文化产业蓬勃发展，国家文化软实力和中华文化影响力大幅提升，社会主义文化强国建设迈出了坚实步伐。但是随着人民收入的增加以及对精神文化的需要，我国在公共文化服务领域方面仍然存在着诸多不足。

（1）公共文化设施与其队伍建设的不完备

即使我国公共文化设施按不同的行政级别进行了分类，但在农村基层方面尤其是城乡结合区域、贫困地区等还有很多被忽略区。与此同时，在基层公共文化体育机构中专职人员数量严重不足、队伍流动性强、服务水平不高的问题相对突出，这些严重影响了公共文化服务质量的提升。

(2) 公共文化的财政投入不够

虽然各地政府不断加入对文化建设的投入，但由于在较长时间内，文化建设各方面存在底子薄，根基不足的问题，以及从总量上看政府对文化投入的比重仍然较少，且与人民群众的期待、经济社会发展的要求不匹配，如图 7-9 所示，2012—2018 年期间，我国财政总支出中，文化事业费的比重保持在 0.38%~0.45%。

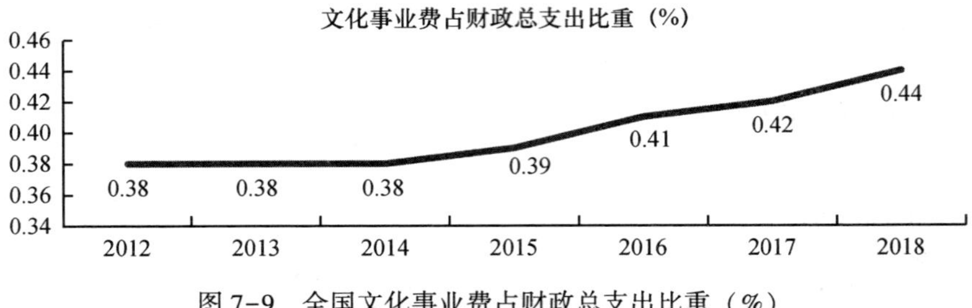


图 7-9　全国文化事业费占财政总支出比重（%）

数据来源：中国统计年鉴 2013—2019（23-26 页、23-23 页、23-22 页、23-27 页、23-24 页、22-23 页、22-24 页、22-27 页，中国统计出版社）

2. 西南地区与全国文化发展情况对比

(1) 公共图书馆

由图 7-10 可以看出，2012—2018 年间，西南地区和全国人均拥有公共图书馆馆藏量大体呈现出上升的增长态势，其中西南地区人均拥有公共图书馆馆藏量低于全国水平，且西南地区与全国之间的差距在不断地扩大，西南地区人均拥有公共图书馆馆藏量需要进一步的提升。

(2) 广播、电视发展情况

由图 7-11 可知，2012—2018 年间，西南地区和全国广播、电视人口综合覆盖率在不断地增加，均保持在 95%以上的水平，从图中可以直观地看出，西南地区和全国广播、电视人口综合覆盖率的差距逐渐缩小，2012 年两者差距为 2.11 个百分点，到 2018 年两者差距下降到 1.20%，这表明西南地区广播、电视人口综合覆盖率状况良好，文化建设取得了一定的成效。

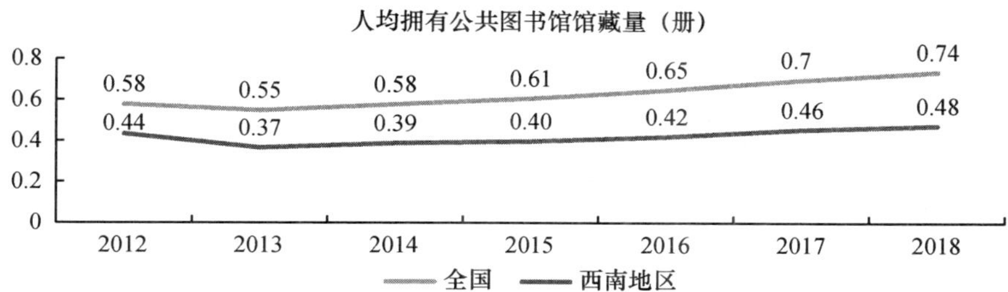


图 7-10 2012—2018 年西南地区与全国人均拥有公共图书馆馆藏量情况

数据来源：中国统计年鉴 2013—2019（23-28 页、23-29 页、22-29 页，中国统计出版社）

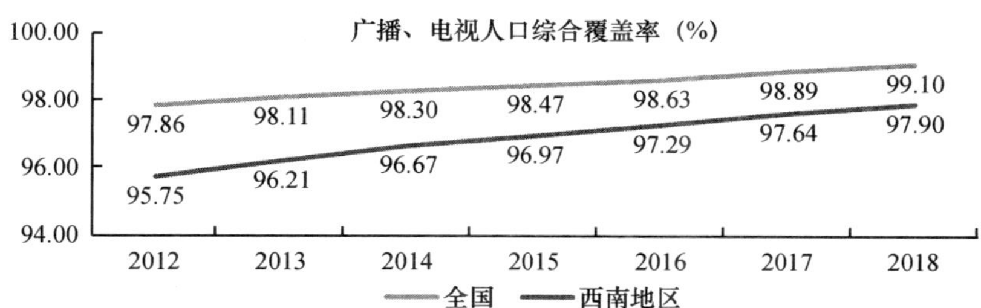


图 7-11 2012—2018 年西南地区与全国广播、电视人口综合覆盖率情况

数据来源：中国统计年鉴 2013—2019（23-16 页、22-16 页，中国统计出版社）

## 五、劳动就业创业

1. 全国劳动就业创业发展情况

1978—2018 年期间，我国就业规模总量增长了 93%，城乡就业总量从原有的 4 亿多人次增加到约 7. 8 亿人，这当中城镇就业人员比 1978 年增长了 3. 4 倍，总量达到了 4. 2 亿，年均增速显示为 3. 9%。① 同时由于我国城镇化的持续加快，农村人口比重从 1978 年最初的 82. 1%累计下降到 2017 年的 41. 5%，城镇已成为乡村人员主要的就业地区。②但同时，我国就业发展也将面临一些挑战。

（1）结构性矛盾存在严重失衡的问题

从全国范围上来看，地区、行业、群体三个方面的就业结构性矛盾极为突

①② 数据来源：豆丁网（https://www. docin. com/p-2266196928. html）.

出。不均衡的经济发展和就业方面的结构性矛盾交叉在一起，互相影响，导致了一个恶性循环。尤其是近些年来，一方面，在一些地区中，长期以来的失业致使一部分失业人群消磨了就业的意志，另一方面当地的就业环境和经济发展不断恶化。逐步造成劳动力市场范围变小、经济发展缓慢的恶性循环。

（2）人力资本的短板突出

随着经济结构的转型，目前劳动力市场对于高知识以及技术型人才的需求越来越大，对于农村那种专门从事农业或者文化水平低的劳动力需求越来越少，导致农村劳动力市场资源面临着淘汰的风险，虽然青年的农民工群体较之老一代农民工具备更好的文化水平，但是相较于其他人，他们的文化水平仍处于低水平，随着社会经济的发展，这些人会逐渐被社会竞争所淘汰，因此如何解决这批以农民工为主的劳动者就业问题，也是社会一大难题。

（3）劳动力市场的制度分割问题依然存在

当前，有关劳动力流动性问题仍然存在着一些制度方面的约束，例如，社会保障制度和劳动力流动性之间的协调问题、户籍制度对社会福利的依赖性较强、劳动力市场的效率与公平问题。

2. 西南地区与全国劳动就业创造发展情况对比

西南地区与全国劳动就业创造发展情况通过“城镇登记失业率”来进行比较，具体情况如图 7-12 所示。

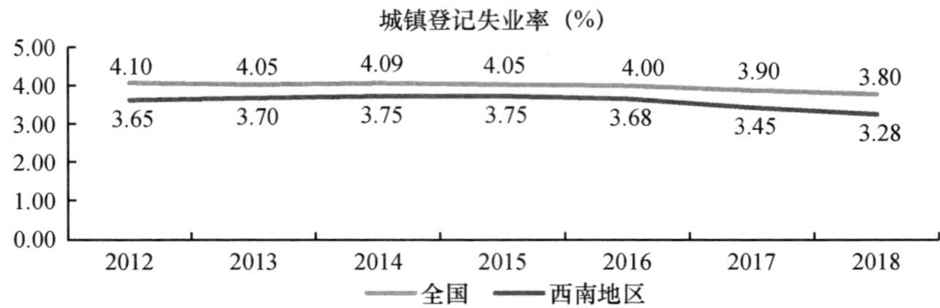


图 7-12　2012—2018 年西南地区和全国城镇登记失业率情况

数据来源：中国统计年鉴 2016—2019（4-17 页，中国统计出版社）、国家数据（网址：https://data.stats.gov.cn/easyquery.htm? cn=C01）

图 7-12 反映出西南地区和全国城镇登记失业率均呈现出下降的趋势，表明西南地区与全国的劳动就业情况得到改善。此外，除 2017 年与 2018 年外，

全国城镇登记失业率均在4%以上，而西南地区的城镇登记失业率要低于全国水平，控制在4%以下的合理区间。

# 第三节　西南地区与东部地区基本公共服务发展情况对比

本节将西南地区与东部九大地区（北京市、天津市、广东省、福建省、江苏省、河北省、山东省、浙江省、海南省）进行比较，分析东部地区与西南地区之间的差距。

## 一、东部地区基本概况

根据国家统计局2011年6月13日的划分办法，东部地区包括：北京市、天津市、上海市、河北省、山东省、江苏省、浙江省、福建省、台湾省、广东省、香港特别行政区、澳门特别行政区、海南省。东部地区背负大陆，面临海洋，地势平缓，有良好的农业生成条件，水产品、石油、铁矿、盐等资源丰富，这一地区由于开发历史悠久，地理位置优越，劳动者的文化素质较高，技术力量较强，工农业基础雄厚，在整个经济发展中发挥着龙头作用。中国东部地区是中国经济最发达的地区。

## 二、东部地区与西南地区差异

地形：东部地区处于我国第三节阶梯，以平原为主，海拔多在200米以下，西南地区以山地为主，高原及丘陵次之，平原较少①。

气候：东部地区处于季风区，雨水充沛，西南地区为非季风区，且处于内陆，较为干旱，水资源较短缺。

① 数据来源：作业帮（https://www.zybang.com/question/62dce4069a001acf6a40e77b1b11d227.html? from=knowledge）、360文库（https://wenku.so.com/d/8a5a7696cd37eca8106224210237269b）.

资源：从自然资源上讲，西南占优，煤炭，石油，天然气多集中于此，许多矿产也集中于西南。

经济发展水平：东部地区领先西南地区，从改革开放以来，东部地区一直是中国发展的中心，如图 7-13 所示，2012—2018 年东部地区九个省份 GDP 总量始终远远领先于西南地区，就 2018 年来说，东部地区 GDP 生产总量为 44.04 亿元，而西南地区仅为 10.07 亿元，两者相差 4 倍多，可见东部地区与西南地区经济发展差距之大。主要原因是东部地区交通便利和经济基础好，我国的铁路动脉集中于东部，高速公路也密集于东部，东部沿海拥有海洋优势，在经济全球化下，目前海运仍是运输基础，为东部发展外向型经济提供了有利条件。但在后来，西南地区经济增速渐渐超过东部地区，到 2018 年，西南地区的地区生产总值增速与东部地区的地区生产总值增速差距在渐渐拉大。当前尽管西南地区面临一些发展问题，但仍然处于国家发展的战略回旋空间，处于中高速发展的机遇期、窗口期，是全国实现高质量发展的重要支撑，在未来经济增长格局中将发挥更大作用。

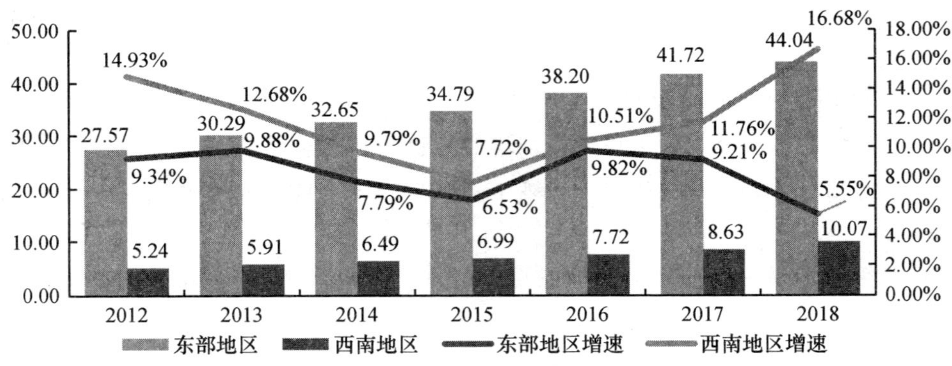


图 7-13　东部地区与西南地区生产总值和增长速度

数据来源：国家数据（https://data.stats.gov.cn/easyquery.htm? cn=E0103）

## 三、东部地区与西南地区基本公共服务发展情况对比

1. 公共教育

由于历史及地理原因，中国是世界上地区差异特征最显著的国家之一。尤

其以我国东部地区与西南地区之间的教育差距最为明显。自从国家支持西部大开发的政策以来，西南地区的经济也得到大力发展，国家有政策鼓励大学生毕业后到西部以及西南地区去支教，大学毕业生去西南地区支教的也越来越多，使得西南地区教育建设取得了一些成效。虽然国家通过政策导向来缩小教育发展差距，取得了一定成效，但差距仍然较大，主要表现在以下几个方面：

教育规模不均衡。我国高等教育存在着一个明显的地区差异，即西南地区高等教育发展较为滞后，中部地区居中，东部地区高等教育发展最好。就普通高校总数而言，2018 年我国高校共有 2 633 所，其中，东部地区高校数占比 35.71%，西南地区却只占比 12.58%①。

师资力量不均衡。根据国家统计局发布的数据可知，我国目前普通高校生师比是 17.49，其中，东部地区为 17.03，西南地区为 18.91，西南地区生师比的数值将远大于东部②。由此可知，在生师比方面西南地区存在着学生多但教师数量少的问题，而中东部地区较之西南地区在师资配备方面好很多，三个地区呈现出十分明显的师资力量差别。此外，从教职工数、专任教师数、高级或副高级专任教师数等方面综合来看三个地区也明显是有差距的，普遍呈现出东部地区师资最好，中部次之，西南地区较差的现象。

教育经费投入差异大。根据 2015 年的教育经费统计年鉴可知，我国在教育经费支出上面也存在明显的地区差异。2015 年，东部地区的教育经费占全国高等教育经费总额的 41.67%，而中西部地区的教育经费只占全国的 58.33%左右，西南地区较之中部地区其教育经费支出又少了很多，仅占全国高等教育经费总额的 13.88%。由此可知，在教育经费投入上面也呈现出东部地区教育经费投入最好，中部教育经费投入次之，西南教育经费投入最少的现象③。

2. 医疗卫生

(1) 医疗机构情况

东部地区与西南地区每年数据均为所有省份每年的平均数计算而来。由图 7-14 中可以看出，2012—2018 年，西南地区每千人医疗卫生机构床位数均高于东部地区，且两地区之间差距在不断地扩大，表明西南地区医疗机构床位

①②③ 数据来源：国家数据（https://data.stats.gov.cn/easyquery.htm? cn=E0103）.

数总体情况优于东部地区。

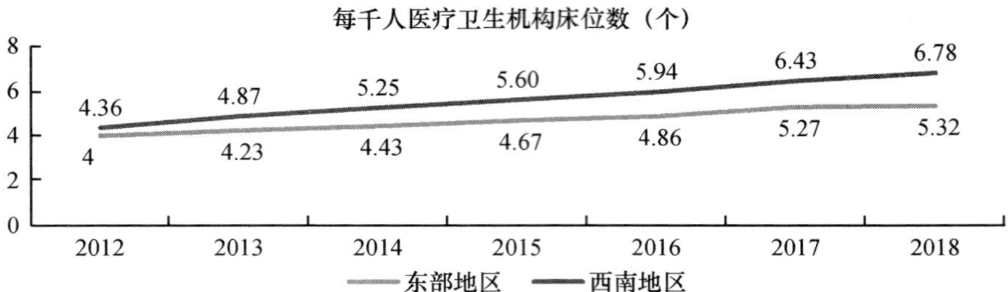


图 7-14　2012—2018 年东部地区与西南地区每千人医疗卫生机构床位数情况

数据来源：中国统计年鉴 2013—2019（22-3 页、21-3 页，中国统计出版社）

（2）医疗卫生水平

东部地区与西南地区每年数据均为各省份每年的平均数计算而来。由图 7-15 可知，西南地区每千人卫生人员数要低于东部地区，且在 2018 年其与东部地区的差距维持在 0.87 以下。是因为西南地区资金匮乏，除了一些大城市的大医院外，乡镇卫生院的软硬条件较差，缺少高素质的专业人士以及尖端的医疗器械设备，人们很难享受到优质的医疗待遇。

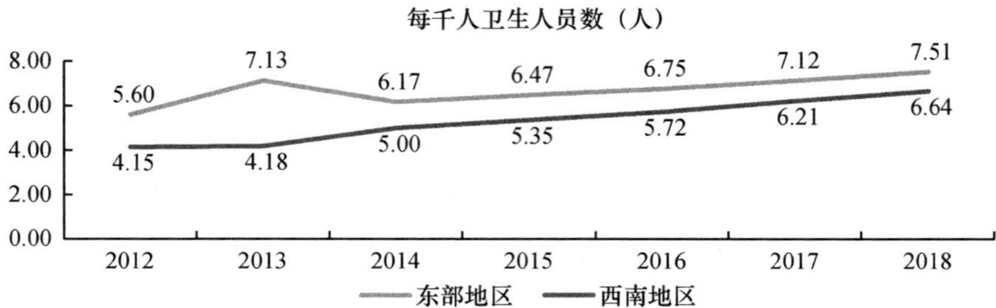


图 7-15　2012—2018 年东部地区与西南地区每千人卫生人员数情况

数据来源：中国统计年鉴 2013—2019（22-7 页、21-7 页，中国统计出版社）

3. 社会保障服务

（1）养老保险

由图 7-16 可以看出，2012—2018 年间，东部地区与西南地区养老保险参保率的差距不大。2012 年，东部地区养老保险参保率达到了 60.28%，而西南地区只有 53.58%，2018 年西南地区与东部地区的养老保险参保率在不断地缩小，尤其是 2018 年，东部地区养老保险参保率上升为 66. 73%，西南地区也达到了 66. 75%，首次超过了东部地区。

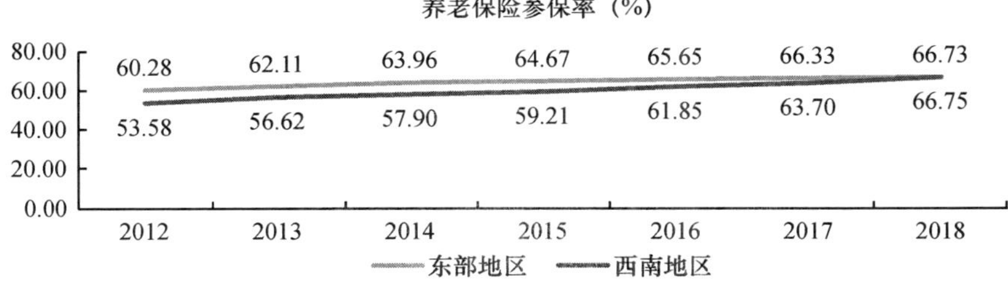


图 7-16　2012—2018 年东部地区与西南地区养老保险参保情况

数据来源：中国统计年鉴 2013—2019（24-30 页、24-31 页、24-32 页、24-33 页、23-36 页、23-42 页，中国统计出版社）

（2）医疗保险

由图 7-17 可知，2012—2018 年间，东部地区与西南地区医疗保险参保率都在不断地增加，其中在 2012 年，东部地区与西南地区医疗保险参保率差距为 10%左右，从 2013 年开始两地区的差距不断地扩大，到 2015 年差距已经增加到 26%左右，但在 2016 年以后东部地区与西南地区医疗保险参保率的差距开始慢慢缩小，到 2018 年，西南地区医疗保险参保率已经赶超东部地区医疗保险参保率，这主要得益于国家对于西南地区的大力支持。

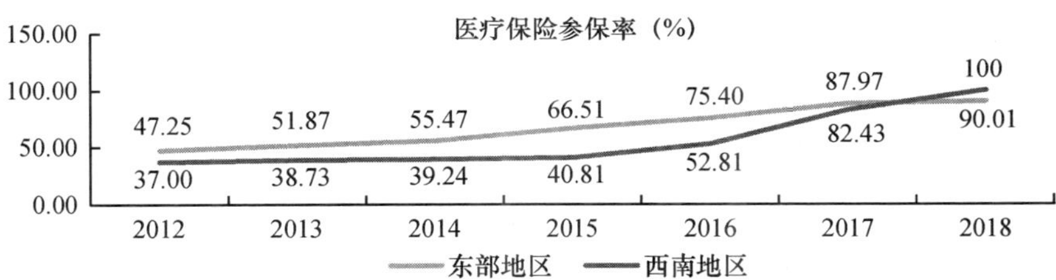


图 7-17　2012—2018 年东部地区与西南地区养老保险参保情况

数据来源：中国统计年鉴 2013—2019（24-33 页、24-35 页、23-38 页，中国统计出版社）

4. 文化

（1）公共图书馆

由图 7-18 可以看出，2012—2018 年间，东部地区人均拥有公共图书馆馆藏量一直高于西南地区，且东部地区与西南地区人均拥有公共图书馆馆藏量的差距在不断地扩大，2018 年东部地区人均拥有公共图书馆馆藏量为 0. 95 册，而西南地区为 0. 48 册，东部地区比西南地区多 0. 47 册，东部地区与西南地区人均拥有公共图书馆馆藏量存在区域分配不均衡的现象。

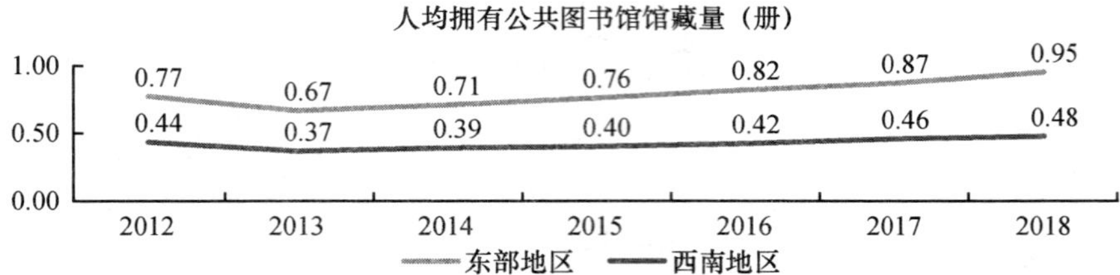


图 7-18　2012—2018 年东部地区与西南地区人均拥有公共图书馆馆藏量情况

数据来源：中国统计年鉴 2013—2019（23-28 页、23-29 页、22-29 页，中国统计出版社）

（2）广播、电视发展情况

由图 7-19 可知，2012—2019 年间，东部地区广播、电视人口综合覆盖率均保持在 99%的水平之上，而西南地区则保持在 95%的水平，东部地区与西南地区广播、电视人口综合覆盖率也明显存在着一定差距，但是近几年差距在不断地缩小，2012 年两者差距为 3. 22 个百分点，到 2019 年两者之间的差距下降到 1. 51 个百分点。

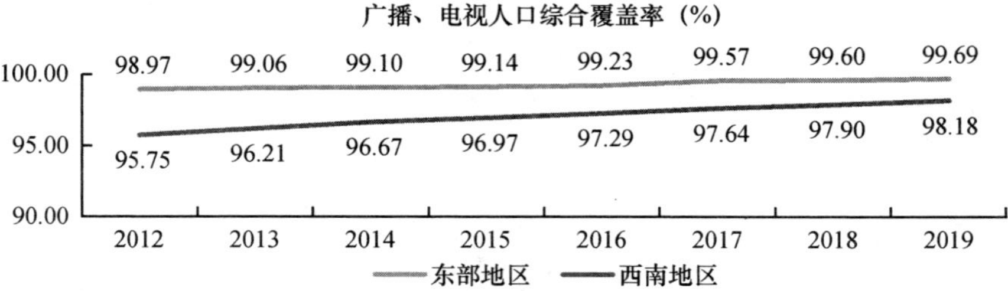


图 7-19　2012—2019 年东部地区与西南地区广播、电视人口综合覆盖率情况

数据来源：中国统计年鉴 2013—2020（23-16 页、22-16 页，中国统计出版社）

5. 劳动就业创业

（1）城镇新增就业人数

由图 7-20 可知，2012—2019 年间，东部地区城镇新增就业总人数要远高于西南地区，东部地区与西南地区之间差距明显，2012 年两者差距为 27. 15 万人，

到 2019 年两者之间的差距为 8.45 万人，由此可见东部地区与西南地区城镇新增就业不均衡现象渐渐得到改善。

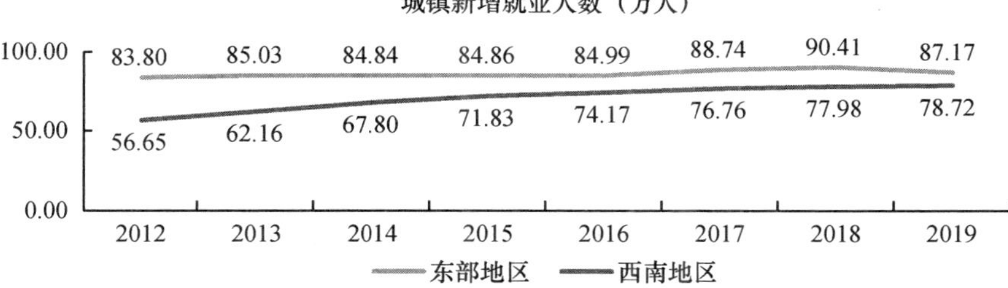


图 7-20　2012—2019 年东部地区与西南地区城镇新增就业情况

数据来源：各省 2012—2019 年统计公报①

（2）城镇登记失业率

图 7-21 反映出在 2012—2018 年间，东部地区城镇登记失业率呈现出下降—上升—下降的趋势，总体而言呈现缓慢下降的趋势。西南地区城镇登记失业率总体也呈现出不断下降的趋势，东部地区与西南地区城镇登记失业率的差距在不断地缩小，东部地区与西南地区就业问题得到进一步解决。东部地区城镇登记失业率一直控制在 3%以下的水平，而西南地区始终在 3%以上，西南地区就业问题更加突出。

① 数据来源：重庆市统计局（http://tjj.cq.gov.cn/cqs/searchResultPC.html? tenantId=67&configTenantId=67&areaCode=500000139&searchWord=%E9%87%8D%E5%BA%86%E5%B8%82%E5%9B%BD%E6%B0%91%E7%BB%8F%E6%B5%8E%E5%92%8C%E7%A4%BE%E4%BC%9A%E5%8F%91%E5%B1%95%E7%BB%9F%E8%AE%A1%E5%85%AC%E6%8A%A5）、四川省统计局统计公报（http://web.sctjj.cn/sjfb/tjgb/）、贵州省宏观经济数据库统计公报（http://202.98.195.171:81/channels/c7/c7_1.html）、云南省统计局统计公报（http://stats.yn.gov.cn/tjsj/tjgb/）、北京市统计局年度公报（http://tjj.beijing.gov.cn/tjsj_31433/tjgb_31445/ndgb_31446/）、天津市统计局统计公报（http://stats.tj.gov.cn/TJTJJ434/TJGB598/）、河北省统计局统计公报（http://tjj.hebei.gov.cn/hetj/tjgbtg/）、江苏省人民政府（http://www.jiangsu.gov.cn/art/2019/3/25/art_64797_8284235.html）、浙江省统计局统计年报（http://tjj.zj.gov.cn/col/col1525568/index.html）、福建省统计局（http://tjj.fujian.gov.cn/xxgk/tjgb/201902/t20190228_4774952.htm）、中商情报网（https://www.askci.com/news/chanye/20190225/0954261142242.shtml）、广东统计信息网统计公报（http://stats.gd.gov.cn/tjgb/index.html）、海南省统计局统计公报（http://stats.hainan.gov.cn/tjj/wzss/search.html? searchWord=%E7%BB%9F%E8%AE%A1%E5%85%AC%E6%8A%A5&siteId=17&pageSize=10）.

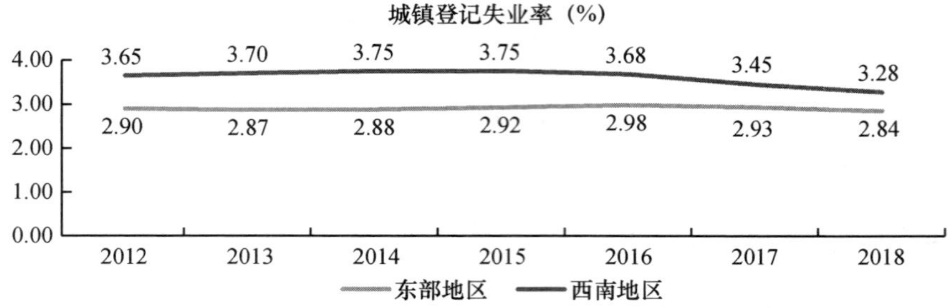


图 7-21　2012—2018 年东部地区与西南地区城镇登记失业率情况

数据来源：2016 年、2019 年中国统计年鉴（4-17 页，中国统计出版社）

## 四、东部地区与西南地区基本公共服务均等化实证研究

本章首先构建了以基本公共服务均等化函数为主的基本指标体系，并确立了测度基本公共服务均等化的标准，指标间相互独立并且具有代表性。大量搜集数据，运用熵值法对有关指标进行量化判断，赋予相关的三级指标权重，建立基本公共服务均等化的综合测定指标体系。其次，运用泰尔指数法对基本公共服务均等化水平进行实证研究，并对实证结果加以分析。

### （一）基本公共服务均等化的标准建立

1. 构建相关指标体系的原则

指标体系是由很多相互联系的统计指标构成的有机结合体，是评价综合能力的一个核心和关键的环节，指标体系涵盖得是否全面、层次结构是否清晰合理，直接关系到评估质量的好坏。因此，为了使指标体系科学化、规范化，在构建指标体系时，应遵循系统性原则、典型性原则、一致性原则、可获得性原则。

2. 构建评价指标体系

对于基本公共服务指标体系，不同的学者建立的指标体系不尽相同，本研究在参照以往研究指标体系的基础上，以最新的文件《“十三五”推进基本公共服务均等化规划》为指导原则，考虑数据的可获得性，综合确定如表 7-3 所示的评价指标体系，其中一级指标包含 7 类，分别是公共教育、劳动就业创业、社会保险、医疗卫生、社会服务、文化和残疾人服务，二级指标有 15 个，包括九年义务教育巩固率、基本均衡县（市、区）的比例、城镇新增就业人数、基本养老保险参保率、基本医疗保险参保率、医疗卫生机构数、医院床位数、医疗卫生人员数、养老服务床位数、公共图书馆数、文化馆数、广播电视覆盖率、每千人图书拥有量、残疾人基本就业人数、残疾人扶贫资金。

表 7–3　　基本公共服务指标体系建立

| 一级指标 | 二级指标 |
| --- | --- |
| 公共教育 | 九年义务教育巩固率（%） |
| | 基本均衡县（市、区）的比例 |
| 劳动就业创业 | 城镇新增就业人数（万人） |
| 社会保险 | 基本养老保险参保率（%） |
| | 基本医疗保险参保率（%） |
| 医疗卫生 | 医院床位数（万张） |
| | 医疗卫生机构数（个） |
| | 医疗卫生人员数（万人） |
| 社会服务 | 养老服务床位数（万张） |
| 文化 | 公共图书馆数（个） |
| | 文化馆数（个） |
| | 广播电视覆盖率（%） |
| | 每千人图书拥有量（册） |
| 残疾人服务 | 残疾人基本就业人数（万人） |
| | 残疾人扶贫资金（万元） |

本章用以上 15 个指标作为二级分析指标，部分指标没有采用《“十三五”推进基本公共服务均等化规划》的指标体系，例如，二级指标没有根据该规划选取医疗卫生方面的孕产妇死亡率、婴儿死亡率、5 岁以下儿童死亡率，社会服务方面的养老床位中护理型床位比例、生活不能自理特困人员集中供养率等，一级指标文化体育也缩减成为了文化。主要是因为省一级的这些数据目前还无法获取，将其作为分析指标不具有可行性。

3. 样本选取及数据来源

本章选取了东部地区与西南地区省级数据进行研究，由于东部地区上海市数据缺失严重，因此将其剔除，研究样本地区包括北京市、天津市、河北省、山东省、江苏省、浙江省、福建省、广东省、海南省。西南地区由于西藏数据缺失严重，因此，研究样本包括四川省、贵州省、云南省、重庆市。

大部分数据来源于东部以及西南地区各省 2012—2018 年的国民经济和社会发展公报，2013—2019 年各省政府工作报告、2013—2019 年各省统计年鉴、2013—2019 年中国统计年鉴等。基本养老保险率和基本医疗保险率是通过分别采用基本养老保险投保人数和基本医疗保险投保人数除以年末人口数而得到。在数据处理方面，东部地区与西南地区各相项指标每年的数据均是通过两地区所有省份每年数据之和的平均数计算而得来。

4. 实证结果分析

(1) 公共教育

通过图 7-22 我们可以看出，公共教育极差总体呈现出上升—下降—上升—下降的趋势，2012 年西南地区和东部地区之间的极差只有 0.050 2，到 2018 年，极差达到了 0.064 3，七年间公共教育极差增加了 0.014 1，由此说明 2012—2018 年东部地区和西南地区公共教育的差距在不断地扩大。

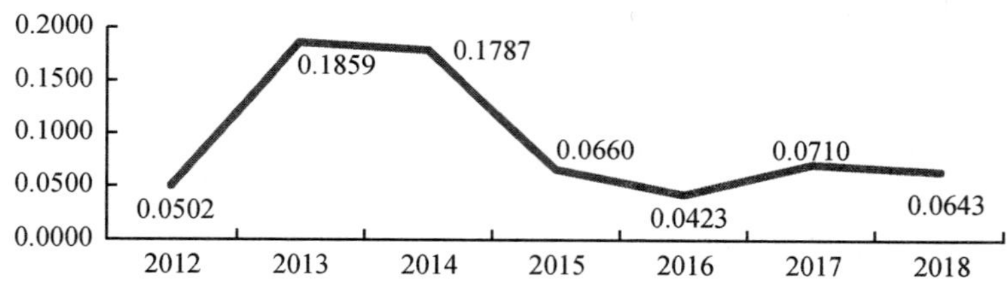


图 7-22　2012—2018 年东部地区和西南地区公共教育极差

运用熵值法的结果，进一步计算公共教育的泰尔指数，所得结果如图 7-23 所示。

2012—2013 年，公共教育差距出现急剧下降的现象，由 2012 年的 0.041 1 降到了 2013 年的 0.028 9，公共教育均等化水平不断上升；从相对量来看，2013—2018 年公共教育差距在不断地扩大，公共教育均等化水平不断下降。总体来说，2013—2018 年公共教育不均等化现象虽然存在且不断扩大，但是由于东部地区和西南地区公共教育的泰尔指数数值很小，这种不均等化现象并不明显。出现以上情况的原因可能与国家在 2013 年实施的政策以及政策的实施效

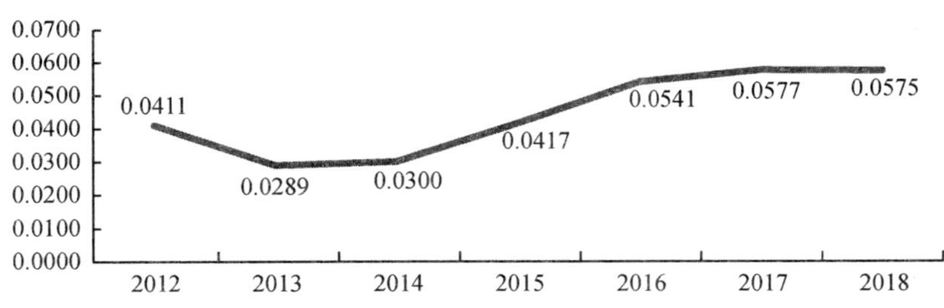


图 7-23　2012—2018 年东部地区和西南地区公共教育泰尔指数趋势图

果有关。如《中国农村扶贫开发纲要（2011—2020 年）》要求对连片特困扶贫攻坚地区实施教育扶贫工程、《国务院办公厅转发教育部等部门关于建立中小学校舍安全保障长效机制意见的通知》要求中央财政通过农村中小学校舍维修改造长效机制，重点支持中部、西部以及西南地区农村义务教育阶段学校，对东部地区给予适当奖补等。

在运用熵值法对各个指标赋权后，运用功效系数法计算出东部地区和西南地区 2012—2018 年的公共教育服务得分情况，最终结果如图 7-24 所示。

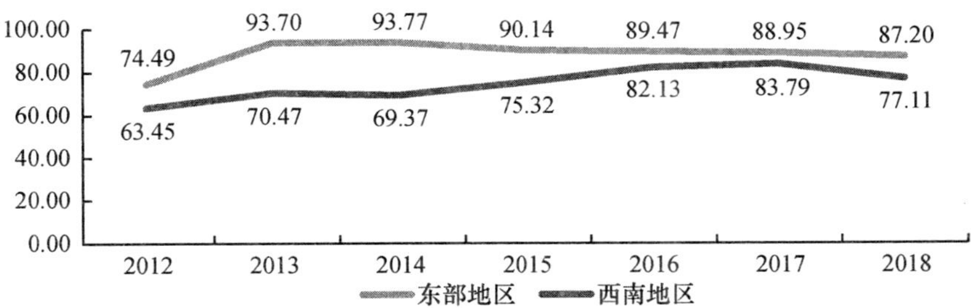


图 7-24　2012—2018 年东部地区和西南地区公共教育综合评分

由图 7-24 可知，2012—2018 年东部地区公共教育得分始终高于西南地区，但两地区之间的差距在逐渐缩小，但在 2018 年，西南地区与东部地区公共教育综合得分的差距又拉大了一点。总的来说，西南地区的公共教育得分是在不断增加的，说明西南地区公共教育发展态势良好。

（2）劳动就业创业

劳动就业创业的极差、综合评分、泰尔指数如图 7-25、图 7-26、图 7-27 所示。

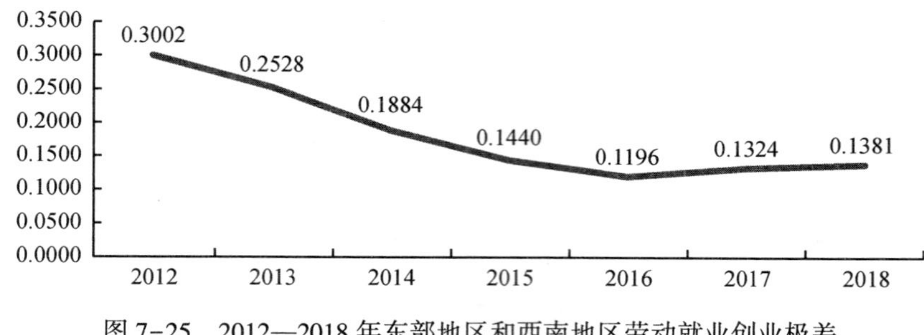


图 7-25　2012—2018 年东部地区和西南地区劳动就业创业极差

由图 7-26 可以看出，2012—2018 年，劳动就业创造极差在 0.119 6~0.300 2 之间上下波动，总体波动幅度较小，呈现下降的趋势，说明东部地区和西南地区劳动就业创业的差距在不断地缩小。

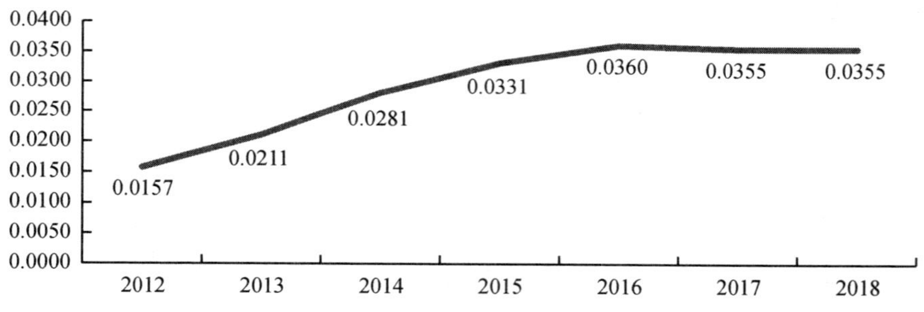


图 7-26　2012—2018 年东部地区和西南地区劳动就业创业泰尔指数趋势

东部地区和西南地区 2012—2018 年劳动就业创业的泰尔指数总体呈现上升的趋势，波动幅度较小，从 2012 年的 0.015 7 上升到 2017 年的 0.035 5，说明东部地区和西南地区劳动就业创业均等化水平在不断下降。

由图 7-27 可知，2012—2018 年，东部地区就业综合得分明显高于西南地区，东部得分均在 92 分以上，而西南地区的综合得分均在 60 分以下，且呈现不断递增的趋势。

（3）社会保障

图 7-28、图 7-29、图 7-30 分别为 2012—2018 年东部地区和西南地区社会保障的极差图、泰尔指数趋势图和综合评分情况图。

由图 7-28 可知，2012—2015 年，东部地区和西南地区的社会保障极差在不断地上升，但上升幅度较小，表明东部地区和西南地区社会保障差距在不断

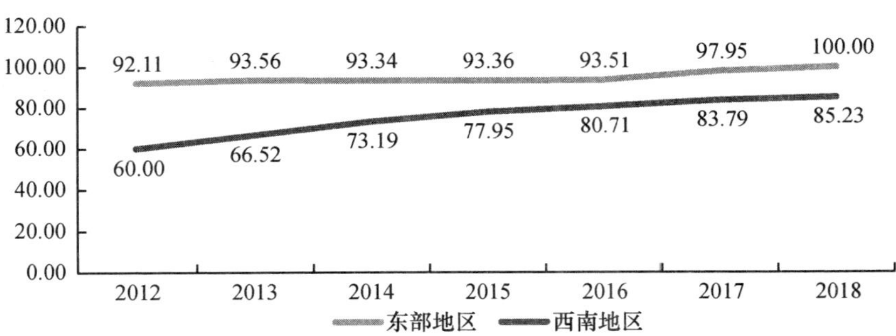


图 7-27　2012—2018 年东部地区和西南地区就业综合评分

图 7-28　2012—2018 年东部地区和西南地区社保极差

地扩大。2015—2018 年，东部地区和西南地区社会保障极差不断下降，且下降幅度较大，三年期间下降了 0. 100 9，说明东部地区和西南地区社会保障差距在不断地缩小。

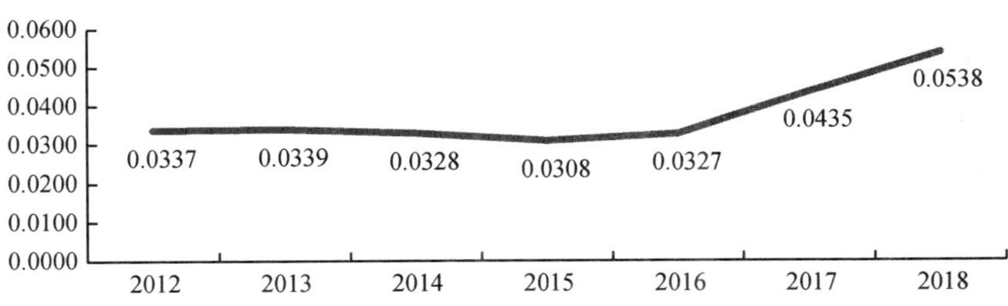


图 7-29　2012—2018 年东部地区和西南地区社会保障泰尔指数趋势图

由图 7-29 可知，2012—2018 年东部地区和西南地区社会保障泰尔指数总体呈上升的趋势，由 2012 年的 0. 033 7 增加到了 2018 年的 0. 053 8，其中，2016 年是拐点，之后泰尔指数便一直上升，表明东部地区和西南地区社会保障均等化水平在不断下降。2016 年，国家出台了一系列关于城乡居民基本养老保险的政策，其中在新农合医疗补贴这一块对西南地区有着大幅度的倾斜，按照西部地区 80%、中部地区 60%的比例进行补助，西南地区作为西部地区的一部分也得到快速发展。对东部地区各省份分别按一定比例补助，这在很大程度上减少了西南地区居民的参保压力，导致东部地区和西南地区在社会保障方面发展不均等。

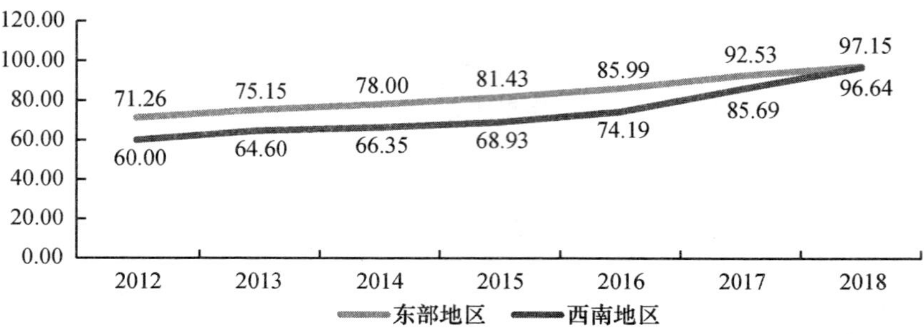


图 7-30　2012—2018 年东部地区和西南地区社会保障综合评分

由图 7-30 可知，在社会保障综合得分方面，东部地区和西南地区均在不断地增加，其中东部地区由 2012 年的 71. 26 增加到了 2018 年的 97. 15，西南地区由 2012 年的 60 增加到了 2018 年的 96. 64，东部地区一直领先西南地区。

（4）医疗卫生

由图 7-31 可知，2012—2018 年，东部地区和西南地区医疗卫生极差呈现上升—下降的趋势。总体而言，东部地区和西南地区医疗卫生极差的总体趋势呈现下降趋势，这说明两地区医疗卫生水平差距进一步缩小，六年增加了 0. 023 6。

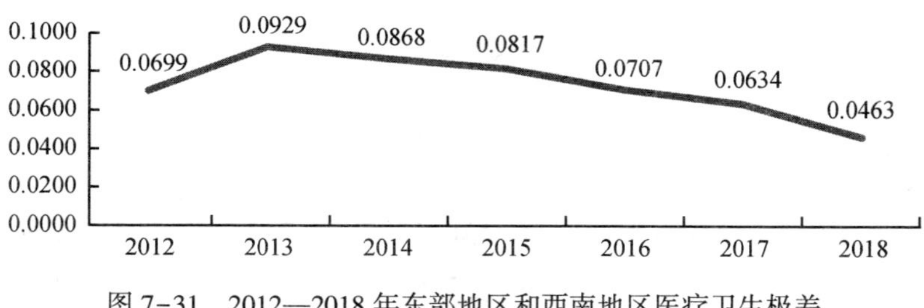


图 7-31　2012—2018 年东部地区和西南地区医疗卫生极差

由图 7-32 可知，2012—2018 年，东部地区和西南地区的医疗卫生泰尔指数变化趋势为上升—下降，泰尔指数总体呈现出下降的趋势，这表明东部地区和西南地区医疗卫生均等化水平在不断地上升。其中，医疗卫生泰尔指数在2018年出现了最低值，这可能与国家提出的《关于推进家庭医生签约服务的指导意见》有关，2016年初，我国在综合改革试点城市中，在多个公立医院逐步展开家庭医生签约服务，并且努力推动其他有条件的地区稳步实行试点活动。这一度致使政策开始之初，只有一些有条件的地区收益，而条件较差的地区享受到的政策效应较低。此后，东部地区和西南地区医疗卫生的均等水平越来越高。

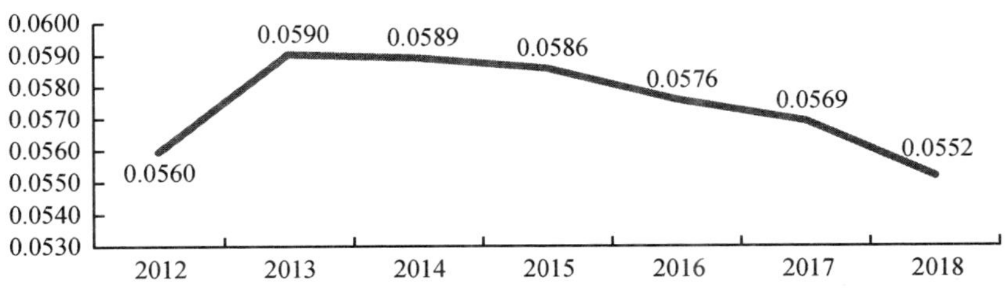


图 7-32 2012—2018 年东部地区和西南地区医疗卫生泰尔指数趋势

由图 7-33 可知，2012—2018 年，西南地区医疗卫生综合得分高于东部地区，东部地区由 2012 年的 66.11 增加到了 2018 年的 93.32，而西南地区则由 2012 年的 66.34 增加到了 2018 年的 94.65，东部地区与西南地区在医疗卫生方面差距越来越小。

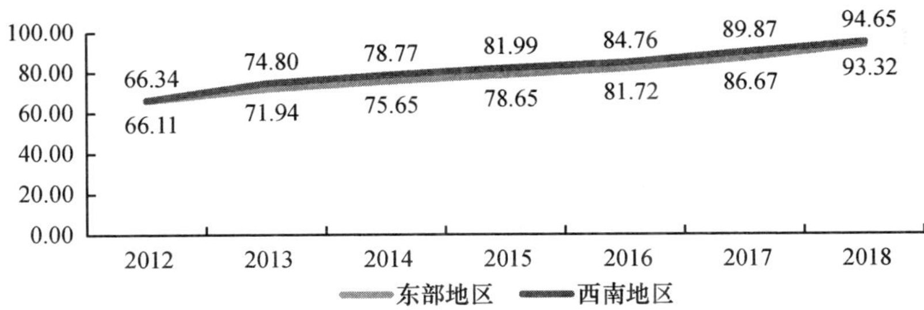


图 7-33 2012—2018 年东部地区和西南地区医疗卫生综合评分

（5）社会服务

由图 7-34 可知，2013 年，东部地区和西南地区社会服务极差达到了 0.334 0 的最大值，2014 年，下降到最小值 0.068 8，之后又不断地增长到

2018 年的 0. 195 2，整体极差在缩小，表明社会服务差距在缩小。

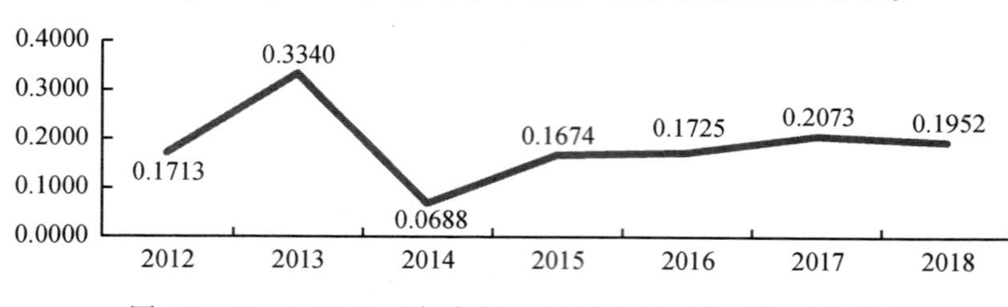


图 7-34　2012—2018 年东部地区和西南地区社会服务极差

由图 7-35 可知，东部地区和西南地区社会服务泰尔指数整体数值偏小，最大值为 2014 年的 0. 039 1，最小值为 2013 年的 0. 015 2。虽然七年期间在不断地波动，但是波动幅度较小，整体呈现下降的趋势，由 2012 年的 0. 025 2 下降到 2018 年的 0. 022 4，这表明东部地区和西南地区 2012—2018 年社会服务均等化水平在不断地提高。2013 年，就全国养老服务业走势分析①来看，我国的养老机构设施还不完善，导致东部地区与西南地区差距较大。2017 年，民政部就关于加大对我国西部地区养老服务支持力度的建议作出答复，中央将每年安排 50%以上的额度支持地方养老服务体系建设，同时中央预算内投资对西部、中部、东部地区项目按床均建设投资或平均总投资的 80%、60%、30%予以补助，对西部进行倾斜，西南地区的养老服务体系建设也因此得到保障，这在一定程度上促进了东部地区与西南地区社会服务的均等化发展。

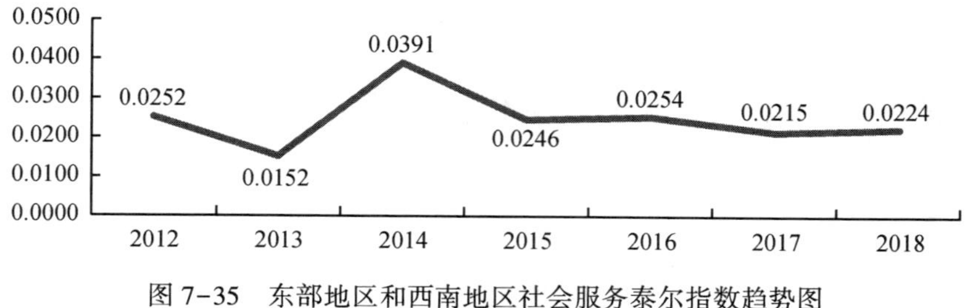


图 7-35　东部地区和西南地区社会服务泰尔指数趋势图

由图 7-36 可知，东部地区社会服务综合得分高于西南地区。其中东部地区的综合得分总体呈现下降趋势，由 2012 年 80. 7 下降到了 2018 年的 76. 8；

① 资料来源：养老网（http://www. yanglao. com. cn/article/5203. html）.

西南地区的综合得分总体也呈现下降趋势，由 2012 年的 66. 0 增加到了 2018 年的 60. 0，两地区综合得分的差距在逐渐扩大。

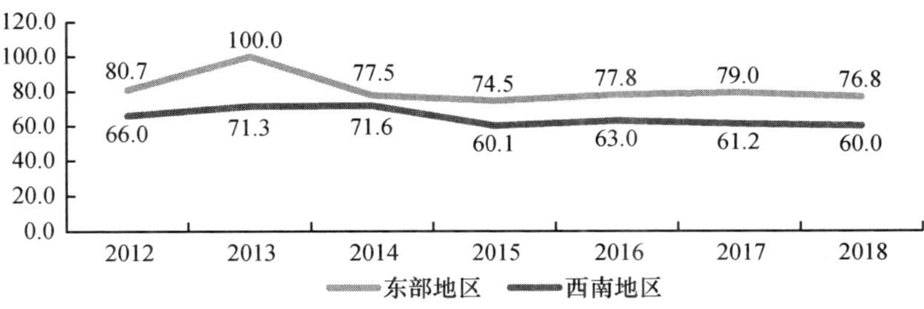


图 7-36　2012—2018 年东部地区和西南地区社会服务综合评分

（6）文化

由图 7-37 可知，总体而言，东部地区和西南地区文化差距在不断地扩大，在 2018 年极差达到了 0. 334 7。

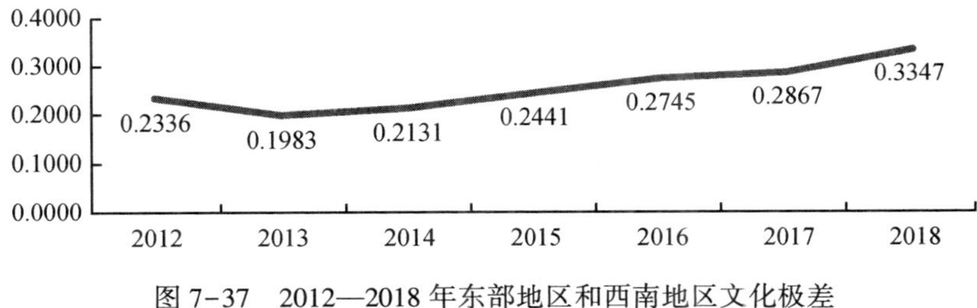


图 7-37　2012—2018 年东部地区和西南地区文化极差

从图 7-38 可以看出，2012—2018 年，东部地区和西南地区文化泰尔指数呈现上升—下降的趋势，总体而言，泰尔指数呈现下降的趋势，这说明东部地区与西南地区之间的文化均等化水平在不断地提高。

由图 7-39 可知，2012—2018 年，东部地区在公共文化上的得分要低于西南地区，这说明西南地区文化方面的发展较好。

（7）残疾人服务

由图 7-40 得知，2012—2018 年，东部地区和西南地区的残疾人极差在 0. 160 7~0. 326 6 之间波动，东部地区和西南地区极差的总体趋势在不断地扩大，从 2012 年的 0. 215 5 上升到 2018 年的 0. 286 8，上升了将近 0. 07。

由图 7-41 得知，2012—2018 年，东部地区与西南地区残疾人服务的泰尔

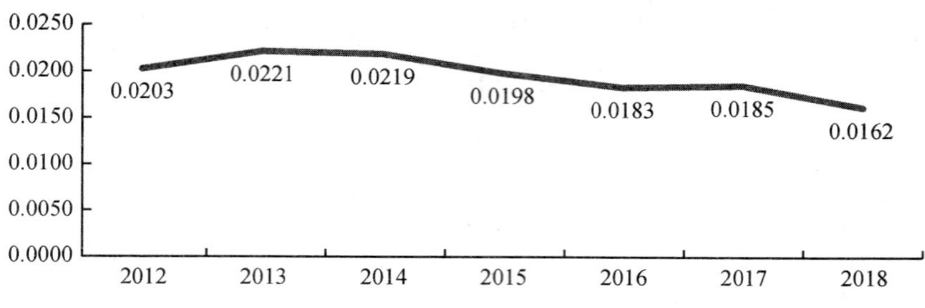


图 7-38 2012—2018 年东部地区和西南地区文化泰尔指数趋势图

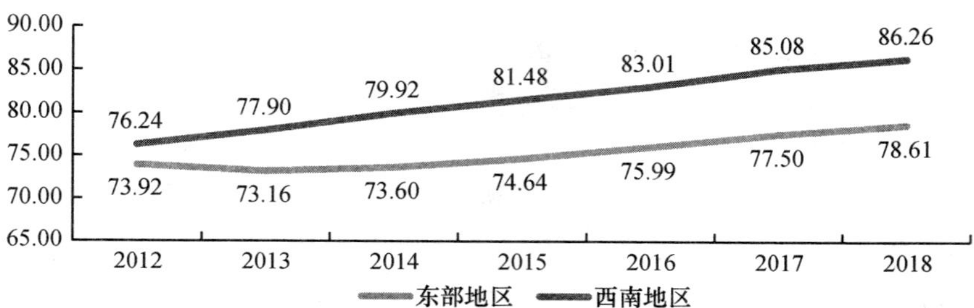


图 7-39 2012—2018 年东部地区和西南地区文化综合评分

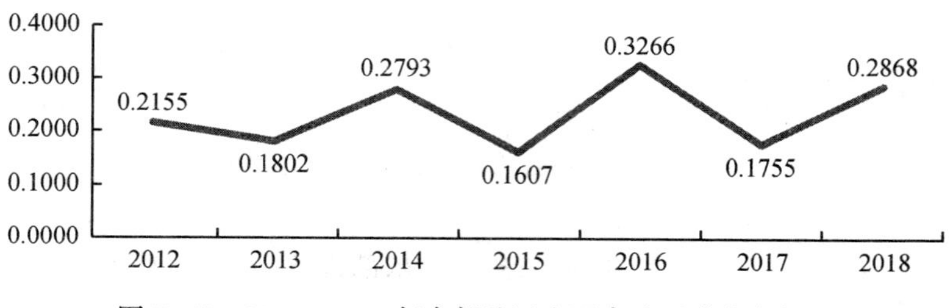


图 7-40 2012—2018 年东部地区和西南地区残疾人极差

指数呈现下降—上升—下降的趋势，总体呈现下降的趋势，这说明残疾人服务均等化水平在不断地上升，非均等化现象得到改善。

由图 7-42 可知，2012—2018 年，西南地区残疾人服务得分总体呈现下降趋势，而东部地区得分总体呈现上升的趋势。2013—2018 年期间，除了 2014 年西南地区的得分略低于东部地区以外，其他年份西南地区得分均高于东部地区。总的来说，东部地区与西南地区得分差距在渐渐缩小。

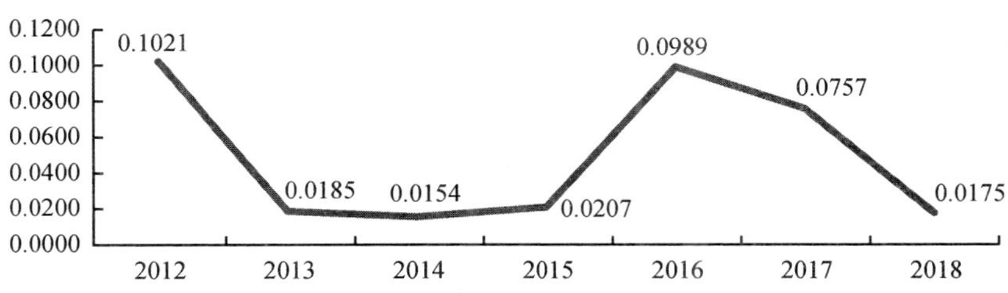


图 7-41　2012—2018 年东部地区和西南地区残疾人服务泰尔指数趋势图

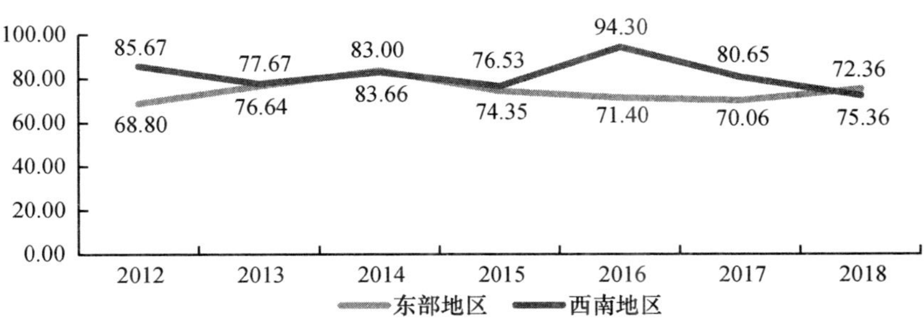


图 7-42　2012—2018 年东部地区和西南地区残疾人服务综合评分

## 五、小结

通过以上实证分析，可以发现在教育、就业、社会保障、医疗卫生、社会服务、文化和残疾人服务方面，东部地区和西南地区 2012—2018 年基本公共服务存在着不同程度的非均等化现象，非均等化现象最严重的是劳动，社会保障次之，教育最末。其中劳动和社会保障的非均等化程度在不断地加深，在医疗卫生、社会服务、文化和残疾人服务四方面的非均等化程度在不断地改善。2012—2018 年，东部地区和西南地区各项基本公共服务泰尔指数情况如图 7-43 所示。

总体来看，东部地区和西南地区在 2012—2018 年基本公共服务均等化水平逐渐上升，这说明这些年我国对于西南地区的扶持政策是有效果的。其中，在 2016 年出现了拐点，这与国家在 2016 年出台的《中国农村扶贫开发纲要（2011—2020 年）》《国务院关于整合城乡居民基本医疗保险制度的意见》以及加大对我国西南地区养老服务支持力度等政策的实施有关，总体泰尔指数如图 7-44 所示。

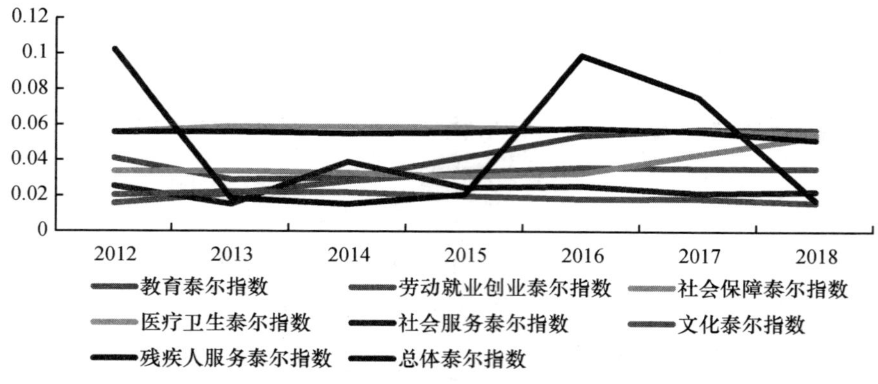


图 7-43　东部地区和西南地区各项基本公共服务泰尔指数一览图

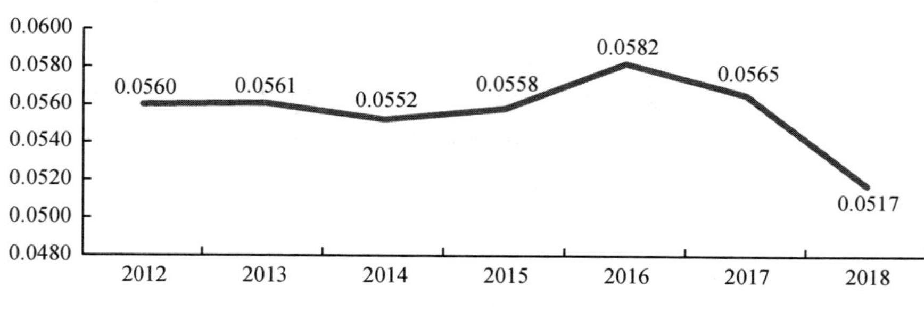


图 7-44　东部地区和西南地区总体基本公共服务泰尔指数一览图

## 第四节　本 章 小 结

本章首先介绍了基本公共服务均等化的研究方法，这也是后文对 4 个西南地区的省市进行研究的方法，采用《“十三五”基本公共服务规划》中的指标体系，首先，将西南地区与全国进行比较；其次，将西南地区与东部地区进行对比分析。

通过比较研究发现：

1. 西南地区基本公共服务与全国存在明显差距，除每千人医疗机构床位数、医疗参保率以及城镇失业率以外，其他各项指标均低于全国水平。

2. 西南地区与东部地区差距较为显著。

3. 从西南地区与东部地区比较的泰尔指数时间变化上看，公共教育、劳动就业、社会保障在波动中上升，说明非均等化程度增加，医疗卫生、文化、残疾人服务、社会服务在波动中下降，说明均等化程度有所提高，总体上综合得分的 $T$ 值在波动中下降，虽然下降的幅度不大，但这也说明均等化程度在增加，但增加的不多。

4. 总体上看，近年来我国在基本公共服务均等化上所做的努力取得了一定的成效。

# 第三篇

# 需求视角下西南地区基本公共服务调研

# 第八章
# 2015 年基本公共服务调研报告

## 第一节　调查方案设计及问卷有效性分析

对基本公共服务均等化的研究过去主要从供给角度进行，本章通过对西南地区基本公共服务满意度调查结果进行分析，采用皮尔逊相关性分析，比较基本公共服务城乡差异，以及西南民族地区和非民族地区差异，从基本公共服务需求角度评价其差异性。并采用 ISA 模型分析基本公共服务供需关系。

2015 年 7 月，课题组组织了第一次西部地区基本公共服务满意度调查，主要调查范围为西南地区，由于《“十三五”推进基本公共服务均等化规划》2017 年颁布，所以 2015 年调查的基本公共服务的一级指标和 2017 年、2019 年指标略有不同，2015 年调研的基本公共服务包括九个一级指标：基础教育、医疗卫生、社保就业、公共基础设施、住房保障、文化体育、环境保护、公共交通、公共安全；和 2017 年、2019 年基本公共服务一级指标相比多了公共交通、公共基础设施、公共安全，环境保护，少了社会服务、残疾人服务，其中社会服务相关指标作为二级指标在 2015 年的调研中放在社保就业项目中，只有残疾人服务没有涉及。

调查采用随机抽样方式，调查范围为西部地区，主要是西南地区，总体样本数为 6 412，有效样本为 6 275，其中民族地区 4 812 份，非民族地区 1 463 份，民族地区占 77%。

本章利用统计软件 SPSS Statistics 24.0 统计软件对修正后的指标体系进行描述和统计分析，计算出该指标体系的信度和效度，对问卷进行可靠性和有效性分析。

## 一、信度和效度的计算方法

### （一）信度计算方法

信度：又叫可靠性，指问卷的可靠程度。主要表现检验结果的一贯性、一致性、再测性和稳定性，即不论如何测量，其结果应始终保持不变才可信。

信度分析方法：在实际工作中，理想的完全相同的测量工具并不存在，在历史的长河中，几种不同的近似度量信度的方法被人们提出，复本信度、折半信度、再测信度、内部一致性信度和评分者信度。都是通过不同的分析方法来计算信度系数，同时再分析信度系数。

内部一致性信度分析是目前采用最多的，也就是指标体系的整体是否一致性分析，用克隆巴赫系数（Cronbach's $\alpha$ 系数）来度量信度①。内部一致性反映的是测量指标的各组成部分与整体间的一致性，它用于表明测量指标的各部分内容是否都在同一意义上，反映了被测个体的属性。所以本章同样采用内部一致性测量法（internal consistency method）即问卷对每个概念往往用一系列条目来测量，信度便是根据这些条目之间的相关性进行评价。假设一个初始问卷被视为一个条目，于是 $K$ 条目问卷就相当于将初始问卷与 $K-1$ 个平行问卷连接在一起，新问卷便是由长度为初始问卷 $K$ 倍组成的，其中 $K$ 条目问卷的信度系数是：

① 吴海峰，何坪，杨森评，王润华，潘伦．基本公共卫生服务均等化绩效考核指标体系信度和效度分析［J］．中华疾病控制杂志，2013，17（4）：366-368.

$$\alpha = \frac{K}{K-1}\left[1 - \frac{\sum_{i=1}^{K} S_i^2}{S_T^2}\right] \qquad (式 8-1)$$

$K$ 表示量表中问题条目数，$S_i^2$ 表示第 $i$ 题得分的方差，$S_T^2$ 表示总得分的方差)，被称作为 Cronbach's $\alpha$ 系数，这表示了问卷条目的内部一致性，它表示所有可能组合的折半法信度系数的平均值。Cronbach's $\alpha$ 系数值介于 0~1 之间，$\alpha$ 值越大，表示问卷项目间相关性越好，内部一致性可信度越高。根据相关标准规定，$\alpha>0.8$，表示内部一致性极好，$\alpha$ 在 0.6~0.8 之间表示较好，而 $\alpha<0.6$ 表示内部一致性较差。在实际应用中，Cronbach's $\alpha$ 值至少要大于 0.5，一般要求问卷的 $\alpha$ 系数大于 0.8。

## （二）效度的计算方法

效度反映一个测量工具是否有效地测定它所打算测定的内容，或测定工作的测定结果与设计预期结果的符合程度。指标体系的效度是为检验该指标体系建立的有效性和可靠性。效度被归类为表面效度、内容效度、效标效度和结构效度。

结构效度是主要的评价效度的方法，是指问卷通过对理论上期望的特征和程度的衡量，即问卷所要测量的概念能符合理论上的设想并呈现科学意义。结构效度包括会聚效度和区别效度。评价结构效度的方法，统计上常用因子分析（factor analysis）的方法进行。因子分析是通过研究协方差阵或相关系数矩阵内部的结构，将多个变量综合为少数几个不可观测的因子来达到简化数据，因此，其目的是想弄清楚在属于相同概念的不同问卷项目是否能够像理论预测那样集中在同一公共因子里。所得公共因子的意义组成了一种领域，类似于“结构”。条目对领域的贡献由因子负荷来反映，因子负荷值越大则说明与领域的关系越密切。在进行分析之前，因子适用性的评估便是必不可少的了，以确定所获得的资料进行因子分析是否是合适的。适合性分析一般使用 KMO（Kaiser-Meyer-Olkin）检验，KMO 越大，则说明所有变量之间的简单相关系数平方和远大于偏相关系数平方和，因此作因子分析也就比较适合。Kaiser（1974）认为，如果 KMO 值<0.5，则不适合做因子分析，若 KMO 值>0.9，进行因子分析是十分适合的。有三个标准可以判断问卷的结构效度：①公因子方差均应大于0.4，该指标表示每个条目的40%以上的方差都可以用公共因子解释；②每个条目均在其中一个公共因子上有较高负荷值，即大于0.4，而对其他公共因子的负荷值却较低，如果一个条目在所有的因子上负荷值都比较低，那它的反映则无意义，予以删除或改变；③公共因子应与问卷设计时的结构假设的组成领域保持一致，且公共因子的累计方差贡献率至少达到40%以上。

## 二、信度、效度检验结果

### （一）信度检验结果

本章利用统计软件SPSS Statistics 24.0软件分析调查问卷数据的信度（见表8-1），确保问卷的可靠性。

表8-1　　民族地区基本公共服务调查问卷的整体信度

Reliability Statistics

| Cronbach's Alpha | Cronbach's Alpha Based on Standardized Items | N of Items |
|---|---|---|
| 0.003 | 0.998 | 55 |

此次调查问卷的Cronbach's Alpha系数为0.998，去除问卷前面的甄别问题和背景资料，还包含有55道问题，而且总体样本数为6 412，有效样本为6 275[①]，表明问卷的可靠性和一致性很好，说明问卷题项之间具有很高的一致性。

### （二）效度检验结果

由表8-2得知，KMO达到了0.996，因此，在KMO>0.9时，Bartlett球形检验的显著性概率<0.05，这表示变量之间存在显著的相关性，做因子分析是非常合适的，也表明了此问卷具有较好的效度。

① 该有效样本数未包含对城镇/农村，民族/非民族问题的识别。

表 8-2　　民族地区基本公共服务满意度调查问卷的整体效度

KMO and Bartlett's Test

| Kaiser-Meyer-Olkin Measure of Sampling Adequacy. | | 0.996 |
| --- | --- | --- |
| Bartlett's Test of Sphericity | Approx. Chi-Square | 1 982 622.250 |
| | df | 1 485 |
| | Sig. | 0.000 |

## 三、民族地区满意度服务现状分析

2015 年问卷调查范围是西部地区，主要是西南地区，并且偏重于民族地区，总体样本数为 6 412，有效样本为 6 275（其中民族地区 4 812 份，非民族地区 1 463 份，民族地区占 77%），调查范围涵盖基础教育、医疗卫生、公共交通、社保就业等 9 个一级指标，9 个一级指标下设 47 个二级指标 55 道问题，基于问卷调查结果，本章运用加权平均得分的方法对各项指标的满意度得分进行计算，总分为 5 分，3 分为及格分数，结果如下：

表 8-3　　基本公共服务满意度得分情况

| 一级指标 | 二级指标 | 得分 |
| --- | --- | --- |
| 1. 基础教育 | 教育普及程度 | 3.167 |
| | 师资水平 | 3.057 |
| | 教学硬件 | 2.946 |
| | 资源配置公平性 | 2.897 |
| | 上学便利性 | 3.037 |
| | 整体满意度 | 3.039 |
| 2. 医疗卫生 | 医疗收费 | 2.879 |
| | 医疗距离 | 3.460 |
| | 医生服务 | 2.920 |
| | 预防疾病，优生优育 | 2.951 |
| | 整体满意度 | 2.953 |

| 一级指标 | 二级指标 | 得分 |
| --- | --- | --- |
| 3. 公共交通 | 拥堵度 | 3.231 |
| | 便利度 | 3.014 |
| | 舒适度 | 3.030 |
| | 整体满意度 | 3.002 |
| 4. 社保就业 | 就业服务 | 2.466 |
| | 弱势群体救助 | 2.720 |
| | 养老服务 | 2.868 |
| | 养老保障 | 2.942 |
| | 医疗保障 | 3.010 |
| | 整体满意度 | 2.953 |
| 5. 住房保障 | 住房条件 | 3.033 |
| | 保障房公平度 | 2.704 |
| | 整体满意度 | 2.925 |

| 一级指标 | 二级指标 | 得分 |
| --- | --- | --- |
| 6. 文化体育 | 设施建设 | 2.635 |
| | 政府文体活动 | 2.855 |
| | 保护与发展 | 2.978 |
| | 整体满意度 | 2.937 |
| 7. 公共基础设施 | 道路建设 | 3.107 |
| | 供水设施 | 3.194 |
| | 供电设施 | 3.303 |
| | 通信设施 | 3.152 |
| | 消防设施 | 3.063 |
| | 整体满意度 | 3.143 |
| 8. 公共安全 | 派出所工作 | 3.049 |
| | 灾害防治与处理 | 3.054 |
| | 卫生事件 | 2.902 |

续表

| 一级指标 | 二级指标 | 得分 | 一级指标 | 二级指标 | 得分 | 一级指标 | 二级指标 | 得分 |
|---|---|---|---|---|---|---|---|---|
| 8. 公共安全 | 群体性安全事件处理 | 3.017 | 9. 环境保护 | 空气质量 | 3.357 | 9. 环境保护 | 垃圾回收与处理 | 2.683 |
| | 食品安全 | 2.917 | | 绿化 | 3.340 | | 整体满意度 | 3.184 |
| | 饮水安全 | 3.101 | | 街道卫生 | 2.976 | | | |
| | 整体满意度 | 3.037 | | 自来水质量 | 3.097 | | | |

由表8-3可以看出，目前我国基本公共服务水平整体偏低，满意度得分基本位于及格的边缘，也存在很多不及格的情况。对于基础教育来说，居民普遍对教学硬件以及资源配置公平性表示不太满意，满意度得分都在及格线以下；对于医疗卫生方面，居民表示对医院收费、医生服务以及本地区在预防出生缺陷、优生优育方面不太满意；对社保就业涉及的几个方面的满意度都很低，这直接造成居民对社保就业满意度评价很低，对住房保障申请的公平性不满意，这表明政府在今后的工作中要能更加的公正无私，公开透明；居民对文化体育满意度的评价整体很低，涉及的几个方面都未及格；被调查者对公共安全中的卫生事件和食品安全比较担忧，满意度较低，而对公共基础设施和环境保护满意度相对较高，对环境空气质量、绿化水平表示相对满意，但是对街道卫生和垃圾的回收与处理，表示没有达到满意的程度。

## 第二节　城乡基本公共服务满意度比较分析

### 一、公共教育服务满意度

教育公平是基本公共服务均等化发展最重要的方面。从各地城乡发展历程来看，城乡的差异在很大程度上可归因于教育的差异。完善基本公共教育制度是国家的责任与义务，保障全体公民享有平等受教育的权利，进一步提高国民基本文化素质。

由表8-4可以看出，有效的Cases数是6 358个，其中城镇户口3 841个，农村户口 2 517 个。从表中可以看出，农村户口中“非常不满意”比例达到 2.5%，而城镇户口只有 1.8%；在“满意”和“非常满意”比例中，城镇户口分别占比为 29.9%、1.8%，农村户口分别占比 26.3%、1.4%，可以看出，农村户口的人对本地区基本公共服务满意度整体低于城镇户口的人。

表 8-4　　基本公共教育服务满意度

| 样本 | | 非常不满意 | 不满意 | 一般 | 满意 | 非常满意 | 总数 |
|---|---|---|---|---|---|---|---|
| 城镇户口 | 样本数 | 68 | 917 | 1 638 | 1 148 | 70 | 3 841 |
| | 占比（%） | 1.8% | 23.9% | 42.6% | 29.9% | 1.8% | |
| 农村户口 | 样本数 | 63 | 568 | 1 190 | 661 | 35 | 2 517 |
| | 占比（%） | 2.5% | 22.6% | 47.3% | 26.3% | 1.4% | |
| 总数 | | 131 | 1 485 | 2 828 | 1 809 | 105 | 6 358 |

## 二、医疗卫生服务满意度

医疗保障制度与人们的生活息息相关，同时也是组成社会保障体系中的重要部分，它不仅是对国民收入的再分配，同时也作为人们享受医疗卫生服务的重要保障。不仅如此，医疗保障制度对于国家和社会的稳定有着重要影响，同时在一定程度上也影响着国民经济的发展。随着社会不断深入地发展，医疗卫生事业被整个社会关注的程度也越来越高，特别是 2020 年的新冠疫情的爆发，暴露出我国的医疗卫生制度存在的问题，引发社会广泛关注。

城镇卫生服务满意度的有效 Cases 数是 6 362 个，其中城镇户口 3 843 个，农村户口 2 519 个。由表 8-5 可以看出，城镇居民对医疗卫生服务满意度高于农村地区。

表 8-5　　医疗卫生服务满意度

| 样本 | | 非常不满意 | 不满意 | 一般 | 满意 | 非常满意 | 总数 |
|---|---|---|---|---|---|---|---|
| 城镇户口 | 样本数 | 87 | 951 | 1 808 | 928 | 69 | 3 843 |
| | 占比（%） | 2.3% | 24.7% | 47.0% | 24.1% | 1.8% | |
| 农村户口 | 样本数 | 61 | 689 | 1 222 | 514 | 33 | 2 519 |
| | 占比（%） | 2.4% | 27.4% | 48.5% | 20.4% | 1.3% | |
| 总数 | | 148 | 1 640 | 3 030 | 1 442 | 102 | 6 362 |

## 三、公共交通服务满意度

城市公共交通是由公共汽车、电车、轨道交通、出租汽车、轮渡等交通方式组成的公共客运交通系统，是重要的城市基础设施，是关系国计民生的社会公益事业①。

本次问卷调查，从居民外出时，通常情况下对拥堵情况的感受程度、乘坐公共交通工具（公共汽车、班车等）的总体感觉以及在乘坐公共交通工具时是否觉得拥挤等几个方面来对本地区的公共交通情况进行整体评价。

公共交通有效的 Cases 数是 6 360 个，其中城镇户口 3 842 个，农村户口 2 518 个。由表 8-6 可以看出，城镇户口和农村户口对本地区公共交通服务满意度整体感到“一般”，在感到“一般”的群体中，城镇户口占比 48.2%，农村户口占比 46.1%；在感到“非常不满意”群体中，城镇户口占比 3.1%，农村户口占比 2.7%。

表 8-6　　　　公共交通服务满意度

| 样本 | | 非常不满意 | 不满意 | 一般 | 满意 | 非常满意 | 总数 |
|---|---|---|---|---|---|---|---|
| 城镇户口 | 样本数 | 120 | 749 | 1 853 | 983 | 137 | 3 842 |
| | 占比（%） | 3.1% | 19.5% | 48.2% | 25.6% | 3.6% | |
| 农村户口 | 样本数 | 67 | 707 | 1 161 | 503 | 80 | 2 518 |
| | 占比（%） | 2.7% | 28.1% | 46.1% | 20.0% | 3.2% | |
| 总数 | | 187 | 1 456 | 3 014 | 1 486 | 217 | 6 360 |

## 四、社保就业服务满意度

社保就业有效的 Cases 数是 6 361 个，其中城镇户口 3 843 个，农村户口 2 518 个。由表 8-7 可以看出，城镇户口和农村户口的居民对社保就业服务总体的满意度为一般。其中，53.5%的城镇户口居民对社保就业服务感到一般，

① 胡伟、钟杨、吴伟、陈勇国：《中国城市公共服务公众满意度蓝皮书》，上海人民出版社 2013 年版。

51.6%的农村户口居民对社保就业服务感到一般。城镇得分 2.96，略高于农村的 2.93。

表 8-7　　社保就业服务满意度

| 样本 | | 非常不满意 | 不满意 | 一般 | 满意 | 非常满意 | 总数 |
|---|---|---|---|---|---|---|---|
| 城镇户口 | 样本数 | 78 | 871 | 2 056 | 731 | 107 | 3 843 |
| | 占比（%） | 2.0% | 22.7% | 53.5% | 19.0% | 2.8% | |
| 农村户口 | 样本数 | 69 | 628 | 1 300 | 454 | 67 | 2 518 |
| | 占比（%） | 2.7% | 24.9% | 51.6% | 18.0% | 2.7% | |
| 总数 | | 147 | 1 499 | 3 356 | 1 185 | 174 | 6 361 |

## 五、住房保障服务满意度

随着 2008 年末以来主要城市的房价的高速增长，房价高不可及，形成“房价泡沫”。住房问题也成了城市居民的一个重要负担，越来越多的人无力承担商品房，成了一个重大的经济问题。为了缓解这一问题，国务院于 2011 年出台了一系列宏观调控政策，并要求地方政府大力加强保障房建设。从根本上解决居民的住房问题是任何一个国家或政府必须承担的责任，并且也是他们所追求的目标。

住房保障有效的 Cases 数是 6 349 个，其中城镇户口 3 835 个，农村户口 2 514 个。由表 8-8 中可以看出，城镇户口和农村户口对本地区住房保障服务满意度整体感到一般分别占比 51.7%和 55.6%，感到“非常不满意”的群体中，城镇户口占比 3.7%，农村户口占比 2.9%，在感到“不满意”群体中，城镇户口占比 23.0%，农村户口占比 23.2%，而且在“非常满意”的群体中，城镇户口占比 3.2%，农村户口占比 2.4%。这表明城镇户口的居民在本地区住房保障服务方面满意度高于农村户口的居民，但总体来说，在城镇户口和农村户口的群体中，绝大部分对当前住房保障服务方面感到一般。

表 8-8　　住房保障服务满意度

| 样本 | | 非常不满意 | 不满意 | 一般 | 满意 | 非常满意 | 总数 |
|---|---|---|---|---|---|---|---|
| 城镇户口 | 样本数 | 142 | 882 | 1 981 | 707 | 123 | 3 835 |
| | 占比（%） | 3.7% | 23.0% | 51.7% | 18.4% | 3.2% | |
| 农村户口 | 样本数 | 72 | 583 | 1 398 | 401 | 60 | 2 514 |
| | 占比（%） | 2.9% | 23.2% | 55.6% | 16.0% | 2.4% | |
| 总数 | | 214 | 1 465 | 3 379 | 1 108 | 183 | 6 349 |

## 六、文化体育服务满意度

自 1899 年凡勃伦发表《有闲阶段论》以来，“新城市主义运动”理念开始走进人们的生活，体育、文化休闲越来越平民化，城市空间生活质量水平通过体育、文化休闲场所来衡量。目前，世人的目光被城乡文化、体育休闲服务业所吸引，更多城市将这些作为区域发展战略之一，进行规划与推动。对于西部地区城乡文化、体育休闲服务满意度的评价，不仅可以准确把握西部地区文化、体育休闲服务业的发展状况和特征，反映西部地区公共服务水平，为西部地区文化、体育休闲服务业政策的制定提供参考建议，而且为研究西南地区文化、体育休闲产业的发展提供参考思路。

文化体育有效的 Cases 数是 6 135 个，其中城镇户口 3 536 个，农村户口 2 599 个。由表 8-9 中可以看出，城镇户口和农村户口对本地区文化体育服务满意度整体感到一般，总体来说，城镇户口的居民在本地区文化体育服务满意度方面低于农村户口的居民，在城镇户口和农村户口的群体中，绝大部分对当前文化体育服务满意度感到一般。

表 8-9　　文化体育服务满意度

| 样本 | | 非常不满意 | 不满意 | 一般 | 满意 | 非常满意 | 总数 |
|---|---|---|---|---|---|---|---|
| 城镇户口 | 样本数 | 147 | 898 | 1 719 | 719 | 53 | 3 536 |
| | 占比（%） | 4.2% | 25.4% | 48.6% | 20.3% | 1.5% | |
| 农村户口 | 样本数 | 73 | 590 | 1 178 | 676 | 82 | 2 599 |
| | 占比（%） | 2.8% | 22.7% | 45.3% | 26.0% | 3.2% | |
| 总数 | | 220 | 1 488 | 2 897 | 1 395 | 135 | 6 135 |

## 七、公共基础设施服务满意度

“基础设施”一词源于拉丁文，英文为“Infrastructure”。世界银行（1994）将基础设施定义为：“永久性工程构筑、设备、设施和它们所提供的为居民所用和用于经济生产的服务”，并将基础设施细分为经济性基础设施和社会性基础设施。通常所说的基础设施主要指经济基础设施，具体包括：①公共设施——电力、电信、自来水、卫生设施与排污，固体废弃物的收集与处理及管道煤气；②公共工程——公路、大坝和灌溉及排水用的渠道工程；③其他交通管理部门——城市与城市间铁路，城市交通，港口和水路以及机场等。民族地区公共基础设施是为城乡居民生活和企业生产提供一般条件的公共设施，涵盖城市的能源系统、水系统、交通运输系统、通信系统、生态安全系统、安全防灾系统等多个方面，本篇调查报告，主要涉及的是公共基础设施的道路建设、供水设施、供电设施、通信设施和消防设施等。其发展直接关系到城乡居民的生产和生活秩序，对城市经济的发展和居民生活质量的提高具有基础性和先导性的影响。

公共基础设施有效的Cases数是6 134个，其中城镇户口3 538个，农村户口2 596个。由表8-10中可以看出，城镇户口和农村户口对本地区住房保障服务满意度整体感到一般，总体得分农村高于城镇。

表8-10 公共基础设施满意度

| 样本 | | 非常不满意 | 不满意 | 一般 | 满意 | 非常满意 | 总数 |
|---|---|---|---|---|---|---|---|
| 城镇户口 | 样本数 | 80 | 616 | 1 742 | 1 007 | 93 | 3 538 |
| | 占比（%） | 2.3% | 17.4% | 49.2% | 28.5% | 2.6% | |
| 农村户口 | 样本数 | 94 | 468 | 1 081 | 853 | 100 | 2 596 |
| | 占比（%） | 3.6% | 18.0% | 41.6% | 32.9% | 3.9% | |
| 总数 | | 174 | 1 084 | 2 823 | 1 860 | 193 | 6 134 |

## 八、公共安全服务满意度

我国政府对“公共安全”的定义是广义的，财政部在2011年11月表明：

“公共安全”所涵盖的范围包括了公共卫生、公共交通、建筑安全等诸多领域。在这个框架下的“公共安全”就是一个城乡在政治、经济、文化、社会、生态环境、市民人身健康以及资源供给等方面保持一种动态稳定的和谐状态。同时，还要具有健全的应急反应体系与机制，能够恰当地处理各种威胁城市正常运行的不稳定因素，具备全面抵抗危害社会和经济的自然灾害、人为灾害和突发事件的能力，是一个能够给生活在其中的人们普遍安全感和归属感的地方。

公共安全有效的 Cases 数是 6 135 个，其中城镇户口 3 537 个，农村户口 2 598 个。由表 8-11 中可以看出，城镇户口和农村户口对本地区公共安全满意度整体感到一般，而且分别占比 54.0%和 42.9%，感到“非常不满意”的群体中，城镇户口占比 1.6%，农村户口占比 1.8%，在感到“不满意”群体中，城镇户口占比 20.0%，农村户口占比 27.0%，而且在“非常满意”的群体中，城镇户口占比 3.0%，农村户口占比 2.5%。这表明城镇户口的居民在本地区公共安全满意度高于农村户口的居民，但总体来说，在城镇户口和农村户口的群体中，绝大部分对当前公共安全满意度总体感到一般。

**表 8-11　　公共安全服务满意度**

| 样本 | | 非常不满意 | 不满意 | 一般 | 满意 | 非常满意 | 总数 |
|---|---|---|---|---|---|---|---|
| 城镇户口 | 样本数 | 55 | 707 | 1 909 | 760 | 106 | 3 537 |
| | 占比（%） | 1.6% | 20.0% | 54.0% | 21.5% | 3.0% | |
| 农村户口 | 样本数 | 47 | 702 | 1 115 | 668 | 66 | 2 598 |
| | 占比（%） | 1.8% | 27.0% | 42.9% | 25.7% | 2.5% | |
| 总数 | | 102 | 1 409 | 3 024 | 1 428 | 172 | 6 135 |

西部地区的公共安全事件类别是多种的，影响公共安全的因素是多方面的，但总的概括起来影响西部地区公共安全的经济社会发展因素主要包括经济因素和社会因素①。具体来讲：一是经济因素。改革开放，特别是西部开发以来，西部地区经济不断发展，城市化加速推进，但城乡差距、贫富差距及与沿海发达地区的差距也不断拉大，致使公众不满情绪升温，仇富心理升级，源于这些差距引发的违法犯罪频发。同时征地拆迁、企业改制、劳资纠纷等问题引

① 陈伟．影响西部民族地区公共安全治理的主要因素及治理模式探讨［J］．云南警官学院学报，2014（5）：141-145.

发的社会矛盾以群体性事件形式集中爆发，严重影响了西南地区的社会和谐稳定。二是社会因素。以市场经济为导向的改革在西南地区的深入推进，引发该地区社会阶层的不断调整分化。社会分层的直接后果是由于各种资源的占有差异而组合成不同的社会群体。社会群体间存在利益差别，当不同社会群体间争夺利益时，就会产生矛盾和冲突，直接影响公共安全和社会稳定。总之，只有经济社会发展到一定程度才能从根本上推动西南地区公共安全的防范与治理，维护社会稳定和谐。

## 九、环境保护服务满意度

中国过去三十多年的快速工业化和城市化一方面带来了快速的经济增长和人均收入的提高，另一方面也造成了环境的急剧恶化，影响人们的健康和生活质量，以及发展的可持续性。环境保护也日益成为人民和政府关心的问题。胡锦涛同志提出了科学发展观，要求经济发展的同时兼顾环境保护，实现人和自然的和谐发展，习近平同志更是提出了“绿水青山就是金山银山”。国家相继出台或修改了相关法律法规来加强环境保护。许多地方政府也积极改善城乡环境质量，有的城市更是打造宜居城市来保护环境。

环境保护有效的 Cases 数是 6 124 个，其中城镇户口 3 531 个，农村户口 2 593 个。由表 8-12 可以看出，城镇户口和农村户口对本地区环境保护满意度整体感到相对比较满意，其中“一般”分别占比 46. 1%和 47. 2%，感到“满意”的群体中，城镇户口占比 32. 9%，农村户口占比 27. 4%，在感到“不满意”群体中，城镇户口占比 15. 2%，农村户口占比 19. 4%，而且城乡居民在关于环境保护满意度中感到“非常不满意”分别占比 1. 7%、2. 3%。这表明，西南地区环境质量不错，城乡居民评价较好，在“非常满意”的群体中，城镇户口占比 4. 1%，农村户口占比 3. 7%。这表明城镇户口的居民在本地区环境保护满意度高于农村户口的居民，说明近些年来城市的环境已经在逐步改善，而且已经取得了一定的成效。

表 8-12 环境保护服务满意度

| 样本 | | 非常不满意 | 不满意 | 一般 | 满意 | 非常满意 | 总数 |
|---|---|---|---|---|---|---|---|
| 城镇户口 | 样本数 | 59 | 537 | 1 628 | 1 163 | 144 | 3 531 |
| | 占比（%） | 1.7% | 15.2% | 46.1% | 32.9% | 4.1% | |
| 农村户口 | 样本数 | 59 | 504 | 1 223 | 711 | 96 | 2 593 |
| | 占比（%） | 2.3% | 19.4% | 47.2% | 27.4% | 3.7% | |
| 总数 | | 118 | 1 041 | 2 851 | 1 874 | 240 | 6 124 |

## 十、城乡基本公共服务差异分析

笔者采用皮尔逊相关性检验，分析城乡基本公共服务满意度差异性。由表 8-13 可知，通过城乡基本公共服务满意度皮尔逊检验结果发现，城镇户口和农村户口对住房保障和公共安全没有通过检验，其他各项都呈负相关性，即城市满意度高于农村，其中满意度差异最大的是文化体育，最小的是环境保护。

表 8-13 城市与农村基本公共服务皮尔逊相关性检验结果

| 项目 | 公共教育 | 医疗卫生 | 公共交通 | 社保就业 | 住房保障 |
|---|---|---|---|---|---|
| 皮尔逊相关性 | -0.053** | -0.065** | -0.070** | -0.054** | -0.023 |
| 显著性（双尾） | 0.000 | 0.000 | 0.000 | 0.000 | 0.066 |

| 项目 | 文化体育 | 公共基础设施 | 公共安全 | 环境保护 |
|---|---|---|---|---|
| 皮尔逊相关性 | -0.111** | -0.104** | 0.002 | -0.041** |
| 显著性（双尾） | 0.000 | 0.000 | 0.875 | 0.001 |

由图 8-1 也可以看出，城镇满意度均高于农村满意度，城乡差距显著。

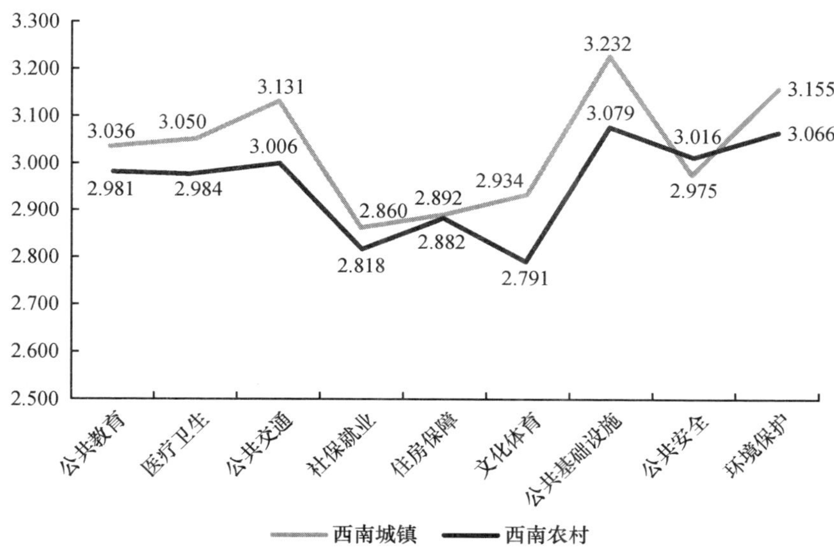


图 8-1　西南地区城镇与农村基本公共服务满意度比较

## 第三节　民族地区和非民族地区满意度对比分析

西南地区是少数民族聚居地区，此次问卷调查主要在西南地区展开调查，包括民族地区和非民族地区，在问卷中勾选民族地区的视为民族地区居民，除此之外的其他被调查者统一归入非民族地区居民。

### 一、民族和非民族地区公共教育服务满意度对比分析

教育公平是基本公共服务均等化发展最重要的方面之一。直观的判断，所有的教育服务包括基础教育、职业教育和高等教育都具有竞争性和排他性，都可以通过私人提供的办法加以解决。之所以把基础教育纳入基本公共服务，主要原因在于其效用的隐蔽性、外部效应的广泛性以及来自经济增长和社会公平的考虑。

从各地区发展历程来看，民族地区和非民族地区的差异在很大程度上可归

因于教育的差异。完善基本公共教育制度是国家应尽的责任与义务，保障全体公民享有平等受教育的权利，提高国民的基本文化素质。

公共教育有效的 Cases 数是 6 006 个，因为问卷主要在民族地区展开，所以民族地区性质的居民会更多一点。其中民族地区的统计问卷有 4 802 个，非民族地区 1 204 个。由表 8-14 中可以看出，民族地区和非民族地区对所在地基本公共教育服务满意度整体感到一般，在民族地区为 43.9%，基本公共教育整体感到一般；非民族地区这一比重为 41.9%。整体来看，非民族地区满意度为 3.09 要整体比民族地区满意度 3.02 高。

表 8-14　　公共教育服务满意度

| 样本 | | 非常不满意 | 不满意 | 一般 | 满意 | 非常满意 | 总数 |
|---|---|---|---|---|---|---|---|
| 民族地区 | 样本数 | 94 | 1 184 | 2 110 | 1 351 | 63 | 4 802 |
| | 占比（%） | 2.0% | 24.7% | 43.9% | 28.1% | 1.3% | |
| 非民族地区 | 样本数 | 34 | 263 | 505 | 366 | 36 | 1 204 |
| | 占比（%） | 2.8% | 21.8% | 41.9% | 30.4% | 3.0% | |
| 总数 | | 128 | 1 447 | 2 615 | 1 717 | 99 | 6 006 |

## 二、民族和非民族地区医疗卫生服务满意度对比分析

医疗保障制度与人们的生活息息相关，同时也是组成社会保障体系中的重要部分，它不仅是对国民收入的再分配，同时也作为人们享受医疗卫生服务的重要保障。不仅如此，医疗保障制度对于国家和社会的稳定有着重要影响，同时在一定程度上也影响着国民经济的发展。本次问卷分别从居民对医疗卫生收费服务的满意度、对家庭距离最近医院路程的满意度、对医疗机构医生服务的满意度以及对医疗机构在预防出生缺陷、优生优育方面的满意度来衡量西南民族地区和非民族地区居民对基本医疗卫生服务满意度的差异。

表 8-15　　医疗卫生服务满意度

| 样本 | | 非常不满意 | 不满意 | 一般 | 满意 | 非常满意 | 总数 |
|---|---|---|---|---|---|---|---|
| 民族地区 | 样本数 | 97 | 1 283 | 2 278 | 1 079 | 68 | 4 805 |
| | 占比（%） | 2.0% | 26.7% | 47.4% | 22.5% | 1.4% | |

续表

| 样本 | | 非常不满意 | 不满意 | 一般 | 满意 | 非常满意 | 总数 |
|---|---|---|---|---|---|---|---|
| 非民族地区 | 样本数 | 41 | 276 | 556 | 301 | 31 | 1 205 |
| | 占比（%） | 3.4% | 22.9% | 46.1% | 25.0% | 2.6% | |
| 总数 | | 138 | 1 559 | 2 834 | 1 380 | 99 | 6 010 |

医疗卫生有效的 Cases 数是 6 010 个，其中民族地区问卷数为 4 805 个，非民族地区 1 205 个。由表 8-15 可以看出，民族地区和非民族地区居民对本地医疗卫生服务满意度整体感到一般，且分别占比 47.4%和 46.1%。其次是“不满意”和“满意”。非民族地区得分 3，民族地区得分 2.95，整体非民族地区满意度高于民族地区。

## 三、民族和非民族地区公共交通服务满意度对比分析

公共交通是由公共汽车、电车、轨道交通、出租汽车、轮渡等交通方式组成的公共客运交通系统，是重要的基本公共服务的基础设施，是关系国计民生的社会公益事业①。

本次问卷调查，从居民外出时，通常情况下对拥堵情况的感受程度、乘坐公共交通工具（公共汽车、班车等）的总体感觉以及在乘坐公共交通工具时是否觉得拥挤等几个方面来对本地区的公共交通情况进行整体评价。

**表 8-16　　公共交通服务满意度**

| 样本 | | 非常不满意 | 不满意 | 一般 | 满意 | 非常满意 | 总数 |
|---|---|---|---|---|---|---|---|
| 民族地区 | 样本数 | 128 | 1 165 | 2 305 | 1 062 | 144 | 4 804 |
| | 占比（%） | 2.7% | 24.3% | 48.0% | 22.1% | 3.0% | |
| 非民族地区 | 样本数 | 49 | 266 | 543 | 276 | 70 | 1 204 |
| | 占比（%） | 4.1% | 22.1% | 45.1% | 22.9% | 5.8% | |
| 总数 | | 177 | 1 431 | 2 848 | 1 338 | 214 | 6 008 |

公共交通有效的 Cases 数是 6 008 个，民族地区问卷数 4 804 个，非民族地

① 胡伟、钟杨、吴伟、陈勇国：《中国城市公共服务公众满意度蓝皮书》，上海人民出版社 2013 年版。

区问卷数 1 204 个。由表 8-16 中可以看出，民族地区和非民族地区居民对本地区公共交通服务满意度整体感到一般，感到“一般”的群体中，民族地区占比 48.0%，非民族地区占比 45.1%，在“不满意”“满意”和“非常满意”的群体中，民族地区分别占别 24.3%、22.1%和 3.0%；非民族地区分别占比 22.1%、22.9%和 5.8%。这表明在民族地区和非民族地区的群体中，绝大部分对当前交通情况不满意，且感到“不满意”和感到“一般”的居民中，民族地区占比较大，而感到“满意”和“非常满意”的被调查者中，非民族地区占比更大。这也说明非民族地区对于公共交通服务满意度高于民族地区。

## 四、民族和非民族地区社保就业服务满意度对比分析

早在党的十七大时就已经提出到 2020 年要基本建立覆盖民族地区和非民族地区的社会保障体系，党的十八大又进一步强调“要统筹推进民族地区和非民族地区社会社保就业体系建设”。可以说，社保就业体系建设是社会问题，事关各族群众幸福指数；也是一个热点问题，事关民族地区社会稳定。

本次问卷调查，从居民对政府为求职者提供相关就业服务的满意度、对弱势群体是否得到有效救助的满意度、对本地区养老服务的满意度、养老保障的满意度以及医疗保障的满意度等几个方面来研究民族地区和非民族地区对公共交通状况的整体满意程度。

表 8-17　社保就业服务满意度

| 样本 | | 非常不满意 | 不满意 | 一般 | 满意 | 非常满意 | 总数 |
|---|---|---|---|---|---|---|---|
| 民族地区 | 样本数 | 96 | 1 172 | 2 500 | 913 | 124 | 4 805 |
| | 占比（%） | 2.0% | 24.4% | 52.0% | 19.0% | 2.6% | |
| 非民族地区 | 样本数 | 40 | 281 | 621 | 215 | 47 | 1 204 |
| | 占比（%） | 3.3% | 23.3% | 51.6% | 17.9% | 3.9% | |
| 总数 | | 136 | 1 453 | 3 121 | 1 128 | 171 | 6 009 |

社保就业有效的 Cases 数是 6 009 个，其中民族地区问卷数 4 805 个，非民族地区 1 204 个。由表 8-17 中可以看出，民族地区和非民族地区居民对本地区社保就业服务满意度整体感到一般，分别占比 52.0%和 51.6%，民族地区总

体得分 2. 96 和非民族地区总体的得分相同。

## 五、民族和非民族地区住房保障服务满意度对比分析

“住房短缺”与住房问题密切相关，工业化、城市化等因素是“住房短缺”的根源。而贫富收入差距也在随着城市化的不断推进而不断扩大，快速上涨的房价，使得大量中低收入的人群租不起、买不起房，他们基本的住房问题是亟待解决的。“安得广厦千万间”，一个国家或政府必须承担起从根本上解决居民住房问题的责任义务，而且这是他们所追求的目标。此次问卷研究了对于住房保障最重要的两个指标：居民对住房条件的满意度以及在申请保障性住房公平程度的满意度。

表 8-18 住房保障服务满意度

| 样本 | | 非常不满意 | 不满意 | 一般 | 满意 | 非常满意 | 总数 |
|---|---|---|---|---|---|---|---|
| 民族地区 | 样本数 | 164 | 1 084 | 2 516 | 899 | 133 | 4 796 |
| | 占比（%） | 3. 4% | 22. 6% | 52. 5% | 18. 7% | 2. 8% | |
| 非民族地区 | 样本数 | 41 | 297 | 655 | 165 | 43 | 1 201 |
| | 占比（%） | 3. 4% | 24. 7% | 54. 5% | 13. 7% | 3. 6% | |
| 总数 | | 205 | 1 381 | 3 171 | 1 064 | 176 | 5 997 |

住房保障有效的 Cases 数是 5 997 个，其中城镇户口 4 796 个，农村户口 1 201 个。由表 8-18 中可以看出，民族地区和非民族地区对本地区住房保障服务满意度整体感到一般，而且分别占比 52. 5%和 54. 5%，感到“非常不满意”的群体中，民族地区占比 3. 4%，非民族地区占比 3. 4%，在感到“不满意”群体中，民族地区占比 22. 6%，非民族地区占比 24. 7%，而且在“非常满意”的群体中，民族地区占比 2. 8%，非民族地区占比 3. 6%。在感到“满意”的群体中，民族地区比非民族地区占比较多，而在感到“非常满意”的群体中，非民族地区占比比民族地区更多一点。这表明民族地区和非民族地区的受访者对于基本住房保障满意度有差异，民族地区总体评分为 2. 95，略高于非民族地区的 2. 89。

## 六、民族和非民族地区文化体育服务满意度对比分析

目前文化、体育休闲逐渐在平民化中普及，文化、体育休闲场所成为衡量居民空间生活质量水平的标准，时尚现代生活方式愈来愈成为多学科关注的焦点。对于民族地区和非民族地区城乡文化、体育休闲服务满意度的评价，不仅可以准确把握民族地区和非民族地区文化、体育休闲服务业的发展状况和特征，反映公共服务水平，为民族地区和非民族地区文化、体育休闲服务业政策的制定提供参考建议，而且为研究民族地区和非民族地区文化、体育休闲产业的发展提供参考思路。此次调查问卷分别从居民对周边文化体育设施与日常需求匹配程度的满意度、对政府提供的文化及体育活动的满意度以及政府对本地区民族文化保护和发展的满意程度展开研究。

表 8-19　　文化体育服务满意度

| 样本 | | 非常不满意 | 不满意 | 一般 | 满意 | 非常满意 | 总数 |
|---|---|---|---|---|---|---|---|
| 民族地区 | 样本数 | 172 | 1 170 | 2 235 | 1 106 | 118 | 4 801 |
| | 占比（%） | 3.6% | 24.4% | 46.6% | 23.0% | 2.5% | |
| 非民族地区 | 样本数 | 46 | 284 | 585 | 264 | 23 | 1 202 |
| | 占比（%） | 3.8% | 23.6% | 48.7% | 22.0% | 1.9% | |
| 总数 | | 218 | 1 454 | 2 820 | 1 370 | 141 | 6 003 |

文化体育有效的 Cases 数是 6 003 个，其中民族地区 4 801 个，非民族地区 1 202 个。由表 8-19 中可以看出，民族地区和非民族地区对当地文化体育服务满意度整体感到一般，分别占比 46.6%和 48.7%，民族地区总体得分为 2.97，略高于非民族地区的 2.95。

## 七、民族和非民族地区公共基础设施满意度对比分析

公共基础设施的发展直接关系到民族地区和非民族地区居民生产和生活的秩序，对民族地区和非民族地区经济的发展和居民生活质量的提高具有基础性和先导性的影响。此次的调查问卷分别从民族地区和非民族地区对当地道路建

设的满意度、对当地供水设施、供电设施、通信设施以及对当地消防设施的满意度的评价来展开研究。

表 8-20　　公共基础设施满意度

| 样本 | | 非常不满意 | 不满意 | 一般 | 满意 | 非常满意 | 总数 |
|---|---|---|---|---|---|---|---|
| 民族地区 | 样本数 | 122 | 897 | 2 223 | 1 431 | 125 | 4 798 |
| | 占比（%） | 2.5% | 18.7% | 46.3% | 29.8% | 2.6% | |
| 非民族地区 | 样本数 | 55 | 223 | 533 | 339 | 54 | 1 204 |
| | 占比（%） | 4.6% | 18.5% | 44.3% | 28.2% | 4.5% | |
| 总数 | | 177 | 1 120 | 2 756 | 1 770 | 179 | 6 002 |

公共基础设施有效的 Cases 数是 6 002 个，其中民族地区 4 798 个，农村户口 1 204 个。由表 8-20 中可以看出，民族地区和非民族地区对当地公共基础设施服务满意度整体感到一般，分别占比 46.3%和 44.3%，非民族地区非常满意的比例和非常不满意的比例都明显高于民族地区，民族地区总体得分 3.1，和非民族地区相同，总体得分在九个指标中相对较高。

## 八、民族和非民族地区公共安全满意度对比分析

“公共安全”就是一个城乡在政治、经济、文化、社会、生态环境、市民人身健康以及资源供给等方面保持一种动态稳定的和谐状态。同时，还要具有健全的应急反应体系与机制，能够恰当地处理各种威胁城市正常运行的不稳定因素，具备全面抵抗危害社会和经济的自然灾害、人为灾害和突发事件的能力，是一个能够给生活在其中的人们普遍安全感和归属感的地方。

此次的调查问卷在设计时首先询问了被调查者在过去一年里，自己或认识的人曾经在所居住地方是否遭遇过或看到过以下现象：财产被偷盗、抢劫、诈骗现象（如传销、消费陷阱等）、打架斗殴、聚众赌博、制假、贩假、售假、性骚扰、吸毒贩毒以及交通事故等；其次通过民族地区和非民族地区的被调查者对当地派出所的工作是否满意、对当地灾害防治及灾后事宜处理是否满意、对当地食品安全、传染病疫情、群体性不明原因疾病等公共卫生事件处理是否满意、对当地群体性安全事件处理是否满意、对当地食品安全状况的担心程度

以及对当地饮水安全的满意度的评价来展开此次研究。

表 8-21　　　　公共安全满意度

| 样本 | | 非常不满意 | 不满意 | 一般 | 满意 | 非常满意 | 总数 |
|---|---|---|---|---|---|---|---|
| 民族地区 | 样本数 | 76 | 1 137 | 2 366 | 1 096 | 123 | 4 798 |
| | 占比（%） | 1.6% | 23.7% | 49.3% | 22.8% | 2.6% | |
| 非民族地区 | 样本数 | 27 | 304 | 506 | 318 | 50 | 1 205 |
| | 占比（%） | 2.2% | 25.2% | 42.0% | 26.4% | 4.1% | |
| 总数 | | 103 | 1 441 | 2 872 | 1 414 | 173 | 6 003 |

公共安全有效的 Cases 数是 6 003 个，其中民族地区 4 798 个，非民族地区 1 205 个。由表 8-21 可以看出，民族地区和非民族地区对当地公共安全满意度整体感到一般，而且分别占比 49.3%和 42.0%，非民族地区的“非常不满意”“不满意”的被调查者和“满意”“非常满意”的被调查者占比都比民族地区的要多，即非民族地区的居民在本地区公共安全满意度满意方面高于民族地区的居民，民族地区总体得分为 3.01，略低于非民族地区 3.05。

## 九、民族和非民族地区环境保护满意度对比分析

人类为解决现实或潜在的环境问题，协调人类与环境的关系，保护人类的生存环境、保障经济社会的可持续发展而采取的各种行动称为环境保护。十八届五中全会会议中提出：“进一步增强环境治理力度，把提高环境质量作为核心，实行最为严苛的环境保护制度，实施大气、水、土壤污染防治行动计划，实施省以下环保机构监测监察执法垂直管理制度。”① 本次调查问卷对于环境保护满意度的调查主要在以下几个方面展开：民族地区和非民族地区的居民分别对他们所处的生活环境，即从空气质量、绿化满意度、街道社区（村寨）卫生评价、自来水（饮用水）质量以及垃圾的回收和处理等几个方面来进行满意度的评价。

① 来源于：中共第十八届中央委员会第五次全体会议公报。

表 8-22　　环境保护满意度

| 样本 | | 非常不满意 | 不满意 | 一般 | 满意 | 非常满意 | 总数 |
|---|---|---|---|---|---|---|---|
| 民族地区 | 样本数 | 81 | 854 | 2 193 | 1 482 | 180 | 4 790 |
| | 占比（%） | 1.7% | 17.8% | 45.8% | 30.9% | 3.8% | |
| 非民族地区 | 样本数 | 38 | 200 | 578 | 331 | 56 | 1 203 |
| | 占比（%） | 3.2% | 16.6% | 48.0% | 27.5% | 4.7% | |
| 总数 | | 119 | 1 054 | 2 771 | 1 813 | 236 | 5 993 |

环境保护有效的 Cases 数是 5 993 个，其中民族地区问卷数为 4 790 个，非民族地区收回的有效问卷数 1 203 个。由表 8-22 中可以看出，民族地区和非民族地区对当地环境保护满意度整体感到相对比较满意，感到“满意”的群体中，民族地区占比 30.9%，非民族地区占比 27.5%，在感到“不满意”群体中，民族地区占比 17.8%，非民族地区占比 16.6%，民族地区和非民族地区居民在关于环境保护满意度中感到“非常不满意”分别占比 1.7%、3.2%。民族地区总体得分为 3.17，非民族地区为 3.14，民族地区高于非民族地区。

## 十、民族地区与非民族地区基本公共服务满意度对比分析

通过对民族地区与非民族地区基本公共服务皮尔逊相关性检验发现，由表 8-23 可知，民族地区与非民族地区九个一级指标中，只有公共教育、公共安全和环境保护通过检验，三个指标皮尔逊系数都为负，说明非民族地区基本公共服务满意度高于民族地区，存在差异性。

表 8-23　民族地区与非民族地区基本公共服务皮尔逊相关性检验结果

| 项目 | 基础教育 | 医疗卫生 | 公共交通 | 社保就业 | 住房保障 | 文化体育 | 公共基础设施 | 公共安全 | 环境保护 |
|---|---|---|---|---|---|---|---|---|---|
| 皮尔逊相关性 | 0.025* | 0.017 | -0.010 | -0.009 | 0.008 | -0.013 | -0.012 | -0.026* | -0.034** |
| 显著性（双尾） | 0.046 | 0.172 | 0.401 | 0.494 | 0.507 | 0.281 | 0.321 | 0.040 | 0.006 |

由图 8-2 也可以看出九项指标值中有四项指标非民族地区满意度高于民族地区，两项相同，两项民族地区略高于非民族地区，总体而言，非民族地区基本公共服务满意度高于民族地区。

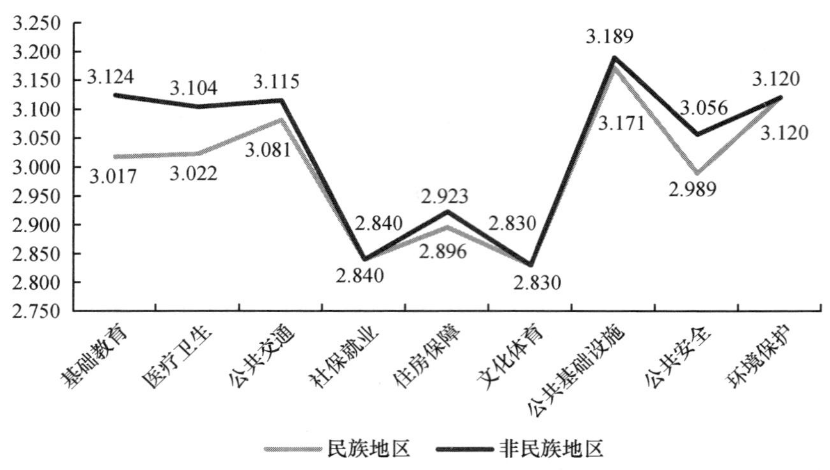


图 8-2 民族地区与非民族地区基本公共服务满意度比较

## 第四节 西南地区居民个体特征基本公共服务满意度差异分析

以往对基本公共服务均等化的研究主要基于区域差异和城乡差异，基于个体特征差异的研究很少。本研究根据不同个体特征基本公共服务满意度的差异，分析群体间基本公共服务均等化水平，可以弥补相关研究的缺失。不同个体特征的公众对于西南地区基本公共服务的认知和评价会有所不同，分析被调查者个体特征因素对民族地区基本公共服务综合满意度的影响，这将对于细化西南地区基本公共服务目标群体有帮助，了解不同个体特征的公众对于西南地区基本公共服务的不同需求，这将对于为改善西南地区基本公共服务提出更有针对性的意见和建议有帮助。以下分别从性别、年龄、文化程度、单位性质、家庭人均月收入以及居住时间划分不同人群，并用 Pearson 相关系数分析其满意度差异性，见表 8-24。

表 8-24　　个体特征对基本公共服务满意度 Pearson 相关系数

| 项目 | 性别 | 年龄 | 文化程度 | 单位性质 | 家庭人均月收入 | 居住时间 |
|---|---|---|---|---|---|---|
| 基础教育 | 0.791** | 0.875** | 0.784** | 0.793** | 0.653** | 0.796** |
| 医疗卫生 | 0.793** | 0.874** | 0.777** | 0.771** | 0.678** | 0.722** |
| 公共交通 | 0.815** | 0.864** | 0.775** | 0.760** | 0.658** | 0.730** |
| 社保就业 | 0.797** | 0.833** | 0739** | 0.707** | 0.643** | 0.651** |
| 住房保障 | 0.825** | 0.825** | 0.740** | 0.696** | 0.646** | 0.635** |
| 文化体育 | 0.826** | 0.868** | 0.784** | 0.766** | 0.676** | 0.724** |
| 公共基础设施 | 0.830** | 0.834** | 0.763** | 0.750** | 0.597** | 0.799** |
| 公共安全 | 0.783** | 0.853** | 0.758** | 0.748** | 0.634** | 0.734** |
| 环境保护 | 0.804** | 0.826** | 0.747** | 0.737** | 0.577** | 0.793** |

注：显著性水平：** 表示在 0.01 水平（双边检验）上显著相关。* 表示在 0.05 水平（双边检验）上显著相关。

## 一、西南地区公共教育服务综合满意度人群差异分析

不同个体特征的公众对于民族地区公共教育服务的认知和评价会有所不同，分析被调查者个体特征因素对西南地区公共教育服务综合满意度的影响，有助于细化西南地区公共教育服务目标群体，了解不同个体特征的公众对于西南地区公共教育服务的需求，有助于为改善西南地区公共教育服务提出更有针对性的意见和建议。下面主要根据表 8-24 的报告结果进行分析。

### （一）性别因素

性别与教育服务综合满意度的相关系数为 0.791**（其中男性=1，女性=2，双尾检验显著性：** $P<0.01$）①。说明性别不同的被访问者对当地公共教育服务满意度存在显著差异，可以认为这两个变量间的相关性是有统计学意义的②。总体来说，女性对公共教育服务的满意度要高于男性。

---

① 注：显著性水平：表示在 0.01 水平（双边检验）上显著相关。表示在 0.05 水平（双边检验）上显著相关。

② 注：显著性 0.000，我们发现女性总体上满意度高于男性且显著。

## （二）年龄因素

通过比较不同年龄对公共教育服务满意度的差异性，发现年龄与公共教育服务满意度的相关系数为 0.875** （双尾检验显著性：** $P<0.01$），说明年龄不同的被访问者对当地公共教育服务满意度有差异，而且差异显著。并且受访者的年龄跟教育服务综合满意度正相关，即年龄越大，对教育服务的评价越高。

## （三）学历因素

学历与教育服务综合满意度的相关系数为 0.784** （双尾检验显著性：** $P<0.01$）。说明学历存在差异的被调查者对当地公共教育服务满意度存在显著差异。随着学历的提高，对义务教育普及程度、师资水平、教学资源配置公平性、孩子上学便利性以及对基础教育整体评价满意度在逐渐提高。

## （四）单位性质因素

单位性质与教育服务综合满意度的相关系数为 0.793** （双尾检验显著性：** $P<0.01$）。说明单位不同的受访者对当地公共教育服务满意度存在显著差异。体制内的从业人员和体制外的从业人员对义务教育普及程度满意度大体相同，但是在师资水平、教育资源配置公平性、孩子上学便利这些指标的满意度评价上，国家行政机关单位的从业人员满意度评价最高，外资企业或合资企业对教育满意度评价最低。总体来说，体制内的从业人员相对于体制外的从业人员的满意度要高。

## （五）收入因素

收入与教育服务综合满意度的相关系数为 0.653** （双尾检验显著性：** $P<0.01$）。说明收入不同的受访者对当地公共教育服务满意度有差异，而且差异相对显著。一般来说，收入越高的人群，对子女教育的投入就越多，对孩子上学的教育选择也是最好的，资源配置和师资水平，相比较其他家庭而言也是最好的，自然满意度评价就很高，而对于子女教育越重视，对相关教育教学的

硬件要求也越高，而在民族地区整体硬件水平一定的情况下，评价越苛刻，满意度越低。

### （六）居住时间因素

因为居住不满一年的人群，在调查过程中已经终止访问，所以本问卷只考虑居住时间为 1 年以上的受访人群。收入与教育服务综合满意度的相关系数为 0.796**（双尾检验显著性：** $P<0.01$）。通过比较不同居住时间群体的教育满意度平均得分，发现居住时间越长，对义务教育普及程度、师资水平、教学硬件条件、教育资源配置公平性以及孩子上学便利性等方面的满意度越高，居住时间低于 5 年的，其满意度较低。整体来说，居住时间越长，越来越有归属感，认可度和满意度评价也就越来越高。

## 二、西南地区医疗卫生服务综合满意度人群差异分析

对于不同个体特征的公众而言，其对医疗卫生服务综合满意度是否相同呢？以下根据表 8-24 的报告结果进行分析。

### （一）性别因素

表 8-24 显示性别与医疗卫生服务综合满意度的相关系数为 0.793**（双尾检验显著性：** $P<0.01$）。说明不同性别的被调查者对医疗卫生服务满意度的差异非常显著。其中，在对医疗卫生机构收费、家庭与医疗卫生机构距离、医生服务、预防出生缺陷、优生优育以及对于医疗卫生的整体评价方面，女性的满意度普遍高于男性并且在对家庭与医疗卫生机构距离的满意度评价上，差距最大。说明男性对于距离概念的观点敏感度高于女性，对距离的要求比较苛刻。

### （二）年龄因素

年龄与医疗卫生服务综合满意度的相关系数为 0.874**（双尾检验显著性：** $P<0.01$）。说明年龄不同的被访问者对当地公共教育服务满意度存在差异。

总体来说，不同年龄层的公众之间的满意度总体上保持一致，但是不同年龄层的公众对于在医疗卫生服务满意度的得分都不是很高，说明民族地区在医疗卫生机构方面还有很大的改善空间。

## （三）学历因素

学历与医疗卫生服务综合满意度的相关系数为 0.777** （双尾检验显著性：** $P<0.01$）。说明不同文化程度的被调查者对当地公共教育服务满意度存在显著差异。不同学历的人群对医疗卫生机构收费、预防出生缺陷、优生优育的满意度方面以及对医疗卫生整体评价方面差异并不大，但是在家庭与医疗卫生机构距离和医生服务态度的满意度方面，不同受教育程度的公众表现出了差异性：除学历为本科的人群外，受教育水平越高的被调查者，其对家庭与医疗卫生机构距离的满意度则越低，对医疗机构医生服务水平和态度的满意度越高。

## （四）单位性质因素

单位性质与医疗卫生服务综合满意度的相关系数为 0.771** （双尾检验显著性：** $P<0.01$）。说明不同单位性质的受访者对当地公共教育服务满意度存在显著差异。整体来说，体制内单位人群对医疗卫生服务方面的满意度要高于体制外单位人群。

## （五）收入因素

收入与医疗卫生服务综合满意度的相关系数为 0.678** （双尾检验显著性：** $P<0.01$）。说明不同的被调查者对于医疗卫生服务的满意度有差异，而且差异相对显著。具体差异表现为，在家庭与医疗卫生机构方面，不同收入群体的满意度相差不大；在医生服务、预防疾病方面，高收入群体的满意度最高；在医疗卫生机构收费方面，高收入群体的满意度最低，可能是因为他们不管大病小病，都要去医院挂费诊治，而由此付出的医疗费相对较高，满意度较低。总体来说，收入越高，对医疗卫生服务的满意度越高。

### （六）居住时间因素

居住时间与医疗卫生服务综合满意度的相关系数为 0.722**（双尾检验显著性：** $P<0.01$）。说明不同居住时间的被调查者对于医疗卫生服务满意度的差异非常显著。总的来说，居住时间不同的群体对医疗卫生机构收费、医生收费、预防疾病、优生优育方面的满意度差异不大，但是对家庭与医疗机构的距离方面的满意度存在较大的差异。居住时间越长，对家庭与医疗卫生机构距离满意度越高。

## 三、西南地区公共交通服务综合满意度人群差异分析

### （一）性别因素

表 8-24 显示性别与公共交通服务综合满意度的相关系数为 0.815**（双尾检验显著性：** $P<0.01$）。说明不同性别的被调查者对当地公共交通服务满意度的差异非常显著。整体来说，女性要比男性满意度高．这一方面在于男性比女性情绪更加暴躁，对公共交通的拥堵情况等更加不能容忍。

### （二）年龄因素

年龄与公共交通服务综合满意度的相关系数为 0.864**（双尾检验显著性：** $P<0.01$）。说明处于不同年龄段的受访者对当地公共交通服务满意度存在显著差异。具体差异表现为，随着受访人群年龄的增长，他们对当地公共交通服务满意度有着递增的趋势。年纪越长，对公共交通的综合满意度越高。

### （三）学历因素

学历与公共交通服务综合满意度的相关系数为 0.775**（双尾检验显著性：** $P<0.01$）。说明不同学历层次的被调查者对当地公共交通服务满意度也有一定的差异。具体差异表现为，初中及以下学历被调查者对当地路上拥堵情况满

意度最高，而对于乘坐交通工具的方便程度、是否拥挤情况以及对公共交通整体评价方面，研究生及以上学历的人群满意度都是最高的。而在对公共交通满意度的整体评价方面初中及以下人群、高中和大专学历的人群满意度之间的差异并不大。同时也表明公众对当地公共交通服务满意度整体评价还不错。

### （四）单位性质因素

单位性质与公共交通服务综合满意度的相关系数为0.760**（双尾检验显著性：** $P<0.01$）。说明不同单位性质的被调查者对当地公共交通服务满意度也有一定程度的差异。国家行政机关的受访者对民族地区公共交通整体评价满意度高于其他的单位性质的人们。

### （五）收入因素

收入与公共交通服务综合满意度的相关系数为0.658**（双尾检验显著性：** $P<0.01$）。说明不同收入的被调查者对当地公共交通服务满意度也有一定程度的差异。整体来看，收入对公共交通服务综合满意度的影响成不明显的V形，收入较低和收入较高的人群满意度相对较高，中等收入人群的满意度较低。

### （六）居住时间因素

居住时间与公共交通服务综合满意度的相关系数为0.730**（双尾检验显著性：** $P<0.01$）。说明不同居住时间的被调查者对当地公共交通服务满意度也存在差异，而且差异比较显著。居住时间越长，对当地公共交通服务满意度评价越高。

## 四、西南地区社保就业服务综合满意度人群差异分析

### （一）性别因素

性别与社保就业服务综合满意度的相关系数为0.797**（双尾检验显著性：

** $P<0.01$）。说明不同性别对当地住房保障服务满意度存在差异，且差异非常显著。总体而言，女性对当地住房条件、保障性住房申请的公平程度及对住房保障整体满意度明显高于男性。

## （二）年龄因素

年龄与社保就业服务综合满意度的相关系数为 0.833**（双尾检验显著性：** $P<0.01$）。说明年龄越大，对民族地区社保就业服务满意度水平也越高，但总体来看，处在不同年龄段的公众对当地社保就业服务满意度得分都很低，说明对于民族地区社保就业服务来说，政府还没有服务到位，存在一定的进步空间。

## （三）学历因素

学历与社保就业服务综合满意度的相关系数为 0.739**（双尾检验显著性：** $P<0.01$）。说明不同学历对当地社保就业服务满意度存在差异。研究生及以上学历的群体对社保就业的综合满意度最高，而对社保就业满意度评价最低的是初中及以下学历以及本科学历的被调查者人群。

## （四）单位性质因素

单位性质与社保就业服务综合满意度的相关系数为 0.707**（双尾检验显著性：** $P<0.01$）。说明不同单位性质对当地社保就业服务满意度存在差异。整体来说，外资企业和合资企业员工的满意度最高，其次为私营企业员工，体制内员工的满意度相对来说较低。

## （五）收入因素

收入与社保就业服务综合满意度的相关系数为 0.643**（双尾检验显著性：** $P<0.01$）。说明不同收入对当地社保就业服务满意度存在差异，且差异显著。随着收入的增加，公众对社保就业服务满意度也在逐渐增加，提高居民的收入水平，有利于提高当地对社保就业服务的满意度水平。

### （六）居住时间因素

居住时间与社保就业服务综合满意度的相关系数为0.651**（双尾检验显著性：** $P<0.01$）。说明不同居住时间对当地社保就业服务满意度存在差异。在本地区居住时间越长的人，对该地区社保就业服务归属感越高，满意度越高。

## 五、西南地区住房保障服务综合满意度人群差异分析

“十三五”时期，政府提供了一系列的基本住房保障服务：针对城镇低收入住房困难家庭，为其提供更多的廉租住房或租赁补贴；针对城镇中等偏下收入困难家庭、新就业无房职工和城镇稳定就业的外来务工人员提供了公共租赁住房；针对符合条件的棚户区居民进行住房改造；针对农村困难家庭危房改造提供补助。确定基本住房保障制度、维护公民居住的权利是国家应尽的责任与义务。在国务院的统领下，各级地方政府也逐渐加大了民生住房保障方面的投入。但是由于财政分权制，民生住房保障方面的投入很大程度上由地方政府承担，中央政府按照不同地区的财力给予不同程度的支持。因为各地区和城市经济发展水平以及财政投入的不同，不同的地区不同人群之间住房保障水平也不尽相同。

### （一）性别因素

性别与住房保障服务综合满意度的相关系数为0.825**（双尾检验显著性：** $P<0.01$）。说明不同性别对当地住房保障服务满意度存在差异，且差异非常显著。女性对当地住房条件、保障性住房申请的公平程度及对住房保障整体满意度方面明显高于男性。

### （二）年龄因素

年龄与住房保障服务综合满意度的相关系数为0.825**（双尾检验显著性：** $P<0.01$）。说明不同年龄对当地住房保障服务满意度存在差异，且差异显著。低年龄阶段人群对住房保障服务满意度最高，其次是高年龄人群，中等年

龄人群对住房保障服务最不满意。

### （三）学历因素

发现学历与住房保障服务综合满意度的相关系数为 0.740**（双尾检验显著性：** $P<0.01$）。说明不同学历对当地住房保障服务满意度存在显著差异。并且对申请保障住房的公平性以及对住房保障的整体评价方面，都是随受教育程度的提高，满意度也在增加。

### （四）单位性质因素

单位性质与住房保障服务综合满意度的相关系数为 0.696**（双尾检验显著性：** $P<0.01$）。说明不同单位性质对当地住房保障服务满意度也存在差异。体制内单位工作人员对住房保障服务的满意度相较于体制外单位工作人员要高。

### （五）收入因素

收入与住房保障服务综合满意度的相关系数为 0.646**（双尾检验显著性：** $P<0.01$）。说明不同收入群体对当地住房保障服务满意度存在显著差异。随着月收入的增加，对住房保障服务满意度水平也在提升。

### （六）居住时间因素

居住时间与住房保障服务综合满意度的相关系数为 0.635**（双尾检验显著性：** $P<0.01$）。说明不同居住时间的群体对当地住房保障服务满意度之间存在差异。居住时间越长，居民对住房条件服务满意度越高，对住房保障整体评价也越高。

## 六、西南地区文化体育服务综合满意度人群差异分析

学者简森（Jansen Verbeke，1988）在其提出的“Leisure Product”概念中

认为文化体育是休闲娱乐的一部分。一个地区文化、体育休闲服务业已经成为一国文化力的重要组成部分，不仅是提升国家竞争力的“软实力”之一，而且已经成为一个强大的产业实体，在提升居民素质的同时，促进了经济的增长，提升了当地的综合实力。正如米切尔·J. 沃尔夫所言：“文化、体育娱乐——而不是汽车制造、钢铁、金融服务业——正在迅速成为新的全球经济增长的驱动轮。”下面根据表 8-24 的报告结果对影响文化体育服务综合满意度的人群差异进行分析。

### （一）性别因素

性别与公共文化体育服务综合满意度的相关系数为 0.826** （双尾检验显著性：** $P<0.01$）。说明不同性别的群体对当地文化体育服务满意度之间存在显著差异。具体差异为，女性在当地文化体育的满意度方面高于男性。

### （二）年龄的因素

年龄与公共文化体育服务综合满意度的相关系数为 0.868** （双尾检验显著性：** $P<0.01$）。说明不同年龄的群体对当地文化体育服务满意度之间存在差异，且差异比较显著。具体差异表现为，年龄越大的人群，对本地区日常文化体育的满足需求满意度越高。低年龄人群对文化体育服务满意度评价最低，表明该地区的文化体育设施以及举办的活动次数并不能很好地满足年轻人的需求。

### （三）学历因素

学历与公共文化体育服务综合满意度的相关系数为 0.784** （双尾检验显著性：** $P<0.01$）。说明不同学历的群体对当地文化体育服务满意度之间存在差异。学历为初中及以下被调查者对当地文化体育服务的满意度最低，学历为研究生及以上的被调查者对当地文化体育服务满意度最高。学历分别为高中、大专和本科的受访者对本地区文化体育服务满意度整体评价相差不大，但满意度都相对较低。

### （四）单位性质因素

单位性质与公共文化体育服务综合满意度的相关系数为 0.766**（双尾检验显著性：** $P<0.01$）。说明不同单位性质的群体对当地文化体育服务满意度之间存在显著差异。具体差异表现为，国家行政机关人员对于文化体育服务满意度都比较高，其次是外资企业或合资企业的群体，而单位性质为其他的群体对文化体育服务满意度的各项指标满意度都比较低。

### （五）收入因素

收入与公共文化体育服务综合满意度的相关系数为 0.676**（双尾检验显著性：** $P<0.01$）。说明不同收入的群体对当地文化体育服务满意度之间存在差异。具体差异表现为，随着收入的增加，被调查者对民族地区公共文化体育服务的满意度越高。

### （六）居住时间因素

居住时间与公共文化体育服务综合满意度的相关系数为 0.724**（双尾检验显著性：** $P<0.01$）。说明不同居住时间的群体对当地文化体育服务满意度之间存在差异，且差异比较显著。居住时间越长，对文化体育服务的满意度越低。

## 七、西南地区公共基础设施服务综合满意度人群差异分析

为公众提供优质高效的基础设施服务是政府的基本职能，它不仅取决于基础设施的数量和质量，还取决于公众对它的评价。民族地区公共基础设施服务满意度的综合指标反映的是民族地区居民对本地区公共基础设施的主观看法。虽然同客观指标相比，公众满意度指标更具主观性，但是作为基础设施服务的对象，提高公众的满意度应当是基础设施建设的最终目标。如果一个地区的基础设施不能给公众的生活带来便利，甚至造成一定的侵扰，那么就算道路覆盖率很高，交通运量很大，也不能被称为是好的基础设施。因此，独立设定公共

满意度指标，能够更好地反映民族地区基础设施发展水平。下面根据表 8-24 的报告结果分析公共基础设施服务综合满意度的人群差异。

### （一）性别因素

性别和公共基础设施服务综合满意度相关系数为 0.830**（双尾检验显著性：** $P<0.01$）。说明不同性别的群体对当地基础设施服务满意度之间存在差异，且差异比较显著。性别对公共基础设施服务满意度有着非常显著的影响，女性对公共基础设施的满意度要高于男性。

### （二）年龄因素

年龄与公共基础设施服务综合满意度的相关系数为 0.834**（双尾检验显著性：** $P<0.01$）。说明在对当地文化体育服务满意度方面，不同年龄的群体之间存在着显著差异。总的来说，随着年龄的递增，满意度也在逐渐增加。

### （三）学历因素

发现学历与公共基础设施服务综合满意度的相关系数为 0.763**（双尾检验显著性：** $P<0.01$）。说明不同学历的群体对当地基础设施服务满意度之间存在显著差异。学历为研究生及以上的被调查者对道路建设、供水设施、供电设施、通信设施、消防设施以及公共基础设施整体评价都比较高，对公共基础设施满意度最差的是初中及以下的人群，其次是学历为大专的群体。

### （四）单位性质因素

单位性质与公共基础设施服务综合满意度的相关系数为 0.750**（双尾检验显著性：** $P<0.01$）。说明不同单位性质的群体对当地基础设施服务满意度之间存在显著差异。体制内群体及企业管理人员对政府提供的公共基础设施持相对较高的满意态度。体制外的私营企业员工等对公共基础设施服务的满意度较低。

### （五）收入因素

收入与公共基础设施服务综合满意度的相关系数为0.597**（双尾检验显著性：** $P<0.01$）。说明不同收入的群体对当地基础设施服务满意度之间存在差异。收入对公共基础设施满意度呈“V”字形，中等收入群体的满意度最低，其次是低收入群体，高收入群体的满意度最高。

### （六）居住时间因素

居住时间与公共基础设施服务综合满意度的相关系数为0.799**（双尾检验显著性：** $P<0.01$）。说明不同居住时间的群体对当地基础设施服务满意度之间存在差异，且差异比较显著。总的来说，居住时间越长，对当地公共基础设施满意度相对越高。

## 八、西南地区公共安全服务综合满意度人群差异分析

西部地区公共安全突发事件既具有一般突发事件的特点，又与当地的社会情况、经济发展、民族关系、宗教信仰状况有着密切的关系。而且公共安全通常与各种重大事件、事故和灾害相对应，与人民群众的生活休戚相关。影响公共安全的因素是多样的，包括“生态、自然、社会、环境、经济、信息、技术、文化、政治因素。以下根据表8-24的报告结果对公共安全服务综合满意度存在的人群差异问题进行分析。

### （一）性别因素

性别与公共安全服务综合满意度的相关系数为0.783**（双尾检验显著性：** $P<0.01$）。说明性别对当地文化公共安全满意度之间存在显著差异。对公共安全服务满意度的评价，女性的满意度明显高于男性，而且差异非常显著。

### （二）年龄因素

年龄与公共安全服务综合满意度的相关系数为0.853**（双尾检验显著性：

** $P<0.01$)。说明年龄对当地文化公共安全满意度之间存在一定的差异。随着受访人群年龄的增长，他们对当地公共安全服务满意度有着递增的趋势。这说明，年轻人群出生在改革开放之后，也是中国民族地区公共安全状况发生剧烈变化的年代，他们对当地公共安全服务有着较高的期望，体现在分值上就会较低；而中年群体和老年群体，他们的生活、工作经历的时间跨度较长，跨越了改革开放前后的两个阶段，使得他们对当代社会持有一种包容的心态，所以体现在分值上就会相对较高。

### (三) 学历因素

学历与公共安全服务综合满意度的相关系数为 0.758**（双尾检验显著性：** $P<0.01$)。说明学历对当地文化公共安全满意度之间存在一定的差异。总体来说，高中和大专的两个群体对公共安全服务满意度相比较高，研究生及以上学历对公共安全服务的满意度最低。

### (四) 单位性质因素

单位性质与公共安全服务综合满意度的相关系数为 0.748**（双尾检验显著性：** $P<0.01$)。说明单位性质对当地文化公共安全满意度之间存在差异，而且差异比较显著。在国家行政机关从事工作的人员对民族地区公共安全事件的满意度都比较高，明显高于其他单位性质的受访者。

### (五) 收入因素

收入与公共安全服务综合满意度的相关系数为 0.634**（双尾检验显著性：** $P<0.01$)。说明不同收入群体对当地文化公共安全满意度之间存在差异。随着收入的增加，被调查者对公共安全服务的满意度也在增加。

### (六) 居住时间因素

居住时间与公共安全服务综合满意度的相关系数为 0.734**（双尾检验显著性：** $P<0.01$)。说明不同居住时间的群体对当地文化公共安全满意度之间存

在差异，且差异比较显著。

## 九、西南地区环境保护服务综合满意度人群差异分析

民族地区的矿藏资源与生态资源是十分富足的，同时民族地区也是天然植被和生态环境最脆弱的地区。人类在生存受到威胁、生态环境日益恶化后，意识到人与自然密不可分的关系后形成了自然环境权利概念。以下是根据表 8-24 的报告结果对环境保护服务综合满意度的人群差异进行分析。

### （一）性别因素

性别与环境保护服务综合满意度的相关系数为 0.804** （双尾检验显著性：** $P<0.01$）。说明性别对当地环境保护满意度之间有显著差异。整体来说，女性对环境保护的满意度要高于男性。

### （二）年龄因素

年龄与环境保护服务综合满意度的相关系数为 0.826** （双尾检验显著性：** $P<0.01$）。说明年龄对当地环境保护满意度之间有差异。随着受试者年龄的增大，对环境各项指标的满意度也逐渐增大，即年龄段和环境满意度呈正相关，年纪越大的人越满意。

### （三）学历因素

学历与环境保护服务综合满意度的相关系数为 0.747** （双尾检验显著性：** $P<0.01$）。说明学历对当地环境保护满意度之间有差异。学历最低和学历最高的两个群体对本地区绿化水平、街道社区卫生、自来水（饮用水）质量以及对环境的整体评价都相对较高。

### （四）单位性质因素

单位性质与环境保护服务综合满意度的相关系数为 0.737** （双尾检验显著

性：** $P<0.01$）。说明单位性质对当地环境保护满意度之间有差异。单位性质为国家行政机关的群体对环境保护中的各项指标的满意度都是最高的，其次是单位性质为外资企业或合资企业的群体以及其他群体。

### （五）收入因素

收入与环境保护服务综合满意度的相关系数为 0.577**（双尾检验显著性：** $P<0.01$）。说明收入对当地环境保护满意度之间有差异。高收入群体对环境保护的满意度最高，中等收入群体和低收入群体对环境保护服务满意度差异相差不大。

### （六）居住时间因素

居住时间与环境保护服务综合满意度的相关系数为 0.793**（双尾检验显著性：** $P<0.01$）。说明居住时间和当地环境保护满意度之间存在正相关关系。居住时间越长，对当地环境保护满意度越高。

## 第五节　基本公共服务满意度总体评价

为公众提供优质高效的公共基础服务是政府的基本职能，它不仅取决于公共基础设施的数量和质量，还取决于公众对它的评价。西南地区居民对本地区基本公共服务的主观看法反映在基本公共服务满意度的综合指标中。虽然同客观指标相比，公众满意度指标更具主观性，但是作为基础公共服务的对象，提高公众的满意度是基本公共服务的最终目标。如果一个地区的公共服务不能给公众的生活带来便利，甚至造成一定的侵扰，那么公共服务再完善，也不能被称为是好的基本公共服务。因此，独立设定公共满意度指标，能够更好地反映西南地区基本公共服务以及发展水平。

### 一、基本公共服务整体满意度分析

人们对于基本公共服务的满意度能够反映出不同地区（即城乡、民族地区和非民族地区等）对基本公共服务的期望与感知，衡量服务水平，进行满意度评价与对比能够找出当前阶段基本公共服务的薄弱环节，从而指导服务改进工作。

## （一）基本公共服务整体满意度得分

图8-3是根据加权平均得分方法对各项指标的满意度计算得分后，然后又根据总和计算出来的各一级指标满意度的平均得分。受访者对基本公共教育服务中的公共设施和环境保护满意度相对较高，公共教育、公共交通、医疗卫生和公共安全次之，而对社保就业服务满意度、住房保障服务满意度以及对政府提供的文化体育满意度最低。

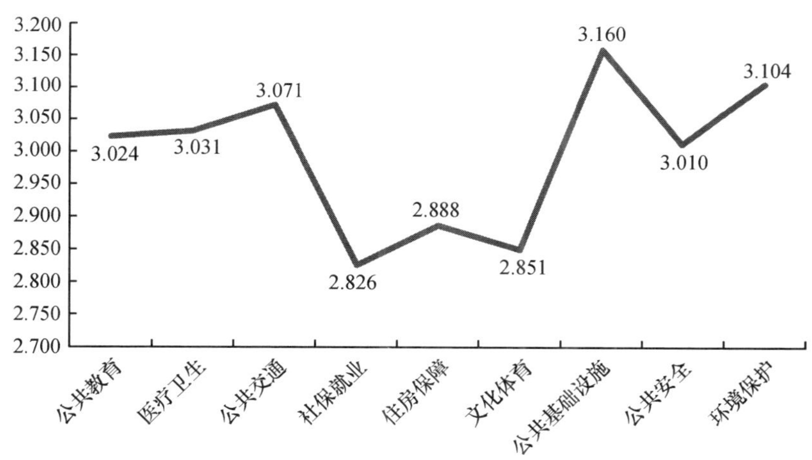


图8-3　基本公共服务整体满意度得分

## （二）城镇和农村满意度得分对比

图8-4描述的是城镇居民和农村人口对于满意度得分的差异，可以看出农村基本公共服务满意度整体都比城镇满意度低。城镇地区居民和户口为农村性质的居民对于公共教育服务满意度平均得分分别为3.036、2.981；医疗卫生服务满意度平均得分分别为3.050、2.984；公共交通服务满意度平均得分分别为3.131、3.006；社保就业服务满意度平均得分分别为2.860、2.818；住房保障服务满意度平均得分分别为2.892、2.882；文化体育服务满意度平均得分分别

为 2. 934、2. 791；公共基础设施服务满意度平均得分分别为 3. 232、3. 079；公共安全服务满意度平均得分分别为 2. 975、3. 016；环境保护服务满意度得分分别为 3. 155 和 3. 066。虽然对于少数民族地区来说，农村地区居民对公共安全服务满意度的评价得分高于城镇地区，但其他方面都普遍低于城镇居民。

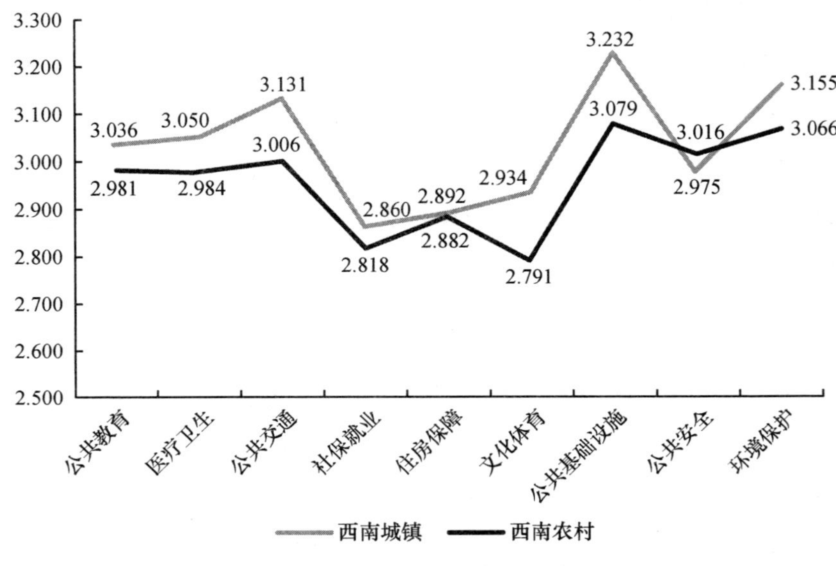


图 8-4　城镇和农村满意度得分对比

## （三）民族地区与非民族地区满意度得分对比

如图 8-5 所示，通过对民族地区和非民族地区基本公共服务满意度的对比分析可知：整体来看，非民族地区基本公共服务满意度高于民族地区，尤其是在公共教育、医疗卫生和公共安全服务满意度方面相差甚大，而且不论是在民族地区，还是非民族地区，居民对政府在社保就业、住房保障以及对政府开展文化体育活动的满意度都比较低。保障公民生存权利和发展权利的重要手段是实现基本公共服务均等化，其实质在于，政府要为全体社会成员提供最基本的公共产品和公共服务。公共服务既是社会实现和谐的安全网，也是社会发展的稳定器，主要应由中央财政支出予以保障。

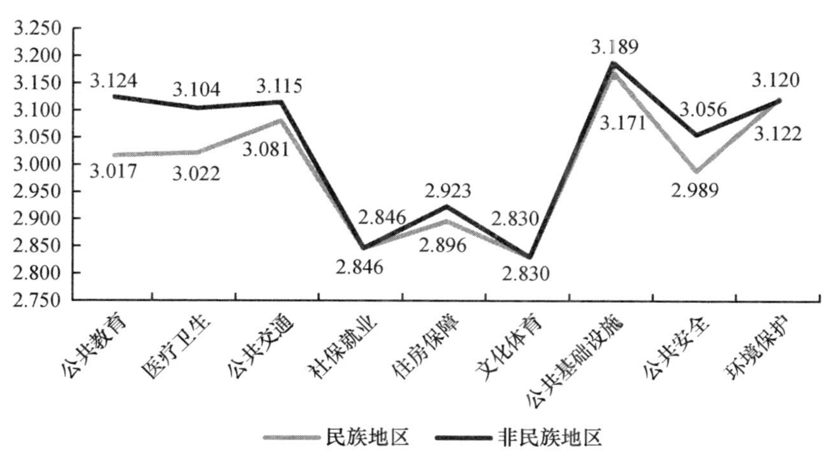


图 8-5 民族地区与非民族地区满意度得分比较

### （四）个体特征（不同群体）基本公共服务满意度比较

通过对九类基本公共服务，六项不同个体特征的 Pearson 相关系数检验，所有项目均通过双尾检验，不同个体特征在不同基本公共服务满意度上都有显著差异性。总的来说，年龄越大、文化程度越高、收入水平越高、居住时间越长满意度越高，工作单位是体制内的满意度高于体制外。

## 二、目前居民感到不满时的做法

在对被调查者问到“如果你对政府提供的公共服务不满意，你会选择?”在提供的①沉默；②用法律诉讼方式表达；③向媒体表达；④向政府投诉；⑤向熟人抱怨；⑥向陌生人抱怨；⑦其他几种方式里，通过统计研究得到图 8-6，可以看出有 25%的人选择向熟人抱怨；24%的人选择沉默，还有 17%的人选择了其他，而这三项所占比例都高达 66%，还有 7%的人选择向陌生人抱怨，仅有较少的人，在自己对政府提供的公共服务不满意时，会选择利用正规渠道去争取自己和其他居民的正当利益，而绝大多数的人们选择了漠视、容忍和接纳。

通过以上分析，可得出以下结论：目前民族地区基本公共服务满意度得分

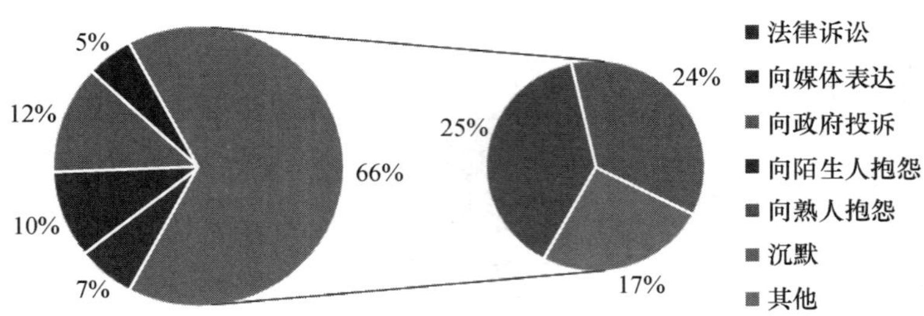


图 8-6　居民在对政府提供的公共服务不满时的行为选择

都很低，特别是在对社保就业、住房保障服务以及对文化体育满意度是最低的。并且城乡对基本公共服务满意度差异较大，农村基本公共服务满意度整体都比城镇满意度低。民族地区满意度多数项目低于非民族地区。不同群体被调查者基本公共服务满意度差异显著。从基本公共服务需求角度分析，其差异性越显著，说明非均等化越高。

目前居民在面对政府提供的不太满意的公共服务时，很少有积极主动地采取必要措施来提高满意度的做法，大多是采取消极抱怨或者默不作声的态度。

# 第九章
# 2017 年基本公共服务调研报告

本章分析的数据来源于 2017 年 7—8 月组织的问卷调查，此次调查采用分散调查方式，调查方法为简单随机抽样法，总样本数 5 242 份，有效样本 5 242 份，问卷分为城市问卷和农村问卷，问卷指标体系一致，但具体内容根据城乡特点，有细微差别。其中城市全样本数 2 192 份（见表 9-1），其中西南地区 1 568 份，包括西南民族地区 897 份，非民族地区 671 份。农村样本数 3 050 份，其中西南地区 2 424 份，包括民族地区样本数 1 400 份，非民族地区 1 024 份。本次调查在 2015 年满意度调查基础上增加了重要性调查，指标体系沿用了 2015 年调查指标，保持了调查的连续性。

表 9-1　　个案处理摘要

Case Processing Summary

| | | N | % |
|---|---|---|---|
| Cases | Valid | 2 192 | 100. 0 |
| | Excluded[a] | 0 | 0. 0 |
| | Total | 2 192 | 100. 0 |

a. Listwise deletion based on all variables in the procedure.

# 第一节　城市地区基本公共服务调研分析

## 一、调查问卷的有效性分析

本章利用统计软件 SPSS Statistics 24. 0 对修正后的指标体系进行统计分析，计算出该指标体系的信度和效度，对问卷进行可靠性和有效性分析。

### （一）信度检验结果

调查问卷数据的信度见表 9-2，此次调查问卷的 Cronbach's Alpha 系数为 0. 947，去除问卷前面的甄别问题和背景资料，还包含有 76 道问题，说明问卷题项之间具有很高的一致性，表明问卷的可靠性和一致性较高。

**表 9-2　　　　基本公共服务调查问卷的整体信度**

Reliability Statistics

| Cronbach's Alpha | N of Items |
| --- | --- |
| 0. 947 | 76 |

### （二）效度检验结果

由表 9-3 可知，KMO>0. 9，而且达到了 0. 978，Bartlett 球形检验的显著性概率<0. 05，表示变量之间存在显著的相关性，做因子分析是非常适合的，表明该问卷的效度是较好的。

**表 9-3　　　　基本公共服务满意度调查问卷整体效度分析**

KMO and Bartlett's Test

| Kaiser-Meyer-Olkin Measure of Sampling Adequacy. | | 0. 978 |
| --- | --- | --- |
| Bartlett's Test of Sphericity | Approx. Chi-Square | 119 851. 849 |
| | df | 2 850 |
| | Sig. | 0. 000 |

## 二、调研情况

基本公共服务满意度的指标包括以下几项：基础教育、医疗卫生、公共交通、社保就业、住房保障、文化体育、公共基础设施、公共安全和环境保护 9 个一级指标，38 个二级指标，去除问卷前面的甄别问题和背景资料，还包含有 87 道问题，基本涵盖了基本公共服务的主要内容。使用社会科学统计分析软件 SPSS 24.0 对数据进行分析，经过单样本 K-S 检验后，样本数据呈正态分布。

如表 9-4 所示，对调查全样本特征基本统计结果表明，在该样本中，所选取的对象各项分布较为均衡，具有广泛性，且调查对象的选取具有合理性和代表性。受访者里的男性、女性各占一半；年龄主要集中在 22~45 岁，呈现出以青壮年为主的特征；受访者学历在大专和本科以下的文化程度分布较为均匀，而学历为研究生及以上的群体为 7%；从受访者月平均收入来看，3 001~5 000 元的最多，占总样本的 34.6%，其次为 1 000 元以下的占 11.4%，1 000~3 000 元的占 32.0%，月收入在 10 000 元以上的仅为 5.0%，说明调查对象收入水平总体比较偏低；一半以上受访者为本地户籍常住居民。

**表 9-4　　调查样本基本情况①**

| 统计指标 | | 比例 |
|---|---|---|
| 性别 | 男 | 50% |
| | 女 | 50% |
| 年龄 | 12~21 岁 | 30.4% |
| | 22~35 岁 | 35.1% |
| | 36~45 岁 | 20.6% |
| | 46~60 岁 | 10.6% |
| | 60 岁以上 | 3.3% |
| 文化程度 | 初中及以下 | 28.2% |
| | 高中和中专 | 29.2% |
| | 大专和本科 | 35.6% |
| | 研究生及以上 | 7.0% |

| 统计指标 | | 比例 |
|---|---|---|
| 居住地 | 西南地区 | 71.5% |
| | 中部地区 | 13.6% |
| | 东部地区 | 14.9% |
| 家庭人均月收入 | 1 000 元以下 | 11.4% |
| | 1 000~3 000 元 | 32.0% |
| | 3 001~5 000 元 | 34.6% |
| | 5 001~10 000 元 | 17.0% |
| | 10 000 元以上 | 5.0% |
| 户籍和居住方式 | 本地户籍常住居民 | 65.2% |
| | 外地户籍常住居民 | 17.0% |
| | 本地户籍非常住居民 | 11.5% |
| | 外地户籍非常住居民 | 6.3% |

① 数据来源：调研数据整理所得（以下未做说明的皆为调研数据整理所得）。

城市调查问卷西南地区样本基本情况见表 9-5。

表 9-5　　城市西南地区调查样本基本情况

<table>
<tr><th colspan="2">统计指标</th><th>比例</th><th colspan="2">统计指标</th><th>比例</th></tr>
<tr><td rowspan="2">性别</td><td>男</td><td>51.0%</td><td rowspan="5">家庭人均月收入</td><td>1 000 元以下</td><td>15.4%</td></tr>
<tr><td>女</td><td>49.0%</td><td>1 000~3 000 元</td><td>30.3%</td></tr>
<tr><td rowspan="5">年龄</td><td>12~22 岁</td><td>37.5%</td><td>3 001~5 000 元</td><td>39.0%</td></tr>
<tr><td>22~35 岁</td><td>40.0%</td><td>5 001~10 000 元</td><td>12.4%</td></tr>
<tr><td>36~45 岁</td><td>12.7%</td><td>10 000 元以上</td><td>2.9%</td></tr>
<tr><td>45~60 岁</td><td>7.5%</td><td rowspan="6">户籍和居住方式</td><td rowspan="2">本地户籍常住居民</td><td rowspan="2">54.7%</td></tr>
<tr><td>60 岁以上</td><td>2.3%</td></tr>
<tr><td rowspan="4">文化程度</td><td>初中及以下</td><td>35.0%</td><td>外地户籍常住居民</td><td>20.7%</td></tr>
<tr><td>高中和中专</td><td>28.2%</td><td>本地户籍非常住居民</td><td>15.5%</td></tr>
<tr><td>大专和本科</td><td>28.4%</td><td rowspan="2">外地户籍非常住居民</td><td rowspan="2">9.1%</td></tr>
<tr><td>研究生及以上</td><td>8.4%</td></tr>
</table>

个体特征占比分别由图形表示如图 9-1 所示①。被调查者男性稍大于女性；受访者年龄主要集中在 18~45 岁，呈现出以青壮年为主的特征。

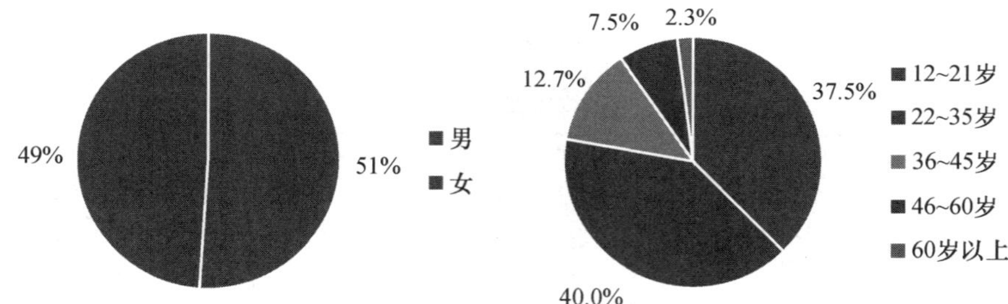


图 9-1　年龄比例与性别比例

如图 9-2 所示，受访者学历在大专和本科以下的文化程度分布较广，其中初中及以下更多。而学历为研究生及以上的群体为 8.4%；从受访者月平均收入来看，3 001~5 000 元的最多，占总样本的 39.0%，其次为 1 000~3 000 元的占 30.3%，而月收入在 10 000 元以上的仅为 2.9%，说明调查对象收入水平总体偏低。

① 图形来源：调研数据整理所得（以下未做说明的皆为调研数据整理所得）。

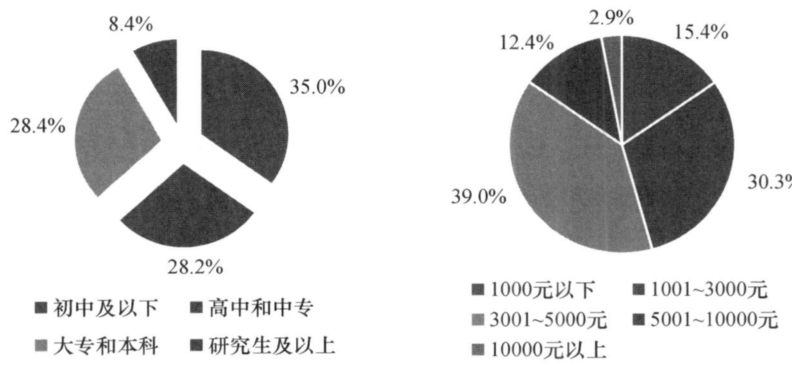


图 9-2　学历比例与家庭月收入比例

对西南地区样本特征基本统计结果表明，西南地区被调查者男性稍大于女性；年龄主要集中在 18~45 岁，呈现出以青壮年为主的特征；受访者学历在大专和本科以下的文化程度分布较广，其中初中及以下更多。而学历为研究生及以上的群体为 8.4%；从受访者月平均收入来看，3 001~5 000 元的最多，占总样本的 39.0%，其次为 1 000~3 000 元的占 30.3%，而月收入在 10 000 元以上的仅为 2.9%，说明西南地区民众收入水平总体偏低；一半以上受访者为本地户籍常住居民，如图 9-3 所示。

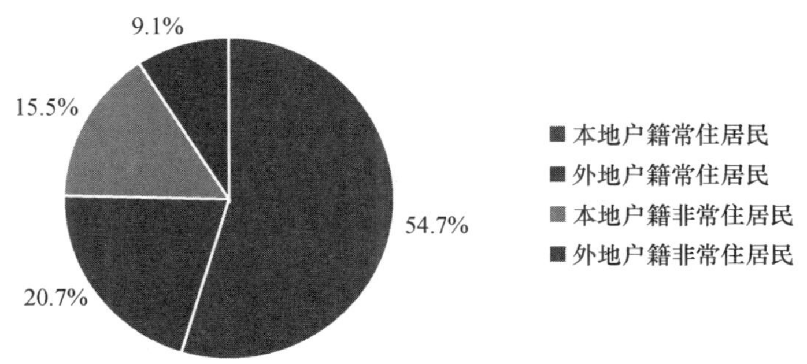


图 9-3　不同户籍和居住地比例

## 三、西南地区城市 ISA 分析

重要性—满意度分析方法（Importance-Satisfaction Analysis，ISA）简称 ISA 分析法。该方法是一种简单有效的优化资源的方法，以其直观、易操作、易解读而得到广泛应用。ISA 分析法把满意度和重要性连接了起来，通过满意度和重要性的对比，来找出需要优先解决的事项。模型由四个基本象限组成，分别代表满意度和重要性的四种不同组合。通过 ISA 模型，我们能比较容易定位哪些需要优先解决，哪些需要继续保持或减少投入。该模型最早是用来分析管理战略，而后被逐渐用于公共服务市民评估方面（Hawes&Rao，1985；Myers，1999；Oliver，1997；Vavra，1997；Allen&Rao，2000）。ISA 分析法要求受访者对指定调查对象的各项衡量指标从重要性和满意度表现两个方面来评价各测评要素，帮助管理者可通过获得的数据在 4 个象限中对应的位置来确定改进的优先次序，优化资源配置，指导该项服务进行改进，进而提高顾客满意度。本章创造性地使用该模型，分析基本公共服务供需匹配情况。

本章采用五级李克特量表，受访者对基本公共服务的满意度打分，选项数字从 1~5，表示“很不满意”到“非常满意”，对此进行正向计分，表示的分值是 1~5 分，通过加权平均得分方法对各项指标的满意度得分进行统计分析，形成了一个指数，该项评分越高，则对基本公共服务越满意。将 9 个特征项（见表 9-6）的重要性和满意度感知的平均得分映射到 ISA 表格中。以重要性为 $X$ 轴，以满意度为 $Y$ 轴，以 9 项感知特征项的重要性和满意度均值为象限划分点绘制了 ISA 方格图，如图 9-4 所示。

表 9-6　　西南地区基本公共服务重要性—满意度分析

| 内容 | 重要性 | 满意度 |
|---|---|---|
| 基础教育 | 4.34 | 3.85 |
| 医疗卫生 | 4.26 | 3.66 |
| 公共交通 | 4.11 | 3.69 |
| 社保就业 | 4.13 | 3.67 |
| 住房保障 | 4.05 | 3.58 |

续表

| 内容 | 重要性 | 满意度 |
|---|---|---|
| 文化体育 | 4.01 | 3.72 |
| 公共基础设施 | 4.12 | 3.76 |
| 公共安全 | 4.27 | 3.76 |
| 环境保护 | 4.16 | 3.67 |

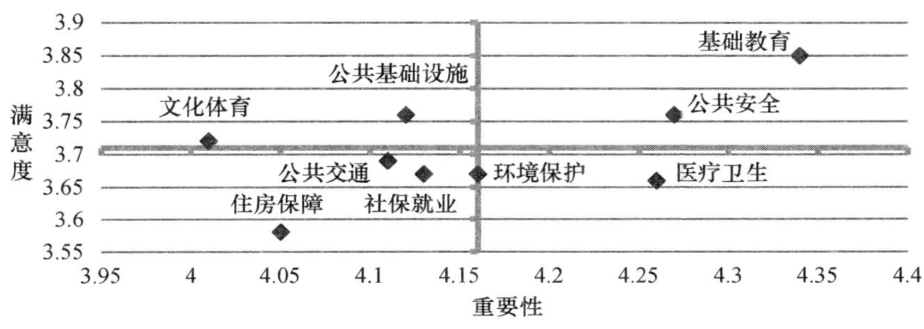


图 9-4　西南地区整体 ISA 分析图

## （一）城市西南地区整体 ISA 分析

如图 9-4 所示，第Ⅰ象限（高重要性、高满意度），该象限是双高区域，属于优势区，应继续保持项目，同时也是供需高水平均衡区。城市整体 ISA 分析图中落在该象限的服务项目有 2 个，分别是基础教育和公共安全，说明在城市整体公共服务中，这两个方面的服务特质属于其优质项目，政府应当保持这两个方面的服务特质。

第Ⅱ象限（低重要性、高满意度），属于保持区，服务供给过度。城市整体 ISA 分析图中落在该象限的服务项目有 2 个，分别是文化体育和公共基础设施。这些“过度供给”的项目并不需要过分重视，可适当调低供给增量。

第Ⅲ象限（低重要性、低满意度），属于低优先顺序项目，也是供需低水平均衡区。城市整体 ISA 分析图中落在该象限的服务项目有 3 个，分别是公共交通、社保就业、住房保障。双低意味着居民对其期望值和满意度都很低，这个区域的问题不需要优先解决，政府可暂时不考虑这些服务项目。

第Ⅳ象限（高重要性、低满意度）即为重点改进项目，同时也是需求大于供给的区域。这个区域代表着受访者的满意度低，但重视程度高的项目，城市整体 ISA 分析图中落在该象限的服务项目有 2 个，分别是医疗卫生和环境保护。

## （二）城市西南民族地区 ISA 分析

西南地区是少数民族聚居地，把调查对象所在地划分为民族地区和非民族地区，进行比较研究。

由表 9-7 可知，受访者对西南民族地区基本公共服务的整体满意度较高。在重要性方面，基础教育是重视程度最高的，接下来是医疗卫生；在满意度方面，受访者最满意的也是基础教育，其次是公共基础设施。

表 9-7　　西南民族地区重要性—满意度分析

| 内容 | 重要性 | 满意度 |
| --- | --- | --- |
| 基础教育 | 4. 31 | 3. 98 |
| 医疗卫生 | 4. 2 | 3. 81 |
| 公共交通 | 4. 02 | 3. 89 |
| 社保就业 | 4. 03 | 3. 85 |
| 住房保障 | 3. 94 | 3. 77 |
| 文化体育 | 3. 96 | 3. 86 |
| 公共基础设施 | 4. 05 | 3. 91 |
| 公共安全 | 4. 16 | 3. 9 |
| 环境保护 | 4. 02 | 3. 86 |

图 9-5 显示，第Ⅰ象限有两个指标服务，属于高重要性、高满意度，属于需要继续保持项目。分别是基础教育和公共安全。

第Ⅱ象限有两个指标服务，属于低重要性、高满意度，供给过度的项目。分别是公共基础设施和公共交通。

第Ⅲ象限有四个指标服务，属于低重要性、低满意度，低优先顺序。分别是社保就业、住房保障、文化体育和环境保护。

第Ⅳ象限有一个指标服务，属于高重要性、低满意度，重点改善区域。这表明城市民族地区医疗卫生需要引起当地政府的重视，并想办法解决完善。

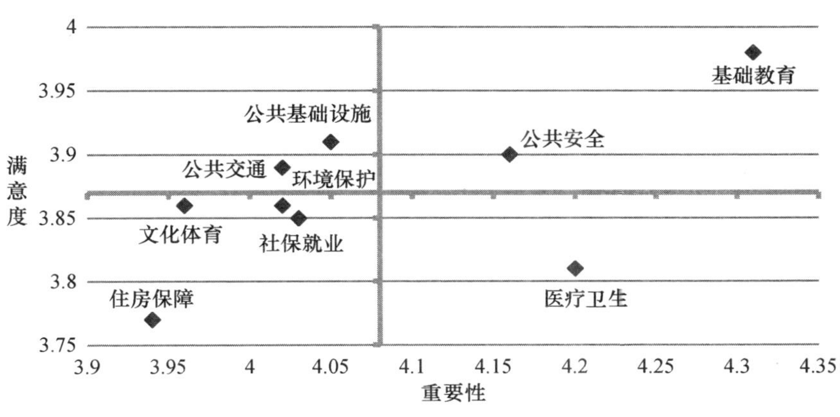


图 9-5 西南民族地区 ISA 分析

## (三) 城市西南非民族地区 ISA 分析

由表 9-8 可知，受访者对西南非民族地区基本公共服务比较满意。在重要性方面，基础教育是重视程度最高的，接下来是医疗卫生；在满意度方面，受访者最满意的也是基础教育，其次是公共安全。与西南民族地区相比，重视程度最高和满意度最高的无差异，但相对来说，西南民族坳区对基本公共服务满意度高于西南非民族地区。也说明，最近两年，政府在民族地区财政投入的倾斜力度发挥了较为明显的作用。

表 9-8　　西南非民族地区重要性—满意度分析

| 内容 | 重要性 | 满意度 |
| --- | --- | --- |
| 基础教育 | 4. 39 | 3. 68 |
| 医疗卫生 | 4. 35 | 3. 47 |
| 公共交通 | 4. 23 | 3. 42 |
| 社保就业 | 4. 26 | 3. 44 |
| 住房保障 | 4. 19 | 3. 33 |
| 文化体育 | 4. 09 | 3. 52 |
| 公共基础设施 | 4. 21 | 3. 55 |
| 公共安全 | 4. 42 | 3. 57 |
| 环境保护 | 4. 28 | 3. 43 |

如图 9-6 所示，第 I 象限有两个指标服务，属于高重要性、高满意度，属

于需要继续保持项目。分别是基础教育和公共安全。

第Ⅱ象限有两个指标服务，属于低重要性、高满意度，供给过度的项目。分别是文化体育和公共基础设施。

第Ⅲ象限有三个指标服务，属于低重要性、低满意度，低优先顺序。分别是公共交通、社保就业、住房保障。

第Ⅳ象限有两个指标服务，属于高重要性、低满意度，重点改善区域。这表明城市非民族地区医疗卫生和环境保护需要引起当地政府的重视，并想办法解决完善。

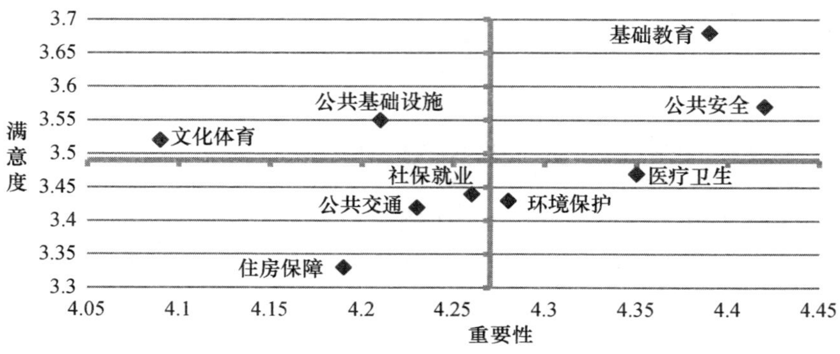


图 9-6 西南非民族地区 ISA 分析

通过对比发现，如表 9-9 所示，整体来看，西南地区整体重要性和满意度评价与西南非民族地区评价保持一致。基础教育和公共安全在以上三个 ISA 模型图中，都位于第Ⅰ象限，即高重要性、高满意度。表明受访者对基础教育领域中的需求强度高，且对政府提供的相关公共服务相对比较满意，应该继续保持这种态势；西南民族地区居民认为公共交通属于低重要性、高满意度领域，表明近年来政府在公共交通投入过多，应抽出一部分财力和物力关注公共服务的其他方面，而对于西南地区整体和西南非民族地区来说，应减少对公共基础设施的投入；社保就业和住房保障在三个分地区中都属于双低区域，属于低水平的平衡；医疗卫生的在三个 ISA 分析图中都处于第Ⅳ象限，表明医疗卫生服务需要重点增加投入。

表 9-9　　象限分布

| 分布 | 第Ⅰ象限（双高） | 第Ⅱ象限（低重要、高满意） | 第Ⅲ象限（双低） | 第Ⅳ象限（高重要、低满意） |
|---|---|---|---|---|
| 西南地区整体 | 公共安全、基础教育 | 公共基础设施、文化体育 | 社保就业、公共交通、住房保障 | 医疗卫生、环境保护（可归为第Ⅲ象限） |
| 西南民族地区 | 公共安全、基础教育 | 公共基础设施、公共交通 | 社保就业、文化体育、环境保护、住房保障 | 医疗卫生 |
| 西南非民族地区 | 基础教育、公共安全 | 文化体育、公共基础设施 | 社保就业、公共交通、住房保障 | 医疗卫生、环境保护 |

## （四）西南地区整体、西南民族地区及非民族地区重要性对比

根据加权平均得分方法对各项指标的重要性计算得分后，然后计算出来各一级指标重要性的平均得分。由图 9-7 可以看出，西南地区整体、西南民族地区和西南非民族地区的受访者对基本公共服务中的公共安全服务重要性评价相对较高，但总的来说，民族地区和非民族地区受访者对基本公共服务重要性评价得分都在 4 分以上，表明这份问卷涉及的基本公共服务需求强度较高。

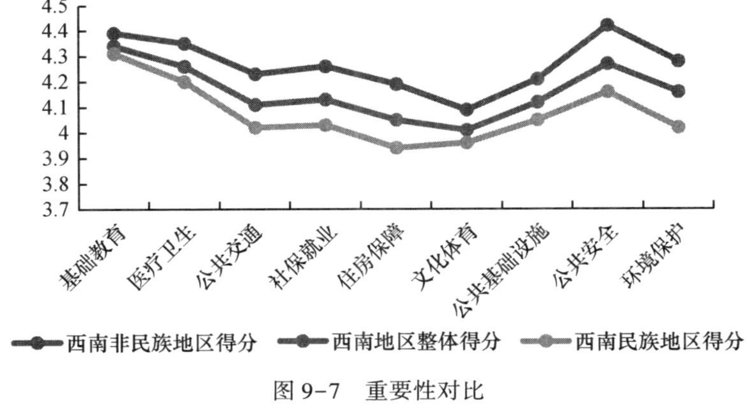


图 9-7　重要性对比

比较重要性评价发现，西南非民族地区对各项基本公共服务重要性评价最高，其次为西南地区整体，最后为西南民族地区。也间接反映出西南非民族地区居民的认知比西南民族地区高。

### （五）西南地区整体、西南民族地区和西南非民族地区满意度对比

根据加权平均得分方法对各项指标的满意度计算得分后，再根据总和计算出各一级指标满意度的平均得分。由图 9-7、图 9-8 可以看出，西南民族地区和西南非民族地区的受访者对基本公共服务中的公共安全服务满意度得分不如重要性高，表明基本公共服务供给满意度达不到需求强度，还有提高空间。

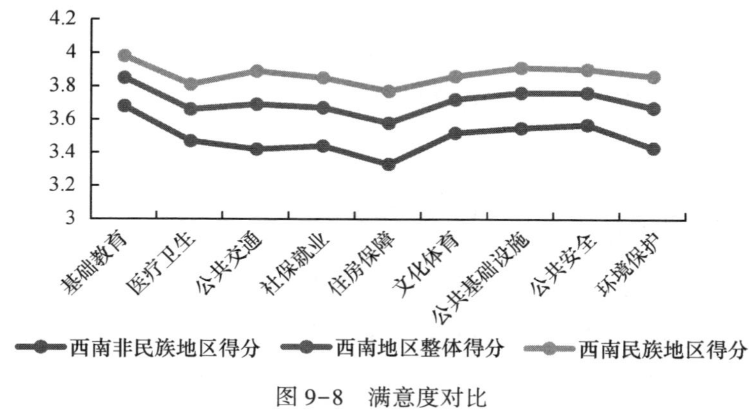


图 9-8　满意度对比

如图 9-8 所示，基本公共服务满意度中西南民族地区满意度得分高于非民族地区，西南地区整体满意度得分居中。而在重要性对比图中，如图 9-7 所示，非民族地区重要性认知高于民族地区。

## 四、城市基本公共服务供给排序分析

### （一）西南地区基本公共服务供给排序

运用加权平均得分方法对各项指标的重要性得分进行统计分析，得分越高，说明对基本公共服务越重视，排序越靠前。

由表 9-10 加权得分知，供给排序按从前往后依次为：公共安全、住房保障、公共交通、社保就业、环境保护、公共基础设施、文化体育、基础教育、医疗卫生。

表 9-10　　西南地区基本公共服务供给排序

| 项目 | 得分 | 排名 |
| --- | --- | --- |
| 基础教育 | 3.47 | 8 |
| 医疗卫生 | 3.43 | 9 |
| 公共交通 | 3.97 | 2 |
| 社保就业 | 3.93 | 4 |
| 住房保障 | 3.97 | 2 |
| 文化体育 | 3.67 | 7 |
| 公共基础设施 | 3.82 | 6 |
| 公共安全 | 4.07 | 1 |
| 环境保护 | 3.88 | 5 |

### (二) 西南民族地区基本公共服务供给排序

由表 9-11 加权得分知，供给排序按从前往后依次为：医疗卫生、公共交通、环境保护、公共安全、住房保障、社保就业、文化体育、公共基础设施、基础教育。

表 9-11　　西南民族地区基本公共服务供给排序

| 项目 | 得分 | 排名 |
| --- | --- | --- |
| 基础教育 | 3.09 | 9 |
| 医疗卫生 | 4.37 | 1 |
| 公共交通 | 4.08 | 2 |
| 社保就业 | 3.94 | 6 |
| 住房保障 | 3.98 | 5 |
| 文化体育 | 3.83 | 7 |
| 公共基础设施 | 3.77 | 8 |
| 公共安全 | 4.00 | 4 |
| 环境保护 | 4.03 | 3 |

### (三) 西南非民族地区基本公共服务供给排序

由表 9-12 加权得分知，供给排序按从后往前依次为：文化体育、环境保护、公共交通、公共基础设施、社保就业、住房保障、基础教育、公共安全、医疗卫生。

表 9-12　　西南非民族地区基本公共服务供给排序

| 项目 | 得分 | 排名 |
| --- | --- | --- |
| 基础教育 | 3.99 | 3 |
| 医疗卫生 | 4.51 | 1 |
| 公共交通 | 3.83 | 7 |
| 社保就业 | 3.92 | 5 |
| 住房保障 | 3.96 | 4 |
| 文化体育 | 3.45 | 9 |
| 公共基础设施 | 3.89 | 6 |
| 公共安全 | 4.16 | 2 |
| 环境保护 | 3.69 | 8 |

### （四）排名对比分析

由表 9-13 可见，医疗卫生在西南民族地区和西南非民族地区的重要性都排在第一位，在 ISA 模型分析中，医疗卫生也是属于高重要、低满意度象限，需要重点加强。西南非民族地区相较于民族地区对教育更加重视，而西南民族地区相较于非民族地区对公共交通和环境保护更加重视。

表 9-13　　西南地区基本公共服务排名汇总

| 项目 | 西南整体 | 西南民族 | 西南非民族 |
| --- | --- | --- | --- |
| 基础教育 | 8 | 9 | 3 |
| 医疗卫生 | 9 | 1 | 1 |
| 公共交通 | 2 | 2 | 7 |
| 社保就业 | 4 | 6 | 5 |
| 住房保障 | 2 | 5 | 4 |
| 文化体育 | 7 | 7 | 9 |
| 公共基础设施 | 6 | 8 | 6 |
| 公共安全 | 1 | 4 | 2 |
| 环境保护 | 5 | 3 | 8 |

## 五、城市西南民族地区个人特征满意度差异性分析

西南是少数民族聚居地区，以下主要对西南民族地区基本公共服务人群差异进行分析。

不同的个体对基本公共服务的满意度呈现差异化，以下从性别、年龄、文化程度、家庭人均月收入以及户籍与居住方式五个方面划分不同人群，并运用 Pearson 相关系数法分析城市西南民族地区人群满意度的差异性。系数越大，表示不同特征人群满意度差异性越大，主观感受均等化程度越低。

**表 9-14　城市西南民族地区不同个体满意度 Pearson 相关系数（897 样本数）**

| 项目 | 性别 | 年龄 | 文化程度 | 家庭人均月收入 | 户籍和居住方式 |
|---|---|---|---|---|---|
| 基础教育 | 0.044 | -0.250** | -0.095** | -0.098** | 0.312** |
| 医疗卫生 | 0.050 | -0.280** | -0.099** | -0.056 | 0.328** |
| 公共交通 | 0.019 | -0.185** | -0.109** | -0.049 | 0.336** |
| 社保就业 | 0.022 | -0.234** | -0.120** | -0.053 | 0.342** |
| 住房保障 | 0.061 | -0.220** | -0.168** | -0.021 | 0.292** |
| 文化体育 | 0.091** | -0.162** | -0.172** | -0.095** | 0.274** |
| 公共基础设施 | 0.047 | -0.224** | -0.154** | -0.108* | 0.298** |
| 公共安全 | 0.030 | -0.243** | -0.160** | -0.103** | 0.322** |
| 环境保护 | 0.059 | -0.241** | -0.182** | -0.071* | 0.301** |

### （一）公共教育服务综合满意度人群差异分析

不同个体特征的公众对公共教育服务的认知和评价会有所不同，分析被调查者个体特征因素对公共教育服务综合满意度的影响，有助于从个体特征角度分析基本公共服务在不同群体间的均等化水平，同时了解不同群体对基本公共服务的需求，为相关政策的指定提供依据。下面根据表 9-14 的报告结果对公共教育服务满意度的人群差异进行了分析。

（1）性别因素

性别与教育服务综合满意度的相关系数为 0.044（其中男性=1，女性=2，

双尾检验显著性：$P>0.5$）。说明这两个变量间的相关性没有通过检验。

（2）年龄因素

受访者的年龄跟教育服务综合满意度负相关，即年龄越大，对教育服务的评价越低，相关系数为-0.250**（双尾检验显著性：** $P<0.01$）。说明不同年龄的被调查者对当地公共教育服务满意度差异显著。从平均值来看，不同年龄层的受访者对所在城市教育服务的综合满意度有所不同，除了22~35岁这个年龄层和少数60岁以上的人群外，满意度随着年龄的增长而逐级增长。

（3）学历因素

学历与教育服务综合满意度的相关系数为-0.095**（双尾检验显著性：** $P<0.01$）。说明不同学历的被调查者对当地公共教育服务满意度的差异显著。比较不同学历的满意度平均得分发现：大专和本科学历的群体对义务教育满意度评价最低，尤其是对义务教育硬件条件最为不满，而研究生及以上学历人员满意度达到最高。

（4）家庭人均月收入因素

家庭人均月收入因素与教育服务综合满意度的相关系数为-0.098**（双尾检验显著性：** $P<0.01$）。说明不同家庭人均月收入因素的受访者对当地公共教育服务满意度的差异显著。随着收入的增加，对教育服务的综合满意度逐渐降低。一般来说，收入越高的人群，对子女教育的投入就越多，对于子女教育越重视，对相关教育教学的硬件要求也越高，而在民族地区整体硬件水平一定的情况下，评价越苛刻，满意度越低。

（5）户籍和居住方式因素

比较不同户籍和居住方式对公共教育服务满意度的影响发现，不同户籍和居住方式与教育服务综合满意度的相关系数为0.312**（双尾检验显著性：** $P<0.01$）。说明不同户籍和居住方式的被调查者对当地公共教育服务满意度差异显著。外地户籍居民对城市地区教育公共服务相对比较满意，这可能是因为存在“人往高处走，水往低处流”的现象，即这些外地户籍的居民一般都是从别的比较贫穷或偏远的地区迁移而来，从对过去自己生活环境的对比中，对现在所处地区的基本公共服务满意度还是比较高的。

## （二）医疗卫生服务综合满意度人群差异分析

（1）性别因素

首先看性别之间满意度的差异，比较性别对医疗卫生服务满意度的影响发现，性别与医疗卫生服务综合满意度的相关系数为 0.050（双尾检验显著性：$P>0.05$），说明两个变量没有通过检验，不具有统计意义。

（2）年龄因素

受访者的年龄跟医疗卫生综合满意度负相关，即年龄越大，对医疗卫生服务的评价越低，相关系数为 $-0.280^{**}$（双尾检验显著性：$^{**}P<0.01$）。说明不同年龄的被调查者对当地医疗卫生服务满意度有差异，而且差异显著。根据年龄段划分的不同层次，发现 35 岁以下年龄段人群对医疗卫生服务的满意度较高，35 岁以上年龄段人群对医疗卫生服务的满意度稍有下降。

（3）文化水平因素

受访者的不同文化程度跟医疗卫生综合满意度负相关，即受教育年限越长，对医疗卫生服务的评价越低，相关系数为 $-0.099^{**}$（双尾检验显著性：$^{**}P<0.01$）。说明不同受教育年限的被调查者对当地医疗卫生服务满意度有差异，而且差异显著。总体来说，学历越高，对医疗卫生服务的满意度会越来越高。

（4）家庭人均月收入因素

受访者的家庭人均月收入跟医疗卫生综合满意度负相关，即家庭人均月收入越高，对医疗卫生服务的评价越低，相关系数为 -0.056（双尾检验显著性：$P>0.05$）。说明不同家庭人均月收入的被调查者对当地医疗卫生服务满意度差异不显著。

（5）户籍和居住方式因素

受访者的户籍和居住方式跟医疗卫生综合满意度正相关，相关系数为 $0.328^{**}$（双尾检验显著性：$^{**}P<0.01$）。说明不同家户籍和居住方式的被调查者对当地医疗卫生服务满意度差异显著。外地户籍常住居民对医疗机构医疗水平满意度明显较高，外地户籍非常住居民对医疗卫生机构（医院、药房、诊所）数量满意度比较。相比之下，受访者普遍对医疗卫生机构合理收费感到不满，满意度较低。

## （三）公共交通服务综合满意度人群差异分析

（1）性别因素

性别与公共交通服务综合满意度的相关系数为 0.019，双尾检验显著性 $P>0.05$。未通过检验。

（2）年龄因素

年龄与公共交通服务综合满意度的相关系数为-0.185**（双尾检验显著性：** $P<0.01$）。说明不同性别的被调查者对于当地公共交通服务满意度的差异显著。根据不同年龄段的划分来看，12~21 岁、22~35 岁的群体满意度较高，并且对于 36~45 岁、46~60 岁以及 60 岁以上的受访者来说，随着受访人群年龄的增长，他们对当地公共交通服务满意度有着递增的趋势。

（3）文化程度因素

文化程度与公共交通服务综合满意度的相关系数为-0.109**（双尾检验显著性：** $P<0.01$）。说明不同文化程度的被调查者对于当地公共交通服务满意度的差异比较显著。文化程度对公共交通服务的满意度所呈的趋势是先下降后上升，从初中到本科，其满意度开始下降，研究生及以上学历人群对公共交通服务的满意度显著提高，并达到峰值。

（4）家庭人均月收入因素

家庭人均月收入与公共交通服务综合满意度的相关系数为-0.049（双尾检验显著性：$P>0.1$）。未通过检验。

（5）户籍和居住方式因素

户籍和居住方式与公共交通服务综合满意度的相关系数为 0.336**（双尾检验显著性：** $P<0.01$）。说明不同户籍和居住方式的被调查者对于当地公共交通服务满意度的差异显著。并且外地户籍满意度高于本地户籍，而且外地户籍非常住居民满意度高于常住居民，本地户籍常住居民满意度最低。

## （四）社保就业服务综合满意度人群差异分析

（1）性别因素

性别与社保就业服务综合满意度的相关系数为 0.022（双尾检验显著性：

$P>0.1$）。未通过检验。

（2）年龄因素

年龄与社保就业服务综合满意度的相关系数为-0.234**（双尾检验显著性：** $P<0.01$）。说明不同年龄的被调查者对当地社保就业服务满意度存在明显差异。整体来说，12~21 岁、22~35 岁的受访者对完善医疗保险体系、本地区养老保障服务、本地区最低生活保障服务、弱势群体特殊关照、提供就业和劳务输出信息和职业技能培训方面满意度都是最高的，且明显高于其他被调查者的群体。

（3）文化程度因素

文化程度与社保就业服务综合满意度的相关系数为-0.120**（双尾检验显著性：** $P<0.01$）。说明不同文化程度的被调查者对当地社保就业服务满意度存在明显差异。其中，研究生及以上学历的受访者对社保就业服务的满意度最高，其次是初中及以下的受访者，其他学历受访者的满意度稍低于初中及以下学历的受访者。

（4）家庭人均月收入因素

家庭人均月收入与社保就业服务综合满意度的相关系数为-0.053（双尾检验显著性：$P>0.05$）。未通过检验。

（5）户籍和居住方式因素

户籍和居住方式与社保就业服务综合满意度的相关系数为 0.342**（双尾检验显著性：** $P<0.01$）。说明不同户籍和居住方式的被调查者对当地社保就业服务满意度差异显著。通过比较发现外地户籍非常住居民对社保就业满意度普遍高于其他受访者，尤其高于本地户籍常住居民。从整体来看，本地户籍常住居民、外地户籍常住居民、本地户籍非常住居民以及外地户籍非常住居民对社保就业的满意度相对来说较高。

### （五）住房保障服务综合满意度人群差异分析

“十三五”时期，政府提供了一系列的基本住房保障服务。国家通过建立基本住房保障制度，来实现维护公民居住的权利，为逐步满足区域居民对于基本住房的需求，从而实现住有所居。在国务院的规划下，各级地方政府也逐渐加大了民生住房保障方面的投入。但是由于财政分权制，民生住房保障方面的投入很大程度上由地方政府承担，中央政府按照不同地区的财力给予不同程度的支持。因为各地区和城市经济发展水平以及财政投入的不同，不同地区之间住房保障水平也不尽相同。下面根据表 9-14 的报告结果对住房保障服务满意度的人群差异进行了分析。

（1）性别因素

性别与住房保障服务综合满意度的相关系数为 0.061，但双尾检验显著性：$P>0.05$。未通过检验。

（2）年龄因素

年龄与住房保障服务综合满意度的相关系数为-0.220**（双尾检验显著性：** $P<0.01$）。说明不同年龄对当地住房保障服务满意度存在差异，且差异显著。比较发现，22~35 岁年龄阶段的受访者对住房保障服务的满意度最高，其次是 12~21 岁年龄段的受访者，35 岁以上各年龄段的满意度稍低，但差异不大。

（3）文化程度因素

文化程度与住房保障服务综合满意度的相关系数为-0.168**（双尾检验显著性：** $P<0.01$）。即不同文化程度对当地住房保障服务满意度之间存在显著差异。具体来说，不同文化程度对当地住房保障服务的满意度呈 V 形，满意度随着学历的上升先下降后升高。其中，初中及以下学历的受访者满意度最高，其次是研究生及以上学历的受访者，大专和本科学历的受访者满意度最低。

（4）家庭人均月收入因素

家庭人均月收入与住房保障服务综合满意度的相关系数为-0.021（双尾检验显著性：$P>0.1$）。未通过检验。

（5）户籍和居住方式因素

户籍和居住方式与住房保障服务综合满意度的相关系数为 0.292**（双尾检验显著性：** $P<0.01$）。说明不同户籍和居住方式群体对当地住房保障服务满意度之间差异显著。其中外地户籍的受访者对西南地区住房保障满意度较高，常住居民的满意度高于非常住居民的满意度。

## (六) 文化体育服务综合满意度人群差异分析

下面根据表 9-14 的报告结果对文化体育服务满意度的人群差异进行分析。

(1) 性别因素

性别与文化体育服务综合满意度的相关系数为 0.091** (双尾检验显著性：** $P<0.01$)。说明不同性别的群体对当地文化体育服务满意度之间有明显差异。女性对当地体育文化服务的满意度明显高于男性。

(2) 年龄因素

年龄与文化体育服务综合满意度的相关系数为-0.162** (双尾检验显著性：** $P<0.01$)。说明不同年龄的群体对当地文化体育服务满意度之间存在差异，且差异比较显著。其中，22~35 岁年龄段的群体对文化体育的满意度最高，其次为 12~21 岁年龄段的群体，35 岁以上各年龄段人群对公共体育文化的满意度较低。

(3) 文化程度因素

文化程度与文化体育服务综合满意度的相关系数为-0.172** (双尾检验显著性：** $P<0.01$)。说明不同文化程度的群体对当地文化体育服务满意度之间差异显著。总体而言，随着学历的上升，对公共文化体育服务的满意度呈现一种先下降后升高，研究生及以上学历的人群满意度达到了峰值，其次是初中及以下的群体。

(4) 家庭人均月收入因素

家庭人均月收入与文化体育服务综合满意度的相关系数为-0.095** (双尾检验显著性：** $P<0.01$)。说明在当地文化体育服务满意度方面，不同家庭人均月收入的群体之间有着差异显著。随着家庭人均月收入的增加，对文化体育的满意度呈现出不明显的倒 V 形，中等收入群体对文化体育服务的满意度最高，其次是低收入群体，高收入群体的满意度最低。

(5) 户籍和居住方式因素

户籍和居住方式与文化体育服务综合满意度的相关系数为 0.274** (双尾检验显著性：** $P<0.01$)。说明在当地文化体育服务满意度方面，不同户籍和居住方式的群体之间有着显著差异。总体来说，外地户籍人口的满意度高于本地

户籍人口的满意度，非常住居民的满意度高于常住居民。

## （七）公共基础设施服务综合满意度人群差异分析

（1）性别因素

性别与公共基础设施服务综合满意度的相关系数为0.047（双尾检验显著性：$P>0.1$）。未通过检验。

（2）年龄因素

年龄与公共基础设施服务综合满意度的相关系数为-0.224**（双尾检验显著性：** $P<0.01$）。说明不同年龄的群体对当地公共基础设施满意度之间存在差异。不同年龄阶段的人对公共基础设施评价不一，22~35岁年龄段的群体对公共基础设施的满意度最高，其次为12~21岁年龄段的群体，35岁以上各年龄对公共基础设施的满意度有所下降。

（3）文化程度因素

文化程度与公共基础设施服务综合满意度的相关系数为-0.154**（双尾检验显著性：** $P<0.01$）。说明不同文化程度的群体对公共基础设施服务满意度之间差异显著。其中，初中及以下学历的受访者对于公共基础设施满意度评价最高，其次为研究生及以上学历，大专和本科以上学历的受访者满意度评价最低。

（4）家庭人均月收入因素

家庭人均月收入与公共基础设施服务综合满意度的相关系数为-0.108*（双尾检验显著性：* $P<0.01$）。说明在当地公共基础设施服务满意度方面，不同家庭人均月收入的群体之间有着差异显著。具体而言，高收入群体（10 000元以上）对公共基础设施的满意度最低，中等收入群体的满意度对公共基础设施的满意度最高，低收入群体的满意度稍低于中等收入群体的满意度。

（5）户籍和居住方式因素

户籍和居住方式与公共基础设施服务综合满意度的相关系数为0.298**（双尾检验显著性：** $P<0.01$）。说明在当地公共基础设施服务满意度方面，不同户籍和居住方式的群体之间有显著差异。具体而言，外地户籍人口的满意度高

于本地户籍人口的满意度，非常住居民的满意度高于常住居民的满意度。

## （八）公共安全服务综合满意度人群差异分析

（1）性别因素

性别与公共安全服务综合满意度的相关系数为 0.030（双尾检验显著性：$P>0.1$）。未通过检验。

（2）年龄因素

年龄与公共安全服务综合满意度的相关系数为−0.243**（双尾检验显著性：** $P<0.01$）。说明年龄对当地文化公共安全满意度之间存在显著差异。具体而言，年轻人（22~35 岁）对公共安全事件的满意度最高，之后随着年龄的增加，满意度有所下降。

（3）学历因素

文化程度与公共安全服务综合满意度的相关系数为−0.160**（双尾检验显著性：** $P<0.01$）。说明文化程度对当地文化公共安全满意度之间差异显著。具体而言，不同受教育程度的受访者，在对公共安全满意度评价中，除了研究生及以上学历凸显出来的趋势外，随着学历的提升，对公共安全满意度在逐渐下降。

（4）家庭人均月收入因素

家庭人均月收入与公共安全服务综合满意度的相关系数为−0.103**（双尾检验显著性：** $P<0.01$）。说明家庭人均月收入对当地公共安全满意度之间差异显著。具体来说，不同家庭人均月收入对当地公共安全的满意度呈倒 V 形，中等收入群体的满意度最高，其次是低收入群体，高收入群体的满意度最低。

（5）户籍和居住方式因素

户籍和居住方式与公共安全服务综合满意度的相关系数为 0.322**（双尾检验显著性：** $P<0.01$）。说明不同户籍和居住方式群体对当地公共安全满意度之间存在差异。总体来说，外地户籍人口满意度高于本地户籍人口的满意度，非常住居民满意度高于常住居民满意度。其中，本地户籍常住居民对当地公共安全满意度评价最低，外地户籍常住居民和非常住居民对公共安全满意度评价相对较高。

## (九) 环境保护服务综合满意度人群差异分析

自然环境权利概念是在人类生存受到威胁、生态环境日益恶化，人们意识到人与自然密不可分的关系后形成的。下面根据表 9-14 的报告结果对环境保护服务满意度的人群差异进行了分析。

(1) 性别因素

性别与环境保护服务综合满意度的相关系数为 0. 059（双尾检验显著性：$P>0.05$）。未通过检验。

(2) 年龄因素

年龄与环境保护服务综合满意度的相关系数为-0. 241**（双尾检验显著性：** $P<0.01$），说明年龄对当地环境保护满意度之间有差异。具体差异为，随着年龄的增加，对环境保护服务的满意度有所下降，年轻群体对环境保护的满意度最高。

(3) 学历因素

文化程度与环境保护服务综合满意度的相关系数为-0. 182**（双尾检验显著性：** $P<0.01$）。说明文化程度对当地环境保护满意度之间有明显差异。其中，学历为大专和本科的受访者对环境保护满意度评价最低，研究生及以上学历和初中及以下的受访者满意度评价最高。

(4) 家庭人均月收入因素

家庭人均月收入与环境保护服务综合满意度的相关系数为-0. 071*（双尾检验显著性：* $P<0.05$），说明家庭人均月收入对当地环境保护满意度之间差异显著。不同收入群体对环境保护的满意度呈倒 V 形，其中，中等收入群体的满意度最高，其次是低收入群体，高收入群体的满意度最低。

(5) 户籍和居住方式因素

户籍和居住方式与环境保护服务综合满意度的相关系数为 0. 301**（双尾检验显著性：** $P<0.01$）。即不同户籍和居住方式对当地环境保护满意度差异显著，具体差异为：外地户籍人口的满意度明显高于本地户籍人口的满意度，非常住居民的满意度明显高于常住居民的满意度，其中，本地户籍常住居民的满意度最低。

## （十）基本公共服务整体满意度个体特征比较分析

为了更好地探究西南民族地区居民个体特征对整体满意度和重要性的影响，本节将西南民族地区九项合成一个总的满意度和重要性，同时分别从性别、年龄、文化程度、家庭人均月收入、户籍和居住方式这五个方面来分析受访者的个体特征因素对当地基本公共服务满意度、重要性的影响，见表 9-15。

表 9-15　　城市西南民族整体满意度 Pearson 相关系数

| 项目 | 性别 | 年龄 | 文化程度 | 家庭人均月收入 | 户籍和居住方式 |
|---|---|---|---|---|---|
| 基本公共服务整体满意度 | 不显著 | -0.260** | -0.161** | -0.082** | 0.358** |

（1）性别

通过对不同性别之间满意度差异的分析，比较不同性别对基本公共服务整体满意度的影响，得到性别与基本公共服务综合满意度的相关系数为 0.054（双尾检验显著性：$P>0.1$）。未通过检验。

（2）年龄

年龄与基本公共服务综合满意度的相关系数为-0.260**（双尾检验显著性 ** $P<0.01$）。说明年龄对基本公共服务满意度评价有显著差异，而且年龄越大满意度越低。

（3）文化程度

文化程度与基本公共服务综合满意度的相关系数为-0.161**（双尾检验显著性 ** $P<0.01$）。说明文化程度对基本公共服务满意度评价有显著差异。文化程度越高，满意度越低。

（4）家庭人均月收入

家庭人均月收入与基本公共服务综合满意度的相关系数为-0.082**（双尾检验显著性 ** $P<0.01$）。即家庭人均月收入对基本公共服务满意度评价之间差异显著。收入水平越高，满意度越低。

（5）户籍和居住方式

户籍和居住方式与基本公共服务综合满意度的相关系数为 0.358**（双尾检验显著性 ** $P<0.01$）。说明户籍和居住方式对基本公共服务满意度评价差异显著。

## 六、城市西南民族、西南整体与全样本个体特征满意度差异性分析

本节将西南民族地区、西南整体和该次调查全样本数据进行对比分析。

### （一）性别对满意度相关性对比分析

如表 9-16 所示，比较性别对基本公共服务满意度的分析中发现：西南民族和城市全样本中显著性不高；而在西南整体分析中，性别对满意度的评价，除公共安全不显著外，其他都呈明显显著相关，且总体表现为，女性满意度普遍高于男性，男性相比女性更为挑剔，更加不满现状。

表 9-16　　　　性别对满意度相关性对比分析

| 项目 | 西南民族（897） | 西南整体（1568） | 城市全样本（2192） |
|---|---|---|---|
| 基础教育 | 不显著 | 0.066** | 0.048** |
| 医疗卫生 | 不显著 | 0.054* | 不显著 |
| 公共交通 | 不显著 | 0.065* | 不显著 |
| 社保就业 | 不显著 | 0.051* | 不显著 |
| 住房保障 | 不显著 | 0.075** | 不显著 |
| 文化体育 | 0.091** | 0.081** | 不显著 |
| 公共基础设施 | 不显著 | 0.069** | 不显著 |
| 公共安全 | 不显著 | 不显著 | 不显著 |
| 环境保护 | 不显著 | 0.091** | 不显著 |

同时也从侧面反映出西南地区目前还有可能依旧存在着男尊女卑的现象，女性把自己放在较低的位置上，对一切不敢过多要求，在享受同样的公共服务时，满意度自然也就越高。想要男女平等，女性首先要把自己摆上平等的位置，首先要做到努力、自立、自尊、自强，等积攒了足够的实力、气质、能力和财富的时候，才有可能实现真正的男女平等。不劳而获不叫平等，劫富济贫也不叫平等，所以政府真正要做的不是等她们成为一个弱者的时候去怜悯、去救助她们，而是要在女性成长的过程中为她们保驾护航，比如保障学前教育、小学入学升学率、初中入学升学率以及高中大学的入学率。保障她们前期有一

个努力奋斗的平台，有一个平等的心态、平等的思维和平等的努力，才会自然而然地实现男女平等。

## （二）年龄对满意度相关性对比分析

如表 9-17 所示，从年龄对三个地区满意度对比中发现，总体表现为年龄越大，对基本公共服务越不满意。这可能与居民自身的期望值紧密相关，对于城市的受访者，年龄越小，见识也就越少，见识少，期望值就低，表现在对满意度评价上，满意度就比较高。相反，年龄越大，阅历越多，容易将自己和别人比，将所在地区与别的地区相比或者自己国家与国外相比。对其他地区其他国家提供的基本公共服务保障了解越多，比如到过北京、上海，到过美国、澳大利亚、日本等，见识越广，发现的问题越多。通过这样一种横向比较，满意度也就越低。这同时表明，我国西南地区以及城乡地区政府还有很长的一段路需要走，增强城市建设和服务水平，以此更大地提高居民对基本公共服务的满意度水平。

表 9-17　　　　年龄对满意度相关性对比分析

| 项目 | 西南民族（897） | 西南整体（1568） | 城市全样本（2192） |
| --- | --- | --- | --- |
| 基础教育 | -0. 250** | -0. 246** | -0. 211** |
| 医疗卫生 | -0. 280** | -0. 275** | -0. 262** |
| 公共交通 | -0. 185** | -0. 201** | -0. 171** |
| 社保就业 | -0. 234** | -0. 260** | -0. 237** |
| 住房保障 | -0. 220** | -0. 255** | -0. 230** |
| 文化体育 | -0. 162** | 0. 218** | -0. 203** |
| 公共基础设施 | -0. 224** | -0. 266** | -0. 223** |
| 公共安全 | -0. 243** | -0. 265** | -0. 221** |
| 环境保护 | -0. 241** | -0. 259** | -0. 226** |

## （三）文化程度对满意度相关性对比分析

如表 9-18 所示，在文化程度对西南民族、西南整体和城市全样本的分析结果表明：文化程度对基本公共服务满意度呈明显负相关，此现象与农村地区相反，可能的原因是：一是前面分析显示文化程度越高，对基本公共服务重要性评价越高，当认为越重要时越挑剔，满意度相对较低；二是文化程度越高，收入越高，生活质量越高，幸福感指数也越高，对整体提供的服务要求也就越苛刻；三是文化程度越高，工作机会越多，岗位也越好，出差旅游的机会也比较多，见识也越广。见识得越多越广，对当地政府越挑剔，认为做得越不到位，满意度越低。

表 9-18　　文化程度对满意度相关性对比分析

| 项目 | 西南民族（897） | 西南整体（1568） | 城市全样本（2192） |
| --- | --- | --- | --- |
| 基础教育 | -0.095** | -0.061** | -0.062** |
| 医疗卫生 | -0.099** | -0.080** | -0.088** |
| 公共交通 | -0.109** | -0.123** | -0.108** |
| 社保就业 | -0.120** | -0.108** | -0.098** |
| 住房保障 | -0.168** | -0.112** | -0.109** |
| 文化体育 | -0.172** | -0.113** | -0.090** |
| 公共基础设施 | -0.154** | -0.116** | -0.119** |
| 公共安全 | -0.160** | -0.115** | -0.120** |
| 环境保护 | -0.182** | -0.119** | -0.104** |

## （四）家庭人均月收入对满意度相关性对比分析

如表 9-19 所示，通过对比三个地区家庭人均月收入对基本公共服务涉及的几个维度的满意度评价呈负相关，即家庭人均收入越高，满意度越低。原因在于，收入越高，出差旅游的机会越多，见识越广，发现的问题越多，而且追求也越高，就越不容易满足，对政府提供的基本公共服务要求也就越苛刻，满意度越低。

表 9-19　　家庭人均月收入对满意度相关性对比分析

| 项目 | 西南民族（897） | 西南整体（1568） | 城市全样本（2192） |
| --- | --- | --- | --- |
| 基础教育 | -0.098** | 不显著 | 不显著 |
| 医疗卫生 | 不显著 | 不显著 | -0.057** |
| 公共交通 | 不显著 | 不显著 | -0.052** |

续表

| 项目 | 西南民族（897） | 西南整体（1568） | 城市全样本（2192） |
|---|---|---|---|
| 社保就业 | 不显著 | 不显著 | -0.049** |
| 住房保障 | 不显著 | 不显著 | -0.042** |
| 文化体育 | -0.095** | 不显著 | 不显著 |
| 公共基础设施 | -0.108** | -0.050** | -0.061** |
| 公共安全 | -0.103** | 不显著 | -0.070** |
| 环境保护 | -0.071** | 不显著 | 不显著 |

## （五）户籍和居住方式对满意度相关性对比分析

如表9-20可知，对比户籍和居住方式对三个地区满意度影响发现，整体具有明显差异，且呈现正相关，表现为本地户籍常住居民满意度相对较低，而外地户籍非常住居民满意度最高。可能是因为“人往高处走，水往低处流”的现象，即外地户籍的居民既然选择来到此地，说明之前的居住环境和生活比当地更差，只会存在农村的往城市迁移，城市的往大城市迁移，由于和过去的自己、过去糟糕的生活环境进行纵向对比，现在的生活更好，满意度也就越高。

表9-20 户籍和居住方式对满意度相关性对比分析

| 项目 | 西南民族（897） | 西南整体（1568） | 城市全样本（2192） |
|---|---|---|---|
| 基础教育 | 0.312** | 0.287** | 0.247** |
| 医疗卫生 | 0.328** | 0.290** | 0.240** |
| 公共交通 | 0.336** | 0.298** | 0.237** |
| 社保就业 | 0.342** | 0.328** | 0.272** |
| 住房保障 | 0.292** | 0.283** | 0.218** |
| 文化体育 | 0.274** | 0.262** | 0.219** |
| 公共基础设施 | 0.298** | 0.285** | 0.217** |
| 公共安全 | 0.322** | 0.295** | 0.234** |
| 环境保护 | 0.301** | 0.293** | 0.233** |

# 第二节　农村地区基本公共服务调研分析

## 一、调查问卷的有效性分析

### （一）信度检验结果

本章利用统计软件 SPSS Statistics 24.0 分析调查问卷数据的信度（见表 9-21、表 9-22），确保问卷的可靠性。

表 9-21　　个案处理摘要

Case Processing Summary

| | | N | % |
|---|---|---|---|
| Cases | Valid | 2 989 | 98.0 |
| | Excluded[a] | 61 | 2.0 |
| | Total | 3 050 | 100.0 |

a. Listwise deletion based on all variables in the procedure.

表 9-22　　基本公共服务调查问卷的整体信度

Reliability Statistics

| Cronbach's Alpha | N of Items |
|---|---|
| 0.918 | 92 |

此次调查问卷的 Cronbach's Alpha 系数为 0.918，去除问卷前面的甄别问题和背景资料，还包含有 76 道问题，表明问卷的可靠性和一致性特别好，说明问卷题项之间具有很高的一致性。

### （二）效度的检验结果

从表 9-23 中可知，KMO 达到了 0.978，因此，在 KMO>0.9 时，Bartlett 球形检验的显著性概率<0.05，代表变量存在显著的相关性，做因子分析是非常适合的，表明该问卷有很好的效度。

表 9-23　　　　基本公共服务满意度调查问卷的效度分析

KMO and Bartlett's Test

| Kaiser-Meyer-Olkin Measure of Sampling Adequacy. | | 0. 951 |
|---|---|---|
| Bartlett's Test of Sphericity | Approx. Chi-Square | 125510. 218 |
| | df | 4186 |
| | Sig. | 0. 000 |

## 二、调查基本情况概述

此次分析的数据来源于 2017 年 7—8 月组织的问卷调查，此次调查的对象全部在农村地区。调研以配额抽样和简单随机抽样相结合的方法进行，总样本数 3 050 份，有效样本为 3 050 份，有效率为 100%。基本公共服务满意度的调查指标主要涵盖基础教育、医疗卫生、公共交通、社保就业、住房保障、文化体育、公共基础设施、公共安全和环境保护 9 个一级指标，9 个一级指标下设 38 个二级指标，去除问卷前面的甄别问题和背景资料，还包含有 87 道问题，基本涵盖了基本公共服务的主要内容。所获数据资料，使用社会科学统计分析软件 SPSS 24. 0 进行分析，样本数据经单样本 K-S 检验，呈正态分布。

如表 9-24 所示，对调查样本特征基本统计结果表明，该样本中选取的对象各项分布较为均衡，十分具有广泛性，调查对象的选取具有合理性和代表性。被调查者的男性 51. 2%、女性 48. 7%，男性比女性稍多；年龄主要集中在 22~45 岁，青壮年为主要调查人群；受访者的学历在大专以及本科以下，文化程度分布较为均衡，学历为研究生及以上的群体为 23. 3%；从受访者月平均收入来看，1 000~3 000 元的最多，占总样本的 30. 6%，其次为 1 000~3 000 元的占 29. 2. 0%，月收入在 10 000 元以上的仅为 9. 5%，说明西南地区民众收入水平总体比较偏低；80%以上受访者为本地户籍常住居民。

农村调查问卷西南地区样本基本情况见表 9-25。

如图 9-9 所示，农村西南地区被调查者男性稍大于女性；被调查者年龄主要集中在 18~45 岁，呈现出以青壮年为主的特征。

表 9-24　　调查样本基本情况

| 统计指标 | | 比例 | 统计指标 | | 比例 |
|---|---|---|---|---|---|
| 性别 | 男 | 51.2% | 居住地 | 民族地区 | 57.8% |
| | 女 | 48.7% | | 非民族地区 | 42.2% |
| 年龄 | 12~21岁 | 30% | 家庭人均月收入 | 500元以下 | 14.7% |
| | 22~35岁 | 21.3% | | 500~1 000元 | 30.6% |
| | 36~45岁 | 26.7% | | 1 001~2 000元 | 29.2% |
| | 46~60岁 | 15% | | 2 001~3 000元 | 16.0% |
| | 60岁以上 | 7% | | 3 000元以上 | 9.5% |
| 文化程度 | 小学及以下 | 28.3% | 户籍和居住方式 | 本地户籍常住居民 | 84.25 |
| | 初中 | 27.2% | | 外地户籍常住居民 | 6.4% |
| | 高中和中专 | 21.2% | | 本地户籍非常住居民 | 7.4% |
| | 大专及以上 | 23.3% | | 外地户籍非常住居民 | 2% |

表 9-25　　农村西南地区调查样本基本情况

| 统计指标 | | 比例 | 统计指标 | | 比例 |
|---|---|---|---|---|---|
| 性别 | 男 | 52.1% | 家庭人均月收入 | 500元以下 | 17.8% |
| | 女 | 47.9% | | 500~1 000元 | 30.2% |
| 年龄 | 12~21岁 | 28.7% | | 1 001~2 000元 | 28.1% |
| | 22~35岁 | 21.6% | | 2 001~3 000元 | 15.6% |
| | 36~45岁 | 23.9% | | 3 000元以上 | 8.3% |
| | 46~60岁 | 17.9% | 户籍和居住方式 | 本地户籍常住居民 | 85.8% |
| | 60岁以上 | 7.9% | | | |
| 文化程度 | 小学及以下 | 30.8% | | 外地户籍常住居民 | 5.0% |
| | 初中 | 26.1% | | 本地户籍非常住居民 | 7.6% |
| | 高中和中专 | 19.2% | | | |
| | 大专及以上 | 23.9% | | 外地户籍非常住居民 | 1.6% |

如图 9-10 所示，受访者学历在小学及以下的文化程度分布较广，占总样本的 30.8%，而学历为大专及本科以上的群体为 23.9%；从受访者月平均收入来看，500~1 000 元的最多，占总样本的 30.2%，其次为 1 001~2 000 元的占 28.1%，而月收入在 3 000 元以上的仅为 8.3%，说明农村西南地区民众收入水平总体偏低。

如图 9-11 所示，对农村西南地区样本特征基本统计结果表明，西南地区

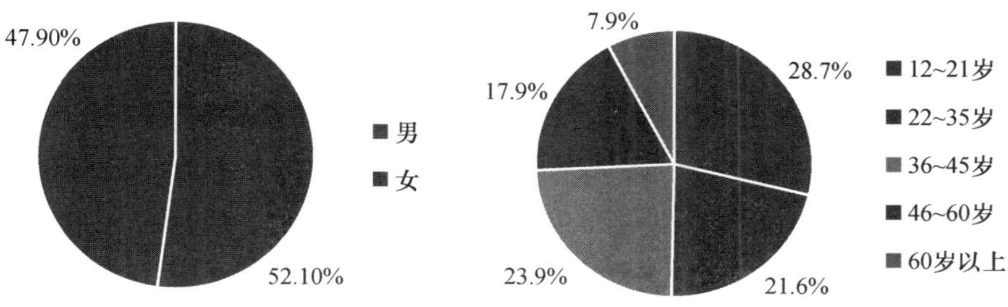


图 9-9　年龄比例与性别比例

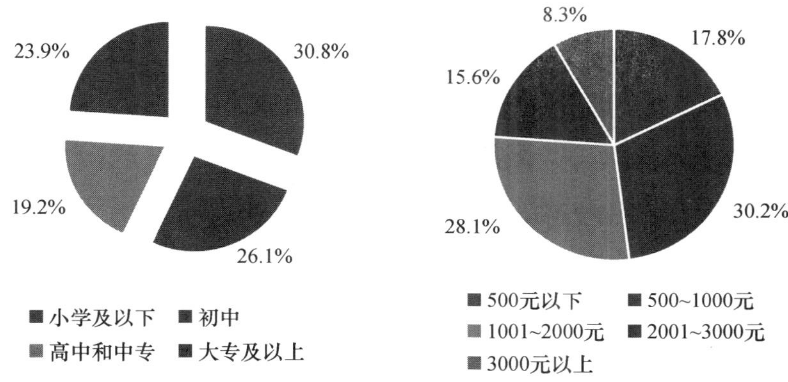


图 9-10　学历比例与家庭人均月收入比例

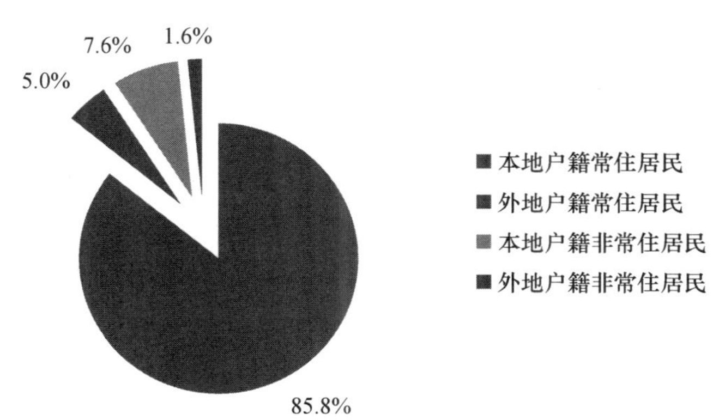


图 9-11　不同户籍和居住地比例

被调查者男性稍大于女性；年龄主要集中在 18~45 岁，呈现出以青壮年为主的特征；受访者学历在小学及以下的文化程度分布较广。而学历为大专及本科以上的群体为23.9%；从受访者月平均收入来看，500~1 000元的最多，占总样本的30.2%，其次为1 001~2 000元的占28.1%，而月收入在3 000元以上的仅为8.3%，说明农村西南地区民众收入水平总体偏低；绝大部分受访者为本地户籍常住居民。

## 三、农村西南地区基本公共服务ISA分析

### （一）农村西南整体ISA分析（见表9-26）

表9-26　　农村西南地区基本公共服务重要性—满意度分析

| 内容 | 重要性 | 满意度 |
|---|---|---|
| 基础教育 | 4.43 | 3.4 |
| 医疗卫生 | 4.51 | 3.12 |
| 公共交通 | 4.48 | 3.39 |
| 社保就业 | 4.38 | 3.23 |
| 住房保障 | 4.18 | 3.16 |
| 文化体育 | 4.13 | 3.21 |
| 公共基础设施 | 4.5 | 3.54 |
| 公共安全 | 4.41 | 3.26 |
| 环境保护 | 4.27 | 3.21 |

如图9-12所示，第Ⅰ象限（高重要性、高满意度），该象限是双高区域，属于优势区，继续保持项目。农村整体ISA分析图中落在该象限的服务项目有3个，分别是基础教育、公共基础设施和公共交通，说明在农村整体公共服务中，政府在这三个方面的服务特质属于其优势服务项目，应当继续保持和加强。

第Ⅱ象限（低重要性、高满意度），属于保持区，服务供给过度。农村整体ISA分析图中落在该象限的服务项目有0个，也说明农村西南地区目前不存在“过度供给”的项目，没有需要保持现状的服务。

第Ⅲ象限（低重要性、低满意度），属于低优先顺序项目。农村整体ISA分析图中落在该象限的服务项目有3个，分别是环境保护、文化体育、住房保

障。双低意味着居民对其期望值和满意度都很低，这个区域的问题不需要优先解决，政府可暂时不考虑这些服务项目。

第Ⅳ象限（高重要性、低满意度），属于重点改进项目。农村整体 ISA 分析图中落在该象限的服务项目有 3 个，分别是公共安全、社保就业、医疗卫生。这个区域代表着受访者的重视程度高，但是满意度很低的项目。

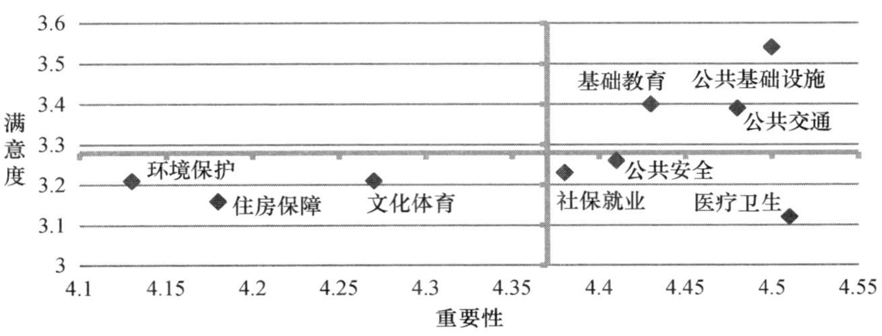


图 9-12　农村西南地区整体 ISA 分析图

## （二）农村西南民族地区 ISA 分析

如表 9-27 所示，受访者对西南农村民族地区基本公共服务的整体满意度一般。在重要性方面，重视程度最高的是公共基础设施，其次是医疗卫生；在满意度方面，受访者最满意的是住房保障，其次是公共基础设施。

表 9-27　农村西南民族地区重要性—满意度分析

| 内容 | 重要性 | 满意度 |
|---|---|---|
| 基础教育 | 4.42 | 3.37 |
| 医疗卫生 | 4.49 | 3.06 |
| 公共交通 | 4.48 | 3.37 |
| 社保就业 | 4.38 | 3.2 |
| 住房保障 | 4.19 | 3.54 |
| 文化体育 | 4.16 | 3.21 |
| 公共基础设施 | 4.52 | 3.52 |
| 公共安全 | 4.42 | 3.23 |
| 环境保护 | 4.22 | 3.21 |

如图 9-13 所示，第Ⅰ象限有三个指标服务，属于高重要性、高满意度，继续保持项目。分别是基础教育、公共交通和公共基础设施。

第Ⅱ象限有一个指标服务，属于低重要性、高满意度，即住房保障属于不宜刻意追求项目。

第Ⅲ象限有两个指标服务，属于低重要性、低满意度，低优先顺序。分别是文化体育和环境保护。

第Ⅳ象限有三个指标服务，属于高重要性、低满意度，重点改善区域。分别是公共安全、社保就业和医疗卫生。这表明农村民族地区的这些服务需要引起当地政府的重视，并想办法解决完善。

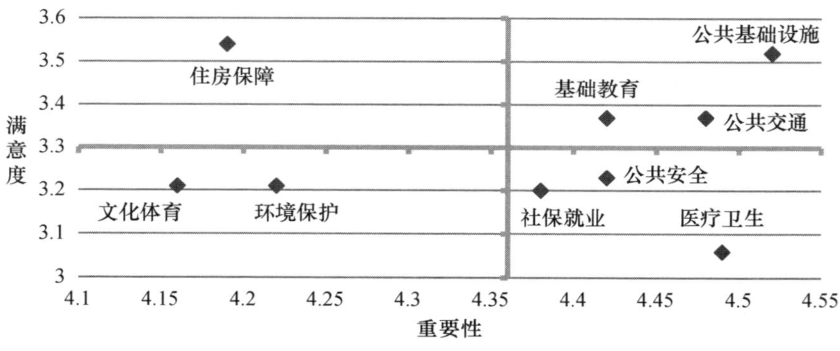


图 9-13　农村西南民族地区 ISA 分析图

## （三）农村西南非民族地区 ISA 分析

如表 9-28 所示，受访者对西南非民族地区基本公共服务的整体满意度相对较高。在重要性方面，重视程度最高的是医疗卫生，其次是公共交通和公共基础设施；在满意度方面，受访者最满意的也是公共基础设施，其次是基础教育和公共交通。

表 9-28　农村西南非民族地区重要性—满意度分析

| 内容 | 重要性 | 满意度 |
|---|---|---|
| 基础教育 | 4.45 | 3.43 |
| 医疗卫生 | 4.54 | 3.2 |
| 公共交通 | 4.47 | 3.43 |

续表

| 内容 | 重要性 | 满意度 |
|---|---|---|
| 社保就业 | 4. 37 | 3. 27 |
| 住房保障 | 4. 17 | 3. 21 |
| 文化体育 | 4. 09 | 3. 21 |
| 公共基础设施 | 4. 47 | 3. 57 |
| 公共安全 | 4. 4 | 3. 29 |
| 环境保护 | 4. 34 | 3. 2 |

如图 9-14 所示，第Ⅰ象限有三个指标服务，属于高重要性、高满意度，继续保持项目。分别是基础教育、公共交通和公共基础设施。

第Ⅱ象限有零个指标服务，属于低重要性、高满意度，不宜刻意追求项目。

第Ⅲ象限有三个指标服务，属于低重要性、低满意度，低优先顺序。分别是文化体育、环境保护、住房保障。

第Ⅳ象限有三个指标服务，属于高重要性、低满意度，重点改善区域。这表明农村非民族地区医疗卫生、社保就业和公共安全需要引起当地政府的重视，并想办法解决完善。

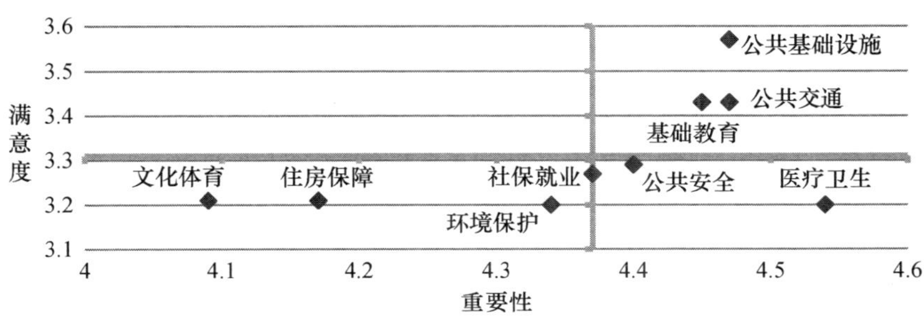


图 9-14　西南非民族地区 ISA 分析图

如表 9-29 所示，通过对比发现，整体来看，西南整体重要性和满意度评价与西南非民族地区评价保持一致。基础教育、公共交通和公共基础设施在以上三个 ISA 模型图中，都位于第Ⅰ象限，即高重要性、高满意度。表明受访者对该三个领域中的认知很高，且对政府提供的相关公共服务相对比较满意，应该继续保持这种态势；西南民族地区居民认为住房保障属于低重要性、高满意度领域，表明近年来政府在农村西南地区住房保障投入过多，应抽出一部分财力物力关注公共服务的其他方面；文化体育和环境保护在三个分地区中都属于双低领域，应加强对居民文化体育的保障和对环境的保护；医疗卫生、社保就业和公共安全在三个ISA分析图中都处于第Ⅳ象限，表明这三项服务条件还有待提高。

表 9-29　　三个地区象限分布表

| 分布 | 第Ⅰ象限（双高） | 第Ⅱ象限（低重要，高满意） | 第Ⅲ象限（双低） | 第Ⅳ象限（高重要，低满意） |
|---|---|---|---|---|
| 西南整体 | 基础教育、公共交通、公共基础设施 | 无 | 文化体育、住房保障、环境保护 | 医疗卫生、社保就业公共安全 |
| 西南民族地区 | 基础教育、公共交通、公共基础设施 | 住房保障 | 文化体育、环境保护 | 医疗卫生、社保就业、公共安全 |
| 西南非民族地区 | 基础教育、公共交通、公共基础设施 | 无 | 文化体育、住房保障、环境保护 | 医疗卫生、社保就业、公共安全 |

## （四）农村西南地区整体、西南民族及非民族地区重要性对比

根据加权平均得分方法对各项指标的重要性计算得分后，再根据总和计算出来各一级指标重要性的平均得分。由图 9-15 可以看出，西南整体、西南民族地区和西南非民族地区的受访者对基本公共服务中的公共安全服务重要性评价相对较高，对基本公共服务重要性评价得分都在 4 分以上，表明都认为这份问卷涉及的公共服务的几个方面都比较重要。整体来看，居民的重要性评价趋势大致相同，其中对文化体育重要性评价最低。

## （五）农村西南整体、西南民族及非民族地区满意度对比

根据加权平均得分方法对各项指标的满意度计算得分后，再根据总和计算出来各一级指标满意度的平均得分。由图 9-16 可以看出，西南民族地区和西南非民族地区的受访者对基本公共服务中的公共安全服务满意度得分不如重要性那般高，这说明政府在对于基本公共服务满意度方面还有提升的空间。

总体而言，基本公共服务满意度中西南非民族地区满意度得分高于西南民

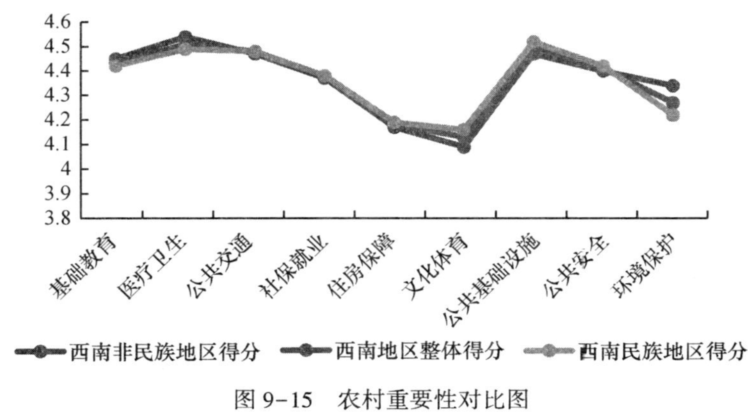


图 9-15　农村重要性对比图

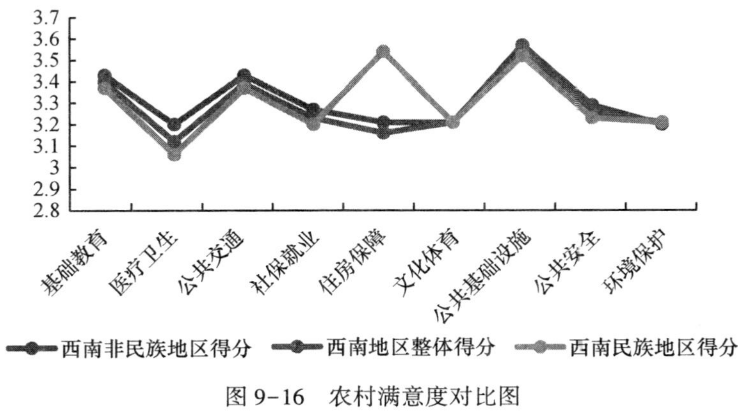


图 9-16　农村满意度对比图

族地区，西南整体满意度得分居中。但在住房保障服务中，西南民族地区明显高于西南整体和西南非民族地区，也表明近年来对农村西南地区住房改造，特别是危房改造和棚户区的改造取得了显著成效。

## 四、农村基本公共服务供给排序分析

### （一）农村西南地区基本公共服务供给排序

运用加权平均得分方法对各项指标的重要性得分进行统计分析，形成一个整体性的基本公共服务重要性指数，指数越高，对基本公共服务越重视，排序越靠前。

由表 9-30 加权得分可知，供给排序按从后往前排序为：文化体育、公共基础设施、环境保护、住房保障、社保就业、公共安全、公共交通、医疗卫生、基础教育。

表 9-30　　西南地区基本公共服务供给排序

| 项目 | 得分 | 排名 |
| --- | --- | --- |
| 基础教育 | 4.53 | 1 |
| 医疗卫生 | 4.53 | 1 |
| 公共交通 | 4.16 | 3 |
| 社保就业 | 4.09 | 5 |
| 住房保障 | 4.05 | 6 |
| 文化体育 | 3.57 | 9 |
| 公共基础设施 | 3.84 | 8 |
| 公共安全 | 4.14 | 4 |
| 环境保护 | 3.88 | 7 |

## （二）农村西南民族地区基本公共服务供给排序

由表 9-31 加权得分知，供给排序按从后往前依次为：文化体育、公共基础设施、环境保护、住房保障、社保就业、公共安全、基础教育、公共交通、医疗卫生。

表 9-31　　西南民族地区基本公共供给排序

| 项目 | 得分 | 排名 |
| --- | --- | --- |
| 基础教育 | 4.54 | 3 |
| 医疗卫生 | 4.55 | 1 |
| 公共交通 | 4.55 | 1 |
| 社保就业 | 4.09 | 5 |
| 住房保障 | 4.06 | 6 |
| 文化体育 | 3.56 | 9 |
| 公共基础设施 | 3.79 | 8 |

续表

| 项目 | 得分 | 排名 |
|---|---|---|
| 公共安全 | 4.11 | 4 |
| 环境保护 | 3.85 | 7 |

## （三）农村西南非民族地区基本公共服务供给排序

由表 9-32 加权得分知，供给排序按从后往前分别为：文化体育、环境保护、公共基础设施、住房保障、社保就业、公共交通、医疗卫生、基础教育、公共安全。

**表 9-32　　西南非民族地区基本公共服务供给排序**

| 项目 | 得分 | 排名 |
|---|---|---|
| 基础教育 | 4.51 | 2 |
| 医疗卫生 | 4.50 | 3 |
| 公共交通 | 4.17 | 4 |
| 社保就业 | 4.10 | 5 |
| 住房保障 | 4.05 | 6 |
| 文化体育 | 3.57 | 9 |
| 公共基础设施 | 3.91 | 7 |
| 公共安全 | 4.71 | 1 |
| 环境保护 | 3.91 | 7 |

## （四）排名对比分析

由表 9-33 可见，西南农村地区都认为基础教育、医疗卫生非常重要，应该优先供给，公共基础设施、文化体育排名靠后，说明西南农村地区公共基础设施建设等硬件建设较强，而教育、医疗等软件建设较弱。

**表 9-33　　排名对比**

| 项目 | 西南整体 | 西南民族 | 西南非民族 |
|---|---|---|---|
| 基础教育 | 1 | 3 | 2 |
| 医疗卫生 | 1 | 1 | 3 |

续表

| 项目 | 西南整体 | 西南民族 | 西南非民族 |
| --- | --- | --- | --- |
| 公共交通 | 3 | 1 | 4 |
| 社保就业 | 5 | 5 | 5 |
| 住房保障 | 6 | 6 | 6 |
| 文化体育 | 9 | 9 | 9 |
| 公共基础设施 | 8 | 8 | 7 |
| 公共安全 | 4 | 4 | 1 |
| 环境保护 | 7 | 7 | 7 |

## 五、农村西南地区满意度人群差异

对基础公共服务的认知和评价对于不同个体特征的公众是不同的，所以以下从性别、年龄、文化程度、家庭人均月收入以及户籍和居住方式方面划分了不同的人群，并运用 Pearson 相关系数法分析了农村西南民族地区不同人群满意度的差异，表 9-34 汇总了不同人群满意度的 Pearson 相关系数。

**表 9-34　农村西南民族地区满意度 Pearson 相关系数（1 400 样本数）**

| 项目 | 性别 | 年龄 | 文化程度 | 家庭人均月收入 | 户籍和居住方式 |
| --- | --- | --- | --- | --- | --- |
| 基础教育 | -0.011 | 0.020 | -0.021 | 0.091** | -0.025 |
| 医疗卫生 | 0.043 | -0.153** | 0.145** | 0.120** | 0.038 |
| 公共交通 | -0.051 | -0.033 | 0.019 | 0.033 | -0.020 |
| 社保就业 | -0.011 | -0.083** | 0.059* | 0.039 | 0.051 |
| 住房保障 | -0.006 | -0.123** | 0.104** | 0.098** | 0.046 |
| 文化体育 | -0.017 | -0.059* | 0.048 | 0.090** | 0.052 |
| 公共基础设施 | -0.049 | -0.054** | 0.039 | 0.051 | 0.005 |
| 公共安全 | -0.008 | -0.088** | 0.49 | 0.039 | 0.067* |
| 环境保护 | 0.043 | -0.053* | 0.012 | 0.049 | 0.042 |

### （一）公共教育服务综合满意度影响因素分析

五个个体特征，只有家庭人均月收入一项通过显著性检验。家庭人均月收入因素与教育服务综合满意度的相关系数为 0.091**（双尾检验显著性：** $P<0.01$）。说明不同家庭人均月收入因素的受访者对当地公共教育服务满意度的差异显著。根据调研结果可得，不同家庭人均月收入对基础教育满意度呈现出不明显的倒 U 形，中等收入群体的满意度相对来说较高。

## （二）医疗卫生服务综合满意度影响因素分析

个体特征中性别、户籍和居住方式未通过显著性检验，其他特征通过检验。其中受访者的年龄跟医疗卫生综合满意度负相关，即年龄越大，对医疗卫生服务的评价越低，相关系数为-0.153**（双尾检验显著性：** $P<0.01$）。

受访者的文化程度跟医疗卫生综合满意度正相关，即受教育年限越长，对医疗卫生服务的评价越高，相关系数为 0.145**（双尾检验显著性：** $P<0.01$）。根据调查数据分析可知，对医疗卫生基础设施数量的满意度随文化程度的提升先上升后下降，其中，文化程度为高中和中专的受访者对医疗卫生基础设施数量满意度最高，医疗卫生基础设施医疗水平和医疗卫生基础设施合理收费满意度随文化程度的提升，满意度逐渐增加。

受访者的家庭人均月收入跟医疗卫生综合满意度正相关，即家庭人均月收入越高，对医疗卫生服务的评价越高，相关系数为 0.120**（双尾检验显著性：** $P<0.01$）。

## （三）公共交通服务综合满意度影响因素分析

五个个体特征与公共交通满意度都没有通过相关性检验。

## （四）社保就业服务综合满意度影响因素分析

这一项个体特征中性别、家庭人均月收入、户籍和居住方式通过相关性检验。年龄与社保就业服务综合满意度的相关系数为-0.083**（双尾检验显著性：** $P<0.01$）。说明不同性别的被调查者对当地社保就业服务满意度有显著差异。随着受访者年龄的增加，受访者对最低生活保障满意度、政府提供就业和劳务输出信息满意度以及农民技能培训满意度呈逐渐下降的趋势。

文化程度与社保就业服务综合满意度的相关系数为 0.059*（双尾检验显著

性：* $P<0.01$）。说明不同文化程度的被调查者对当地社保就业服务满意度存在明显差异。根据调研结果分析发现，学历为高中和中专的受访者对社保就业中涉及的对养老保障、最低生活保障、对政府提供就业和劳务输出信息以及对农民技能培训的满意度评价中，满意度相对较高。

### （五）住房保障服务综合满意度影响因素分析

“十三五”时期，政府提供了一系列的基本住房保障服务。国家制定发布了基本住房保障制度，维护公民居住的权利，不断满足区域居民基本住房需求，实现住有所居。在国务院的规划下，各级地方政府也逐渐加大了民生住房保障方面的投入。但是由于财政分权制，民生住房保障方面的投入很大程度上由地方政府承担，中央政府按照不同地区的财力给予不同程度的支持。因为各地区和城市经济发展水平以及财政投入的不同，不同的地区之间住房保障水平也存在差异。

根据表 9-34 的报告结果，性别、户籍和居住方式未通过相关性检验，其他项通过相关性检验。

其中年龄与住房保障服务综合满意度的相关系数为-0.123**（双尾检验显著性：** $P<0.01$）。说明不同年龄对当地住房保障服务满意度之间存在差异，且差异显著。不同年龄段的受访者对住房保障满意度评价不一。总体来说，随着年龄的增加，对住房保障服务的满意度有所下降。

文化程度与住房保障服务综合满意度的相关系数为 0.104**（双尾检验显著性：** $P<0.01$）。即不同文化程度对当地住房保障服务满意度之间存在显著差异。根据调查结果分析发现，除了高中和中专，随着受访者学历的提升，对住房保障满意度评价也呈现出上升的趋势。

家庭人均月收入与住房保障服务综合满意度的相关系数为 0.098**（双尾检验显著性：** $P<0.01$）。说明不同家庭人均月收入对当地住房保障服务满意度之间差异显著。根据调查结果并分析发现，随着收入的增加，对住房保障服务的满意度也逐渐提高。

### （六）文化体育服务综合满意度影响因素分析

这一项只有年龄和家庭人均月收入两项通过相关性检验。其中年龄与文化体育服务综合满意度的相关系数为-0.059*（双尾检验显著性：*$P<0.01$）。随着年龄的增加，对文化体育服务的满意度有所下降。其中，不同年龄的受访者对电视信号覆盖农村满意度相对较高，而对修建农村文化娱乐场所并提供相应文化娱乐资料以及在农村修建体育运动设施的满意度评价相对比较低。

家庭人均月收入与文化体育服务综合满意度的相关系数为0.090**（双尾检验显著性：**$P<0.01$）。说明不同家庭人均月收入的群体对当地文化体育服务满意度之间差异显著。不同收入群体对当地公共文化体育服务的满意度呈不明显倒U形，随着收入的增加，满意度先提高后下降。

### （七）公共基础设施服务综合满意度影响因素分析

这一项只有年龄通过相关性检验，年龄与公共基础设施服务综合满意度的相关系数为-0.054**（双尾检验显著性：**$P<0.01$）。说明不同年龄的群体对当地公共基础设施满意度之间存在差异。根据调查结果分析，随着受访者年龄的增加，除了对公共基础设施的满意度评价之外，受访者对公共基础设施满意度评价呈现出不明显的倒U形。

### （八）公共安全服务综合满意度影响因素分析

该项目年龄、户籍与居住方式通过相关性检验，其中年龄与公共安全服务综合满意度的相关系数为-0.088**（双尾检验显著性：**$P<0.01$）。说明年龄对当地文化公共安全满意度之间存在显著差异。分析调查数据发现，22岁以下、22~35岁的受访者对公共安全整体满意度评价最高，60岁以上的受访者对公共安全整体满意度评价最低。

户籍和居住方式与公共安全服务综合满意度的相关系数为0.067*（双尾检验显著性：*$P<0.05$）。说明不同户籍和居住方式群体对当地文化公共安全满意度之间存在差异。通过分析调查结果得到，外地户籍受访者对公共安全整体满意度要高于本地户籍的受访者。

### （九）环境保护服务综合满意度影响因素分析

该项目只有年龄通过相关性检验，相关系数为-0.053*（双尾检验显著性：

$*P<0.05$）。说明年龄对当地环境保护满意度之间有差异。根据调查数据分析得到，随着年龄的增加，对环境保护的满意度逐渐下降，但下降幅度不大。

## （十）农村基本公共服务整体满意度人群差异分析

为了更好地探究西南民族地区居民对当地环境保护服务综合满意度的影响因素，将9项二级指标合成一个指标，即整体基本公共服务满意度。同时分别从性别、年龄、文化程度、家庭人均月收入、户籍和居住方式这五个方面来分析受访者的个体特征因素对当地基本公共服务满意度之间的关系。表9-35为农村西南民族地区整体满意度的相关系数。

**表9-35　　农村西南民族地区整体满意度Pearson相关系数**

| 项目 | 性别 | 年龄 | 文化程度 | 家庭人均月收入 | 户籍和居住方式 |
|---|---|---|---|---|---|
| 基本公共服务整体满意度 | 0.023 | 0.096** | 0.071** | 0.092** | 0.039 |

（1）性别因素

通过比较性别对基本公共服务整体满意度的差异发现，性别与基本公共服务综合满意度的相关系数为0.023（双尾检验显著性：$P>0.1$）。未通过相关性检验。

（2）年龄因素

通过比较年龄对基本公共服务整体满意度的差异发现，年龄与基本公共服务综合满意度的相关系数为0.096**（双尾检验显著性 $**P<0.01$）。说明年龄越大整体满意度越高。

（3）文化程度

通过比较文化程度对基本公共服务整体满意度的差异发现，文化程度与基本公共服务综合满意度的相关系数为0.071**（双尾检验显著性 $**P<0.01$）。说明文化程度越高整体满意度越高。

（4）家庭人均月收入

家庭人均月收入与基本公共服务综合满意度的相关系数为0.092**（双尾检验显著性 $**P<0.01$）。说明家庭人均月收入越高满意度越高。

（5）户籍和居住方式

通过比较不同户籍和居住方式对基本公共服务整体满意度的差异发现，户籍和居住方式与基本公共服务综合满意度的相关系数为 0.039（双尾检验显著性 $P>0.1$）。没有通过相关性检验。

## 六、农村西南民族、西南整体与全样本个体特征满意度差异性对比

本节对比分析西南民族地区、西南整体和本次调查全样本数不同个体特征满意度差异性。

### （一）性别对满意度相关性对比分析

如表 9-36 所示，性别满意度差异多数不显著。

表 9-36　性别对满意度相关性对比分析

| 项目 | 西南民族（1400） | 西南整体（2424） | 农村全样（3050） |
|---|---|---|---|
| 基础教育 | 不显著 | 不显著 | 不显著 |
| 医疗卫生 | 不显著 | 不显著 | 不显著 |
| 公共交通 | 不显著 | -0.041* | 不显著 |
| 社保就业 | 不显著 | 不显著 | 不显著 |
| 住房保障 | 不显著 | 不显著 | 不显著 |
| 文化体育 | 不显著 | 不显著 | 不显著 |
| 公共基础设施 | 不显著 | -0.049* | 不显著 |
| 公共安全 | 不显著 | 不显著 | 不显著 |
| 环境保护 | 不显著 | 不显著 | 不显著 |

### （二）年龄对满意度相关性对比分析

由表 9-37 可知，从年龄对三个地区满意度对比中发现，西南民族地区多数基本公共服务与年龄表现为显著相关。且年龄在三个地区中与医疗卫生和住房保障呈现显著负相关，表明年龄越大，对医疗卫生和住房保障越不满意。这

可能是由于年龄越大，去医院次数相对越多，对医护人员和医疗设施的态度服务体验感下降，满意度减弱。在住房保障方面，年轻群体中一部分居住在学校，一部分是父母买房子，或者自己租房住，对政府提供住房保障没有期待，所以满意度相对较高；对于中年群体，压力比较大，为孩子买房，赡养老人住房，在压力较大情况下，对政府住房保障满意度较低；对于老年群体，并不想和儿女们住在一起，但政府对老年人住房又没有较好的保障，所以老年人的住房保障关系到自己晚年的生活，满意度最低。

表 9-37 年龄对满意度相关性对比分析

| 项目 | 西南民族（1400） | 西南整体（2424） | 农村全样（3050） |
|---|---|---|---|
| 基础教育 | 不显著 | 0.049* | 不显著 |
| 医疗卫生 | -0.153** | -0.082** | -0.092** |
| 公共交通 | 不显著 | 0.053** | 不显著 |
| 社保就业 | -0.083** | 不显著 | 不显著 |
| 住房保障 | -0.123** | -0.050** | -0.046* |
| 文化体育 | -0.059* | 不显著 | 不显著 |
| 公共基础设施 | -0.054** | 不显著 | 不显著 |
| 公共安全 | -0.088** | 不显著 | 不显著 |
| 环境保护 | -0.053* | 不显著 | 不显著 |

## （三）文化程度对满意度相关性对比分析

如表 9-38 所示，文化程度对三个地区满意度对医疗卫生和住房保障呈明显正相关，即文化程度越高，满意度越高。表现为在农村文化程度越高，素质相对越好，且包容度比较高，所以整体满意度较高。西南民族地区文化程度对基础教育评价无明显差异，而在西南整体和农村全样本中，文化程度越高，对基础教育满意度越低，这主要表现在，文化程度越高，去别的国家交流和考察的机会也就越多，见多识广之后，有了对别的地区更先进的科技设备，素质更高的教职工人员的对比之后，对当地满意度下降。

表 9-38 文化程度对满意度相关性对比分析

| 项目 | 西南民族（1400） | 西南整体（2424） | 农村全样（3050） |
|---|---|---|---|
| 基础教育 | 不显著 | -0.040* | -0.036* |
| 医疗卫生 | 0.145** | 0.072** | 0.077** |
| 公共交通 | 不显著 | 不显著 | 不显著 |
| 社保就业 | 0.059** | 不显著 | 不显著 |
| 住房保障 | 0.104** | 0.069** | 0.044* |
| 文化体育 | 不显著 | 不显著 | 不显著 |
| 公共基础设施 | 不显著 | 不显著 | 不显著 |
| 公共安全 | 不显著 | 不显著 | 不显著 |
| 环境保护 | 不显著 | 不显著 | 不显著 |

## （四）家庭人均月收入对满意度相关性对比分析

如表 9-39 所示，通过对比三个地区家庭人均月收入对基本公共服务涉及的几个维度的满意度评价呈正相关，即家庭人均月收入越高，满意度越高。集中表现为，家庭收入越高，所选择的范围更广泛，配套设施也更完善，满意度越高。同时因为收入比较高，所以在很大程度上，不会依赖和倾向于政府的供给与扶持，因为自身条件优越，享受的服务也相对较好，所以满意度相对较高。而且这种对比，一般是纵向对比较多，即纵向和自己的过去，和自己过去的家庭条件，享受待遇对比，条件变得越来越好，满意度自然也来越越高。

表 9-39 家庭人均月收入对满意度相关性对比分析

| 项目 | 西南民族（897） | 西南整体（1568） | 农村全样（2192） |
|---|---|---|---|
| 基础教育 | 0.091** | 0.063* | 0.039* |
| 医疗卫生 | 0.120** | 0.110** | 0.088** |
| 公共交通 | 不显著 | 0.062** | 0.044* |
| 社保就业 | 不显著 | 0.058** | 0.037* |
| 住房保障 | 0.098** | 0.080** | 0.061* |
| 文化体育 | 0.090** | 0.100** | 0.071** |
| 公共基础设施 | 不显著 | 0.055** | 不显著 |
| 公共安全 | 不显著 | 0.067** | 0.052** |
| 环境保护 | 不显著 | 0.060** | 不显著 |

### （五）户籍和居住方式对满意度相关性对比分析

如表9-40所示，对比户籍和居住方式对三个地区满意度影响发现，西南民族地区中，只有公共安全差异显著，且呈现正相关，表现为外地户籍非常住居民满意度最高，其他样本不显著。这可能是由于，一方面外地居民在来到民族地区之前，觉得或听说民族地区较不安全，发生暴乱较多，而来到当地之后，并未遇到这些暴行，所以内心前后对比，对民族地区公共安全满意度相对较高。另一方面，存在一种“人往高处走，水往低处流”的现象，和过去的自己、过去糟糕的生活环境进行纵向对比，满意度也就越高。而对于西南地区整体和农村全样本来说，户籍和居住方式对基础教育、公共交通和公共基础设施呈负相关，即本地户籍常住居民满意度最高。因为本地户籍常住居民相对于外地户籍非常住居民，已经熟悉并适应了当地的教育、交通和基础设施，同时也表明民族地区和其他地区在基本公共服务上的差别，使得外地户籍非常住居民刚刚接触到这些环境还不太适应，满意度较低。

表9-40　户籍和居住方式对满意度相关性对比分析

| 项目 | 西南民族（1400） | 西南整体（2424） | 农村全样（3050） |
|---|---|---|---|
| 基础教育 | 不显著 | -0.058** | -0.065** |
| 医疗卫生 | 不显著 | 不显著 | 不显著 |
| 公共交通 | 不显著 | -0.046** | -0.037** |
| 社保就业 | 不显著 | 不显著 | 不显著 |
| 住房保障 | 不显著 | 不显著 | 不显著 |
| 文化体育 | 不显著 | 不显著 | 不显著 |
| 公共基础设施 | 不显著 | 不显著 | -0.049** |
| 公共安全 | 0.067* | 不显著 | 不显著 |
| 环境保护 | 不显著 | 不显著 | 不显著 |

# 第三节　2017 城市、农村对比分析

## 一、城市、农村重要性-满意度对比分析

### （一）城乡西南民族地区 ISA 象限对比

如表 9-41 所示，通过对比结果发现，就西南民族地区来说，不论是城市还是农村，基础教育都位于第Ⅰ象限，即高重要性、高满意度。公共安全位于城市西南民族地区的第Ⅰ象限中，目前对西南民族地区城市治安管理比较满意，而且城市居民公共安全问题也是大家非常重视的问题之一。对于农村西南民族地区居民来讲，公共交通和公共基础设施位于高重要高满意的区域，表明现在政府对这些项目的投入已经卓有成效，但仍需要继续保持。

表 9-41　　城市、农村西南民族象限对比

| 分布 | 第Ⅰ象限（双高） | 第Ⅱ象限（低重要，高满意） | 第Ⅲ象限（双低） | 第Ⅳ象限（高重要，低满意） |
|---|---|---|---|---|
| 城市西南民族 | 基础教育、公共安全 | 公共交通、公共基础设施 | 社保就业、住房保障、文化体育、环境保护 | 医疗卫生 |
| 农村西南民族 | 基础教育、公共交通、公共基础设施 | 住房保障 | 文化体育、环境保护 | 医疗卫生、社保就业、公共安全 |

公共交通和公共基础设施位于城市西南民族地区的第Ⅱ象限，住房保障位于农村西南民族地区的第Ⅱ象限。都属于低重要，高满意的基础公共服务项目。表明城市地区的公共交通和公共基础设施服务、农村的住房保障服务已经接近饱和，不需刻意追求项目。

第Ⅲ象限的城市西南民族有四个指标服务，分别是社保就业、住房保障、文化体育和环境保护。农村的则有两个指标服务，分别是文化体育和环境保护。属于低重要性、低满意度，应加强对居民基本生活和健康的保障。

第Ⅳ象限属于高重要、低满意度。在城市西南民族中，只有医疗卫生在该领域中，而在农村西南民族的分析中，进入该指标体系的有医疗卫生、社保就业和公共安全。首先，表明医疗卫生的服务条件和一系列制度还有待提高，而且应着重加强对医疗卫生的管控。其次，从城市和农村的 ISA 对比中发现，农村地区短板较多，农村要同时加强对医疗卫生、社保就业和公共安全的整改。确保居民对基本公共服务满意度的提升。

## （二）城乡西南民族地区重要性对比

（1）城乡西南民族地区重要性比较

根据加权平均得分方法对各项指标的重要性计算得分后，再根据总和计算出各个一级指标重要性的平均得分。由图 9-17 可以看出，城乡西南地区的受访者对基本公共服务中重要性评价相对较高，尤其是对于农村西南地区的受访者来说，重要性评价更高，平均得分都在 4 分以上。表明受访者认为这份问卷涉及的公共服务的几个方面比较重要。而且农村需要投入更多的精力和财力提供，以此来回应居民对公共服务的迫切需求。

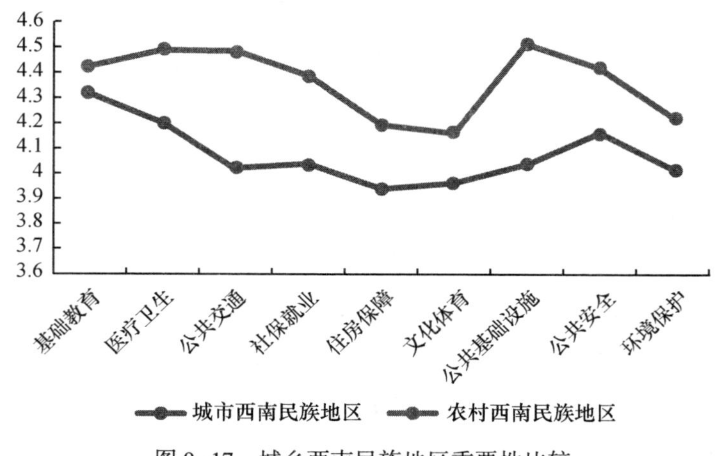


图 9-17　城乡西南民族地区重要性比较

（2）城乡西南地区满意度比较

根据加权平均得分方法对各项指标的满意度计算得分后，再根据总和计算出来的各个一级指标满意度的平均得分。由图 9-18 可以看出，城乡西南地区的受访者对基本公共服务中的公共安全服务满意度得分没有重要性高，表明政府对于基本公共服务满意度还有很大改善的空间。基本公共服务满意度中城市西南地区满意度高于农村民族地区，而在重要性对比图中，农村西南地区居民重要性评价高于城市西南地区，这表明，农村需要更多的扶持来建设当地，以此提高居民对公共服务整体的满意度。

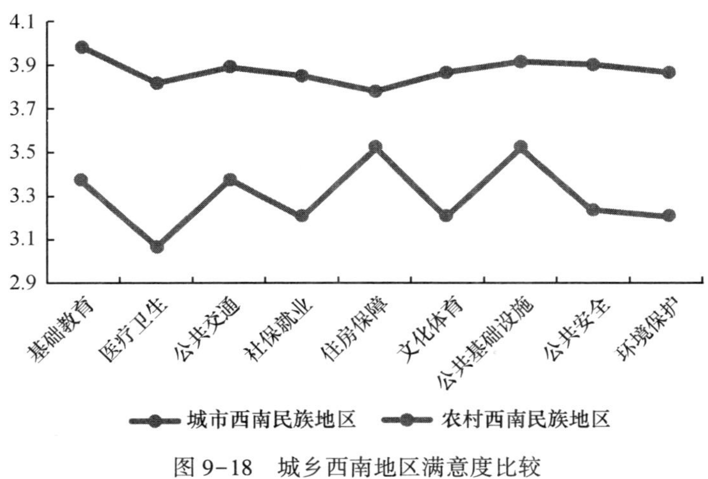


图 9-18　城乡西南地区满意度比较

## 二、城乡西南民族地区公共服务供给排序分析

### （一）城市西南民族地区基本公共服务供给排序

由表 9-42 加权得分可知，供给排序按从前往后依次为：医疗卫生、公共交通、环境保护、公共安全、住房保障、社保就业、文化体育、公共基础设施、基础教育。

表 9-42　城市西南民族地区基本公共服务供给排序

| 项目 | 得分 | 排名 |
|---|---|---|
| 基础教育 | 3. 09 | 9 |
| 医疗卫生 | 4. 37 | 1 |
| 公共交通 | 4. 08 | 2 |

续表

| 项目 | 得分 | 排名 |
| --- | --- | --- |
| 社保就业 | 3.94 | 6 |
| 住房保障 | 3.98 | 5 |
| 文化体育 | 3.83 | 7 |
| 公共基础设施 | 3.77 | 8 |
| 公共安全 | 4.00 | 4 |
| 环境保护 | 4.03 | 3 |

### （二）农村西南民族地区基本公共服务供给排序

由表9-43加权得分可知，供给排序按从前往后依次为：医疗卫生、公共交通、基础教育、公共安全、社保就业、住房保障、环境保护、公共基础设施、文化体育。

表9-43　　农村西南民族地区基本公共服务供给排序

| 项目 | 得分 | 排名 |
| --- | --- | --- |
| 基础教育 | 4.54 | 3 |
| 医疗卫生 | 4.55 | 1 |
| 公共交通 | 4.55 | 1 |
| 社保就业 | 4.09 | 5 |
| 住房保障 | 4.06 | 6 |
| 文化体育 | 3.56 | 9 |
| 公共基础设施 | 3.79 | 8 |
| 公共安全 | 4.11 | 4 |
| 环境保护 | 3.85 | 7 |

### （三）城乡对基本公共服务供给排序

从城乡调查结果比较可以看出，无论农村还是城市，医疗卫生都排名第一，说明医疗卫生的供需缺口最大，政府应高度重视医疗卫生投入，公共基础设施都排名靠后，说明公共基础设施建设可适当放慢，把更多的公共资源投入医疗卫生等项目中，见表9-44。

表 9-44　　城乡对基本公共服务供给排序

| 项目 | 城市西南民族地区 | 农村西南民族地区 |
|---|---|---|
| 基础教育 | 9 | 3 |
| 医疗卫生 | 1 | 1 |
| 公共交通 | 2 | 1 |
| 社保就业 | 6 | 5 |
| 住房保障 | 5 | 6 |
| 文化体育 | 7 | 9 |
| 公共基础设施 | 8 | 8 |
| 公共安全 | 4 | 4 |
| 环境保护 | 3 | 7 |

## 第四节　本章小结

从城市问卷分析看，在ISA模型分析中，无论民族地区还是非民族地区，医疗卫生都在第Ⅳ象限（高重要，低满意），说明医疗卫生服务是需求>供给，需要重点增加投入的项目。基础教育、公共安全都在第Ⅰ象限（双高），说明其处于高层次均衡，需要继续保持。公共基础设施都在第Ⅱ象限（低重要，高满意），说明需求<供给，供给相对饱和，应该适当减少供给增量，把更多的公共资源投入医疗卫生等供给不足领域。城市问卷中民族地区满意度高于非民族地区，供给排序上医疗卫生也位列第一，和ISA模型分析结果一致。

从农村问卷分析看，在ISA模型分析中，医疗卫生、社保就业、公共安全都在第Ⅳ象限（高重要，低满意），比城市问卷多，说明农村基本公共服务供给不足项目更多，需要重点推进的领域更多。基础教育、公共交通、公共基础设施都在第Ⅰ象限（双高），说明其需求强度大，满意度也高，应该继续保持。而第Ⅱ象限（低重要，高满意）的项目很少，只有住房保障一项，说明供给过度的项目很少。西南民族地区在住房保障一项的满意度明显高于非民族地区。

从城市问卷和农村问卷不同人群满意度的差异性看，不同人群不同公共服务的满意度具有显著差异。从城市、农村对比研究看，城市满意度高于农村，无论农村还是城市，医疗卫生都是最重要的，这与ISA模型研究结果一致，公共基础设施重要性排名都靠后。

# 第十章
# 2019 年基本公共服务调研报告

本章分析数据来自 2019 年 7 月组织的问卷调查结果，本次调查采用集中调查和分散调查相结合的方式，分散调查地点主要集中在西南地区，有少量中部和东部地区样本，集中调查地点选择了贵州省三个经济发展水平不同的民族县，其调研报告将在第十一章、第十二章分析。与 2015、2017 年调查问卷不同的是，此次调查指标采用了 2017 年颁布的《“十三五”推进基本公共服务均等化规划》中的八个类别，在此基础上增加一个环境保护指标。此次调查总样本数 5 160 份，有效样本为 5 160 份，有效率为 100%。基本公共服务满意度的调查指标主要包括以下几项：基本公共教育、基本劳动就业创业、基本社会保险、基本医疗卫生、基本社会服务、基本住房保障、基本公共文化体育、残疾人基本公共服务以及环境保护 9 个一级指标，9 个一级指标下设 38 个二级指标。

## 第一节　调查问卷的有效性分析

本章利用统计软件 SPSS Statistics 24.0 对修正后的指标体系进行统计分析，

计算出该指标体系的信度和效度，对问卷进行可靠性和有效性分析。

## 一、信度和效度的计算方法

### （一）信度检验结果

本文利用统计软件 SPSS Statistics 24. 0 分析调查问卷数据的信度（见表 10-1），确保问卷的可靠性。

表 10-1　　基本公共服务调查问卷的整体信度

Reliability Statistics

| Cronbach's Alpha | N of Items |
|---|---|
| 0. 970 | 85 |

此次调查问卷的 Cronbach's Alpha 系数数值为 0. 97，说明问卷的可靠性和一致性特别好，问卷题项之间具有很高的一致性。

### （二）效度检验结果

由表 10-2 中可知，KMO 达到了 0. 981，在 KMO>0. 9 时，Bartlett 球形检验的显著性概率<0. 05，代表变量存在显著相关性，做因子分析是非常合适的，表明该问卷存在较好的效度。

表 10-2　　基本公共服务满意度调查问卷的效度分析

KMO and Bartlett's Test

| Kaiser-Meyer-Olkin Measure of Sampling Adequacy. | | 0. 981 |
|---|---|---|
| Bartlett's Test of Sphericity | Approx. Chi-Square | 224 544. 965 |
| | df | 3 403 |
| | Sig. | 0. 000 |

## 第二节　调查基本情况概述

此次分析的数据来源于 2019 年 7—8 月组织的问卷调查，此次调查的对象主要在西南地区。调研以配额抽样和简单随机抽样相结合的方法进行，总样本数 4 765 份，有效样本为 4 765 份，有效率为 100%。基本公共服务满意度的调查指标包括基本公共教育、基本劳动就业创业、基本社会保险、基本医疗卫生、基本社会服务、基本住房保障、基本公共文化体育、残疾人基本公共服务以及环境保护 9 个一级指标，38 个二级指标，去除问卷前面的甄别问题和背景资料，还包含有 87 道问题，基本涵盖了基本公共服务的主要内容。使用社会科学统计分析软件 SPSS 24.0 对所获数据资料进行分析，经单样本 K-S 检验，样本数据呈正态分布。

由表 10-3 可知，西南地区样本特征基本统计结果表明，西南地区被调查者男性稍大于女性；年龄主要集中在 22~45 岁，呈现出以青壮年为主的特征；受访者学历在大专和本科以下的文化程度分布较广，初中及以下更多，学历为研究生及以上的群体为 1.9%；从受访者月平均收入来看，1 000~3 000 元的最多，占总样本的 41.4%，其次为 3 001~5 000 元的占 26.9%，而月收入在 10 000 元以上的仅为 2.0%，说明西南地区民众收入水平总体偏低；受访者职业以民企、外企、合资企业，个体工商户和其他为主；一半以上受访者为本地户籍常住居民。

表 10-3　　西南地区调查样本基本情况

| 统计指标 | | 比例 | 统计指标 | | 比例 |
|---|---|---|---|---|---|
| 性别 | 男 | 50.7% | 家庭人均月收入 | 1 000 元以下 | 19.7% |
| | 女 | 49.3% | | 1 000~3 000 元 | 41.4% |
| 年龄 | 12~21 岁 | 38.4% | | 3 001~5 000 元 | 26.9% |
| | 22~35 岁 | 28.3% | | 5 001~10 000 元 | 10.0% |
| | 36~45 岁 | 19.6% | | 10 000 元以上 | 2.0% |
| | 46~60 岁 | 11.6% | 户籍和居住方式 | 本地户籍常住居民 | 85.8% |
| | 60 岁以上 | 2.1% | | 外地户籍常住居民 | 5.7% |
| 文化程度 | 初中及以下 | 27.3% | | 本地户籍非常住居民 | 6.9% |
| | 高中和中专 | 24.5% | | 外地户籍非常住居民 | 1.6% |
| | 大专和本科 | 46.3% | 职业 | 国企 | 5.4% |
| | 研究生及以上 | 1.9% | | 民企、外企、合资企业 | 21.8% |
| 职业 | 国家行政机关工作人员 | 4.5% | | 个体工商户 | 22.0% |
| | 事业单位工作人员 | 11.2% | | 务农 | 8.9% |
| | | | | 其他 | 26.2% |

图 10-1 显示，西南地区被调查者男性稍大于女性；年龄主要集中在 22~45 岁，呈现出以青壮年为主的特征。

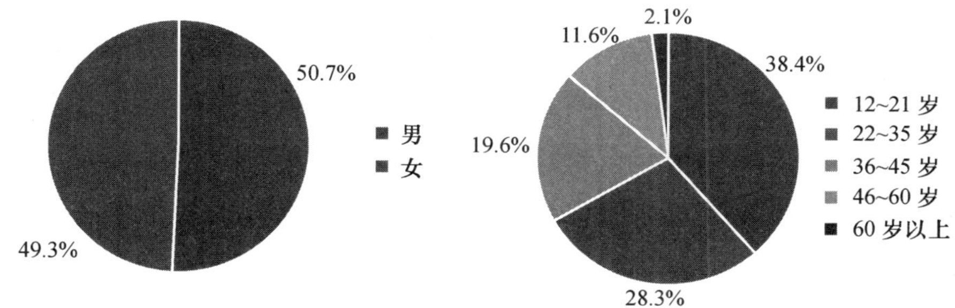


图 10-1 年龄比例与性别比例①

图 10-2 显示，受访者学历在大专和本科以下的文化程度分布较广，其中初中及以下更多，而学历为研究生及以上的群体为 1. 9%；从受访者月平均收入来看，1 000~3 000 元的最多，占总样本的 41. 4%，其次为 3 001~5 000 元的占 26. 9%，而月收入在 10 000 元以上的仅为 2. 0%，说明调查对象收入水平总体偏低。

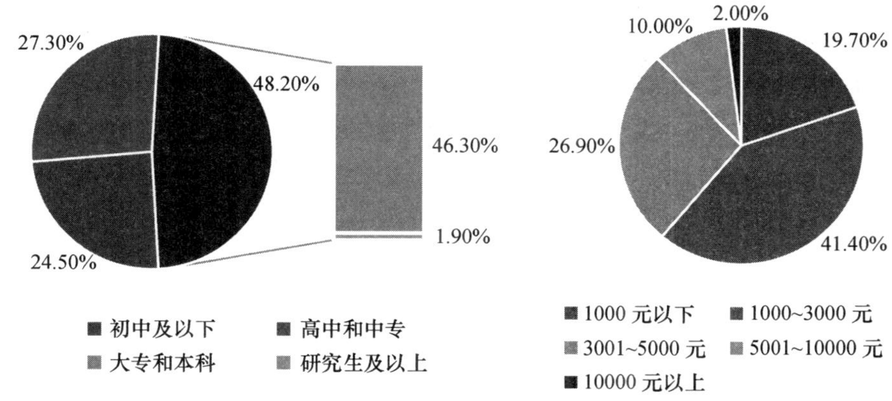


图 10-2 学历比例与家庭人均月收入比例

图 10-3、图 10-4 显示，受访者职业以民企、外企、合资企业，个体工商户和其他为主；绝大部分的受访者为本地户籍常住居民。

---

① 图形来源：调研数据整理所得（以下未做说明的皆为调研数据整理所得）

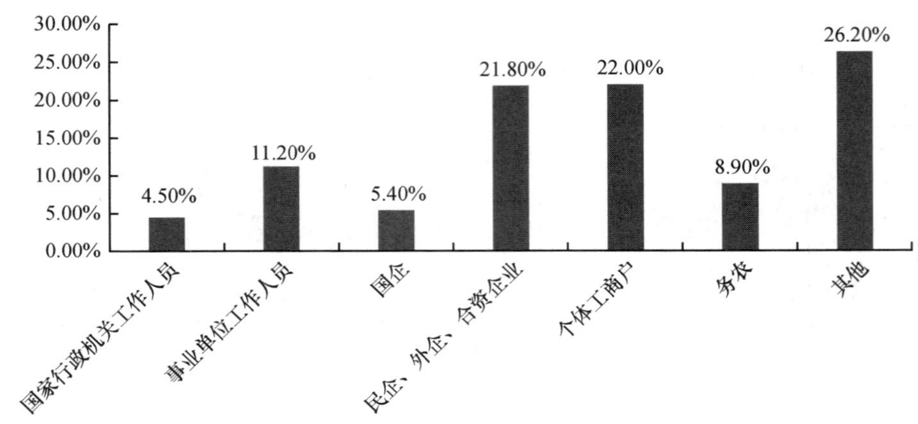


图 10-3　不同职业比例

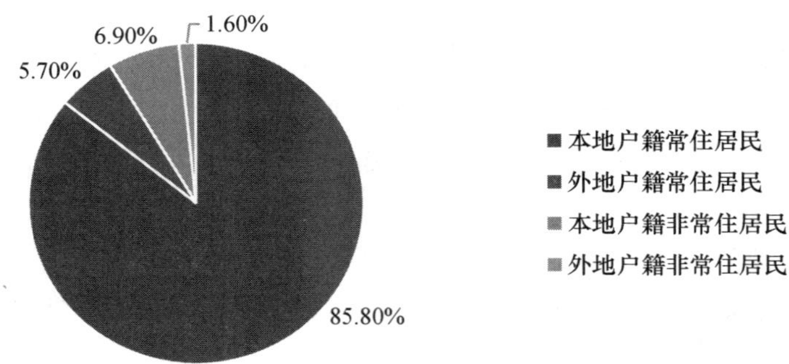


图 10-4　不同户籍和居住地比例

# 第三节　基本公共服务 ISA 分析及供给排序

## 一、西南地区基本公共服务的重要性—满意度（ISA）分析

本章采用五级李克特量表，通过受访者对以下指标满意度情况的询问，其中，选项数字 1 到 5，表示“很不满意”到“非常满意”，并进行正向计分，代表的分值是 1 分到 5 分，最后运用加权平均得分方法对各项指标的满意度得分进行统计分析，该项评分越高，也就对基本公共服务越满意。将 9 个特征项

的重要性和满意度感知的平均得分映射到ISA表格中，如图10-5所示，以重要性为$X$轴，以满意度为$Y$轴，以9项感知特征项的重要性和满意度均值为象限划分点绘制了ISA方格图。

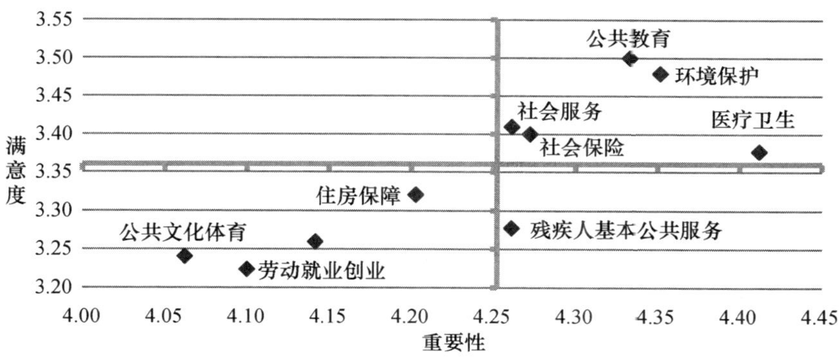


图10-5 西南地区整体ISA分析图

## （一）西南整体ISA分析

表10-4显示，受访者对西南地区整体基本公共服务的整体重视度较高。在重要性方面，重视程度最高的是基本医疗卫生，其次是环境保护；在满意度方面，受访者最满意基础教育和环境保护。

**表10-4 西南地区基本公共服务重要性—满意度分析**

| 内容 | 重要性 | 满意度 |
|---|---|---|
| 基本公共教育 | 4.33 | 3.50 |
| 基本劳动就业创业 | 4.14 | 3.26 |
| 基本社会保险 | 4.27 | 3.40 |
| 基本医疗卫生 | 4.41 | 3.38 |
| 基本社会服务 | 4.26 | 3.41 |
| 基本住房保障 | 4.20 | 3.32 |
| 基本公共文化体育 | 4.06 | 3.24 |
| 残疾人基本公共服务 | 4.26 | 3.28 |
| 环境保护 | 4.35 | 3.48 |

如图 10-5 所示，第Ⅰ象限（高重要性、高满意度），该象限是双高区域，属于优势区，继续保持项目。西南整体 ISA 分析图中落在该象限的服务项目分别为社会服务、公共教育、社会保险、医疗卫生和环境保护。说明在城市整体公共服务中，政府在这五个方面的服务特质属于其优势服务项目，应当继续保持和加强。

第Ⅱ象限（低重要性、高满意度），属于保持区，服务供给过度。城市整体 ISA 分析图中落在该象限的服务项目有 0 个，说明目前西南地区并不存在“过度供给”的项目和不需要过分重视的项目。

第Ⅲ象限（低重要性、低满意度），属于低优先顺序项目。西南整体 ISA 分析图中落在该象限的服务项目有 3 个，分别是公共文化体育、劳动就业创业和住房保障。双低意味着居民对其期望值和满意度都很低，这个区域的问题不需要优先解决，政府可暂时不考虑这些服务项目。

第Ⅳ象限（高重要性、低满意度），属于重点改进项目。这个区域代表着受访者的重视程度高，但是满意度很低的项目，西南整体 ISA 分析图中落在该象限的服务项目有 1 个，为残疾人基本公共服务。

### （二）西南民族地区 ISA 分析

表 10-5 显示，受访者对西南民族地区基本公共服务的整体满意度较高。在重要性方面，重视程度最高的是基本医疗卫生，其次是基本公共教育；在满意度方面，受访者最满意的是基本公共教育和环境保护。

**表 10-5　　西南民族地区重要性—满意度分析**

| 内容 | 重要性 | 满意度 |
| --- | --- | --- |
| 基本公共教育 | 4.33 | 3.51 |
| 基本劳动就业创业 | 4.14 | 3.27 |
| 基本社会保险 | 4.26 | 3.41 |
| 基本医疗卫生 | 4.40 | 3.38 |
| 基本社会服务 | 4.26 | 3.42 |
| 基本住房保障 | 4.20 | 3.32 |

续表

| 内容 | 重要性 | 满意度 |
| --- | --- | --- |
| 基本公共文化体育 | 4.07 | 3.25 |
| 残疾人基本公共服务 | 4.27 | 3.29 |
| 环境保护 | 4.35 | 3.51 |

图 10-6 显示，第Ⅰ象限有五个指标服务，属于高重要性、高满意度，继续保持项目。分别是基本公共教育、基本社会服务、基本社会保险、基本医疗卫生和环境保护。说明在城市整体公共服务中，政府在这五个方面的服务特质属于其优势服务项目，应当继续保持和加强。

第Ⅱ象限有零个指标服务，属于低重要性、高满意度，不宜刻意追求项目。西南民族地区 ISA 分析图中落在该象限的服务项目有 0 个，说明目前西南民族地区并不存在“过度供给”的项目和不需要过分重视的项目。

第Ⅲ象限有三个指标服务，属于低重要性、低满意度，低优先顺序。西南民族地区 ISA 分析图中落在该象限的服务项目有 3 个，分别是基本公共文化体育、基本劳动就业创业和基本住房保障。双低意味着居民对其期望值和满意度都很低，这个区域的问题不需要优先解决，政府可暂时不考虑这些服务项目。

第Ⅳ象限有一个指标服务，属于高重要性、低满意度，重点改善区域。这个区域代表着受访者的重视程度高，但是满意度很低的项目，城市整体 ISA 分析图中落在该象限的服务项目有 1 个，为残疾人基本公共服务。

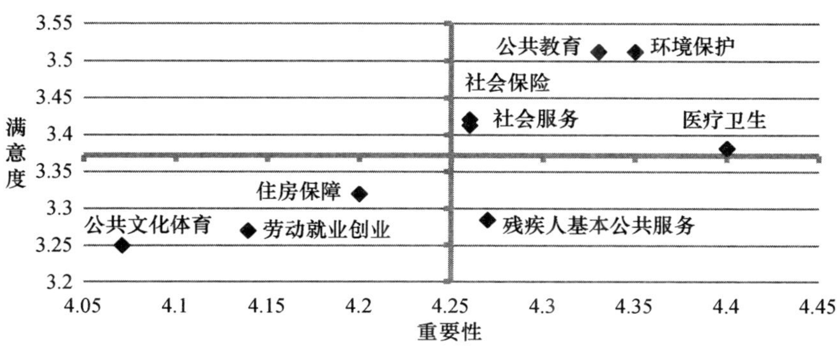


图 10-6　西南民族地区 ISA 分析

### （三）西南非民族地区 ISA 分析

表 10-6 显示，受访者对西南非民族地区基本公共服务的整体重要性评价较高。在重要性方面，重视程度最高的是基本医疗卫生，其次是环境保护和基本公共教育；在满意度方面，受访者最满意的是基本公共教育，其次是基本医疗卫生、基本社会服务和环境保护。与西南民族地区相比，重视程度最高和满意度最高的无太大差异，但相对来说，西南民族地区对基本公共服务满意度高于西南非民族地区，但基本医疗卫生方面满意度略低于西南非民族地区。

表 10-6　　　　西南非民族地区重要性—满意度分析

| 内容 | 重要性 | 满意度 |
|---|---|---|
| 基本公共教育 | 4. 34 | 3. 49 |
| 基本劳动就业创业 | 4. 16 | 3. 24 |
| 基本社会保险 | 4. 31 | 3. 37 |
| 基本医疗卫生 | 4. 46 | 3. 40 |
| 基本社会服务 | 4. 26 | 3. 40 |
| 基本住房保障 | 4. 22 | 3. 31 |
| 基本公共文化体育 | 4. 05 | 3. 17 |
| 残疾人基本公共服务 | 4. 25 | 3. 26 |
| 环境保护 | 4. 36 | 3. 40 |

如图 10-7 所示，第Ⅰ象限有四个指标服务，属于高重要性、高满意度，继续保持项目。分别是基本公共教育、基本医疗卫生、基本社会保险和环境保护。

第Ⅱ象限有一个指标服务，属于低重要性、高满意度。即基本社会服务为不宜刻意追求项目。

第Ⅲ象限有四个指标服务，属于低重要性、低满意度，低优先顺序。分别是基本劳动就业创业、基本住房保障、基本公共文化体育和残疾人基本公共服务。

西南非民族地区中没有指标落在第Ⅳ象限。

和 2015 年、2017 年相比，医疗卫生从第Ⅳ象限上升到第Ⅰ象限，第Ⅳ象限项目仅有本次调查新增税务残疾人基本公共服务。说明基本公共服务水平不断提高，第Ⅱ象限和第Ⅳ象限项目变少，说明基本公共服务供需匹配情况不断改善。

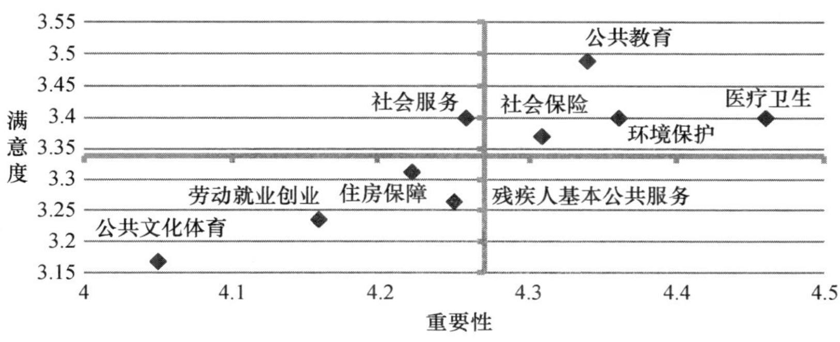


图 10-7 西南非民族地区 ISA 分析

## 二、基本公共服务供给排序分析

### （一）西南地区整体基本公共服务供给排序

供给排序，运用加权平均得分方法对各项指标的重要性得分进行统计分析，该项得分越高，也就是对基本公共服务越重视，排序越靠前。

由表 10-7 加权得分可得，供给从后到前排序依次为：基本公共文化体育、残疾人基本公共服务、环境保护、基本社会服务、基本公共教育、基本住房保障、基本劳动就业创业、基本社会保险、基本医疗卫生。

表 10-7 西南地区的基本公共服务供给情况

| 项目 | 得分 | 排名 |
|---|---|---|
| 基本公共教育 | 3.33 | 5 |
| 基本劳动就业创业 | 3.50 | 3 |
| 基本社会保险 | 3.65 | 2 |
| 基本医疗卫生 | 4.10 | 1 |
| 基本社会服务 | 3.09 | 6 |
| 基本住房保障 | 3.46 | 4 |
| 基本公共文化体育 | 2.47 | 9 |

续表

| 项目 | 得分 | 排名 |
|---|---|---|
| 残疾人基本公共服务 | 2.50 | 8 |
| 环境保护 | 2.77 | 7 |

## （二）西南民族地区基本公共服务供给排序

由表10-8加权得分可得，供给排序按从后往前依次为：基本公共文化体育、残疾人基本公共服务、环境保护、基本社会服务、基本公共教育、基本住房保障、基本劳动就业创业、基本社会保险和基本医疗卫生。

**表10-8　　　　西南民族地区基本公共服务供给排序**

| 项目 | 得分 | 排名 |
|---|---|---|
| 基本公共教育 | 3.31 | 5 |
| 基本劳动就业创业 | 3.49 | 3 |
| 基本社会保险 | 3.62 | 2 |
| 基本医疗卫生 | 4.11 | 1 |
| 基本社会服务 | 3.08 | 6 |
| 基本住房保障 | 3.46 | 4 |
| 基本公共文化体育 | 2.50 | 9 |
| 残疾人基本公共服务 | 2.52 | 8 |
| 环境保护 | 2.78 | 7 |

## （三）西南非民族地区基本公共服务供给排序

由表10-9加权得分可得，供给排序按从后往前依次为：基本公共文化体育、残疾人基本公共服务、环境保护、基本社会服务、基本公共教育、基本住房保障、基本劳动就业创业、基本社会保险、基本医疗卫生。

**表10-9　　　　西南非民族地区基本公共服务供给排序**

| 项目 | 得分 | 排名 |
|---|---|---|
| 基本公共教育 | 3.40 | 5 |
| 基本劳动就业创业 | 3.53 | 3 |
| 基本社会保险 | 3.77 | 2 |

续表

| 项目 | 得分 | 排名 |
|---|---|---|
| 基本医疗卫生 | 4.05 | 1 |
| 基本社会服务 | 3.13 | 6 |
| 基本住房保障 | 3.45 | 4 |
| 基本公共文化体育 | 2.34 | 9 |
| 残疾人基本公共服务 | 2.42 | 8 |
| 环境保护 | 2.72 | 7 |

### （四）排名汇总

由表 10-10 可见，西南民族地区和西南非民族地区在基本公共服务重要程度排序上高度一致，医疗卫生排第一，和 2017 年调查结果一致，基本公共文化体育、残疾人基本公共服务排名靠后。

表 10-10　　西南地区基本公共服务排名汇总

| 项目 | 西南整体 | 西南民族 | 西南非民族 |
|---|---|---|---|
| 基本公共教育 | 5 | 5 | 5 |
| 基本劳动就业创业 | 3 | 3 | 3 |
| 基本社会保险 | 2 | 2 | 2 |
| 基本医疗卫生 | 1 | 1 | 1 |
| 基本社会服务 | 6 | 6 | 6 |
| 基本住房保障 | 4 | 4 | 4 |
| 基本公共文化体育 | 9 | 9 | 9 |
| 残疾人基本公共服务 | 8 | 8 | 8 |
| 环境保护 | 7 | 7 | 7 |

## 第四节　西南地区满意度人群差异分析

不同个体特征的公众对基本公共服务的满意度不同，以下通过对性别、年龄、文化程度、家庭人均月收入、户籍和居住方式、职业以及居住地七个方面划分了不同的人群，运用 Pearson 相关系数法分析了不同人群对基本公共服务满意度的差异，表 10-11 报告了西南地区满意度的相关系数。

**表 10-11　　西南地区满意度 Pearson 相关系数**

| 项目 | 性别 | 年龄 | 文化程度 | 家庭人均月收入 | 户籍和居住方式 | 职业 | 居住地 |
|---|---|---|---|---|---|---|---|
| 基本公共教育 | 0.025 | -0.019 | 0.047** | 0.069** | 0.024 | -0.063** | -0.093** |
| 基本劳动就业创业 | -0.006 | -0.046** | 0.077** | 0.102** | 0.065** | -0.058** | -0.140** |
| 基本社会保险 | -0.011 | -0.060** | 0.081* | 0.109** | 0.028 | -0.063** | -0.147** |
| 基本医疗卫生 | 0.01 | -0.063** | 0.084** | 0.071** | 0.056** | -0.057** | -0.130** |
| 基本社会服务 | -0.008 | -0.074** | 0.078** | 0.101** | 0.040** | -0.037** | -0.144** |
| 基本住房保障 | -0.008 | -0.085** | 0.080** | 0.088** | 0.044** | -0.043** | -0.099** |
| 基本公共文化体育 | -0.005 | -0.025 | 0.080** | 0.120** | 0.053** | -0.076** | -0.156** |
| 残疾人基本公共服务 | -0.019 | -0.037** | 0.060** | 0.082** | 0.24 | -0.058** | -0.122** |
| 环境保护 | -0.041* | -0.004 | 0.041** | 0.071** | 0.007 | -0.074** | -0.091** |

## 一、基本公共教育服务综合满意度人群差异分析

下面通过根据表 10-11 的报告结果对基本公共教育服务的影响因素进行了分析。

由表 10-11 可见，性别、年龄、户籍和居住方式未通过显著性检验，文化程度、家庭人均月收入、职业、居住地四项通过显著性检验，具体来说：

（1）文化程度因素

学历与教育服务综合满意度的相关系数为 0.047**（双尾检验显著性：** $P<0.01$）。说明不同学历的被调查者对当地公共教育服务满意度的差异显著。并通过调研结果发现，大专和本科学历的群体和研究生及以上的受访者对基本公共教育满意度相对较高。整体来说，年龄对公共教育服务满意度呈现的趋势为：随着学历的提升，满意度也越高。

（2）家庭人均月收入因素

家庭人均月收入与教育服务综合满意度的相关系数为 0.069**（双尾检验显著性：** $P<0.01$）。说明不同家庭人均月收入因素的受访者对当地公共教育服务满意度的差异显著。并且随着收入的增高，受访者对基本公共教育满意度也

逐渐增强。

（3）职业因素

通过比较不同职业对公共教育服务满意度的差异发现，不同职业与教育服务综合满意度的相关系数为-0.063**（双尾检验显著性：** $P$<0.01）。说明不同职业的被调查者对当地公共教育服务满意度差异显著。根据调查数据可知，国家行政机关工作人员和事业单位工作人员满意度评价最高，其次为国企、民企、外企、合资人员。总体而言，体制内工作人员对基本公共教育满意度平均得分高于体制外。

（4）居住地因素

不同居住地与教育服务综合满意度的相关系数为-0.093**（双尾检验显著性：** $P$<0.01）。说明不同居住地的被调查者对当地公共教育服务满意度差异显著。根据调研结果发现，城市居民对基本公共教育满意度高于农村。

## 二、基本劳动就业创业服务综合满意度人群差异分析

该项只有性别没有通过显著性检验，其他各项都通过了显著性检验。

（1）年龄因素

年龄与基本劳动就业创业服务综合满意度的相关系数为-0.046**（双尾检验显著性：** $P$<0.01）。说明不同性别的被调查者对于当地基本劳动就业创业服务满意度的差异显著。根据调查结果发现，随着受访人群年龄的增长，他们对当地基本劳动就业创业服务满意度有着递减的趋势。

（2）文化程度因素

从表 10-11 中可以看出文化程度与基本劳动就业创业服务综合满意度的相关系数为 0.077**（双尾检验显著性：** $P$<0.01）。说明不同文化程度的被调查者对于当地基本劳动就业创业服务满意度的差异比较显著。学历越高，满意度越高。

（3）家庭人均月收入因素

从表 10-11 中可以发现家庭人均月收入与基本劳动就业创业服务综合满意度的相关系数为 0.102**（双尾检验显著性：** $P$>0.1）。说明不同家庭人均月

收入的被调查者对于当地基本劳动就业创业服务满意度的差异显著。整体来说，收入越高，对基本劳动就业创业服务的满意度越高。

（4）户籍和居住方式影响因素

户籍和居住方式与基本劳动就业创业服务综合满意度的相关系数为 0. 065**（双尾检验显著性：** $P<0.01$）。即不同户籍和居住方式的被调查者对于当地基本劳动就业创业服务满意度的差异显著。根据调查结果发现，外地户籍满意度高于本地户籍，而且外地户籍非常住居民满意度高于外地户籍常住居民，本地户籍常住居民满意度最低。

（5）职业因素

表 10-11 显示不同职业与基本劳动就业创业服务综合满意度的相关系数为 -0. 058**（双尾检验显著性：** $P<0.01$）。说明不同职业的被调查者对于当地基本劳动就业创业服务满意度的差异显著。总体来说，体制内受访者对劳动就业创业整体满意度高于体制外。

（6）居住地因素

不同居住地与基本劳动就业创业服务综合满意度的相关系数为 -0. 140**（双尾检验显著性：** $P<0.01$）。说明不同居住地的被调查者对于当地基本劳动就业创业服务满意度的差异显著。根据调查结果发现，居住地为城市的受访者对公共就业服务、创业服务、职业技能培训、劳动关系协调和劳动权益保护方面满意度都高于农村。总体来说，城市居民对基本劳动就业创业服务的满意度明显高于农村居民的满意度。

## 三、基本社会保险服务综合满意度人群差异分析

该项目性别和户籍和居住方式因素两个没有通过显著性检验，其他因素都通过了显著性检验。

（1）年龄因素

表 10-11 显示，年龄与基本社会保险服务综合满意度的相关系数为 -0. 060**（双尾检验显著性：** $P<0.01$）。说明不同年龄的被调查者对当地基本社会保险服务满意度存在明显差异。通过调查数据发现，12~22 岁、22~35

岁的受访者对完善医疗（生育）保险、完善养老保险、完善失业保险、完善工伤保险、社保卡使用便利性及社保卡跨地区使用的满意度评价方面满意度都是最高的，而且明显高于其他被调查者的群体。总体来说，随着年龄的增加，被调查者对基本社会保险服务的满意度逐渐下降。

（2）文化程度因素

表 10-11 显示，不同文化程度与基本社会保险服务综合满意度的相关系数为 0.081**（双尾检验显著性：** $P<0.01$）。说明不同文化程度的被调查者对当地基本社会保险服务满意度存在明显差异。整体来看，受访者文化程度越高，满意度越高。

（3）家庭人均月收入因素

家庭人均月收入与基本社会保险服务综合满意度的相关系数为 0.109**（双尾检验显著性：** $P<0.01$）。说明家庭人均月收入不同的被调查者对当地基本社会保险服务满意度差异显著。并且根据调查结果可以看出一个明显的趋势：家庭人均月收入越高的受访者，对基本社会保险整体满意越高。

（4）职业因素

职业与基本社会保险服务综合满意度的相关系数为-0.063**（双尾检验显著性：** $P<0.01$）。说明不同职业的被调查者对当地基本社会保险服务满意度差异显著。根据调查结果发现，职业为国家行政机关工作人员和事业单位工作人员的受访者对基本社会保险整体满意度高于其他职业的受访者。即体制内工作人员的满意度普遍高于体制外。

（5）居住地因素

居住地与基本社会保险服务综合满意度的相关系数为-0.147**（双尾检验显著性：** $P<0.01$）。说明不同居住地的被调查者对当地基本社会保险服务满意度差异显著。根据调查结果显示，居住地为城市的受访者对完善医疗（生育）保险、完善养老保险、完善失业保险、完善工伤保险、社保卡使用便利性以及社保卡的跨地区使用满意度普遍高于居住地为农村的受访者群体。即城市居民对社会保险服务的满意度整体高于农村居民。

## 四、基本医疗卫生服务综合满意度人群差异分析

由表10-11可见，除了性别未通过显著性检验，其他各项都通过了显著性检验，说明不同特点的人群医疗卫生服务综合满意度具有显著人群差异。

（1）年龄因素

受访者的年龄跟医疗卫生综合满意度负相关，即年龄越大，对医疗卫生服务的评价越低，相关系数为-0.063**（双尾检验显著性：** $P<0.01$）。说明不同年龄的被调查者对当地医疗卫生服务满意度有差异，而且差异显著。通过调查结果发现，不同年龄层的公众之间的满意度除年龄在23~35岁和12~22岁受访者人群对医疗卫生服务满意度评价最高外，其他不同年龄层的公众对于在医疗卫生服务满意度的得分都比较低，即民族地区在医疗卫生机构方面还有很大的改善空间。

（2）文化程度因素

受访者的不同文化程度跟医疗卫生综合满意度正相关，即受教育年限越长，对医疗卫生服务的评价越高，相关系数为0.084**（双尾检验显著性：** $P<0.01$）。说明不同受教育年限的被调查者对当地医疗卫生服务满意度有差异，而且差异显著。

（3）家庭人均月收入因素

受访者的家庭人均月收入跟医疗卫生综合满意度正相关，即家庭人均月收入越高，对医疗卫生服务的评价越高，相关系数为0.071**（双尾检验显著性：** $P<0.01$）。说明不同家庭人均月收入的被调查者对当地医疗卫生服务满意度差异显著。

（4）户籍和居住方式因素

受访者的户籍和居住方式跟医疗卫生综合满意度正相关，相关系数为0.056**（双尾检验显著性：** $P<0.01$）。根据调查数据得出，外地户籍常住居民对医疗机构医疗水平满意度明显较高。

（5）职业因素

不同职业与基本医疗卫生综合满意度的相关系数为-0.057**（双尾检验显

著性：** $P<0.01$）。说明不同职业的被调查者对当地基本医疗卫生服务满意度差异显著。总体来说，国家行政机关工作人员、事业单位工作人员对基本医疗卫生满意度较高，而个体工商户和务农人员满意度最低，即体制内满意度明显高于体制外。

（6）居住地因素

不同居住地与基本医疗卫生综合满意度的相关系数为-0.130**（双尾检验显著性：** $P<0.01$）。说明不同居住地的被调查者对当地基本医疗卫生服务满意度差异显著。并且根据调查结果显示，城市居民对基本医疗卫生服务的满意度明显高于农村居民。

## 五、基本社会服务综合满意度人群差异分析

该项除了性别没有通过显著性检验，其他各项均通过了显著性检验。

（1）年龄因素

年龄与基本社会服务满意度的相关系数为-0.074**（双尾检验显著性：** $P<0.01$）。说明不同年龄的群体对当地基本社会服务满意度之间存在差异。具体表现为：年龄越大，受访者对基本社会服务整体满意度评价越高。

（2）文化程度因素

文化程度与基本社会服务综合满意度的相关系数为0.078**（双尾检验显著性：** $P<0.01$）。说明不同文化程度的群体对基本社会服务满意度之间差异显著，随着文化程度的提高，受访者对基本社会服务的满意度评价也逐渐提高。

（3）家庭人均月收入因素

家庭人均月收入与基本社会服务综合满意度的相关系数为0.101**（双尾检验显著性：** $P<0.01$）。说明不同家庭人均月收入的群体对当地基本社会服务满意度之间差异显著，随着家庭人均月收入的提高，受访者对基本社会服务的整体满意度也有了大幅度的提升。

（4）户籍和居住方式因素

户籍和居住方式与基本社会服务综合满意度的相关系数为0.040**（双尾检验显著性：** $P<0.01$）。说明不同户籍和居住方式的群体对当地基本社会服务

满意度之间有显著差异，外地户籍人口对基本社会服务的满意度高于本地户籍人口的满意度；非常住居民的满意度高于常住居民的满意度。

（5）职业因素

职业与基本社会服务综合满意度的相关系数为-0.037**（双尾检验显著性：** $P<0.05$）。说明不同职业的群体对当地基本社会服务满意度之间有显著差异，受访者为体制内工作人员对基本社会服务整体满意度高于体制外。其中职业为国家行政机关工作人员的受访者满意度评价最高。

（6）居住地因素

居住地与基本社会服务综合满意度的相关系数为0.144**（双尾检验显著性：** $P<0.01$）。即不同居住地的群体对当地公共基本社会服务满意度之间有显著差异，城市受访者的满意度明显高于农村受访者的满意度。

## 六、基本住房保障服务综合满意度人群差异分析

该项除了性别没有通过显著性检验，其他各项都通过了显著性检验。

（1）年龄因素

年龄与住房保障服务综合满意度的相关系数为-0.085**（双尾检验显著性：** $P<0.01$）。说明不同年龄对当地住房保障服务满意度之间存在显著差异。随着受访者年龄的上涨，对住房价格控制和引导满意度逐渐下降。

（2）文化程度因素

文化程度与住房保障服务综合满意度的相关系数为0.080**（双尾检验显著性：** $P<0.01$）。说明不同文化程度受访者对当地住房保障服务满意度之间存在显著差异。呈现出受访者文化程度越高，满意度越高的趋势。

（3）家庭人均月收入因素

家庭人均月收入与住房保障服务综合满意度的相关系数为0.088**（双尾检验显著性：** $P<0.01$）。说明不同家庭人均月收入对当地住房保障服务满意度之间差异显著。呈现出整体趋势为收入越高，满意度越高。

（4）户籍和居住方式因素

户籍和居住方式与住房保障服务综合满意度的相关系数为0.044**（双尾检

验显著性：** $P<0.01$）。说明不同户籍和居住方式群体对当地住房保障服务满意度之间差异显著。其差异主要为，外地户籍居民对住房保障的满意度明显高于本地户籍，非常住居民对住房保障的满意度明显高于常住居民。

（5）职业因素

不同职业与住房保障服务综合满意度的相关系数为-0.043**（双尾检验显著性：** $P<0.01$）。说明不同职业群体对当地住房保障服务满意度之间差异显著。并根据调查结果发现，国家行政机工作人员和事业单位工作人员对公平提供保障性住房、棚户区改造、农村危房改造以及住房价格控制和引导满意度相对较高，而民企、外企、合资企业、个体工商户和务农的受访者对基本住房保障整体满意度评级较低。对基本住房保障的对象主要是体制外较为贫困的百姓，而就目前的情况来看：体制内受访者满意度普遍高于体制外，表明我国地方财政政策要把握好倾斜度，保证政策目标的实现。

（6）居住地因素

不同居住地与住房保障服务综合满意度的相关系数为-0.099**（双尾检验显著性：** $P<0.01$）。说明不同居住地群体对当地住房保障服务满意度之间差异显著。根据调查结果发现，城市居住者对公平提供保障性住房、棚户区改造、农村危房改造、住房价格控制和引导满意度都高于农村。

## 七、基本公共文化体育服务综合满意度人群差异分析

该项目性别、年龄没有通过显著性检验，其他各项都通过了显著性检验。

（1）文化程度因素

文化程度与公共文化体育服务综合满意度的相关系数为0.080**（双尾检验显著性：** $P<0.01$）。说明不同文化程度的群体对当地文化体育服务满意度之间差异显著。根据调查数据发现，存在的差异为文化程度越高，受访者对基本公共文化体育整体满意度越高。

（2）家庭人均月收入因素

家庭人均月收入与公共文化体育服务综合满意度的相关系数为0.120**（双尾检验显著性：** $P<0.01$）。说明不同家庭人均月收入的群体对当地文化体育

服务满意度之间差异显著。高收入群体的满意度明显高于低收入群体的满意度。

（3）户籍和居住方式因素

户籍和居住方式与公共文化体育服务综合满意度的相关系数为0.053**（双尾检验显著性：** $P<0.01$）。说明不同户籍和居住方式的群体对当地文化体育服务满意度之间有显著差异。根据调查数据发现，本地户籍常住居民满意度相对较低，外地户籍非常住居民满意度最高。即外地户籍居民满意度明显高于本地户籍居民满意度，非常住居民满意度明显高于常住居民满意度。

（4）职业因素

职业与公共文化体育服务综合满意度的相关系数为-0.076**（双尾检验显著性：** $P<0.01$）。说明不同职业的群体对当地文化体育服务满意度之间有显著差异，体制内工作人员对基本公共文化体育整体满意度明显高于体制内。

（5）居住地因素

居住地与公共文化体育服务综合满意度的相关系数为-0.156**（双尾检验显著性：** $P<0.01$）。说明不同居住地的群体对当地文化体育服务满意度之间有显著差异。具体表现为：城市受访者对当地文化体育满意度高于农村受访者。

## 八、残疾人基本公共服务综合满意度人群差异分析

目前我国约有8500多万残疾人，如何推进残疾人事业，提升生活水平，共享社会经济发展带来的成果，需要全社会的力量共同参与。国家出台了《“十三五”推进基本公共服务均等化规划》，从残疾人托养服务、康复服务、就业、文化、体育等各个方面进行了规划，帮助残疾人脱贫解困，共同迈进全面小康社会。

下面根据表10-11的报告结果对残疾人基本公共服务的人群差异进行了分析。

该项目性别和户籍和居住方式因素没有通过显著性检验，其他都通过了显著性检验。

（1）年龄因素

年龄与残疾人基本公共服务综合满意度的相关系数为-0.037** （双尾检验显著性：** $P<0.01$）。说明年龄对当地残疾人基本公共服务满意度之间存在显著差异。具体差异表现为：12~22 岁和 22~35 岁的受访者对残疾人基本公共服务满意度评价相对较高，其次为年龄在 45~60 岁的受访者，年龄最高的群体对残疾人基本公共服务的满意度最低。

（2）文化程度因素

文化程度与残疾人基本公共服务综合满意度的相关系数为 0.060** （双尾检验显著性：** $P<0.01$）。即文化程度对当地残疾人基本公共服务满意度之间差异显著。具体差异表现为：受访者文化程度越高，对残疾人基本公共服务综合满意度越高。

（3）家庭人均月收入因素

家庭人均月收入与残疾人基本公共服务综合满意度的相关系数为 0.082** （双尾检验显著性：** $P<0.01$）。说明家庭人均月收入对当地残疾人基本公共服务满意度之间差异显著，具体表现为随着家庭人均月收入的增加，受访者对残疾人基本公共服务满意度越来越高。

（4）职业因素

职业与残疾人基本公共服务综合满意度的相关系数为-0.058** （双尾检验显著性：** $P<0.01$）。说明不同职业群体对当地残疾人基本公共服务满意度之间存在明显差异。具体表现为：职业为国家行政机关的工作人员和事业单位的工作人员都对残疾人基本公共服务整体满意度水平最高。尤其是职业为行政机关工作人员的受访者满意度明显高于其他职业的受访者。即体制内工作人员的满意度高于体制外工作人员的满意度。

（5）居住地因素

居住地与残疾人基本公共服务综合满意度的相关系数为-0.122** （双尾检验显著性：** $P<0.01$）。说明不同居住地群体对残疾人基本公共服务满意度之间存在明显差异。具体表现为：农村受访者对残疾人基本公共服务的满意度较低，城市受访者的满意度明显高于农村受访者的满意度。

## 九、环境保护服务综合满意度人群差异分析

该项目年龄和户籍和居住方式因素没有通过显著性检验，其他因素通过了显著性检验。

（1）性别因素

性别与环境保护服务综合满意度的相关系数为-0.041* （双尾检验显著性：* $P<0.05$）。说明性别对当地环境保护满意度之间差异显著，男性对环境保护的满意度高于女性对环境保护的满意度。

（2）文化程度因素

文化程度与环境保护服务综合满意度的相关系数为0.041** （双尾检验显著性：** $P<0.05$）。说明文化程度对当地环境保护满意度之间有明显差异，学历为大专和本科的受访者对环境保护满意度评价最高，其次为高中及以下学历，研究生及以上学历的受访者满意度评价最低。

（3）家庭人均月收入因素

家庭人均月收入与环境保护服务综合满意度的相关系数为0.071** （双尾检验显著性：** $P<0.01$）。说明家庭人均月收入对当地环境保护满意度之间差异显著。具体表现为：家庭人均月收入越高，满意度越高。

（4）职业因素

职业与环境保护服务综合满意度的相关系数为-0.074** （双尾检验显著性：** $P<0.01$）。说明不同职业对当地环境保护满意度之间差异显著。具体表现为：职业为国家行政机关工作人员、事业单位工作人员的受访者对环境保护满意度相对来说比较高。整体来说，体制内员工的满意高于体制外员工的满意度。

（5）居住地因素

居住地与环境保护服务综合满意度的相关系数为-0.091** （双尾检验显著性：** $P<0.01$）。说明不同居住地对当地环境保护满意度之间差异显著。具体表现为：城市居民对环境保护的满意度较高，农村居民对环境保护的满意度较低。

# 第五节　本章小结

1. 2019 年基本公共服务满意度比较

由图 10-8 可知，在西南地区，民族和非民族地区满意度也有差距，总体来说民族地区满意度高于非民族地区，但是差距不明显。说明西南地区的民族政策实施效果显著。

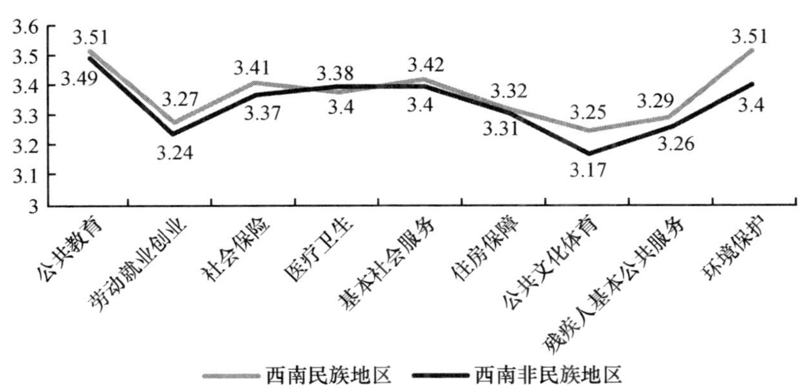


图 10-8　2019 年西南民族、非民族地区满意度对比

2. 满意度—重要性及供给排序评价

居民对基本公共服务重要性的评价都大大高于对基本公共服务满意度的评价，表明政府在提升基本公共服务满意度方面还有很大的进步空间。而且通过对西南地区基本公共服务九个指标的权重比较，大家仍一致认为基本医疗卫生、基本社会保险是相当重要的，但满意度评价却很低。尤其是 2020 年年初又历经了 CovID-19 新型冠状肺炎疫情的影响，不可否认的是，疫情暴露了我国公共医疗卫生状况的不足之处，更是暴露出了我国应对突发重大疫情的能力不足，以及公共卫生体系的短板，医疗、医药政策的空白。

3. 个体特征与满意度、重要性相关性

根据个体特征与基本公共服务相关性的影响发现：性别对基本公共服务重要性及满意度评价都无显著差别；而文化程度、职业、家庭人均月收入以及受访者居住地对基本公共服务满意度评价影响最大，群体满意度评价差异性显著。说明不同群体基本公共服务主观评价差异显著。

# 第十一章
# 典型案例调研——基于玉屏、道真和沿河三县总体数据分析

2019 年调研增加了集中调查，选择了贵州省 GDP、财政收入排名最好、最差以及中间的玉屏侗族自治县、沿河土家族自治县、道真仡佬族苗族自治县 3 个少数民族县城进行了问卷调查。与 2019 年分散调查问卷基本相同，仅仅增加了政民互动部分，主要研究需求表达对基本公共服务满意度的影响。本章是基于三县调研总数据进行分析。

## 第一节　调查的基本情况及信度效度检验

### 一、调查目的

此次调研以玉屏县、道真县、沿河县 3 个少数民族自治县县城的居民为调研对象，由居民对基本公共服务供给排序和政民互动打分、九项由政府提供的基本服务进行满意度及重要性评价，通过对调查所收回的数据进行相关分析。

## 二、调查方法及内容

此次调研采用的是问卷调查法。调研地点是贵州少数民族三县，发放问卷的对象采用随机抽样调查法，采用匿名调查的形式。本次设计的问卷主体内容分为四个板块：个人基本情况、城市居民基本公共服务需求评价、供给排序和政民互动。调研指标与2019年分散调查调研指标一致。

## 三、调查地点及问卷回收情况

调查地点选择了贵州省GDP、财政收入排名最好、最差以及中间的玉屏侗族自治县、沿河土家族自治县、道真仡佬族苗族自治县3个少数民族县城，此次调研在3个地点总发放603份问卷，问卷全部收回，回收率为100%。

## 四、信度检验

本次调研所使用的问卷去除问卷第一板块中的9个个人基本信息问题，还包含有90道问题。由表11-1可知，此次问卷的克隆巴赫系数为0.927，表明问卷当中各题项之间是高度一致的，说明问卷较为可靠和统一。

表11-1　可靠性统计

| 克隆巴赫 Alpha | 项数 |
| --- | --- |
| 0.927 | 90 |

## 五、效度检验

由表11-2可知，取样适切性量数为0.861，巴特利特球形检验的显著性概率为0，其数值小于0.05，这说明各变量的关联性较强，由此可知问卷调查所得出的原始数据使用做因子分析来判断整体效度。

表 11-2　　KMO 和巴特利特检验

| KMO 取样适切性量数 | | 0.861 |
|---|---|---|
| 巴特利特特球形度检验 | 近似卡方 | 41 080.534 |
| | 自由度 | 4 005 |
| | 显著性 | 0.000 |

## 第二节　调查结果统计分析

### 一、满意度及需求强度结果分析

1. 城市居民基本公共服务满意度分析

问卷采用李克特五级量表，给非常满意赋值 5，比较满意赋值为 4，一般赋值为 3，不太满意赋值为 2，最不满意为 1。通过对 603 份问卷数据进行算术平均数计算得出的结果见表 11-3。

表 11-3　　居民基本公共服务满意度结果

| 内容 | 满意度 |
|---|---|
| （一）基本公共教育 | 3.71 |
| （二）环境保护 | 3.69 |
| （三）基本社会保险 | 3.67 |
| （四）基本社会服务 | 3.65 |
| （五）基本医疗卫生 | 3.63 |
| （六）基本公共文化体育 | 3.57 |
| （七）残疾人基本公共服务 | 3.55 |
| （八）基本劳动就业创业 | 3.55 |
| （九）基本住房保障 | 3.54 |

由表 11-3 可以得出，3 个县城整体对基本公共教育方面的满意度最高，满意度均值为 3.71。说明这 3 个少数民族县城的政府对于基本公共教育这一板块做的工作还是挺扎实的。满意度排在第 2 位的是环境保护，因为县城还没有入驻大型的工厂，其本身的生态环境没有被工业污染，所以居民对现有的环境还

是比较满意的。其他依次是基本社会保险、基本社会服务、基本医疗卫生、基本公共文化体育、残疾人基本公共服务、基本劳动就业创业、基本住房保障。满意度最低的基本住房保障，满意度均值为 3.54。计算可以得出满意度最高的基本公共教育与满意度最低的基本住房保障差值仅为 0.17，说明各基本公共服务领域之间的满意度结果差距不大。通过与受访者的交流，大致地了解多数居民对住房保障这一块不太满意的原因是县城的房价参差不齐，政府对房价这一块的管控力度不够。除此之外，还可以得知和基本住房保障满意度相近的还有基本劳动就业创业服务和残疾人基本公共服务。因为县城当地能够提供的就业岗位远不能满足当地居民的需求，所以很多当地的居民都是外出打工以维持家庭的开销。这与当地的经济发展落后有一定的关联。

2. 城市居民基本公共服务需求强度结果与分析

需求强度的计算，先根据李克特五级量表进行相应的赋值，最重要赋值 5 分，比较重要赋值 4 分，最不重要赋值 1 分，在对每项进行赋值后，计算出各个选项的选择率百分比，对各项之积进行相加求和得出的结果为最后的需求强度。居民对于基本公共服务各领域的需求强度结果如图 11-1 所示。

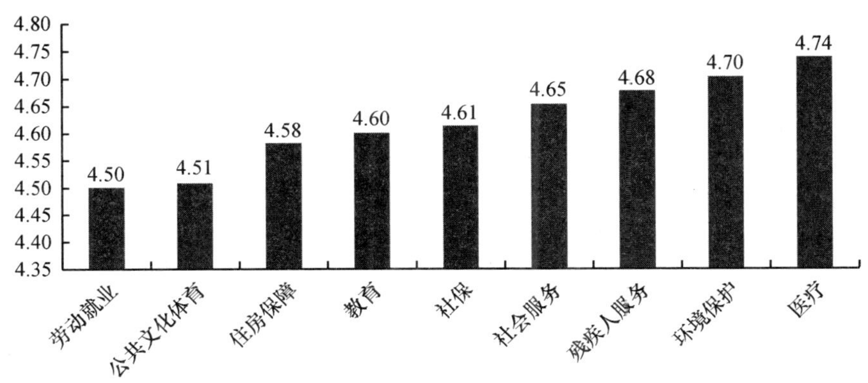


图 11-1　城市居民基本公共服务需求强度结果

由图 11-1 可知，居民对基本医疗卫生的需求强度最高，然后依次是环境保护、残疾人基本公共服务、基本社会服务、社会保障、教育、住房保障、公共文化体育、基本劳动就业创业服务。需求强度最低的是基本劳动就业创业和基本公共文化体育服务。医疗卫生需求强度最高，这与分散调查结果一致，基本劳动就业创业服务需求强度较低的原因是少数民族地区的工业发展程度低，工资水平较其他发达地区很低，所以多数人都愿意自己外出挣钱，而不愿留在当地工作。

3. ISA 模型分析

由图 11-2 可以看出，两条均值线将九个基本公共服务板块划分在了四个不同的区域。其中，基本社会服务、环境保护和基本医疗卫生三个板块位于第Ⅰ象限，说明居民对政府在这三个基本公共服务领域的工作给予了很高的评价。第Ⅱ象限是属于政府供给过剩的区域，位于此象限的基本公共服务有基本公共教育和基本社会保险服务。地方政府可以缩减部分这些板块的支出投入其他需要的板块。位于第Ⅲ象限的有基本劳动就业创业服务、基本公共文化服务和基本住房保障，这一象限属于重要性和满意度都比较低的区域，短时期内地方政府不需要解决这些问题。位于第Ⅳ象限的有残疾人基本公共服务，这一象限属于重要性高但是满意度低的区域，说明地方政府在残疾人基本公共服务这一块供给太少，应重视这一板块的问题，这与 2019 年分散调查结果一致。通过基本医疗服务所处的位置可以看出，虽然基本医疗服务位于高重要性高满意度的领域，但是它的位置非常靠近第Ⅳ象限，也就是说明现阶段的基本医疗服务虽然已经达到了让居民满意度比较高的状态，可是稍有下降，就会成为急需解决的板块之一，所以现阶段对基本医疗各方面的投入与完善还需加强。

## 二、基本公共服务供给排序

在计算最终的供给排序时，先对 603 份问卷的供给排序题进行统计，然后将统计出来的各个板块的被选频次分别乘以其所对应的序号加总得出总分后除以问卷数量，得出每个板块的平均分值。因为问卷设计的是最重要的序号为 1，最不重要的序号为 9，所以最后算出来的分值最低的板块最重要，分值最高的最不重要。通过以上计算出的结果得到表 11-4。

由表 11-4 可知，打分最低的是基本公共教育，分值为 2.56，然后依次是基本医疗卫生、基本社会保险、基本劳动就业创业、基本住房保障、环境保护、基本社会服务、残疾人基本公共服务、基本公共文化体育。打分最高的基

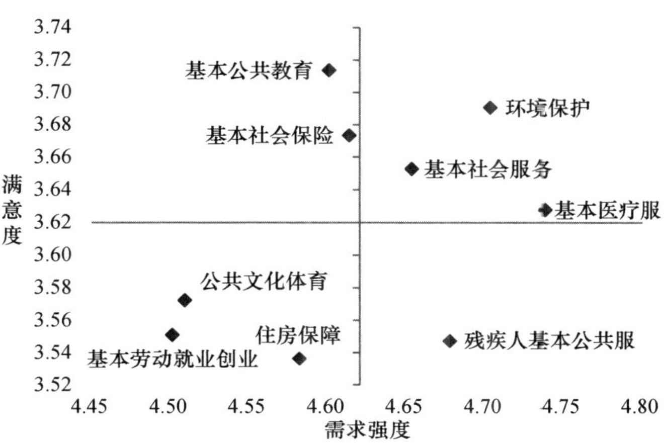


图 11-2　贵州三县 ISA 模型

**表 11-4　　基本公共服务供给排序结果**

| 基本公共服务项目 | 平均分值 | 排序 |
|---|---|---|
| 基本公共教育 | 2.56 | 1 |
| 基本医疗卫生 | 3.12 | 2 |
| 基本社会保险 | 4.37 | 3 |
| 基本劳动就业创业 | 4.59 | 4 |
| 基本住房保障 | 5.09 | 5 |
| 环境保护 | 5.74 | 6 |
| 基本社会服务 | 5.85 | 7 |
| 残疾人基本公共服务 | 6.63 | 8 |
| 基本公共文化体育 | 7.03 | 9 |

本公共文化体育，分值为 7.03 分，说明在居民心中，基本公共教育和基本医疗卫生是很重要的，最不重要的是基本公共文化体育。由 ISA 图可以看出，基本公共教育已经达到了高满意度，基本医疗卫生刚刚位于高满意度区域，所以政府在基本医疗卫生领域还需要加大投入与提升工作效率。

与分散调查结果相比较，医疗卫生处于基本公共教育之后，三县对教育重视程度更高，残疾人服务、环保重要性都比较靠后。

## 三、政民互动

集中调查问卷增加了政民互动这个部分，设计了 5 道有关公共需求表达的问题，受访者通过浏览题目的内容，然后根据自己所观察到的情况对所列 5 道题给出完全符合、大部分符合、一般符合、大部分不符合、完全不符合其中之一的答案。第一道题是本地有政务公开、听证制度并能落实，这道题目是想知道受访对象是否觉得当地政府所处理的政治事务是否做到适当程度的公开，是否有让社会群众合理地参与到其中。第二道题描述的是本地建立了市长邮箱、热线电话（12345）、电视电台、报纸等组成的政民沟通网络，本题的设计是为了了解在这些地区充分反映民意的政务交流网络系统是否被政府所建立。第三题描述的是当地政府是否既能及时有效地解决民众所关心的问题，又能够顺应发展条件的变化及时出台新的规章和条例，适应公众需求。通过受访者对这道题目的回答可以得知政府是否能够及时有效地解决群众问题，工作效率是否让居民满意。第四道题描述的是本地居民不仅能够积极地响应政府各项征求意见工作，而且是基于理性而不是私利的角度，这道题是为了了解地方居民是否积极参与配合政府部门的工作，达成居民与政府共同创造美好未来的景象。最后一道题描述的是地方社团类组织（如农村的民间组织、各大商会、相关的行业协会等）和民主党派能否充分发挥参政议政的职能，推动公共服务政策的实行，这道题是为了了解当地社团是否积极响应与协助政府的工作。

因为这个部分的答案也是分为五个选项，所以根据上面的满意度打分来对此打分，完全符合赋值 5 分，大部分符合赋值 4 分，一般符合赋值 3 分，大部分不符合赋值 2 分，完全不符合赋值 1 分，将 603 份问卷结果进行算术平均得出来的结果见表 11-5。

表 11-5 政民互动打分

| 题序 | 第 1 题 | 第 2 题 | 第 3 题 | 第 4 题 | 第 5 题 |
| --- | --- | --- | --- | --- | --- |
| 打分结果 | 3. 23 | 3. 37 | 3. 31 | 3. 26 | 3. 32 |

由表 11-5 可知，打分最高的是第 2 题，分值为 3. 37 分，说明居民对于政

府搭建与居民互动的沟通网络这方面还是比较满意的。打分最低的是第1题，分值为3.23分，说明在居民心中，当地政府对于工作事务的公开，以及居民参与听证的相关制度还没有得到落实。从打分第二低的第四题，也就是居民积极参与政府活动就可以看出，居民也缺少与政府沟通交流的意愿。

## 四、满意度人群差异分析

这里主要分析了受访者的类别与九个基本公共服务板块满意度打分之间的相关性分析。将性别、年龄、文化程度、家庭人均月收入、户籍与居住方式、职业这6个甄别问题分别与九个基本公共服务板块的重要性、满意度、政民互动打分之间进行相关性分析，总共得出了29个显著的相关性分析，其中有14个与重要性评价显著相关，有12个与满意度评价相关，3个与政民互动评价打分相关。

表11-6 基本公共服务满意度相关性分析结果汇总表

| 项目 | 基本公共教育 | 基本劳动就业创业 | 基本社会保险 | 基本医疗卫生 | 基本社会服务 |
|---|---|---|---|---|---|
| 性别 | 0.086* | 不显著 | 不显著 | 不显著 | 不显著 |
| 年龄 | 不显著 | -0.120** | -0.114** | -0.136** | -0.166** |
| 文化程度 | 不显著 | 不显著 | 不显著 | 不显著 | 不显著 |
| 家庭人均月收入 | 不显著 | 不显著 | 不显著 | 不显著 | 不显著 |
| 户籍和居住方式 | 不显著 | 不显著 | 不显著 | 不显著 | 不显著 |
| 职业 | -0.092* | -0.094* | -0.123** | 不显著 | 不显著 |

| 项目 | 基本住房保障 | 基本公共文化体育 | 残疾人基本公共服务 | 环境保护 |
|---|---|---|---|---|
| 性别 | 不显著 | 不显著 | 不显著 | 不显著 |
| 年龄 | -0.204** | -0.096* | -0.124** | 不显著 |
| 文化程度 | 不显著 | 不显著 | 不显著 | 不显著 |
| 家庭人均月收入 | 不显著 | 不显著 | 不显著 | 不显著 |
| 户籍和居住方式 | 不显著 | 不显著 | 不显著 | 不显著 |
| 职业 | 不显著 | 不显著 | 不显著 | -0.106** |

（1）基本公共教育

年龄、文化程度、家庭人均月收入、户籍和居住方式与基本公共教育之间均不显著，性别与基本公共教育满意度评价呈显著的相关性。结合调研数据可知，男性在基本公共教育程度的满意度要低于女性对基本公共教育的满意度评价。但是男性受访者和女性受访者对基本公共教育中各个方面的满意度打分的梯度是一致的。职业与基本公共教育满意度呈显著的相关关系，结合调研数据可知，国家行政机关工作人员对基本公共教育各个方面的满意度打分都高于其他职业的受访者。所有的受访者都对本地区的义务教育普及方面的满意度最高，而且都普遍对当地的义务教育硬件条件满意度较低。

（2）基本劳动就业创业

性别、文化程度、家庭人均月收入、户籍和居住方式与基本劳动就业创业之间均不显著，年龄与基本劳动就业创业满意度评价呈显著的相关关系。结合调研数据可知，每个年龄段的受访者对基本劳动就业创业的满意度是大体相同的。职业与基本劳动就业创业服务满意度呈显著的相关关系。结合调研数据可知，国家机关工作人员对基本劳动就业创业各个方面的满意度都比较高，而个体工商户对各个方面的满意度较其他类别职业工作人员要低。所有的受访者对劳动关系协调，劳动权益保护这一方面的服务满意度都比较高。

（3）基本社会保险

性别、文化程度、家庭人均月收入、户籍和居住方式与基本社会保险之间均不显著，年龄与基本社会保险满意度评价呈显著的相关关系。结合调研数据可知，60 岁以上的受访者最满意的是当地对的养老保险，而 60 岁以下的受访者对基本社会保险的各方面的满意度大体相同。职业与基本社会保险满意度呈显著的相关性关系。结合调研数据可知，国家机关工作人员对基本社会保险的各个方面满意度都比较高，个体工商户对各个方面的满意度较其他类别职业的受访者而言要低。

（4）基本医疗卫生

性别、文化程度、家庭人均月收入、户籍和居住方式、职业与基本医疗卫生之间均不显著，年龄与基本医疗卫生满意度评价呈显著的相关关系，结合调研数据可知，60 岁以上的受访者对基本医疗卫生的重大疾病救治和妇幼保健与生育服务满意度最高，12~35 岁的受访者对基本医疗卫生各个方面的满意度大体相同，年龄段处在 36~60 岁的受访者对基本医疗卫生各个方面的满意度较其他年龄段要低一些。

（5）基本社会服务

性别、文化程度、家庭人均月收入、户籍和居住方式、职业与基本社会服务之间均不显著，年龄与基本社会服务满意度评价呈显著的相关关系，结合调研数据可知，年龄段处于 12~35 岁的受访者对基本社会服务的满意度要高于 36 岁以上的受访者。其中，处于不同年龄段的受访者多数对自然灾害救助服务的满意度最高，除了 60 岁以上的受访者对社会工作者队伍建设的满意度较高，其他年龄段的受访者对此满意度都不高。

（6）基本住房保障

性别、文化程度、家庭人均月收入、户籍和居住方式、职业与基本住房保障之间均不显著，年龄与基本住房保障满意度评价呈显著的相关关系。结合调研数据可知，36~60 岁的受访者对基本住房保障的满意度要低于其他年龄段。其中，60 岁以上的受访者对基本住房保障各个方面的服务满意度都比较高。所有年龄段的受访者都普遍对住房价格控制和引导这一方面的服务满意度较低。

（7）基本公共文化体育

性别、文化程度、家庭人均月收入、户籍和居住方式、职业与基本公共文化体育之间均不显著，年龄与基本公共文化体育满意度评价呈显著的相关关系。结合调研数据可知，60 岁以上的受访者对基本公共文化体育镇南关的文化保护与发展的满意度最高，对数字文化，修建文化娱乐设施以及修建体育运动设施的满意度最低。12~35 岁的受访者对修建体育运动设施和文化保护与发展的满意度要高于其他方面。

（8）残疾人基本公共服务

性别、文化程度、家庭人均月收入、户籍和居住方式、职业与残疾人基本公共服务之间均不显著，年龄与残疾人基本公共服务满意度呈显著的相关关系。结合调研数据可知，在不同年龄段的受访者中，60 岁以上的受访者对残疾人就业社保服务满意度最高，而对残疾人康复，教育，文体和无障碍服务满意度最低。相对于 35 岁以下的受访者而言，36~60 岁的受访者对残疾人基本公共服务的满意度最低。

（9）环境保护

性别、年龄、文化程度、家庭人均月收入、户籍和居住方式与环境保护之间均不显著，职业与环境保护满意度呈显著相关关系。结合调研数据可知，国家机关工作人员对环境保护各个方面的满意度都要高于其他类别职业，而个体工商户的满意度最低。其中，所有的受访者都普遍对空气质量这一方面满意度较高，对垃圾处理这一方面的满意度较低。

上述6个相关性关系中，性别与基本公共教育满意度评价呈显著的相关关系。年龄分别与基本劳动就业创业服务、基本社会保险服务，基本医疗卫生服务、基本社会服务、基本住房保障、基本公共文化体育服务、残疾人基本公共服务7个板块的满意度评价呈显著的相关关系。职业与基本公共教育服务、基本劳动就业创业服务、基本社会保险服务、环境保险服务4个板块的满意度评价呈显著的相关关系。

## 五、政民互动相关性分析

1. 个体特征与政民互动打分相关性分析

由表11-7可知，性别、年龄、文化程度、家庭人均月收入、户籍和居住方式、职业与政民互动之间存在相关性关系。其中，性别、年龄、户籍和居住方式与政民互动之间均不显著，政民互动打分情况与居民的文化程度，家庭人均月收入以及他们的职业呈显著的相关性关系，居民的文化程度与政民互动打分呈正相关关系，即居民的文化程度越高，对政民互动部分的打分也就越高。家庭人均月收入与政民互动打分也是呈正相关关系，说明随着居民家庭人均月收入的增加，对政民互动部分的打分也就越高。职业与政民互动打分呈负相关关系，其原因可能是因为问卷在设计职业类别时，把公职人员放在前面，其次其他职业。由前面的图表不难看出，公职人员对各项基本服务或者政民互动部分的打分都要略高于其他职业类型的居民。故出现职业与政民互动呈显著的负相关性。居民的性别，年龄以及户籍和居住方式与政民互动打分没有显著的相关性关系。

表 11-7　　　　　　　　　　政民互动相关性分析

| 个体特征 | 性别 | 年龄 | 文化程度 | 家庭均月收入 | 户籍和居住方式 | 职业 |
|---|---|---|---|---|---|---|
| 政民互动 | 不显著 | 不显著 | 0.138** | 0.084* | 不显著 | -0.217** |

2. 基本公共服务与政民互动相关性分析

由表 11-8 可知，政民互动与九个基本公共服务都有显著正相关关系。九个基本公共服务领域满意度分别与政民互动呈显著的正相关关系。说明政民互动越好，基本公共服务满意度越高。其中，居民对环境保护的满意度与政民互动的相关性系数最大，值为 0.398。居民对基本公共文化体育满意度与政民互动的相关性系数最小，值为 0.243。

表 11-8　　基本公共服务满意度与政民互动相关性分析结果汇总表

| 项目 | 基本公共教育 | 基本劳动就业创业 | 基本社会保险 | 基本医疗卫生 | 基本社会服务 |
|---|---|---|---|---|---|
| 政民互动 | 0.327** | 0.314** | 0.365** | 0.334** | 0.368** |

| 项目 | 基本住房保障 | 基本公共文化体育 | 残疾人基本公共服务 | 环境保护 |
|---|---|---|---|---|
| 政民互动 | 0.284** | 0.243** | 0.294** | 0.398** |

由于问卷的政民互动板块的内容涉及了政府，个人以及社会各群体。为了更为清晰地分析居民对九个基本公共服务方面的满意度与政民互动之间的深层关系，为此将政民互动部分划分为个人效能、政府效能和社会效能三个二级指标。其中，个人效能是指居民个人通过参与政府组织的各种征询意见和建议活动，能够得到政府的积极回应。政府效能是对政府运作效果质和量的评价，本研究主要考察政府相关政务的落实情况以及适应公众需求所做出的政策和制度。除了政府和个人，还存在着各种组织团体以及各种社交媒体，我们将之归为社会效能。通过 SPSS 将九个基本公共服务的满意度分别与这 3 个二级指标进行相关性分析，得出的相关性结果见表 11-9。

表 11-9 是关于九个基本公共服务的满意度与个人效能，政府效能以及社会效能呈显著的正相关性分析。总体来看，满意度与社会效能相关性最大，说明社会组织、社会媒体在公众需求表达中起着重要作用；其次是政府效能；最后是个人效能。九个指标中只有环境保护满意度与个人效能相关系数最大，其

表 11-9　基本公共服务满意度与三大效能相关性分析结果汇总表

| 项目 | 基本公共教育 | 基本劳动就业创业 | 基本社会保险 | 基本医疗卫生 | 基本社会服务 |
|---|---|---|---|---|---|
| 个人 | 0.274** | 0.264** | 0.303** | 0.265** | 0.292** |
| 政府 | 0.302** | 0.298** | 0.343** | 0.304** | 0.356** |
| 社会 | 0.314** | 0.294** | 0.346** | 0.334** | 0.347** |
| 项目 | 基本住房保障 | 基本公共文化体育 | 残疾人基本公共服务 | 环境保护 | 均值 |
| 个人 | 0.233** | 0.209** | 0.239** | 0.293** | 0.331** |
| 政府 | 0.259** | 0.215** | 0.256** | 0.272** | 0.363** |
| 社会 | 0.280** | 0.239** | 0.302** | 0.324** | 0.388** |

注：** 表示在 0.01 级别（双尾），相关性显著。

他指标多数与社会效能相关性最大。

## 六、基本公共服务满意度影响因素的模型构建

因为需要寻找影响基本公共服务满意度的重要因素有哪些，本章通过一个回归模型来检验基本公共服务满意度当中政府效能、个人效能、社会效能三者对其的影响。一般情况下，个人效能感越强，居民就越有可能给予政府在基本公共服务领域更高的评价；政府的工作效率不断提升，能够积极地回应居民所求时，才能提升居民基本公共服务满意度，所以通常情况政府效能与基本公共服务满意度呈正相关关系。社会效能亦是如此。

在引入以上 3 个变量后，本章还添加了控制变量居民个人基本情况，包括性别、年龄、文化程度、家庭人均月收入、户籍和居住方式、职业。通过上述影响因素与基本公共服务满意度做多元线性回归分析，结果如表 11-10 和表 11-11 所示。由结果可以看出模型的自变量和控制变量可以解释因变量 18%的方差。

表 11-10　回归模型结果

| 模型 | $R$ | $R$ 方 | 调整后 $R$ 方 | 标准估算的误差 | 德宾-沃森 |
|---|---|---|---|---|---|
| 1 | 0.439[a] | 0.193 | 0.180 | 0.556 76 | 1.664 |

注：a. 预测变量：（常量），职业，户籍和居住方式，性别，政府效能，家庭人均月收入，文化程度，年龄，个人效能，社会效能。

表 11-11　　　　回归系数[a]

| 模型 | 未标准化系数 | | 标准化系数 | t | 显著性 |
|---|---|---|---|---|---|
| | B | 标准误差 | Beta | | |
| （常量） | 3.504 | 0.211 | | 16.622 | 0.000 |
| 个人效能 | 0.038 | 0.034 | 0.066 | 1.124 | 0.262 |
| 政府效能 | 0.081 | 0.039 | 0.130 | 2.048 | 0.041 |
| 社会效能 | 0.133 | 0.043 | 0.219 | 3.108 | 0.002 |
| 性别 | -0.047 | 0.047 | -0.038 | -1.001 | 0.317 |
| 年龄 | -0.122 | 0.025 | -0.202 | -4.766 | 0.000 |
| 文化程度 | -0.050 | 0.032 | -0.066 | -1.563 | 0.118 |
| 家庭人均月收入 | -0.024 | 0.024 | -0.039 | -1.010 | 0.313 |
| 户籍和居住方式 | -0.034 | 0.031 | -0.041 | -1.112 | 0.267 |
| 职业 | -0.033 | 0.013 | -0.113 | -2.515 | 0.012 |

注：a. 因变量：满意度均值。

如表 11-10、表 11-11 所示，经多元线性回归后，结果表明政府效能和社会效能对基本公共服务满意度具有显著性影响。

（1）政府效能对基本公共服务满意度具有显著的正向影响，即政府效能越高，居民对基本公共服务的满意度就越高。这与我们前面所做的相关性结果是一致的。政府对于政务公开、积极回应民众需求等方面应该予以重视，有利于提高居民对基本公共服务满意度的提升。

（2）社会效能与基本公共服务满意度也呈现显著的正相关关系，即社会团体参政议政的氛围越浓烈，社会媒体搭建的政民沟通网络越完善，有利于居民对政府基本公共服务的质量和水平给予更高的评价和满意。

（3）将年龄和职业作为控制变量，其对基本公共服务产生了显著的负向影响。其中，居民的年龄越大，对城市的基本公共服务满意度就越低。人们对周边事物的看法与见解都会随着自己的阅历的变化而变化。随着年龄的增长，人们见识更加广泛后，对身边的基本公共服务要求也会越高，预期越高，满意度就越难以提升。因此呈现出年龄与基本公共服务满意度存在显著的负相关关系。同样，职业与基本公共服务满意度也呈显著的负相关关系，这与我们前面的相关性分析结果一致。公职人员对现有的基本公共服务的满意度都要略高于其他职业类别的居民。

## 第三节 本章小结

从相关性结果可以看出，性别与基本公共教育的满意度呈显著的正相关关系，说明女性对地方基本公共教育的满意度要高于男性。可能是因为男性受教育程度都要略高于女性，对基本公共教育方面的预期就会比女性高，所以出现男性在基本公共教育方面的满意度要低于女性。不同文化程度的受访者对基本住房保障的重要性评价有所不同，其中研究生及以上学历的受访者相对于其他学历的受访者而言，对基本住房保障的重要性打分较低。这与研究生及以上学历的受访者月收入较高，生活压力较小有关。而对于家庭人均月收入在1 000元以下的受访者觉得农村危房改造的重要性很高。所有的受访者都普遍觉得基本住房保障里面的住房价格控制和引导非常重要，但是居民对此项服务的满意度却是最低的。所以在基本住房保障方面，政府需要加大力度去完善农村危房改造，制定并落实相关政策去控制住房价格。

由ISA分析可以得知，居民对基本公共服务各方面的满意状况均存在不均衡的现象。通过ISA模型分析可知，住房保障接近于第Ⅱ象限，说明住房保障问题是现阶段政府需要重视的领域。基本公共教育接近于第Ⅰ象限，虽然居民对基本公共教育的整体满意度较高，但是从上面的满意度图表可以得知，居民主要是对当地的义务教育普及程度较为满意，但是对当地的普惠性学前教育、高中及中职教育、义务教育师资水平和义务教育硬件条件这些方面的满意度相对较低。所以当地政府还需要灵活配置资源，以实现资源配置的优化。残疾人基本公共服务位于第Ⅳ象限，是需要重点解决的领域，这与2019年分散调查结果一致。

从政民互动结果看，政府效能、社会效能、个人效能与基本公共服务满意度都呈显著的正相关关系，但社会效能系数最大，说明社会团体参政议政的氛围浓烈，社会媒体搭建的政民沟通网络越完善，越有利于提高居民对政府基本公共服务的质量和水平的满意度，且效果比政府效能和个人效能高。

# 第十二章
# 典型案例调研——基于玉屏、道真和沿河三县数据的对比分析

本章利用2019年集中调查的贵州省三个少数民族自治县的数据进行比较分析。研究不同经济发展水平和财政支出水平对基本公共服务满意度、重要性，以及政民互动的影响。

## 第一节　调研基本情况

本次集中调研，我们根据贵州省的民族分布，经济发展状况选择了三个具代表性的县城：玉屏、道真和沿河，三个地区分别是侗族、苗族、土家族的少数民族聚居地，三个县城的经济发展状况也具有明显差异，其中玉屏的经济发展状况在全省民族自治县最好，道真经济发展状况在全省居中，沿河的经济发展状况全省最低。

本次调研采取的是调查问卷的方式，调查问卷内容为调查对象基本情况、城市居民基本公共服务需求评价、供给排序和政民互动四大模块。调查问卷设置的指标体系如图 12-1 所示。

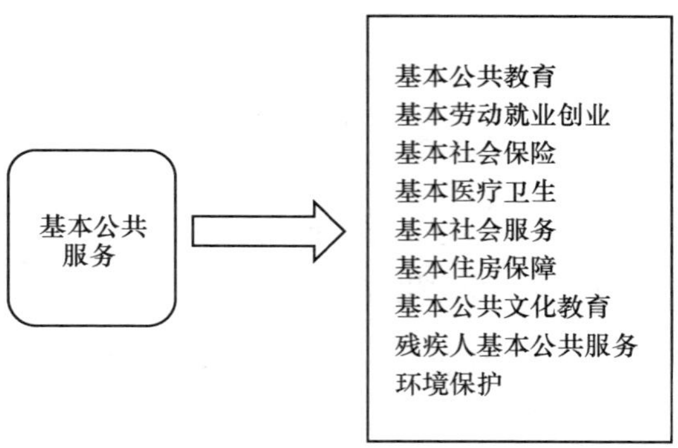


图 12-1 基本公共服务指标体系图

## 一、玉屏侗族自治县基本公共服务情况

1. 教育事业

截至 2018 年年末，玉屏侗族自治县有普通中学 5 所，职业中学 1 所，小学 32 所，幼儿园 73 所。在招生方面，普通中学招生 3 112 人，职业中学招生 657 人，小学招生 2 701 人，幼儿园招生 3 056 人。各类学校在校生情况，普通中学在校生 9 084 人，职业中学在校生 1 662 人，小学在校生 14 005 人，幼儿园在校生 6 516 人。各类学校毕业生情况，普通中学 2 829 名毕业生，职业中学 266 名毕业生，小学 2 025 名毕业生，幼儿园 2 590 名毕业生。师资队伍方面，普通中学有专任教师 639 人，职业中学有专任教师 63 人，小学有专任教师 842 人，幼儿园有专任教师 161 人。幼儿园入园率达 98. 88%，小学入学率达 100%，初中升学率达 97. 07%，高中阶段毛入学率达 95. 78%①。

2. 文化事业

截至 2018 年年末，玉屏侗族自治县有 7 个文化馆、1 个图书馆，1 个艺术团；9 个广播电视台，安装调频比上年增长 4 倍，约 300 只广播喇叭；有卫星电视转播台 1 座，其中有线电视用户增长 0. 15%，约为 30 517 户，电视综合人口覆盖率提高 0. 08%，达到 98. 93%。

① 数据来源：县情资料网（http://www. ahmhxc. com/tongjigongbao/14961_6. html）.

3. 医疗事业

截至 2018 年年末，玉屏侗族自治县有卫生机构 21 个，其中，医院、卫生院 12 个，疾病预防控制中心 1 个，妇幼保健院 1 个，卫生监督机构 1 个，其他卫生事业机构 6 个。卫生技术人员 1 085 人，增长 0.8%。其中，执业医师 265 人，助理医师 319 人，注册护士 421 人。卫生机构床位 909 张。2019 年 8 月，入选为紧密型县域医共体建设试点县①。

4. 社会保险

截至 2018 年年末，玉屏侗族自治县参加城乡居民养老保险人数 57 323 人，增长 2.4%；基本养老保险人数 11 871 人，增长 1.4%；失业保险人数 5 551 人，增长 4.2%；参加城镇职工基本医疗保险人数 11 346 人，增长 0.2%；城镇居民基本医疗保险人数 21 405 人，增长 0.2%；工伤保险人数 18 279 人，增长 0.6%；参加生育保险人数 8 698 人，增长 3.7%。参加农村新型合作医疗人数 146 951 人，增长 8.1%，参合率达 99.86%。农村新型合作医疗费用总支出 9 278.7 万元，比上年增加 1 686.8 万元，增长 22.2%②。

5. 社会保障

截至 2018 年年末，玉屏侗族自治县有社会福利院、乡镇（街道）敬老院 6 个，床位 314 张。城镇最低生活保障金 570 元/月；农村最低生活保障金 3 876 元/年。全年共接受城镇最低生活保障救济 27 401 人次，共发放城镇最低生活保障金 1 033.89 万元，；农村最低生活保障救济 135 675 人次，发放农村最低生活保障金 3 840.15 万元。全年共实施城乡医疗救助 3 790 人次，共发放救助金 691.35 万元。全年为 443 名特困人员发放特困供养金 398.07 万元，发放特困护理补贴 62.09 万元③。

6. 就业

2018 年中，玉屏侗族自治县城镇新增就业人员增长 0.7%，达到 2 323 人。失业人员再就业人数达到 725 人（其中就业困难 610 人），城镇登记失业率下降 0.56%，目前为 2.79%。

---

①②③　数据来源：县情资料网（http://www.ahmhxc.com/tongjigongbao/14961_6.html）.

## 二、道真自治县基本公共服务情况

1. 教育

截至 2017 年年底，道真县各类学校比 2016 年减少 2 所，学校数量下降到 90 所；专任教师同比下降 3.4 个百分点，人数下降到 3 135 人。在校学生同比下降 5.1 个百分点，在校学生下降到 4.90 万人。小学适龄儿童净入学率同比上升 12.6 个百分点，达到 99.31%；初中阶段毛入学率同比上升 4.4 个百分点，达到 110.16%。本年新增校舍面积 1.06 万平方米①。

2. 文化

截至 2017 年年底，道真县有 1 个文化馆，83 个农家书屋，公共图书总藏量 13.7 万余册；1 座网络电视信息接收站。4.16 万户有线电视用户，民族文化展览馆 1 个；文化广播建设投入金额 815 余万元②。

3. 卫生

截至 2017 年年底，道真县有 16 家医疗卫生机构，377 名职业医师，1 153 名专业技术人员，645 名注册护士，这其中包含 246 名乡村卫生人员，85 个村级卫生机构，2 000 张医疗机构床位。2019 年 8 月，入选为紧密型县域医共体建设试点县③。

4. 社会保险

2018 年城乡居民社会养老保险参保率 91%，城镇、农村居民医疗保险参保率分别达 92%、97%④。

5. 社会保障

2018 年完成城乡低保扩面提标，发放各类社会救助资金 9 718 万元、优抚经费 1 320 万元，特困人员集中供养率 52%⑤。

---

①②③ 数据来源：2018 年道真自治县国民经济和社会发展统计公报（http://www.gzdaozhen.gov.cn/xxgk/xxgkml/jcgk/tjxx/tjfx/201908/t20190827_25841197.html）.

④⑤ 数据来源：2019 年政府工作报告（http://www.gzdaozhen.gov.cn/xxgk/xxgkml/jcgk/gzbg/zfgzbg_5641975/201905/t20190507_25776680.html）.

6. 就业

2018 年新增城镇就业 3 500 人，实现失业人员再就业 840 人、农村劳动力转移就业 4 770 人，发放创业贷款 4 276 万元，城镇登记失业率控制在 3. 02%以内①。

## 三、沿河土家族自治县基本公共服务情况

1. 教育事业

2018 年，沿河土家族自治县各级财政对教育事业的投入达 11. 43 亿元。有各级各类学校 354 所，在校生 125 229 人（幼儿 20 827 人、小学生 53 322 人、特殊教育学生 108 人、初中生 34 793 人、高中生 13 992 人、职校生 2 145 人），有教职工 8 988 人，专任教师 7 806 人。学前教育毛入园率为 94. 86%，小学入学率为 99. 71%，初中入学率为 97. 57%，高中阶段毛入学率 90. 5%，三残儿童少年入学率为 90. 78%。小学辍学率为 0，初中辍学率为 0. 17%。小学六年义务教育巩固率为 98. 1%，初中三年义务教育巩固率为 97. 05%，九年义务教育巩固率为 88. 2%。小学寄宿率为 30. 28%，初中寄宿率为 71. 04%②。

2. 文化事业

截至 2018 年年底，沿河土家族自治县有文化馆 1 个，图书馆 1 个。文化馆共培训群众文艺爱好者和文艺骨干 550 人次；图书馆综合阅览室共接待读者 57 084 人次。有乡镇综合文化站 22 个。在市级以上电视台播出 502 条。

3. 卫生事业

截至 2018 年年底，沿河土家族自治县有医疗卫生机构 457 家，其中：县直医疗卫生单位 5 家，乡镇卫生院 19 家，社区卫生服务中心 3 家，村卫生室 407 家，民营医院 19 家（二级综合医院 3 家、一级 16 家），个体诊所 4 家。共有医疗卫生人员 2 158 人，其中：执业（助理）医师 762 人，每千人拥有执业（助理）医师 1. 68 人；注册护士 1 028 人，每千人拥有注册护士 2. 27 人；全科医生 68 人，每万人拥有全科医生 1. 5 人；乡村医生 489 人。共有床位 2 267 张，

---

① 数据来源：2019 年政府工作报告（http://www. gzdaozhen. gov. cn/xxgk/xxgkml/jcgk/gzbg/zfgzbg_5641975/201905/t20190507_25776680. html）.

② 数据来源：县情资料网（http://www. ahmhxc. com/tongjigongbao/14968_7. html）.

2019 年 8 月，入选为紧密型县域医共体建设试点县。每千人拥有床位 5 张。参加新型农村合作医疗人数为 55.92 万人，参合率为 99.65%①。

4. 社会保险

截至 2018 年年底，沿河土家族自治县有 181 576 人参加了基本社会养老保险。其中：参加城乡居民养老保险 151 492 人，参加城镇职工养老保险 16 558 人，参加机关事业单位养老保险 13 526 人；20 487 人参加了失业保险；54 868 人参加了工伤保险；21 290 人参加了生育保险②。有 82 232 人参加了基本医疗保险，其中：城镇居民 57 186 人，城镇职工 25 046 人。

5. 社会保障

2018 年，全县城乡享受最低生活保障 38 381 户，共计 73 025 人，其中：城镇最低生活保障 6 743 户，共计 11 764 人；农村最低生活保障 31 638 户，共计 61 261 人。有福利院 1 个，床位 98 张，集中供养人数 141 人。敬老院 19 个，床位 142 张，集中供养人数 473 人③。

6. 就业

2018 年，沿河土家族自治县城镇新增就业人员 5 716 人，增长 10.8%。年末城镇登记失业率 3.14%。全县完成职业技能培训 6 461 人；转移农村劳动力就业 14 602 人④。

## 第二节　调查结果统计分析

### 一、调查问卷信度及效度检验

1. 信度检验

本次调研所使用的问卷去除问卷第一板块中的 9 个个人基本信息问题，还包含有 90 道问题。由表 12-1 可知，此次问卷的克隆巴赫系数为 0.927，解释了问卷当中各题项之间高度一致，说明问卷较为可靠和统一。

①②③④ 数据来源：县情资料网（http://www.ahmhxc.com/tongjigongbao/14968_7.html）.

表 12-1　可靠性统计

| 克隆巴赫 Alpha | 项数 |
|---|---|
| 0.927 | 90 |

2. 效度检验

由表 12-2 可知，取样适切性量数为 0.861，巴特利特球形检验的显著性概率为 0，其数值小于 0.05，说明各变量有显著的相关性，由此可知问卷调查所得出的原始数据使用做因子分析来判断整体效度。

表 12-2　KMO 和巴特利特检验

| KMO 取样适切性量数 | | 0.861 |
|---|---|---|
| 巴特利特球形度检验 | 近似卡方 | 41 080.534 |
| | 自由度 | 4 005 |
| | 显著性 | 0.000 |

## 二、样本特征

玉屏、道真、沿河三个县实际样本量见表 12-3。

表 12-3　三个县实际样本量

| 地区 | 玉屏 | 道真 | 沿河 |
|---|---|---|---|
| 样本数 | 200 | 202 | 201 |

由表 12-4 可以看出，道真和沿河的样本量中都是男性人数大于女性人数，玉屏的样本量中女性人数较高。调查对象的年龄段分为 12~21 岁、22~35 岁、36~45 岁、46~60 岁和 60 岁以上五个结构分布，三个地区的样本都主要集中于 22~35 岁，所占比例在 40%左右，因为年轻的居民大多对于调研的参与较热情，同时由于学历文化程度的因素对调查问卷的问题和填写方式也较容易理解，而 60 岁以上的年龄结构所分布的样本量较少，最多的为沿河地区也仅 5 人，这部分老人一方面由于文化程度低，对于调查问卷的问题不能清楚地理解和判断，另一方面害怕上当受骗，因此大多拒绝了我们的调研。三个地区的调研对象的文化程度均多数分布于大专和本科这个学历层次，初中及以下的低学历也都各自分布了接近 20%左右的比例，而分布于研究生及以上学历层次的

样本量极少，玉屏仅2人，道真和沿河样本量为0，说明三个地区共同存在居民学历水平普遍不高，同时缺乏高学历、高素质人才。玉屏和道真调研对象的家庭人均月收入主要集中在3 001~5 000元层次，比例占40%左右，沿河地区调研对象的家庭人均月收入主要集中于1 000~3 000元，比例同样接近40%，这和地区的经济发展状况密切相关，和三个地区的经济发展排名也较为一致，三个地区的普遍收入不是很高，同时处于高收入阶段的人还较少。三个地区调研对象的户籍和居住方式普遍为本地户籍常住居民。调查对象的职业分布中，公职人员分布较多，比如国家行政机关工作人员，事业单位工作人员，国企员工等，而务农和个体工商户的样本量分布较少。

**表12-4　　　　样本特征分布**

| 名称 | 分类 | 玉屏 | | 道真 | | 沿河 | |
|---|---|---|---|---|---|---|---|
| 性别 | 男 | 96 | 48 | 107 | 52.9 | 111 | 55.2 |
| | 女 | 104 | 52 | 95 | 47 | 90 | 44.7 |
| 年龄 | 12~21岁 | 49 | 24.5 | 45 | 22.2 | 69 | 34.3 |
| | 22~35岁 | 72 | 36 | 80 | 39.6 | 84 | 41.7 |
| | 36~45岁 | 47 | 23.5 | 54 | 26.7 | 19 | 9.4 |
| | 46~60岁 | 30 | 15 | 22 | 10.8 | 24 | 11.9 |
| | 60岁以上 | 2 | 1 | 1 | 0.4 | 5 | 2.4 |
| 文化程度 | 初中及以下 | 34 | 17 | 48 | 23.7 | 56 | 27.8 |
| | 高中和中专 | 63 | 31.5 | 75 | 37.1 | 54 | 26.8 |
| | 大专和本科 | 101 | 50.5 | 79 | 39.1 | 87 | 39.1 |
| | 研究生及以上 | 2 | 1 | 0 | 0 | 0 | 0 |
| 家庭人均月收入 | 1 000元以下 | 18 | 9 | 14 | 6.9 | 25 | 12.4 |
| | 1 000~3 000元 | 59 | 29.5 | 75 | 37.1 | 75 | 37.3 |
| | 3 001~5 000元 | 81 | 40.5 | 61 | 30.1 | 62 | 30.8 |
| | 5 001~10 000元 | 34 | 17 | 46 | 22.7 | 26 | 12.9 |
| | 10 000元以上 | 8 | 4 | 6 | 2.9 | 13 | 6.4 |
| 户籍和居住方式 | 本地户籍常住居民 | 160 | 80 | 171 | 84.6 | 173 | 86 |
| | 外地户籍常住居民 | 19 | 9.5 | 9 | 4.4 | 13 | 6.4 |
| | 本地户籍非常住居民 | 8 | 4 | 15 | 7.4 | 12 | 5.9 |
| | 外地户籍非常住居民 | 13 | 6.5 | 7 | 3.4 | 3 | 1.4 |

续表

| 名称 | 分类 | 玉屏 | | 道真 | | 沿河 | |
|---|---|---|---|---|---|---|---|
| 职业 | 国家行政机关工作人员 | 20 | 10 | 2 | 0.9 | 6 | 2.9 |
| | 事业单位工作人员 | 60 | 30 | 26 | 12.8 | 27 | 13.4 |
| | 国企员工 | 14 | 7 | 11 | 5.4 | 24 | 11.9 |
| | 民企、外企、合资企业员工 | 36 | 18 | 9 | 4.4 | 37 | 18.4 |
| | 个体工商户 | 1 | 0.5 | 30 | 14.8 | 2 | 0.9 |
| | 务农 | 11 | 5.5 | 29 | 14.3 | 20 | 9.9 |
| | 其他 | 58 | 28.9 | 95 | 47 | 85 | 42.2 |

## 三、基本公共服务满意度分析

1. 方法

对三个地区调查问卷的每一小项满意度选择结果进行打分，最满意 5 分，最不满意 1 分，然后取算数平均数，得分越高，说明居民对于该项工作满意度越高。反之则说明该项基本公共服务工作得不到公众认可。

2. 满意度得分排名

由表 12-5 得知，三个县的满意度排序均有所不同，满意度得分也不同，在得分排序为第一的项目中，玉屏为基本社会保险，道真为基本公共教育，沿河为环境保护，所得分数分别是 3.86、3.51、3.9；而排序最低，得分最少档，玉屏为基本公共文化体育，道真为基本住房保障，沿河为基本劳动就业创业，得分分别为 3.62、3.2、3.76，这说明，玉屏县最让市民不满意的是基本公共文化体育，道真县最让市民不满意的是基本住房保障，沿河县最让市民不满意的是基本劳动就业创业。对于三个地区各自满意度得分最低的基本公共服务，在调研过程中，我们有接收到这些方面的反馈，比较集中的问题有就业环境不好，就业信息不通畅，就业难；图书馆、文化馆和体育馆数量少甚至无，文化氛围差，市民业余学习不便，不利于提高公众文化素养和身体素质的提高；对于住房则较多反映房价高并且房价不断上涨。

由图 12-2 得知，虽然三个县中经济发展最好的是玉屏县，其次是道真，发展最差为沿河，但是三县的满意度排名并没有与经济发展状况相一致，三个

表 12-5　　三县满意度排序（高到低）

| 排名 | 玉屏 | 得分 | 道真 | 得分 | 沿河 | 得分 |
|---|---|---|---|---|---|---|
| 1 | 基本社会保险 | 3.86 | 基本公共教育 | 3.51 | 环境保护 | 3.9 |
| 2 | 环境保护 | 3.84 | 基本社会保险 | 3.36 | 基本公共教育 | 3.81 |
| 3 | 基本公共教育 | 3.81 | 基本社会服务 | 3.33 | 基本社会保险 | 3.81 |
| 4 | 基本社会服务 | 3.81 | 环境保护 | 3.33 | 基本社会服务 | 3.81 |
| 5 | 基本医疗卫生 | 3.81 | 基本医疗卫生 | 3.31 | 基本公共文化体育 | 3.79 |
| 6 | 基本劳动就业创业 | 3.68 | 基本公共文化体育 | 3.29 | 基本住房保障 | 3.79 |
| 7 | 残疾人基本公共服务 | 3.64 | 基本劳动就业创业 | 3.22 | 残疾人基本公共服务 | 3.79 |
| 8 | 基本住房保障 | 3.62 | 残疾人基本公共服务 | 3.21 | 基本医疗卫生 | 3.77 |
| 9 | 基本公共文化体育 | 3.62 | 基本住房保障 | 3.2 | 基本劳动就业创业 | 3.76 |

地区中，经济发展最差的沿河县的满意度整体维度为最高，道真的各项得分维度在三个地区表现最差，而经济发展最好的玉屏县各项满意度则居于二者之间，玉屏县只有基本医疗卫生和环境保护两项基本公共服务优于沿河县。由此我们得出了与调研前所设想的不一致的结论：经济发展好的地区基本公共服务满意度不一定高。

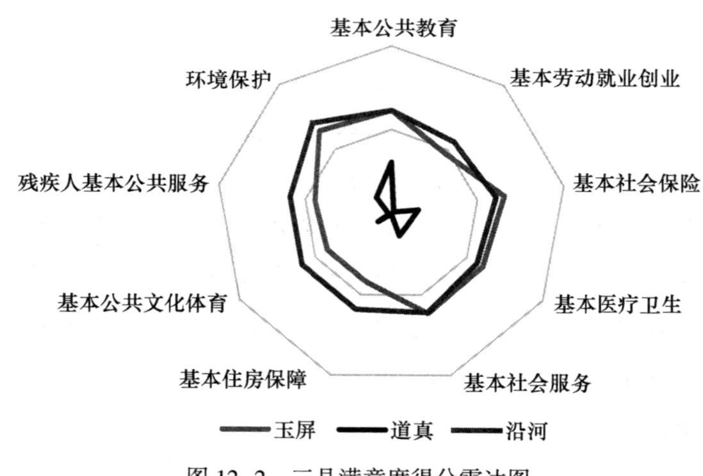


图 12-2　三县满意度得分雷达图

3. 人均 GDP 和基本公共服务满意度相关性检验

对于上面得出的结论：基本公共服务满意度与经济发展状况之间并不存在相关关系，我们又采用了 SPSS 软件对三个地区的人均 GDP 和基本公共服务满意度进行了相关性检验：

如表 12-6 所示，通过对三个县城的基本公共服务满意度的均值与人均 GDP 的相关性分析，显示人均 GDP 与基本公共服务没有显著的相关性。此结果证明了我们结论的有效性，可见 GDP 高的地方并不能带来较高的居民基本公共服务满意度，单纯追求 GDP 增长并不能带来公众对于公共服务更高的满意度和认可。这一结论与冯菲、钟杨在《中国城市公共服务公众满意度的影响因素探析》一文中的结论相同①。

表 12-6　人均 GDP 和基本公共服务的相关性

| 项目 | 基本公共教育 | 基本劳动就业创业 | 基本社会保险 | 基本医疗卫生 | 基本社会服务 | 基本住房保障 | 基本公共文化体育 | 残疾人基本公共服务 | 环境保护 |
|---|---|---|---|---|---|---|---|---|---|
| 人均 GDP | 不相关 | 不相关 | 不相关 | 不相关 | 不相关 | 不相关 | 不相关 | 不相关 | 不相关 |

## 四、 ISA 模型分布对比

在前面各个地区得出的满意度和重要性得分的基础上建立了三个地区各自的满意度—重要性 ISA 模型，如图 12-3～图 12-5 所示。

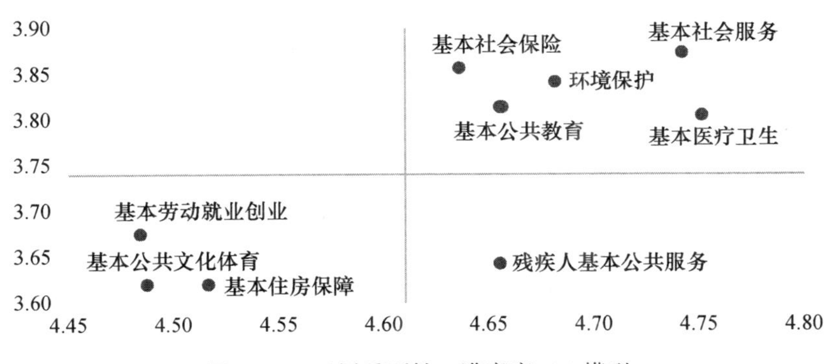


图 12-3　玉屏重要性—满意度 ISA 模型

将三个地区的 ISA 模型按照对应象限绘制成总表格，见表 12-7。

① 冯菲，钟杨．中国城市公共服务公众满意度的影响因素探析——基于 10 个城市公众满意度的调查［J］．上海行政学院学报，2016，17（2）：58-75．

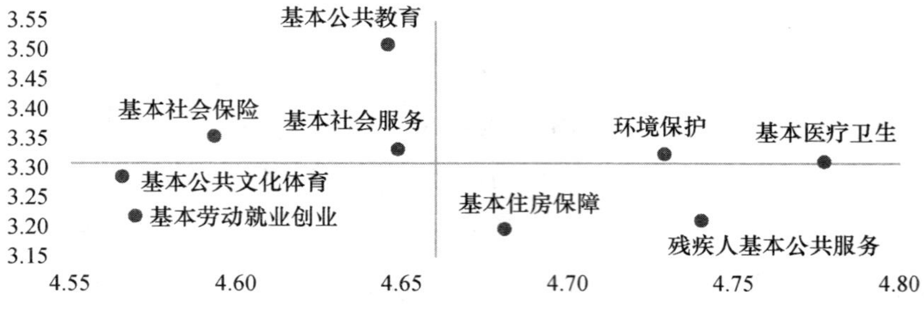


图 12-4　道真重要性—满意度 ISA 模型

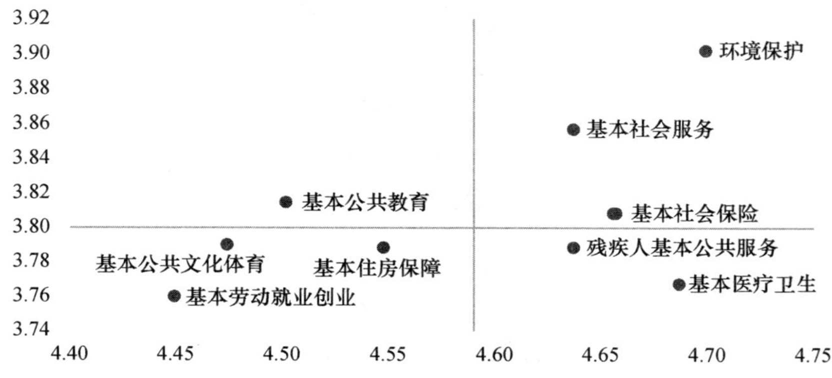


图 12-5　沿河重要性—满意度 ISA 模型

**表 12-7　　三县 ISA 模型象限分布对比**

| 象限 | 玉屏 | 道真 | 沿河 |
|---|---|---|---|
| Ⅰ高重要性　高满意度 | 环境保护<br>基本社会保险<br>基本社会服务<br>基本公共教育<br>基本医疗卫生 | 基本医疗卫生<br>环境保护 | 环境保护<br>基本社会保险<br>基本社会服务 |
| Ⅱ低重要性　高满意度 | — | 基本公共教育<br>基本社会服务<br>基本社会保险 | 基本公共教育 |
| Ⅲ低重要性　低满意度 | 基本劳动就业创业<br>基本公共文化体育<br>基本住房保障 | 基本劳动就业创业<br>基本公共文化体育 | 基本劳动就业创业<br>基本公共文化体育<br>基本住房保障 |
| Ⅳ高重要性　低满意度 | 残疾人基本公共服务 | 基本住房保障<br>残疾人基本公共服务 | 基本医疗卫生<br>残疾人基本公共服务 |

三县在ISA模型下四个象限的分布都不相同，在第Ⅰ象限高重要性高满意度区域，三县都有环境保护，说明三个县政府在环境保护这块居民较重视的公共服务上表现优秀，政府则需在此基础上保持良好的状态，同时应该紧随时代的大潮，关注与环境保护紧密相关的垃圾分类的相关进展和工作；在第Ⅱ象限低重要性高满意度区域，道真县和沿河县都有基本公共教育，而玉屏县没有基本公共服务项目落在此区域，这个区域说明道真和沿河政府的公共服务已经超过了市民的预期，但市民需求强度不高，近几年各地政府在基本公共教育上的投入已经处于相对饱和的状态，因此，需要政府根据本地区的实际情况减少投入，尽可能地把资源投入配置效率更高的公共服务区域，以争取效用的最大化；在第Ⅲ象限低重要性低满意度区域，三县都有基本劳动就业创业，基本公共文化体育。在这个区域的公共服务满意度较低，说明政府在这一块的工作做得不够到位，但同时由于它的低重要性因此不需要政府的优先解决，在调研过程中很多居民反映就业情况不是很好，缺乏相应的就业培训机构和就业信息不通畅等问题，同时三个地区的图书馆和文化馆数量都较少；因此，政府在就业方面应该全面落实促进就业的扶持政策，加强职业培训体系基础建设。一是要加快技能培训中心建设。二是指导技校、职业学校积极适应市场，加大投入，增强技术培训能力，扩大培训量。三是积极整合社会培训资源，组织引导、支持社会力量开展职业技能培训。逐步形成培训中心、技校和职业学校、社会力量“三位一体”，并与就业形势相适应的较高层次的职业培训体系。对于文化事业应在目前的基本条件之上适当增加图书馆、文化馆以及体育馆的数量，以便丰富居民的业余生活，同时强化居民文化和身体素质；在第Ⅳ象限高重要性低满意度区域三县都有的是残疾人基本公共服务，这个区域为关键问题区域，需要当地政府优先解决，说明三个地区在残疾人基本公共服务这项市民比较重视的地方表现糟糕，政府应该对这个问题引起高度的重视以及积极开展相关的工作。

## 五、基本公共服务供给排序分析

1. 方法

统计三个地区每项公共服务在每个序次的被选频次，然后每个频次×其所对应序号相同的分数，再将该项目在每个序次所得的所有分数相加，即为该项目所得分数总分，总分越小，排序越靠前。

2. 供给排序得分情况

通过表 12-8 和图 12-6 我们可以看出，三县供给排序分数第一和第二的基本公共服务在三个地区都是基本公共教育和基本医疗卫生，说明在三县市民心里基本公共教育和基本医疗卫生在各项基本公共服务中的排名最为靠前，同时也表现出了基本公共教育和基本医疗卫生在公众心中的重要地位；而得分最低的项目中，道真县和沿河县都是基本公共文化教育，玉屏县是残疾人基本公共服务。

表 12-8　　三县供给得分排序（低到高）

| 排名 | 玉屏 | 得分 | 道真 | 得分 | 沿河 | 得分 |
|---|---|---|---|---|---|---|
| 1 | 基本公共教育 | 456 | 基本公共教育 | 459 | 基本公共教育 | 629 |
| 2 | 基本医疗卫生 | 593 | 基本医疗卫生 | 586 | 基本医疗卫生 | 700 |
| 3 | 基本社会保险 | 856 | 基本劳动就业创业 | 886 | 基本社会保险 | 866 |
| 4 | 基本劳动就业创业 | 955 | 基本社会保险 | 916 | 基本劳动就业创业 | 925 |
| 5 | 基本住房保障 | 1008 | 基本住房保障 | 1012 | 基本住房保障 | 1051 |
| 6 | 环境保护 | 1106 | 基本社会服务 | 1197 | 基本社会服务 | 1125 |
| 7 | 基本社会服务 | 1204 | 环境保护 | 1223 | 环境保护 | 1132 |
| 8 | 基本公共文化体育 | 1409 | 残疾人基本公共服务 | 1357 | 残疾人基本公共服务 | 1232 |
| 9 | 残疾人基本公共服务 | 1410 | 基本公共文化体育 | 1445 | 基本公共文化体育 | 1387 |

## 六、政民互动

调查问卷最后一个板块为政民互动板块，这是以往年份的调研没有加入的部分，因此我们对这一部分进行了详细的分析。

1. 政民互动平均分计算方法

对三个地区调查问卷中政民互动部分的每一项进行打分，完全符合为 5 分，完全不符合为 1 分，得分越高，说明政府与居民的互动效果越好。

2. 平均分排序

通过表 12-9 我们可以看出，排名第一，平均分得分最低的是：道真县为

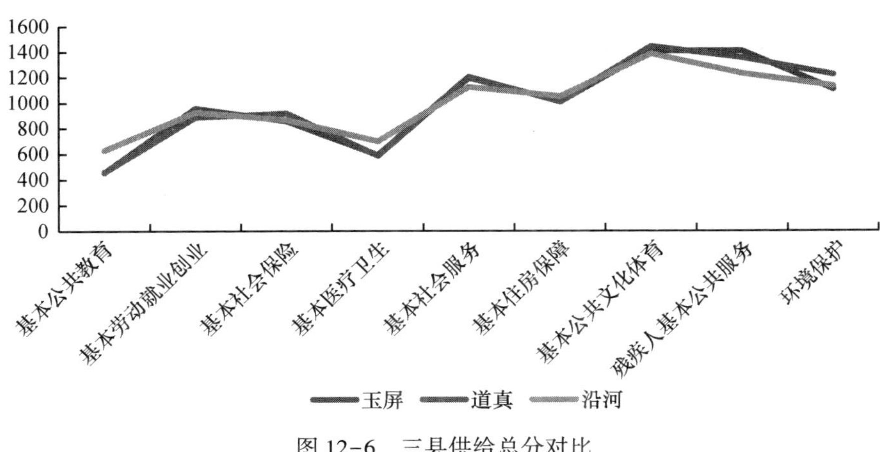


图 12-6　三县供给总分对比

本地建立了市长邮箱、热线电话（12345）、电视电台、报纸等组成的政民沟通网络，沿河和玉屏都为本地有政务公开、听证制度并能落实。排名最后，得分最高的是：道真县本地居民不仅能够积极地响应政府各项征求意见工作，而且是基于理性而不是私利的角度，沿河县为本地建立了市长邮箱、报纸、热线电话（12345）、电视电台等组成的政民沟通网络，玉屏县为当地政府既能够及时有效地解决民众所关心的问题，也能够顺应发展条件的变化及时出台新的规章和条例，适应公众需求。从平均得分整体来看，玉屏县在三县中民政互动做得最好。

**表 12-9　　　　三县民政互动平均分排序（低到高）**

| 排名 | 玉屏 | 得分 | 道真 | 得分 | 沿河 | 得分 |
|---|---|---|---|---|---|---|
| 1 | 本地有政务公开、听证制度并能落实 | 3.56 | 本地建立了市长邮箱、热线电话（12345）、电视电台、报纸等组成的政民沟通网络 | 3.07 | 本地有政务公开、听证制度并能落实 | 3.08 |
| 2 | 本地居民不仅能够积极的响应政府各项征求意见工作，而且是基于理性而不是私利的角度 | 3.6 | 本地有政务公开、听证制度并能落实 | 3.04 | 本地居民不仅能够积极的响应政府各项征求意见工作，而且是基于理性而不是私利的角度 | 3.16 |

续表

| 排名 | 玉屏 | 得分 | 道真 | 得分 | 沿河 | 得分 |
|---|---|---|---|---|---|---|
| 3 | 地方社团类组织（如各大商会、农村的民间组织、相关行业协会等）和民主党派能充分发挥参政议政的职能，推动公共服务政策的实行 | 3.68 | 地方社团类组织（如各大商会、农村的民间组织、相关行业协会等）和民主党派能充分发挥参政议政的职能，推动公共服务政策的实行 | 3.04 | 当地政府既能够及时有效地解决民众所关心的问题，也能够顺应发展条件的变化及时出台新的规章和条例，适应公众需求。 | 3.18 |
| 4 | 本地建立了市长邮箱、热线电话（12345）、电视电台、报纸等组成的政民沟通网络 | 3.69 | 当地政府既能够及时有效的解决民众所关心的问题，也能够顺应发展条件的变化及时出台新的规章和条例，适应公众需求 | 3.03 | 地方社团类组织（如各大商会、农村的民间组织、相关行业协会等）和民主党派能充分发挥参政议政的职能，推动公共服务政策的实行 | 3.25 |
| 5 | 当地政府既能够及时有效地解决民众所关心的问题，也能够顺应发展条件的变化及时出台新的规章和条例，适应公众需求 | 3.71 | 本地居民不仅能够积极地响应政府各项征求意见工作，而且是基于理性而不是私利的角度 | 3.02 | 本地建立了市长邮箱、热线电话（12345）、电视电台、报纸等组成的政民沟通网络 | 3.35 |

3. 效能分析

政民互动部分包含五个小项问题，对于每一个小项我们通过查阅相关资料对其进行了理论归属，包括政府效能、个人效能和社会效能。政府效能是对政府运作效果质和量的综合评价。20 世纪 90 年代中期，学者对北京居民的一项实证研究发现公民对政府绩效评价和政权合法性之间存在着积极的关系。公众对于代表政府效能的民主决策、信息公开、服务态度、行政效率和依法行政的满意程度直接影响着他们对政治体系的拥护，即政治合理性。个人效能感，指的是外部效能感，即人们对政府的反应程度，暗指个体在影响政治和政府决定时的能力、技巧和信心，个人效能影响着人们的行为选择、思维模式和情感反应模式，人们对个人效能的判断影响其努力程度及坚持性①。我们将“本地有

① 冯菲，钟杨．中国城市公共服务公众满意度的影响因素探析——基于 10 个城市公众满意度的调查［J］．上海行政学院学报，2016，17（2）：58-75.

政务公开、听证制度并能落实；当地政府既能够及时有效的解决民众所关心的问题，也能够顺应发展条件的变化及时出台新的规章和条例，适应公众需求”这两个问题归为政府效能；“本地居民能踊跃、理智而不是为了私利或感情参与政府组织的各种征询意见和建议活动”这一问题归为个人效能；将“本地建立了市长邮箱；本地政府部门、热线电话（12345）、电视电台、报纸等组成的政民沟通网络；当地社团（如商会、行业协会、农村民间组织等）和民主党派能积极参政议政，促进公共服务政策实施”这两个问题归为社会效能；并且通过 SPSS 相关性检验发现基本公共服务满意度与三大效能之间存在显著的相关性。皮尔森相关性检验结果见表 12-10。

**表 12-10　　个人效能和基本公共服务满意度皮尔森相关性检验**

| 项目 / 地点 | 基本公共教育 | 基本劳动就业创业 | 基本社会保险 | 基本医疗卫生 | 基本社会服务 |
|---|---|---|---|---|---|
| 玉屏 | 0.25** | 0.271** | 0.273** | 0.272** | 0.365** |
| 道真 | 0.306** | 0.334** | 0.357** | 0.314** | 0.232** |
| 沿河 | 0.207** | 0.089 | 0.189** | 0.09 | 0.207** |
| 项目 / 地点 | 基本住房保障 | 基本公共文化体育 | 残疾人基本公共服务 | 环境保护 | 均值 |
| 玉屏 | 0.220** | 0.177* | 0.243** | 0.255** | 0.328** |
| 道真 | 0.265** | 0.254** | 0.315** | 0.304** | 0.389** |
| 沿河 | 0.181* | 0.159* | 0.091 | 0.254** | 0.207** |

由表 12-10 可见，除了沿河县的基本劳动就业创业和基本医疗卫生个人效能和基本公共服务满意度不显著外，个人效能与三个县十项基本公共服务满意度都通过了显著性检验，并且系数都为正，说明个人效能越高，基本公共服务满意度越高。平均系数最高的是道真，最低的是沿河。

由表 12-11 可见，政府效能与三县十项基本公共服务满意度都通过了相关性检验，且系数为正，说明政府效能越高，基本公共服务满意度高，三县中沿河平均系数最高。而且，各县政府效能系数平均值都超过个人效能。说明政府效能的提高对满意度提高的正向影响更大。

表 12-11　　政府效能和基本公共服务满意度皮尔森相关性检验

| 地点＼项目 | 基本公共教育 | 基本劳动就业创业 | 基本社会保险 | 基本医疗卫生 | 基本社会服务 |
|---|---|---|---|---|---|
| 玉屏 | 0.303** | 0.346** | 0.394** | 0.329** | 0.462** |
| 道真 | 0.324** | 0.343** | 0.350** | 0.321** | 0.303** |
| 沿河 | 0.514** | 0.535** | 0.620** | 0.565** | 0.624** |
| 地点＼项目 | 基本住房保障 | 基本公共文化体育 | 残疾人基本公共服务 | 环境保护 | 均值 |
| 玉屏 | 0.334** | 0.325** | 0.341** | 0.265** | 0.426** |
| 道真 | 0.259** | 0.263** | 0.268** | 0.309** | 0.400** |
| 沿河 | 0.663** | 0.888** | 0.601** | 0.869** | 0.840** |

由表 12-12 可见，社会效能与三县十项基本公共服务满意度都通过显著性检验，且系数为正，说明社会效能越高，基本公共服务满意度越高。三县中玉屏的平均系数最高，道真最低。玉屏、道真社会效能系数都高于政府效能系数和个人效能系数。

表 12-12　　社会效能和基本公共服务满意度皮尔森相关性检验

| 地点＼项目 | 基本公共教育 | 基本劳动就业创业 | 基本社会保险 | 基本医疗卫生 | 基本社会服务 |
|---|---|---|---|---|---|
| 玉屏 | 0.413** | 0.474** | 0.475** | 0.515** | 0.590** |
| 道真 | 0.296** | 0.329** | 0.331** | 0.355** | 0.261** |
| 沿河 | 0.426** | 0.368** | 0.869** | 0.840** | 0.426** |
| 地点＼项目 | 基本住房保障 | 基本公共文化体育 | 残疾人基本公共服务 | 环境保护 | 均值 |
| 玉屏 | 0.470** | 0.501** | 0.723** | 0.417** | 0.649** |
| 道真 | 0.308** | 0.290** | 0.322** | 0.342** | 0.410** |
| 沿河 | 0.454** | 0.405** | 0.504** | 0.487** | 0.433** |

从三县相关系数比较看，玉屏社会效能平均系数最高；道真个人效能平均系数最高；沿河政府效能平均系数最高，个人效能平均系数最低。从单项系数看，沿河政府效能对文化体育满意度影响最大。

由表 12-13 看出，三大效能与十项基本公共服务均通过显著性检验，且系数为正，三大效能平均系数社会效能最高，其次是政府效能，最后是个人效能。三大效能成为影响居民对基本公共服务满意度评价的重要因素，为了提高居民对公共服务的满意度，政府在提供高质量的基本公共服务的时候需要把增强三大效能的相关工作重点考虑进来。

**表 12-13　三县总基本公共服务满意度与三大效能相关性分析结果汇总表**

| 项目 | 基本公共教育 | 基本劳动就业创业 | 基本社会保险 | 基本医疗卫生 | 基本社会服务 |
| --- | --- | --- | --- | --- | --- |
| 个人效能 | 0.274** | 0.264** | 0.303** | 0.265** | 0.292** |
| 政府效能 | 0.302** | 0.298** | 0.343** | 0.304** | 0.356** |
| 社会效能 | 0.314** | 0.294** | 0.346** | 0.334** | 0.347** |
| 项目 | 基本住房保障 | 基本公共文化体育 | 残疾人基本公共服务 | 环境保护 | 均值 |
| 个人效能 | 0.233** | 0.209** | 0.239** | 0.293** | 0.331** |
| 政府效能 | 0.259** | 0.215** | 0.256** | 0.272** | 0.363** |
| 社会效能 | 0.280** | 0.239** | 0.302** | 0.324** | 0.388** |

# 第三节　本章小结

基本公共服务满意度的高低与地方经济发展水平没有直接相关关系，经济发展水平好的地方公共服务的满意度不一定高，GDP 高的地方并不能带来较高的居民基本公共服务满意度，单纯追求 GDP 增长并不能带来公众对于公共服务更高的满意度和认可。当然也并非完全否认 GDP 的作用，只是政府更需要思考的是，随着人均 GDP 的增长，如何更加有效地提高和改善公共服务质量和水平，把资金真正落实到公众需求的领域，注重投入的效率和效益，有效改善投入产出比，为公众提供优质高效的公共服务，逐步实现经济发展能够带来公众切身的满意。

基本医疗卫生、环境保护和残疾人基本公共服务在三个地区都得到了一致的高重要性的打分，看病是否便利，医疗水平的高低成为公众日常生活看重的方面，看病难、看病贵也始终是普通大众心中的一块大石。残疾人基本公共服务和环境保护也渐渐引起了大家的高注意力。通过 ISA 模型也显示残疾人基本公共服务是三个地区政府都必须优先解决的问题，政府应该对这个问题引起高度重视以及积极开展相关的工作，当前，有关残疾人各种公共类服务的提供依然不够，城镇和乡村之间的差距很大，特别是在基层服务的领域，保障措施远不能达到残疾人的日常需要，此外，由于相关的专业性人才十分匮乏，大数据和服务的标准体系很不完善，科技化水平急需提升。政府应当加强残疾人专项社会保障制度建设，实现残疾人“人人享有基本康复服务”，提高残疾人受教育水平，千方百计促进城乡残疾人就业，丰富残疾人文化体育生活以及加强残疾人公共服务支撑条件建设。

通过效能部分的分析我们发现三大效能和基本公共服务满意度都呈显著正相关，因此增强三大效能和加强民政互动对于提高公众对于基本公共服务的满意度具有重要的作用。一是促进了社会稳定，增进了公众对政府的信任，消除他们对政府工作的不满情绪。二是拉近政府与群众的距离，群众有困难、有问题可以很方便地与政府部门、市长进行沟通。三是提高了政府决策的民主化和科学化水平，市民通过互动平台可以及时反映一些自己发现的不利于社会和谐的问题，同时政府通过及时了解民意，体察民情，能及时发现政策中的问题和不足，及时调整政策。四是推动了政府部门的工作改进，不仅客观反映了政府部门是不是在为群众办实事、真办事，也真实反映了群众对政府工作原汁原味的评议，无形中对各级政府机关、公共服务部门形成了压力，促进工作的改进。政府与民众互动提高了民主的程度，推进民主的发展，最终促进民族地区基本公共服务水平的提高①。

① 黄伟建，王晶晶，李冠军．政府与公众互动理念的探讨——邯郸市政民互动调查［J］．河北工程大学学报（社会科学版），2010，27（1）：1-2，10.

# 第四篇

# 西南地区基本公共服务均等化供需平衡度分析及对策建议

# 第十三章 基本公共服务供需匹配情况及均等化水平比较

## 第一节 西南地区基本公共服务供需匹配情况比较分析

### 一、 2017 年、 2019 年 ISA 象限分布比较分析

由于 2015 年调研问卷没有对基本公共服务重要性（需求强度）进行调查，2017 年和 2019 年对重要性指标进行了调查，因此，下面对 2017 年和 2019 年调查结果进行比较，见表 13-1。

如表 13-1 所示，2019 年与 2017 年比较，第Ⅰ象限（高重要、高满意）项目有所增加，说明高水平供需匹配的基本公共服务项目增加。基础教育一直处于高水平均衡象限，说明国家的教育均等化成效显著，据 2019 年调研显示，社会保险、社会服务、环境保护也进入高水平均衡象限。医疗卫生在 2017 年调研中处于需求>供给象限，是需要优先增加供给的基本公共服务。2019 年医疗卫生虽然进入第Ⅰ象限，但是在第Ⅰ象限和第Ⅳ象限交界处，说明医疗卫生仍然是需求强度很高但满意度相对较低的项目，需要大力提高供给水平。社保

表 13-1　　ISA 象限分布对比

| 象限分布 | 第Ⅰ象限（双高） | 第Ⅱ象限（低重要，高满意） | 第Ⅲ象限（双低） | 第Ⅳ象限（高重要，低满意） |
| --- | --- | --- | --- | --- |
| 2017 年西南城市 ISA 分布情况 | 基础教育、公共安全 | 文化体育、公共基础设施 | 公共交通、社保就业、住房保障 | 医疗卫生、环境保护 |
| 2017 年西南农村 ISA 分布情况 | 基础教育、公共交通、公共基础设施 | 无 | 文化体育、环境保护、住房保障 | 医疗卫生、社保就业、公共安全 |
| 2019 年西南 ISA 分布情况 | 公共教育、医疗卫生、社会保险、社会服务、环境保护 | 无 | 住房保障、劳动就业创业、公共文化体育 | 残疾人基本公共服务 |

就业、住房保障虽然处于供需平衡象限，但都属于低水平平衡。对比 2017 年农村和城市，发现农村第Ⅳ象限的项目多于城市，说明农村基本公共服务供给短板相对较多。

## 二、供给排序对比（重要性对比）

根据 2017 年、2019 年公众对基本公共服务供给排序的对比（见表 13-2），2017 年西南农村和 2019 年西南地区医疗卫生都排名第一，这个与 ISA 分析结果一致，说明医疗卫生公众需求强度很高，但满意度较低，是需要优先增加供给的项目。基本教育排名比较靠后（除 2017 年农村数据），这与 ISA 的分析结果也比较一致，说明基础教育需求强度高，满意度也比较高，属于供需相对平衡的公共服务，应该继续保持。2017 年社保就业、住房保障排序比较靠后，说明这些项目需求强度相对较低，与 ISA 分析结果基本一致。但因为 2018 年金融风暴，2019 年对社保就业的需求强度明显提高。

表 13-2　　供给排序对比

| 项目 | 2017 年西南城镇地区排序 | 2017 年西南农村地区排序 | 2019 年西南地区排序 |
| --- | --- | --- | --- |
| 基础教育 | 8 | 1 | 5 |
| 医疗卫生 | 9 | 1 | 1 |

续表

| 项目 | 2017 年西南城镇地区排序 | 2017 年西南农村地区排序 | 2019 年西南地区排序 |
|---|---|---|---|
| 公共交通 | 2 | 3 | 3（劳动就业创业） |
| 社保就业 | 4 | 5 | 2（基本社会保险） |
| 住房保障 | 2 | 6 | 4 |
| 文化体育 | 7 | 9 | 9 |
| 基础设施 | 6 | 8 | 6（基本社会服务） |
| 公共安全 | 1 | 4 | 8（残疾人服务） |
| 环境保护 | 5 | 7 | 7 |

## 三、满意度对比

由于 2019 年调研数据未区分城镇和农村，因此先将 2015 年、2017 年城乡数据比较。如图 13-1 所示，西南地区 2015 年、2017 年城镇地区满意度都高于农村地区，且差距在拉大。2017 年西南农村地区和城镇地区的基本公共服务满意度都明显高于 2015 年，说明西南地区基本公共服务水平不断提高，人民群众的获得感，满意度不断上升。

图 13-1　2015 年、2017 年西南地区城乡满意度对比

如图 13-2 所示，三年西南地区基本公共服务满意度 2017 年最高，2019 年居中，2015 年最低。并且 2017 年、2019 年满意度较 2015 年有较大幅度提高。

2019 年满意度低于 2017 年可能的原因是 2018 年爆发的全球金融危机，政府财政投入倾向于经济建设，民生性财政投入相对弱化，金融危机的爆发同时加剧了就业、社会保险等支出压力，矛盾更加突出，因此，满意度低于 2017 年调查数据。

图 13-2　西南地区 2015 年、2017 年、2019 年满意度对比①

## 第二节　供需视角下西南地区基本公共服务均等化水平比较分析

### 一、供需视角下区域差异

第二篇从供给视角采用泰尔指数，计算了东部与西南地区基本公共服务均等化程度，以及西南民族与非民族地区基本公共服务均等化程度。第三篇从需求视角根据不同区域基本公共服务满意度调查数据，采用泰尔指数，计算基本公共服务均等化水平。

① 2019 年调查指标和 2015 年、2017 年有一定差别，部分指标有一定调整。

## （一）西南地区与东部地区比较

2017 年调查问卷区分了东部地区与西南地区，因此为方便比较，供给视角基本公共服务泰尔指数截取 2017 年的数据，见表 13-3。

**表 13-3　2017 年西南地区与东部地区基本公共服务泰尔指数（供给视角）**

| 公共教育 | 劳动就业 | 社会保障 | 医疗卫生 | 社会服务 | 文化 | 残疾人服务 |
| --- | --- | --- | --- | --- | --- | --- |
| 0.017 2 | 0.001 1 | 0.008 3 | 0.048 1 | 0.013 1 | 0.005 7 | 0.014 3 |

由表 13-3 可见，从供给视角计算的泰尔指数，医疗卫生最高，说明其均等化水平最低，其次是公共教育，其后依次是残疾人服务、社会服务，社会保障、文化和劳动就业。说明从供给看，劳动就业、文化服务均等化水平较高，医疗卫生、公共教育均等化水平较低。

需求视角是根据 2017 年调研数据计算西南地区与东部地区基本公共服务满意度的泰尔指数，见表 13-4。

**表 13-4　2017 年东部地区与西南地区基本公共服务泰尔指数（需求视角）**

|  | 基础教育 | 医疗卫生 | 公共交通 | 社保就业 | 住房保障 |
| --- | --- | --- | --- | --- | --- |
| 农村 | 0.253 573 | 0.267 753 | 0.249 343 | 0.258 785 | 0.271 055 |
| 城市 | 0.116 275 | 0.102 113 | 0.109 903 | 0.107 929 | 0.103 635 |

|  | 文化体育 | 公共基础设施 | 公共安全 | 环境保护 |
| --- | --- | --- | --- | --- |
| 农村 | 0.260 384 | 0.249 574 | 0.266 537 | 0.252 204 |
| 城市 | 0.115 142 | 0.120 25 | 0.107 339 | 0.110 312 |

由表 13-4 可见，农村基本公共服务的泰尔指数都高于城市，说明农村基本公共服务均等化水平低于城市。农村泰尔指数由高向低，依次为住房保障>医疗卫生>公共安全>文化体育>社保就业>基础教育>环境保护>公共基础设施>公共交通，说明从主观感受看，农村对住房保障、医疗卫生满意度的差异性最大，也就是主观感受的均等化程度最低，对公共基础设施、公共交通的满意度的差异较小，即均等化水平相对较高。城市基本公共服务泰尔指数由高向低，依次为公共基础设施>基础教育>文化体育>环境保护>公共交通>社保就业>公共安全>住房保障>医疗卫生。说明在城市基础教育的主观感受均等化程度较低，而医疗卫生主观感受的均等化程度较高。

对比供需视角均等化水平，主观评价的差异性都大于客观供给的差异性，说明主观感受会放大客观供给上的差异性。从供给角度医疗卫生均等化水平最低，从需求角度农村医疗卫生均等化水平最低，但是城市医疗卫生均等化水平却较高。这主要是因为医疗服务主要集中于城市，农村医疗资源的分布更为稀少，因此农村满意度的差异较大。从供给视角，公共教育均等化水平也较低，但农村公共教育满意度均等化水平较高，城市公共教育主观感受差异较高。这主要因为国家的义务教育供给数量能满足基本需求，但是供给质量差异很大，农村地区对质量相对不够敏感，所以主观评价的差异性不大，而城市对公共教育质量要求较高，因此，城市的公共教育满意度的差异大。劳动就业、文化服务供给侧均等化水平较高，主观感受上和客观供给排序基本一致。

### （二）西南民族地区和非民族地区比较

由表 13-5 所示，民族地区和非民族地区的差异性很小，就这七个一级指标排序，泰尔指数由高到低，依次是社会服务>残疾人服务>公共教育>社会保障>文化>劳动就业>医疗卫生。医疗卫生的均等化程度最高。

表 13-5　　2017 年西南民族地区与非民族地区基本公共服务泰尔指数（供给视角）

| 公共教育 | 劳动就业 | 社会保障 | 医疗卫生 | 社会服务 | 文化 | 残疾人服务 |
|---|---|---|---|---|---|---|
| 0.001 96 | 0.000 118 3 | 0.000 88 | 0.000 069 | 0.034 1 | 0.000 16 | 0.003 9 |

需求视角计算的西南民族地区和非民族地区的泰尔指数见表 13-6。

表 13-6　　2017 年西南民族地区和西南非民族地区基本公共服务泰尔指数（需求视角）

| | 基础教育 | 医疗卫生 | 公共交通 | 社保就业 | 住房保障 |
|---|---|---|---|---|---|
| 农村 | 0.005 905 | 0.006 916 | 0.005 904 | 0.006 049 | 0.002 488 |
| 城市 | 0.002 423 | 0.002 088 | 0.001 404 | 0.001 701 | 0.001 487 |

| | 文化体育 | 公共基础设施 | 公共安全 | 环境保护 |
|---|---|---|---|---|
| 农村 | 0.005 289 | 0.005 778 | 0.005 932 | 0.005 183 |
| 城市 | 0.002 116 | 0.002 023 | 0.002 198 | 0.001 596 |

从数据看，主观感受的差异化程度仍然大于客观供给的差异化程度。农村

泰尔指数都大于城市，说明农村主观感受的差异性更大，均等化程度更低。泰尔指数从大到小，农村依次为医疗卫生>社保就业>公共安全>基础教育>公共交通>公共基础设施>文化体育>环境保护>住房保障。城市依次为基础教育>公共安全>文化体育>医疗卫生>公共基础设施>社保就业>环境保护>住房保障>公共交通。农村和城市依然体现出不一样的特点，和东西部研究结果相似，农村医疗卫生主观感受差异性大，而城市是基础教育主观感受的差异性大。

从供需的均等化程度比较看，供给侧医疗卫生的均等化程度最高，农村的主观感受的差异性最大，与供给侧排序相反，城市主观感受与客观供给情况相同，均等化程度较高；主观感受公共教育差异化水平高于供给侧的差异化水平。就业主观评价差异性高于客观供给差异性，文化主观评价差异性在农村低于客观供给差异性，但是在城市主观评价差异性高于客观供给差异性。

对比本章第一节供需平衡关系的分析，公共教育属于高水平供需平衡，文化属于低水平供需平衡，医疗、就业属于供给<需求，说明供需平衡并不一定使主观评价差异性变小，但供给小于需求的情况会导致主观评价差异性变大。

总的来说，主观感受的差异程度大于客观供给的差异程度，客观供给的差异程度减少，主观感受的差异程度也会减少。客观供给的差异程度排序与主观供给的差异程度排序不完全一致，说明基本公共服务供需平衡情况，供给的结构和质量，以及政民关系也是影响主观评价差异性的重要因素。

## 二、需求视角下人群差异

基本公共服务满意度群体差异主要采用的是皮尔逊相关性分析，在确认指标显著情况下，相关系数越高表明两者间关系越密切，说明群体间差异性越强，相应的均等化程度越低。

### （一）性别

对比 2015/2017/2019 三年性别对基本公共服务满意度影响发现，2015 年、2017 年城市样本性别对基础教育、医疗卫生、公共交通、社保就业、住房保障、文化体育、公共基础设施和环境保护呈现明显的相关关系，并且系数为正，即女性满意度普遍高于男性见表 13-7。2017 年农村样本和 2019 年的调查结果性别对基本公共服务的满意度评价无明显差异。

表 13-7　　性别对基本公共服务满意度相关性对比（皮尔逊检验）

| 项目 | 2015 年西南地区（6 360 样本数） | 2017 年城市西南地区（1 568 样本数） | 2017 年农村西南地区（2 424 样本数） | 2019 年西南地区（3 754 样本数） |
|---|---|---|---|---|
| 基础教育 | 0.791** | 0.066** | 不显著 | 不显著 |
| 医疗卫生 | 0.793** | 0.054* | 不显著 | 不显著 |
| 公共交通 | 0.815** | 0.065* | -0.041* | 不显著（劳动就业） |
| 社保就业 | 0.797** | 0.051* | 不显著 | 不显著（基本社会保险） |
| 住房保障 | 0.825** | 0.075** | 不显著 | 不显著 |
| 文化体育 | 0.826** | 0.081** | 不显著 | 不显著 |
| 公共基础设施 | 0.830** | 0.069** | -0.049* | 不显著（基本社会服务） |
| 公共安全 | 0.783** | 不显著 | 不显著 | 不显著 |
| 环境保护 | 0.804** | 0.091** | 不显著 | 不显著 |

注：显著性水平：** 表示在 1%水平上显著相关。* 表示在 5%水平上显著相关。

## （二）年龄

比较 2015/2017/2019 三年年龄对基本公共服务满意度影响发现，除了 2015 年系数为正，其他样本系数都为负，2015 年九项指标都通过显著性检验，且系数为正，说明年龄越大，满意度越高；但是 2017 年后除了基础教育、文化体育、环境保护等与老年人关系相对不密切的项目没通过显著性检验，其他项目通过检验，系数为负，说明年龄越大，满意度越低，说明随着人口老龄化压力增大，老年人的公共服务满意度在下降，见表 13-8。

表 13-8　　年龄对基本公共服务满意度相关性对比（皮尔逊检验）

| 项目 | 2015 年西南地区（6 360 样本数） | 2017 年城市西南地区（1 568 样本数） | 2017 年农村西南地区（2 424 样本数） | 2019 年西南地区（3 754 样本数） |
|---|---|---|---|---|
| 基础教育 | 0.875** | -0.246** | 0.049* | 不显著 |
| 医疗卫生 | 0.874** | -0.275** | -0.082** | -0.063** |

续表

| 项目 | 2015年西南地区（6 360样本数） | 2017年城市西南地区（1 568样本数） | 2017年农村西南地区（2 424样本数） | 2019年西南地区（3 754样本数） |
|---|---|---|---|---|
| 公共交通 | 0. 864 ** | -0. 201 ** | 0. 053 ** | -0. 046 **（劳动就业创业） |
| 社保就业 | 0. 833 ** | -0. 260 ** | 不显著 | -0. 060 **（基本社会保险） |
| 住房保障 | 0. 825 ** | -0. 255 ** | -0. 050 ** | -0. 085 ** |
| 文化体育 | 0. 868 ** | 0. 218 ** | 不显著 | 不显著 |
| 公共基础设施 | 0. 834 ** | -0. 266 ** | 不显著 | -0. 074 **（基本社会服务） |
| 公共安全 | 0. 853 ** | -0. 265 ** | 不显著 | -0. 037 **（残疾人） |
| 环境保护 | 0. 826 ** | -0. 259 ** | 不显著 | 不显著 |

注：显著性水平：** 表示在1%水平上显著相关。* 表示在5%水平上显著相关。

## （三）文化程度

比较2015/2017/2019三年文化程度对基本公共服务满意度影响发现，2015年和2019年系数都为正，说明文化程度越高，满意度越高。只是相比2015年来说，2019年的相关关系没那么强。2017年城市样本系数为负，农村样本多数指标不显著，说明文化程度越高，对基本公共服务越不满意，见表13-9。

**表13-9　文化程度对基本公共服务满意度相关性对比（皮尔逊检验）**

| 项目 | 2015年西南地区（6 360样本数） | 2017年城市西南地区（1 568样本数） | 2017年农村西南地区（2 424样本数） | 2019年西南地区（3 754样本数） |
|---|---|---|---|---|
| 基础教育 | 0. 784 ** | -0. 061 ** | -0. 040 * | 0. 047 ** |
| 医疗卫生 | 0. 777 ** | -0. 080 ** | 0. 072 ** | 0. 084 ** |
| 公共交通 | 0. 775 ** | -0. 123 ** | 不显著 | 0. 077 **（劳动就业创业） |
| 社保就业 | 0. 739 ** | -0. 108 ** | 不显著 | 0. 081 *（基本社会保险） |
| 住房保障 | 0. 740 ** | -0. 112 ** | 0. 069 ** | 0. 080 ** |
| 文化体育 | 0. 784 ** | -0. 113 ** | 不显著 | 0. 080 ** |
| 公共基础设施 | 0. 763 ** | -0. 116 ** | 不显著 | 0. 078 **（基本社会服务） |
| 公共安全 | 0. 758 ** | -0. 115 ** | 不显著 | 0. 060 **（残疾人） |
| 环境保护 | 0. 747 ** | -0. 119 ** | 不显著 | 0. 041 ** |

注：显著性水平：** 表示在1%水平上显著相关。* 表示在5%水平上显著相关。

## （四）单位性质

因为2017年没有区分单位性质，所以比较2015/2019两年单位性质对基本公共服务满意度影响发现，2015年表现为单位性质对基本公共服务呈现正相关，2019年为负相关，见表13-10。因为两次检验单位排序正好相反，所以都显示出体制内人员满意度高于体制外人员的满意度。

表13-10 单位性质对基本公共服务满意度相关性对比（皮尔逊检验）

| 项目 | 2015年<br>西南地区<br>（6 360样本数） | 2019年<br>西南地区<br>（3 754样本数） | 项目 | 2015年<br>西南地区<br>（6 360样本数） | 2019年<br>西南地区<br>（3 754样本数） |
|---|---|---|---|---|---|
| 基础教育 | 0.793** | −0.063** | 文化体育 | 0.766** | −0.076** |
| 医疗卫生 | 0.771** | −0.057** | 公共基础设施 | 0.750** | −0.037**<br>（基本社会服务） |
| 公共交通 | 0.760** | −0.058**<br>（劳动就业创业） | 公共安全 | 0.748** | −0.058**<br>（残疾人） |
| 社保就业 | 0.707** | −0.063**<br>（基本社会保险） | 环境保护 | 0.737** | −0.074** |
| 住房保障 | 0.696** | −0.043** | | | |

注：显著性水平：**表示在1%水平上显著相关。*表示在5%水平上显著相关。

## （五）家庭人均月收入

比较2015/2017/2019三年家庭人均月收入对基本公共服务满意度影响发现，除去2017年城市西南地区，样本未通过显著性检验，见表13-11。其他年份和地区的均表现为随着家庭人均月收入的增高，满意度也在升高。

表13-11 家庭人均月收入对基本公共服务满意度相关性对比（皮尔逊检验）

| 项目 | 2015年西南地区<br>（6 360样本数） | 2017年城市<br>西南地区<br>（1 568样本数） | 2017年农村<br>西南地区<br>（2 424样本数） | 2019年西南地区<br>（3 754样本数） |
|---|---|---|---|---|
| 基础教育 | 0.653** | 不显著 | 0.063* | 0.069** |
| 医疗卫生 | 0.678** | 不显著 | 0.110** | 0.071** |

续表

| 项目 | 2015年西南地区（6 360样本数） | 2017年城市西南地区（1 568样本数） | 2017年农村西南地区（2 424样本数） | 2019年西南地区（3 754样本数） |
|---|---|---|---|---|
| 公共交通 | 0.568** | 不显著 | 0.062** | 0.102**（劳动就业创业） |
| 社保就业 | 0.643** | 不显著 | 0.058** | 0.109**（基本社会保险） |
| 住房保障 | 0.646** | 不显著 | 0.080** | 0.088** |
| 文化体育 | 0.676** | 不显著 | 0.100** | 0.120** |
| 公共基础设施 | 0.597** | -0.050** | 0.055** | 0.101**（基本社会服务） |
| 公共安全 | 0.634** | 不显著 | 0.067** | 0.082**（残疾人） |
| 环境保护 | 0.577** | 不显著 | 0.060** | 0.071** |

注：显著性水平：** 表示在1%水平上显著相关。* 表示在5%水平上显著相关。

## （六）城乡对比

比较2015/2019两年城乡对基本公共服务满意度影响发现，2015年西南地区表现为，城市居民满意度低于农村，而2019年调研数据发现，城市居民满意度高于农村，见表13-12。

**表13-12　西南地区城乡对比分析（皮尔逊检验）**

| 项目 | 2015年西南地区（6 360） | 2019年西南地区（3 754） | 项目 | 2015年西南地区（6 360） | 2019年西南地区（3 754） |
|---|---|---|---|---|---|
| 基础教育 | 0.618** | -0.093** | 文化体育 | 0.663** | 0.156** |
| 医疗卫生 | 0.620** | -0.130** | 公共基础设施 | 0.669** | -0.144**（基本社会服务） |
| 公共交通 | 0.649** | -0.140**（劳动就业创业） | 公共安全 | 0.607** | -0.122**（残疾人） |
| 社保就业 | 0.626** | -0.147**（基本社会保险） | 环境保护 | 0.635** | -0.091** |
| 住房保障 | 0.662** | -0.099** | | | |

注：显著性水平：** 表示在1%水平上显著相关。* 表示在5%水平上显著相关。

### （七）户籍和居住方式

比较 2017/2019 两年户籍和居住方式对基本公共服务满意度影响发现，除去 2017 年农村西南地区部分表现为不显著之外，其余都有显著差异，而且表现为本地户籍常住居民最不满意，而外地户籍非常住居民满意度最高，见表 13-13。结合重要性评价来看，这可能是因为，本地户籍常住居民重要性评价比较高，认为越重要，要求越高，满意度相对越低。

表 13-13　　户籍和居住方式对基本公共服务满意度相关性对比

| 项目 | 2017 年城市西南地区（1 568 样本数） | 2017 年农村西南地区（2 424 样本数） | 2019 年西南地区（3 754 样本数） |
| --- | --- | --- | --- |
| 基础教育 | 0. 287 ** | -0. 058 ** | 不显著 |
| 医疗卫生 | 0. 290 ** | 不显著 | 0. 056 ** |
| 公共交通 | 0. 298 ** | -0. 046 ** | 0. 065 **（劳动就业创业） |
| 社保就业 | 0. 328 ** | 不显著 | 不显著（基本社会保险） |
| 住房保障 | 0. 283 ** | 不显著 | 0. 044 ** |
| 文化体育 | 0. 262 ** | 不显著 | 0. 053 ** |
| 公共基础设施 | 0. 285 ** | 不显著 | 0. 040 **（基本社会服务） |
| 公共安全 | 0. 295 ** | 不显著 | 不显著（残疾人） |
| 环境保护 | 0. 293 ** | 不显著 | 不显著 |

注：显著性水平：** 表示在 1%水平上显著相关。* 表示在 5%水平上显著相关。

## 三、供给视角下各省差异

因为西藏数据缺失严重，本书对除西藏外西南地区四省（市）进行了实证研究，研究结果显示，2012—2017 年，各省（市）各项基本公共服务类均等化水平变化各有特点，但总体来说，均等化程度在不断提高。多数省份公共教育均等化程度较低，医疗卫生均等化水平较高。

四川省除社会保障、社会服务 $T$ 值下降外，其余各项 $T$ 值均有所上升，其中就业和医疗卫生上升幅度最大。住房保障 $T$ 值均值位居首位，就业 $T$ 值均值最低，倒数第二是医疗卫生服务，见表 13-14。

表 13-14　　四川省基本公共服务泰尔指数

| 年份 | 教育 | 就业 | 社会保障 | 医疗卫生 | 社会服务 | 住房保障 | 文化 | 总体基本公共服务 |
|---|---|---|---|---|---|---|---|---|
| 2012 | 0.087 4 | 0.020 7 | 0.156 3 | 0.022 7 | 0.075 7 | 0.122 5 | 0.087 9 | 0.048 7 |
| 2013 | 0.076 8 | 0.043 5 | 0.125 8 | 0.022 1 | 0.077 0 | 0.149 7 | 0.089 0 | 0.050 6 |
| 2014 | 0.084 8 | 0.029 9 | 0.116 0 | 0.021 6 | 0.056 6 | 0.086 3 | 0.089 0 | 0.041 0 |
| 2015 | 0.090 1 | 0.030 1 | 0.130 8 | 0.020 6 | 0.043 2 | 0.238 9 | 0.090 7 | 0.030 5 |
| 2016 | 0.102 4 | 0.025 1 | 0.146 8 | 0.019 4 | 0.049 5 | 0.201 4 | 0.094 4 | 0.034 8 |
| 2017 | 0.087 8 | 0.023 2 | 0.134 6 | 0.037 8 | 0.052 2 | 0.152 2 | 0.095 1 | 0.041 9 |
| 平均值 | 0.088 2 | 0.028 8 | 0.135 1 | 0.050 2 | 0.059 0 | 0.158 5 | 0.091 0 | 0.041 3 |

贵州省整体 $T$ 值在波动中小幅上升，其中公共教育、社会服务、住房保障、文化 $T$ 值上升，社会服务 $T$ 值上升幅度最大。就业、社会保险、医疗卫生 $T$ 值下降。医疗卫生 $T$ 值平均值最大，住房保障、文化 $T$ 值平均值最小，见表 13-15。

表 13-15　　2012—2017 年贵州省各地州市间基本公共服务泰尔指数

| 年份 | 教育 | 就业 | 社会保障 | 医疗卫生 | 社会服务 | 住房保障 | 文化 | 总体基本公共服务 |
|---|---|---|---|---|---|---|---|---|
| 2012 | 0.025 5 | 0.081 2 | 0.119 1 | 0.150 1 | 0.080 9 | 0.024 6 | 0.024 6 | 0.046 6 |
| 2013 | 0.032 3 | 0.074 1 | 0.063 0 | 0.080 3 | 0.079 4 | 0.027 4 | 0.027 4 | 0.026 0 |
| 2014 | 0.030 3 | 0.065 0 | 0.133 6 | 0.078 7 | 0.055 4 | 0.026 5 | 0.026 5 | 0.018 7 |
| 2015 | 0.025 5 | 0.063 2 | 0.060 4 | 0.128 9 | 0.061 2 | 0.026 4 | 0.026 4 | 0.031 9 |
| 2016 | 0.033 9 | 0.060 6 | 0.059 9 | 0.053 1 | 0.136 0 | 0.025 5 | 0.025 5 | 0.069 9 |
| 2017 | 0.031 2 | 0.059 0 | 0.059 1 | 0.009 0 | 0.114 8 | 0.025 8 | 0.025 8 | 0.049 8 |
| 平均值 | 0.029 8 | 0.067 2 | 0.082 5 | 0.083 4 | 0.087 9 | 0.026 0 | 0.026 0 | 0.040 5 |

云南省整体 $T$ 值下降，除就业外，其他项目 $T$ 值都在下降，文化下降幅度最大。劳动就业创业 $T$ 值均值位列第一，医疗卫生 $T$ 值均值最小，见表 13-16。

表 13-16　　云南省基本公共服务泰尔指数

| 年份 | 教育 | 就业 | 医疗卫生 | 文化 | 总体基本公共服务 |
|---|---|---|---|---|---|
| 2012 | 0.073 5 | 0.062 0 | 0.091 8 | 0.115 9 | 0.070 4 |
| 2013 | 0.076 4 | 0.059 1 | 0.084 9 | 0.079 6 | 0.051 6 |
| 2014 | 0.079 7 | 0.056 6 | 0.035 7 | 0.077 5 | 0.025 9 |

续表

| 年份 | 教育 | 就业 | 医疗卫生 | 文化 | 总体基本公共服务 |
|---|---|---|---|---|---|
| 2015 | 0.074 5 | 0.143 4 | 0.022 0 | 0.071 1 | 0.015 6 |
| 2016 | 0.073 6 | 0.160 8 | 0.028 0 | 0.064 5 | 0.017 9 |
| 2017 | 0.070 2 | 0.090 3 | 0.030 5 | 0.073 4 | 0.019 1 |
| 平均值 | 0.074 7 | 0.095 4 | 0.048 8 | 0.080 3 | 0.033 4 |

重庆市整体 $T$ 值上升，除了就业和文化外，其余基本公共服务的 $T$ 值都在上升，其中医疗卫生上升幅度最大，就业下降幅度最大。文化的 $T$ 值均值位列第一，医疗卫生 $T$ 值均值最小，见表 13-17。

**表 13-17　　　　重庆市基本公共服务泰尔指数**

| 年份 | 教育 | 就业 | 社会保障 | 医疗卫生 | 文化 | 总体基本公共服务 |
|---|---|---|---|---|---|---|
| 2014 | 0.025 8 | 0.064 6 | 0.025 6 | 0.013 9 | 0.077 1 | 0.014 0 |
| 2015 | 0.026 3 | 0.079 3 | 0.026 2 | 0.016 5 | 0.078 4 | 0.016 4 |
| 2016 | 0.026 6 | 0.058 2 | 0.026 7 | 0.018 2 | 0.082 5 | 0.017 9 |
| 2017 | 0.027 1 | 0.075 4 | 0.026 9 | 0.018 7 | 0.091 1 | 0.018 8 |
| 2018 | 0.028 4 | 0.063 5 | 0.026 0 | 0.022 5 | 0.076 4 | 0.022 4 |
| 2019 | 0.028 9 | 0.054 2 | 0.025 7 | 0.023 0 | 0.075 5 | 0.022 6 |
| 平均值 | 0.027 2 | 0.065 9 | 0.026 2 | 0.018 8 | 0.080 2 | 0.018 7 |

从四个省 $T$ 值比较看，重庆市总体基本公共服务 $T$ 值最低，四川省总体基本公共服务 $T$ 值最高，说明重庆市基本公共服务均等化水平最高。各省分项基本公共服务变化特点不一。从各省分项表现看，云南、重庆医疗卫生 $T$ 值在其各项基本公共服务中分值最低，四川就业最低，医疗卫生倒数第二，贵州省医疗卫生 $T$ 值最高；从四个省各项 $T$ 值比较看，四川省就业 $T$ 值最低，贵州省文化 $T$ 值最低，重庆医疗和教育 $T$ 值最低。总体来看，重庆市表现最好。

# 第三节　本章小结

从 ISA 模型研究结果看，基础教育一致处于高水平均衡象限，文化体育、住房保障处于低水平均衡象限，医疗卫生处于供给不足象限。从供给排序看，医疗卫生公众的需求强度最高。

从供需视角研究的西南地区基本公共服务均等化水平比较分析的结果看，主观评价的差异性都大于客观供给的差异性，但当客观供给的差异性变小时，主观感受的差异性也在减小。此外，供需平衡关系不一定会使主观评价差异性变小，但是供给不足会导致主观评价差异性变大。主观评价差异性和客观评价差异性并不完全一致，说明主观评价的差异性不仅取决于客观供给数量的差异性，还取决于客观供给的质量、结构的差异性，以及政民互动的关系。

群体差距是我国社会矛盾的主要根源，根据研究结果，年龄越大，对基本公共服务越不满意，在体制内就业的满意度高于体制外，收入水平越高，满意度越高。这也说明基本公共服务应该加强对老年人群的关注，加强对体制外就业的公众，以及低收入者的供给。

# 第十四章 推进西南地区基本公共服务的改革

本书主要从供需平衡视角研究西南地区基本公共服务均等化问题，过去对基本公共服务均等化的研究主要从供给角度，研究的主要方法或者从公共财政支出的均等化，或者从提供的公共服务的均等化角度进行研究。从经济学供需平衡视角进行的研究寥寥。根据研究结果，提出如下对策建议。

## 第一节 加大西南地区财政投入，增加基本公共服务供给

### 一、加大中央转移支付水平，提高西南地区财力

国家从 2006 年首次提出基本公共服务均等化概念以来，加大了对西部地区转移支付的力度，不断完善公共财政制度，加强民生财政支出。

2007—2011 年，基本公共服务支出累计达 12. 7 万亿元，基本公共服务体系初步形成，年均增长幅度为 26. 7%。如图 14-1 所示，自 2012 年以来，国家加大了基本公共服务领域财政资金投入，民生性财政资金占财政支出比重从

2012 年 34.75%提高到 2019 年 35.97%，虽然有所提高，但是提高的幅度较小。

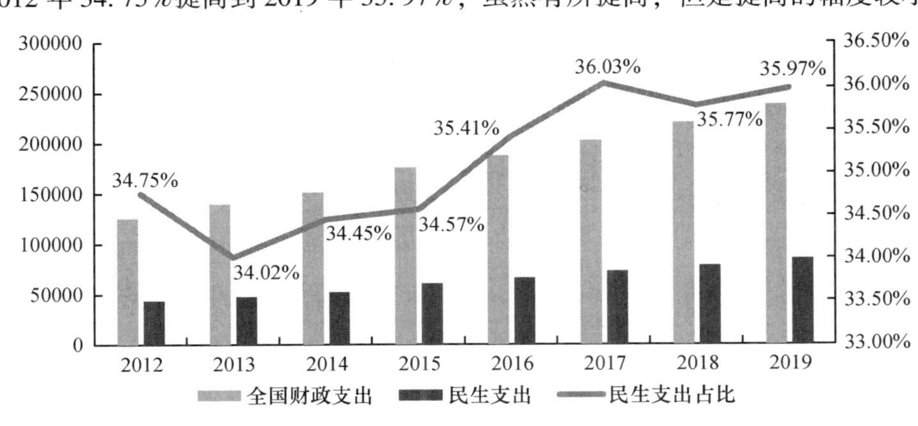


图 14-1　2012—2019 年民生性财政支出变化情况①

数据来源：2013—2020 年中国统计年鉴（7-5 页、7-6 页、9-5 页和 9-6 页，中国统计出版社）。

研究显示西南地区基本公共服务各项指标（除失业率）都低于全国水平，与东部地区的差距更为显著，说明十几年的努力取得了一些成效，但还没有真正实现“基本公共服务均等化总体实现目标”。要实现这一目标，必须要补齐短板。

党的十八大指出，基本公共服务均等化要以政府为主导，提供基本公共服务是政府的基本职能。西南地区由于经济基础薄弱，财政能力有限，需要中央给予更大的支持，确保西南地区财政能力，推动西南地区基本公共服务均等化的实现。

如图 14-2 所示，西南地区四省市获得的转移支付不断增加，2019 年，四川省获得的转移支付最多，高达 6 279 亿元，位列第一，最少的是重庆市，只有 2 712.75 亿元；可以看出中央给予了西南地区很大的支持，在很大程度上给予了西南地区实现基本公共服务均等化的财力保障，但是与西南地区需要的资金相比，还是有缺口。

如图 14-3 所示，西南地区各省市对转移支付都有极高的依赖率，2019 年

① 民生性财政支出包括基本公共服务“十三五”规划九个子项目涉及的教育、医疗卫生、文化体育与传媒、社保就业四项。

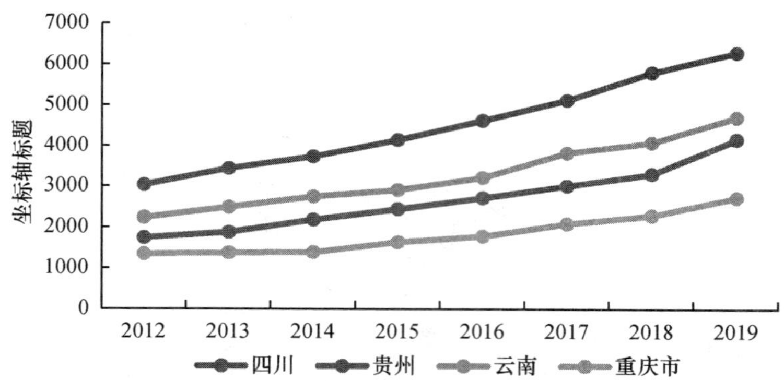


图 14-2　2012—2019 年中央对西南地区四省转移支付

数据来源：2013—2020 年中国统计年鉴（7-5 页、7-6 页、9-5 页和 9-6 页，中国统计出版社）。

西南地区除重庆市以外转移支付依赖率都高于 60%，其中贵州一直较高，最高时达到 70%，重庆市最低，只有 56%，各省市转移支付依赖率都在上升。

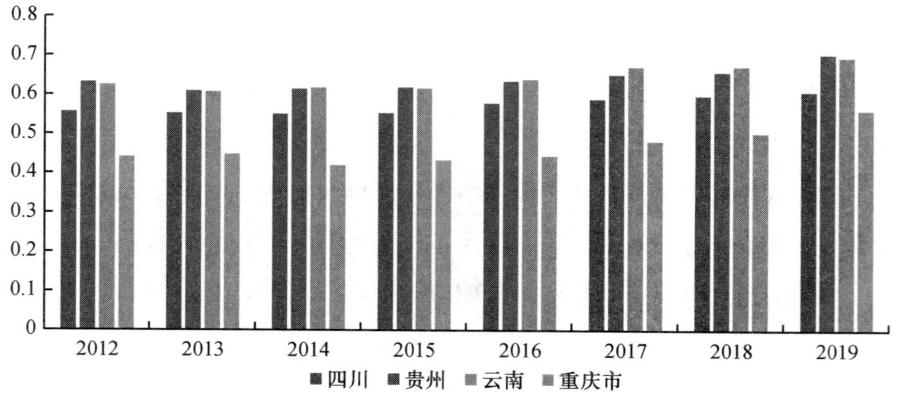


图 14-3　2012—2019 西南地区四省转移支付依赖率

数据来源：通过 2013—2020 年中国统计年鉴（7-5 页、7-6 页、9-5 页和 9-6 页，中国统计出版社）计算得出。

在西南地区，转移支付政策在实现基本公共服务均等化过程中扮演了重要角色。基本公共服务均等化的前提是财政均等化，所以要进一步完善转移支付政策，继续加强对西南地区转移支付。

## 二、加强转移支付作用

1. 加强均衡性转移支付作用

目前一般性转移支付计算方法是根据人均标准，没有考虑人口结构、收入结构、职业结构等影响因素，也没有考虑既有服务水平的差异以及提供服务的成本差异。前面调研分析显示，人口结构、学历结构、收入结构等因素都会影响公众对基本公共服务的需求偏好，进而影响地方政府基本公共服务需求，所以应该考虑调整一般转移支付计算方法，结合支出成本差异、人口差异、收入差异，以及现有服务水平等因素，确定转移支付标准，并纳入常态化的一般转移支付项目中。

2. 灵活使用专项转移支付

对于特定的基本公共服务项目，在初始建设期内可以采用专项拨款方式，发挥专项转移支付功能，同时由于专项转移支付的不确定性，不利于实现均等化目标，需要优化转移支付结构，减少专项转移支付占比，同时对专项转移支付进行标准化管理，如拨款进度、绩效评估等。

3. 重视对口支援，健全横向转移支付

对口支援是我国卓有成效一项制度创新，对于落后地区经济社会发展起到了重要作用，要充分发挥对口支援在基本公共服务均等化实践中的作用，完善横向转移支付制度，根据“共担、共享、共赢”的原则，确定合理的横向转移支付标准，引入激励机制。横向转移支付方式可以是资金，也可以是人力、物力、资源。

4. 健全生态补偿机制

西南地区处于长江上游，很多地区属于生态保护区，限制开发地区，为东部地区生态保护作出了贡献和牺牲，应建立健全生态补偿机制，完善横向转移支付制度，提高西南地区财力均等化水平。

## 第二节 优化西南地区财政支出结构，提高公众获得感、满意度

通过前面ISA分析结果，基本公共服务供给需求匹配情况不同，有的属于高水平均衡状态，应该继续保持，有的属于低水平均衡状态，需要提高服务质量，有的基本公共服务属于供给不足，应该加大财政投入，有的基本公共服务属于供给过度，应该适当控制财政投入。

### 一、加强医疗卫生投入，不断提高医疗卫生服务水平

“现代化最重要的指标还是人民健康，这是人民幸福生活的基础。把这件事抓牢，人民至上、生命至上应该是全党全社会必须牢牢树立的一个理念。”2021年3月23日，习近平总书记在福建考察时指出。医疗卫生在各年供给排序中都居于前列，在ISA模型里属于第Ⅳ象限，即政策优先解决领域，所以在财政支出中应该优先考虑加强医疗卫生投入。2020年的新冠肺炎疫情使人民群众对医疗卫生需求更加强烈，供需矛盾更加突出。政府要借助这次疫情，补足短板。

党的十八大以来，以习近平同志为核心的党中央把维护人民健康摆在更加突出的位置，召开全国卫生与健康大会，确立新时代卫生与健康工作方针，印发《“健康中国2030”规划纲要》，人民健康状况和基本医疗卫生服务的公平性、可及性持续改善。2021年7月国家发展改革委等四部委印发《“十四五”优质高效医疗卫生服务体系建设实施方案》提出，到2025年，基本建成体系完整、布局合理、分工明确、功能互补、密切协作、运行高效、富有韧性的优质高效整合型医疗卫生服务体系。在抗击新冠肺炎疫情的斗争中，我国的医药卫生体系经受住了考验，为打赢疫情防控阻击战发挥了重要作用，为维护人民生命安全和身体健康、恢复经济社会发展作出了重要贡献。

我们要继续深化医疗卫生体制改革，加快建立优质高效、以人为本的整合

型医疗卫生服务体系。明确三个坚持——坚持以政府为主导，坚持以公益性为主导，坚持公立医院为主导。突出三个重点——保基本强基层建机制；公立医院高质量发展；服务体系整合融合。

首先，加大改革或重塑我国公共卫生基础设施的建设。要重视重大疾病防治体系的建立，加大对基本公共卫生基础设施的储备和投入，且各级物资储备要形成标准，应急物资调配要及时且系统，要建立一个完善的“上到天、横到边、纵到底”的重大疾病防控体系。所谓“上到天”指的是能够有直接向国家领导人汇报重大疾病的信息汇报机制，特别是对于突发疫情的防控机制。“横到边”是要从各大地区医院卫生防控一直到社区卫生防控，乃至家家户户都要有一套规范标准的疾病防控手册，做到人人防控为人人。“纵到底”是建立国家省市县乡村六级的公共卫生体系，相当于当年的计划生育体系。同时利用互联网、大数据等技术，缩小地区间医疗服务差距，大力开展网络医疗，网络会诊，使优质医疗服务可以惠及更多地区和人群。

其次，深化医药卫生体制改革。探索医改这一世界性难题的中国解决方案。着力推进基本医疗卫生制度改革，努力在分级诊疗制度、现代医院管理制度、全民医保制度、药品供应保障制度、综合监管制度 5 项基本医疗卫生制度上取得突破。推广三明医改经验，深化医疗服务价格改革，加强医保支付方式改革。建立分级诊疗制度，促进优质医疗资源均衡布局，补齐服务短板，推进医疗联合体建设。

再次，推进公立医院高质量发展。开展公立医院网络，临床重点专科群，高质量人才队伍，“三位一体”智慧医院四个重点建设行动，推进医疗质量，患者体验，医院管理，临床科研四个能力提升工程。

最后，加强卫生防疫工作。着力完善公共卫生应急管理体系，强化公共卫生法治保障，改革完善疾病预防控制体系，重大疫情防控救治体系，健全统一的应急物资保障体系，提高应对突发重大公共卫生事件的能力和水平。

## 二、发展经济，提供更多就业机会，加强就业创业服务

就业是民生之本，发展之基。就业创业是人民群众安身立命的基础，2015

年、2017 年调查结果对就业供给排序都比较靠后，在 ISA 模型中，就业属于双低象限，属于低水平平衡，在 2019 年调查结果中，人们对就业创业重视程度大幅提高，主要原因是 2018 年金融危机对经济的冲击。2020 年新冠肺炎疫情对经济产生了重大影响，在相当长一段时间里，就业创业的需求都会很高。政府需要大力发展经济，加强就业创业服务，提供更高质量的就业创业服务。

2021 年中央经济工作会议上提出，要在推动高质量发展中强化就业优先导向，提高经济增长的就业带动力。会议要求“明年经济工作要稳字当头、稳中求进”，继续做好“六稳”“六保”工作，稳就业正是其中之一。会议要求解决好高校毕业生等青年就业问题，健全灵活就业劳动用工和社会保障政策。

要做好就业创业服务，首先要稳住经济发展的大盘，经济发展是解决就业的根本之道。随着我国经济结构持续优化，产业转型升级加速，战略性新兴产业发展向好，释放了更多高质量就业机会，同时数字经济、共享经济蓬勃发展，形成了拉动就业的新动能。

其次要将各项就业政策切实落实到位。就业优先政策自实施以来，财政政策和货币政策都将就业放在优先地位，2022 年大学生毕业人数或将首次突破 1 000 万人，要加强重点群体的就业帮扶，强化对未就业毕业生、长期失业青年、农民工、脱贫劳动力等的就业帮扶，加强对就业困难群体的就业援助；优化就业服务，加强人力资源服务市场建设。加强统计监测工作，加强对就业形势的分析研判。

最后，稳就业的核心是稳市场主体。中小微企业是就业主要岗位提供者，受疫情影响，就业形势仍然面临一定挑战。新的减税降费政策有助于加大对中小微企业扶持力度，提高市场主体信心，助力发挥各种就业形态在就业方面的作用。

## 三、保持公共教育投入，不断提高教育质量

基本公共教育事关千秋万代，是公众基本权利，也是解决贫困，发展经济的基本条件。中华人民共和国成立以来，国家在基本教育领域投入大量资金，取得了显著成效，在几年的调查结果中，都显示公共教育在双高象限，说明公

共教育得到了公众的肯定，应该继续保持，从第二篇研究结果可知，供给视角各省基本公共教育的泰尔指数比较低，公共教育均等化程度较高。但从需求视角看，城市基本公共教育满意度的泰尔指数却排在第一，而且主观满意度的差异性大于客观供给差异性。说明基本公共教育服务供给的数量并不是影响基本公共教育服务获得感、满意度的唯一因素，供给质量的差异是导致城市基本公共教育服务满意度差异性大的根本原因。九年义务教育只能解决基本标准的教育服务需求，不能满足个性化、多元化、差异化的公共教育服务需求，需要根据各地具体情况，创造性地提高基本公共教育服务质量，缩小各地义务教育质量差距。

面对“十四五”期间和到 2035 年建设高质量教育体系的目标要求，义务教育发展到了加快推进优质均衡的重要阶段。2021 年 11 月，教育部办公厅印发了《关于开展县域义务教育优质均衡创建工作的通知》（以下简称《通知》），《通知》指出要坚持优先保障，政府主责，内涵发展，改革创新，以促进基本公共教育服务均等化为基本方向，以加强内涵建设，全面提高教育质量为中心任务，聚焦人民群众所急所需所盼，大力深化综合改革，加快缩小县域内义务教育校际差距，推动义务教育从基本均衡向优质均衡迈进。①

义务教育质量差距不仅是硬件水平差距，更是软件水平差距。在不断完善各学校的办学条件基础上，全面促进专业教师队伍专业成长和素质提高，各地尝试的名校校长轮岗制、重点学校教师轮岗制，以及重点学校办分校等方式都能在一定程度上缩小义务教育的差距。同时网络教育也为落后地区教学水平的提高提供了一定的支持。

## 四、大力发展残疾人事业，提高残疾人服务水平

残疾人服务是基本公共服务重要组成部分，但是长期以来对残疾人服务的重视程度严重不足。研究显示残疾人服务处于第Ⅳ象限（高重要–低满意），是

① 中华人民共和国中央政府官网 http://www.gov.cn/zhengce/zhengceku/2021-12/02/content_5655396.htm.

政策优先解决的象限，研究过程中，我们发现残疾人服务的数据严重缺失，在以往的研究中，对残疾人服务均等化的成果也很少。所以需要大力发展残疾人事业，提高残疾人服务水平。加强符合残疾人需要的基本公共设施，加强标准化建设，和国际接轨，优化服务环境和服务质量。加强监督，加大统计力度，为残疾人事业发展提供决策依据。科学决策，严格落实，切实提高残疾人公共服务水平。

## 第三节 完善制度化、多元化公共需求表达机制

党的十九届六中全会决议指出，人民对美好生活的向往就是我们的奋斗目标，增进民生福祉是我们坚持立党为公，执政为民的本质要求。以习近平同志为核心的党中央坚持以人民为中心的发展思想，让人民群众的获得感、幸福感、安全感更加充实、更有保障、更可持续。过去对基本公共服务均等化的研究主要是从供给视角，从财政支出水平的均等化或基本公共服务供给结果的均等化开展研究。可是政府供给的基本公共服务的差异性和公众主观感受的差异性是否一致，需要进一步研究。本研究显示，主观感受的差异性大于客观供给的差异性，而且供给视角客观供给差异性与主观感受差异性不完全一致。研究显示良好的政民互动能有效提高公众满意度，政府效能、社会效能、个人效能都能显著影响各项基本公共服务满意度，其中社会效能相关系数最高，影响力最大，政府效能其次，个人效能最小。

基本公共服务最终是服务于公众，是否符合公众需求，是影响公众获得感、满意度的关键。因此需要建立制度化、多元化的公共需求表达机制。

首先是提高政府效能。全面推动政务公开工作，打造阳光透明服务政府。目前我国政府公开工作已取得显著成效，但也存在一些显著问题。包括政务公开的推动存在信息内容、公开方式等的不均衡；公开工作缺乏稳定性、连续性，公开工作缺乏机制建立，民众的信息需求得不到满足，同时民众意见得不到有效反馈，造成信息不对称等现象的发生。要打造高效透明的政府信息公开制度，加强政务公开的培训工作，及时、准确、完整地进行信息披露，同时也

要明确政务公开的责任分工和问责机制，强化责任主体等。当然，责任机制的设置重在落实，“天下之事，不难于立法，而难于法之必行。”意见和建议都需要配套设施加以落实，需要刚性规则、责任机制作为后盾，需要复议、诉讼机制确保实现。充分利用网络资源，打造云上政务平台，建设阳光政府。建立听证会制度，参与式预算制度，让老百姓有更多渠道参政议政。

其次是提高社会效能。加强各个社会团体，组织、协会作用，充分表达各方意见。充分利用网络、媒体表达民众诉求。政府要对网络民意及时作出反馈。整合各种服务热线，市长邮箱等意见反馈渠道，规范办事流程，落实责任。政府要提高大数据时代对数据的整合能力，精准识别公众公共服务需求，及时作出反馈。同时注意避免“会哭的孩子有奶吃”的现象，注意利用大数据研究公共服务需求的变化趋势，提高决策水平。公众要加强参政议政意识，积极参与公共事务。

最后是提高个人效能。公众要增强公民意识，加强参政议政意识，积极参与公共事务。充分利用各种渠道表达意见和诉求，热心公益事业，改变个人是公共服务的消费者、需求者的思想，树立公民同时也是公共服务的提供者、参与者的思想。加强社区公民参与基本公共服务供给的实践探索。

## 第四节　注重基本公共服务供给绩效评估

2018 年中共中央、国务院发布了《关于全面实施预算绩效管理的意见》，2020 年财政部印发《项目支出绩效评价管理办法》（以下简称《办法》）。对财政支出的绩效评估越来越重视，也越来越规范化，长效化。《办法》指出绩效评价分为单位自评、部门评价和财政评价三种方式。① 财政和部门评价的方法主要包括成本效益分析法、比较法、因素分析法、最低成本法、公众评判法、标杆管理法等。各单位在评估时也会引入第三方评估机构，以保证评估的公开性和客观性。

但是总体来说，对基本公共服务供给绩效评估仍然存在以下问题：一是重

① 资料来源：http://czt.gd.gov.cn/jxglxxgk/content/post_2929741.html.

视微观项目评估，忽视宏观评价；二是重视项目执行过程评估，忽视项目执行结果评价；三是重视执行结果的客观指标评估，忽视执行结果主观评价；四是第三方机构不发达。

第一，应该加强“需求导向”的绩效管理体系建设。增强政府“公共服务意愿”，把“以人为本，为民服务”内化为基本行为准则。政府绩效不是自我评价，而是老百姓的评价，供给绩效评价过程，就是供需平衡的动态调整过程，偏离社会需求的政府绩效评价是没有意义的。制定科学的绩效评价体系和绩效评价指标是关键。在这方面广东省做了有意义的探索。只有让公众参与到绩效评价中，让公众表达真实的需求，才能为各项工作指明正确的方向。

第二，不仅要重视微观项目绩效评估，也要重视财政支出宏观评价，对财政支出绩效评价首先应该是在公共物品和私人物品间分配的评价，其次是在财政支出结构上的评价，最后才是具体支出项目的绩效评价。应该要在财政支出结构上建立长效化、规范化的绩效评估体系，只有建立在财政支出结构合理化基础上的项目绩效评价才是有价值的。

第三，要提高公众评价指标在供给绩效评价中的权重。政府绩效评价不仅包括职能性指标、效能性指标，还应该有公众评价指标。公众评价指标在具体实施时需要有严格的抽样程序，避免该指标评价过程中出现人为控制，影响评价结果。要将客观评价和主观评价相结合，切实实现基本公共服务供需平衡。

第四，要大力发展第三方机构，独立进行政府绩效评价，避免政府既是运动员，又是裁判员的情况，使绩效评价客观公正。由社会科学文献出版社联合社会科学院等机构，从 2011 年开始发布第一本基本公共服务蓝皮书，至今已连续发布 9 年，蓝皮书对全国 38 个主要城市基本公共服务满意度进行调查。但是这样的调查结果也仅仅作为学术研究的基础，或媒体报道的对象。未来政府应该将此类调查范围扩大化、长效化，并把调查结果纳入政府绩效评价体系，使调查结果真正影响政府决策，影响基本公共服务的供给。

第五，加强对绩效考核结果的应用。利用激励约束机制，引导各级地方政府重视基本公共服务的供给，在公共服务上展开竞赛，同时加强问责机制，把政府内部问责，与人大问责、政协问责、司法问责和社会舆论问责结合起来。

## 第五节　加强基本公共服务需求管理，做好基本公共服务标准化体系建设

供给的增加会带来更多的需求，需求是永远无法满足的，供需平衡的另一个思路是需求管理。一直以来，在基本公共服务均等化问题上，人们习惯于从“供给”的角度思考问题，聚焦于如何增加供给数量，提高供给质量，以达到“供求”平衡。这个思路对于不断提高公共服务水平，实现基本公共服务均等化起到了很大作用。但是正如前文分析所示，公共服务需求的调节不能通过价格调节，价格机制在公共服务领域存在失效的短板，基本公共服务领域的供需平衡需要不同的调节手段。

资源的稀缺性是人类社会面临的永恒难题，人的欲望是无限的，资源是有限的，在私人物品领域可以通过价格调节需求，但公共物品领域无法通过价格来调节需求。供需平衡可以是不断增加供给满足需求的过程，也可以表现为供给一定，减少需求达到供需的动态平衡。比如一个城市的交通，不可能通过无限度地增加供给量来满足出行需求，这时对需求进行管理就十分重要，其主要思路是鼓励人们通过改变出行方式减少道路交通量，从而实现交通环境的高效、有序。

2018 年中共中央办公厅、国务院办公厅印发《关于建立健全基本公共服务标准体系的指导意见》，提出了 2025 年全面建立基本公共服务指标体系，2035 年基本公共服务均等化阶段性目标基本实现的要求。该文件从侧面指出了基本公共服务的需求管理的方向，通过基本公共服务标准体系、实施标准体系的建设，利用标准体系建设实现基本公共服务的需求管理，从一个新的方向实现基本公共服务均等化。2021 年 4 月《国家基本公共服务标准（2021 年版）》（以下简称《标准》）对外公布，明确了现阶段国家提供基本公共服务项目的基础标准。《标准》成为各级政府履行基本公共服务职责和人民享有相应权利的重要依据，是以标准化推动基本公共服务均等化的重要举措。《标准》明确了现阶段各级政府必须予以保障的基本公共服务项目范围和底线标准，可以让地方

政府对现阶段保障基本民生“重点要保什么”“保到什么程度”做到心中有数。《标准》包含了九个大项22个小项的服务对象、服务内容、服务标准和支出责任，同时明确了牵头负责单位，使基本公共服务均等化有法可依。

由图14-4可知，首先是基本公共服务“基准指标”标准的建设，提供了各地基本公共服务的“底线”标准，是各级政府需要完成的指定动作，基本公共服务是公共服务中满足人民最基本公共需求的公共服务，是公共服务中外溢性最大、公共性最强，“纯度”最高的公共服务，标准的建设可以保证纯公共物品政府供给的要求被实现，可以更好地实现基本公共服务均等化。标准的制定实施并不影响各地根据公众的需求，提供差异化的公共服务，各地可以根据需求情况和财力情况，提供差异化、个性化的公共服务，提高公众的获得感、满意度。

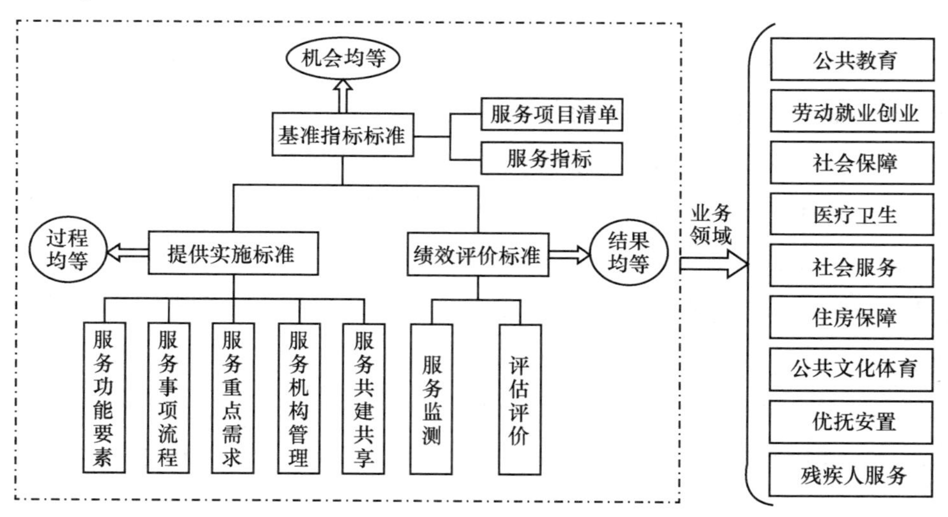


图14-4　基本公共服务标准体系总体框架图

资料来源：马晓鸥. 关于建立健全基本公共服务标准体系的思考［J］. 标准科学，2020，2（88）

其次，基本公共服务实施标准的确定可以保障财力弱的地区实现符合标准的基本公共服务，可以明确中央和地方的支付责任。对公共需求的管理主要是基于预算约束，西南地区政府财政收入低，预算压力大，如果基于本地区的预算收入确定基本公共服务标准，势必无法满足基本公共服务均等化的要求，通过支出责任的划分，以及实施标准的确定，可以突破本地预算约束，提高服务标准，更好满足落后地区基本公共服务的满足感和获得感，减少和发达地区的差距。

最后，通过绩效评价标准的制定，可以促进政府关注公众的评价，及时了解公众需求，不断优化各项政策，使有限的财政资金用在刀刃上，不断提高基本公共服务绩效，实现以需求为导向的基本公共服务的供给，最大程度实现基本公共服务均等化要求。

# 参考文献


[1] 马国贤. 基本公共服务均等化的公共财政政策研究 [J]. 财政研究, 2007 (10): 74-77.

[2] 于海洋. 民族地区基本公共服务均等化的多元解读 [J]. 中央民族大学学报 (哲学社会科学版), 2013, 40 (3): 5-11.

[3] 王大伟, 宣卫红, 马颖忆, 等. 供需平衡视角下城市公共服务设施优化布局方法研究 [J]. 合肥工业大学学报 (自然科学版), 2019, 42 (6): 848-855.

[4] 王丛虎. 政府有效提供公共服务的路径探析 [J]. 人民论坛, 2019 (34): 71-73.

[5] 王欣, 吴江. 公共就业服务的供需一致性研究——基于供求双方视角的分析 [J]. 人口与经济, 2013 (2): 92-99.

[6] 王金营, 李庄园, 谢秋实. 公共服务全面提升: 集中连片特困地区反贫困之固本大计 [J]. 河北学刊, 2019, 39 (3): 128-134.

[7] 王燕平. 克服经济学的哲学贫困: 阿玛蒂亚·森的经济思想研究 [M]. 北京: 中国经济出版社, 2006.

[8] 白晨. 包容性发展视域下新时代中国基本公共服务均等化理论分析

[J]. 教学与研究, 2020 (3): 46-53.

[9] 龙立军, 杨昌儒. 西部多民族地区基本公共服务均等化影响因素——以贵州民族地区调查数据为例 [J]. 社会科学家, 2018 (11): 58-62.

[10] 宁靓, 赵立波, 张卓群. 大数据驱动下的公共服务供需匹配研究——基于精准管理视角 [J]. 上海行政学院学报, 2019, 20 (5): 35-44.

[11] 安体富, 任强. 公共服务均等化: 理论、问题与对策 [J]. 财贸经济, 2007 (8): 48-53, 129.

[12] 刘传明, 张春梅, 任启龙, 宋佳, 沈茜. 基本公共服务与经济发展互动耦合机制及时空特征——以江苏省13城市为例 [J]. 经济地理, 2019, 39 (4): 26-33.

[13] 刘宏亮, 邱丽. 基于供需协同的农村体育公共服务多元供给框架研究 [J]. 天津体育学院学报, 2019, 34 (6): 479-485.

[14] 刘尚希, 杨元杰, 张洵. 基本公共服务均等化与公共财政制度 [J]. 经济研究参考, 2008 (40): 2-9, 48.

[15] 吕炜, 周佳音. 国家治理视域下的公共服务供给——现实定位与路径创新 [J]. 财经问题研究, 2018 (3): 78-86.

[16] 吉富星, 鲍曙光. 中国式财政分权、转移支付体系与基本公共服务均等化 [J]. 中国软科学, 2019 (12): 170-177.

[17] 江明融. 公共产品视角下的我国税权治理机制研究 [J]. 中央财经大学学报, 2006 (9): 6-10.

[18] 朱云飞, 赵宁. 城乡基本公共服务均等化的省域布局及财政对策 [J]. 税收经济研究, 2020, 25 (1): 88-95.

[19] 陈昌盛, 蔡跃洲. 中国政府公共服务: 体制变迁与地区综合评估 [M]. 北京: 中国社会科学出版社, 2007.

[20] 陈振明. 地方公共服务中的公民参与——中国与加拿大城市的案例研究及比较分析 [J]. 厦门大学学报 (哲学社会科学版), 2014 (6): 117-126.

[21] 李少惠, 张玉强. 文化多样性、经济增长对公共文化服务均等化的影响——基于空间计量模型的实证检验 [J]. 图书馆学研究, 2020 (1): 33-41.

[22] 李振海，任宗哲．西部地区基本公共服务均等化：现状、制度设计和路径选择［J］．西北大学学报（哲学社会科学版），2011，41（1）：5-9.

[23] 吴珣，张国清，李佳川．新公共服务视角下湖南高校体育公共服务供需平衡的实现路径［J］．湖北体育科技，2020，39（6）：546-549.

[24] 辛方坤．中国地方政府公共服务供给状态实证研究［J］．商业时代，2014（6）：115-118.

[25] 杨帆，兰昊骋．四川藏区基本公共服务对减贫的影响作用分析［J］．四川农业大学学报，2016，34（1）：115-120.

[26] 杨志安，邱国庆．财政政策对区域公共服务均等化的影响效应、作用机理及调控路径［J］．当代经济管理，2018，40（2）：72-78.

[27] 杨迎亚，汪为．城乡基本公共服务均等化的减贫效应研究［J］．华中科技大学学报（社会科学版），2020，34（2）：75-82，140.

[28] 杨远根．城乡基本公共服务均等化与乡村振兴研究［J］．东岳论丛，2020，41（3）：37-49.

[29] 杨波．论基本公共服务均等化的演进特征与变迁逻辑——基于2006—2018年政策文本分析［J］．西南民族大学学报（人文社科版），2019，40（5）：196-202.

[30] 余信，余佳．城镇化进程中的城乡基本公共服务均等化——基于供需视角的分析框架及其路径选择［J］．华东师范大学学报（哲学社会科学版），2014，46（1）：101-106，154-155.

[31] 余梦秋，陈悦之．统筹城乡背景下基本公共服务均等化实现机制研究——以四川省为例［J］．农村经济，2017（3）：20-25.

[32] 张文秀．供需平衡视角下旅游公共服务体系感知评价研究——以新疆-北疆地区为例［J］．贵州商业高等专科学校学报，2015，28（3）：41-47.

[33] 张文秀．新疆旅游公共服务体系游客感知评价研究——来自供需平衡视角下的调研统计分析［J］．新疆农垦经济，2015（3）：52-58.

[34] 张立荣，冉鹏程，汪榆淇．政府购买社会公共服务的供需失衡及精准匹配——以利川市公共服务改革为考察对象［J］．河南师范大学学报（哲学社会科学版），2020，47（2）：15-21.

［35］张馨．税收公共化：税收原则体系的转型［J］．涉外税务，2004（6）：19-26．

［36］孟春，陈昌盛，王婉飞．在结构性改革中优化公共服务［J］．国家行政学院学报，2004（4）：21-25．

［37］岳经纶，方珂，蒋卓余．福利分层：社会政策视野下的中国收入不平等［J］．社会科学研究，2020（1）：115-124．

［38］赵红丽．西部民族地区公共服务供给机制：民族的作用分析［J］．商，2015（28）：61．

［39］赵崇爱．公共服务均等化的实现路径——以神木医改为例［J］．宏观经济管理，2019（12）：66-70．

［40］赵楠，成艾华．财政转移支付在民族地区公共服务均等化中的效应及改进措施研究［J］．西南民族大学学报（人文社科版），2010，31（10）：145-149．

［41］高培勇．究竟什么是公共财政？［J］．经济，2004（12）：61．

［42］郭小聪，代凯．供需结构失衡：基本公共服务均等化进程中的突出问题［J］．中山大学学报（社会科学版），2012，52（4）：140-147．

［43］贾康，刘微．注重民生　优化结构　创新制度　促进发展——回顾公共财政的转型之路迎接党的十七大召开［J］．铜陵学院学报，2007（5）：3-7．

［44］倪红日，张亮．基本公共服务均等化与财政管理体制改革研究［J］．管理世界，2012（9）：7-18，60．

［45］唐钧．社会保障：可持续、求适度和行得通［J］．公共管理高层论坛，2006（1）：257-267．

［46］翁士洪．改革开放40年中国公共服务供给的制度变迁［J］．云南大学学报（社会科学版），2019，18（3）：102-109．

［47］徐双敏，宋元武．当前农村公共文化服务供需契合状况实证研究［J］．学习与实践，2015（5）：67-75．

［48］徐盈之，赵永平．新型城镇化、地方财政能力与公共服务供给［J］．吉林大学社会科学学报，2015，55（5）：24-35，171-172．

[49] 袁锐. 农村公共文化服务的供需失衡难题何解 [J]. 人民论坛, 2019 (14): 138-139.

[50] 曹爱军. 当代中国公共服务的话语逻辑与概念阐释 [J]. 吉首大学学报 (社会科学版), 2019, 40 (2): 55-62.

[51] 崔登峰, 朱金鹤. 西部边疆民族地区城乡居民基本公共服务满意度研究——基于新疆地区问卷调研数据 [J]. 新疆农垦经济, 2013 (12): 40-49.

[52] 康健, 姜晓萍. 基本公共服务均等化实现程度: 评价要素与维度 [J]. 上海行政学院学报, 2020, 21 (2): 28-34.

[53] 梁向东, 梁朋. 推进基本公共服务均等化　实现经济社会协调发展 [J]. 中国党政干部论坛, 2019 (9): 66-70.

[54] 梁波. 加快推进基本公共服务均等化的改革举措 [J]. 理论探讨, 2018 (4): 34-40.

[55] 程宇. 公共服务供需均衡的制度变迁范式 [J]. 四川行政学院学报, 2006 (5): 8-11.

[56] 储伊力, 储节旺, 毕煌. 公共图书馆服务如何实现有效供给——基于供需协调视角 [J]. 图书馆理论与实践, 2019 (11): 1-6, 11.

[57] 傅才武, 刘倩. 农村公共文化服务供需失衡背后的体制溯源——以文化惠民工程为中心的调查 [J]. 山东大学学报 (哲学社会科学版), 2020 (1): 47-59.

[58] 韩清颖, 孙涛. 政府购买公共服务有效性及其影响因素研究——基于153个政府购买公共服务案例的探索 [J]. 公共管理学报, 2019, 16 (3): 62-72, 171.

[59] 蒋莉莉. 西南地区小城镇公共服务供需问题研究 [J]. 贵州社会科学, 2018 (8): 128-134.

[60] 谢舜, 罗吉. 农村公共服务供需均衡中的"互联网+社会组织"研究 [J]. 广西大学学报 (哲学社会科学版), 2019, 41 (5): 102-111.

[61] 楼继伟. 完善转移支付制度　推进基本公共服务均等化 [J]. 中国财政, 2006 (3): 6-8.

[62] 缪小林, 张蓉, 于洋航. 基本公共服务均等化治理: 从"缩小地区

间财力差距”到“提升人民群众获得感”［J］. 中国行政管理，2020（2）：67-71.

［63］廖福崇. 公共服务质量与公民获得感——基于 CFPS 面板数据的统计分析［J］. 重庆社会科学，2020（2）：115-128.

［64］裴育，贾邵猛. 高质量发展与基本公共服务供给趋势分析［J］. 审计与经济研究，2020，35（1）：9-11.

［65］熊兴，余兴厚，王宇昕. 基本公共服务与县域经济发展关系研究——来自三峡库区重庆段区县的例证［J］. 西部论坛，2019，29（6）：110-121.

［66］熊若愚，吴俊培. 政府提供公共服务受到了资源诅咒吗［J］. 财贸经济，2020，41（6）：19-34.

［67］樊立惠，蔺雪芹，王岱. 北京市公共服务设施供需协调发展的时空演化特征——以教育医疗设施为例［J］. 人文地理，2015，30（1）：90-97.

［68］樊丽明，石绍宾. 区域内城乡基本公共服务均等化进程及实现机制分析——基于山东省 3 市 6 区县调查的经济学思考［J］. 财政研究，2009（4）：31-34.

［69］樊丽明，郭健. 城乡基本公共服务均等化的国际比较：进程与经验［J］. 中央财经大学学报，2012（7）：1-8.

［70］樊继达. 以新发展理念引领城乡基本公共服务均等化［J］. 中国党政干部论坛，2019（5）：34-37.

［71］魏福成. 基本公共服务最优供给规模、供给不足及原因分析［J］. 华中师范大学学报（人文社会科学版），2020，59（3）：65-75.

［72］［英］亚当·斯密. 国富论［M］. 长沙：中南大学出版社，2004.

［73］Buchanan J M. Federalism and fiscal equity［J］. The American Economic Review，1950，40（4）：583-599.

［74］Elinor “Lin” Ostrom：Governing the commons：the evolution of institutions for collective action. Cambridge University Press，1990.

［75］Julia Le Grand. Equality and Choice in Public Services. 2006，73（2）：695-710.

［76］Robert B. Denhardt Janet Vinzant Denhardt，The New Public Service：

Serving Rather than Steering, Public Administration Review, 2000.

[77] Zhang Minmin, Hu Yu. The Sense of Gain From the Perspective of Psychology [C]. Proceedings of the 2020 4th International Seminar on Education, Management and Social Sciences (ISEMSS 2020).

# 附录一 2015年西南地区基本公共服务满意度调查问卷

## 基本公共服务满意度调查问卷

尊敬的先生/女士：

您好：我是贵州大学经济学院学生，现在正在进行一个课题的问卷调查，感谢您能认真填写，所有填写内容我们都将予以保密，并且仅限于研究分析之用。

贵州大学经济学院

调查员：____________________ 调查时间：____________________

调查地点：________省________市________县（区）______乡镇（街道）________村

是否是民族地区：（是/否） 是否城镇：（是/否）

**A. 甄别问题（这部分问题是甄别性问题，如果被访者不符合条件，请终止访问）**

A1. 请问您在本地区居住多久了？（累计时间）

［1］不到 1 年（终止访问）　　［2］1~3 年（含 1 年）

［3］3~5 年（含 3 年）　　［4］5 年以上

A2. 您的年龄是？

［1］20 岁以下（终止访问）　　［2］20~29 岁

［3］30~39 岁　　［4］40~49 岁

［5］50~59 岁　　［6］60 岁及以上

**B. 背景资料**

下面是关于您的一些个人信息，仅供资料分析。我们会对您的个人信息进行保密

B1. 您的性别：

［1］男　　［2］女

B2. 您的民族：

［1］汉族　　［2］其他

B3. 您的户口性质：

［1］农业户口　　［2］城镇户口

B4. 您的最高学历：

［1］初中及以下　　［2］高中

［3］大专　　［4］本科

［5］研究生及以上

B5. 您的单位性质：

［1］国家行政机关　　［2］事业单位

［3］国有企业　　［4］私营企业

［5］外资企业或合资企业　　［6］其他

B6. 您当前个人的月收入为：

［1］2 000 元以下　　［2］2 001~4 000 元

［3］4 001~6 000 元　　［4］6 001~8 000 元

［5］8 001~10 000 元　　［6］10 001 元及以上

**C. 公共教育服务**

C1. 您对本地区当前义务教育的普及程度是否满意：

［1］非常不满意　　　　［2］不满意
［3］一般　　　　［4］满意
［5］非常满意

C2. 您认为本地区义务教育阶段的师资水平如何：

［1］非常不好　　　　［2］不好
［3］一般　　　　［4］好
［5］非常好

C3. 您认为本地区义务教育阶段教学硬件条件如何：

［1］非常不好　　　　［2］不好
［3］一般　　　　［4］好
［5］非常好

C4. 您认为本地区教育资源配置公平性如何：

［1］非常不好　　　　［2］不好
［3］一般　　　　［4］好
［5］非常好

C5. 您认为本地区孩子上学便利性如何：

［1］非常不好　　　　［2］不好
［3］一般　　　　［4］好
［5］非常好

C6. 请您对本地区的基础教育情况进行整体评价：

［1］非常不满意　　　　［2］不满意
［3］一般　　　　［4］满意
［5］非常满意

**D. 医疗卫生**

D1. 您认为本地区的医疗卫生机构收费标准如何：

［1］非常不满意　　　　［2］不满意
［3］一般　　　　［4］满意
［5］非常满意

D2. 您家离最近的医疗卫生机构大概有多远：

［1］乘车 2 小时以上　　［2］乘车 1~2 小时
［3］乘车 30~60 分钟　　［4］乘车 30 分钟以内
［5］不需乘车　　［6］不清楚

D3. 您觉得当地医疗卫生机构医生的服务如何：
［1］非常不满意　　［2］不满意
［3］一般　　［4］满意
［5］非常满意

D4. 您认为本地区在预防出生缺陷，优生优育方面如何：
［1］非常不好　　［2］不好
［3］一般　　［4］好
［5］非常好

D5. 请您对本地区的医疗卫生情况进行整体评价：
［1］非常不满意　　［2］不满意
［3］一般　　［4］满意
［5］非常满意

**E. 公共交通**

E1. 您外出时，通常情况下感觉路上拥堵吗？
［1］非常堵　　［2］比较堵
［3］有点堵车　　［4］不堵车
［5］很顺畅

E2. 您感觉公共交通工具使用方便吗？
［1］很不方便　　［2］不太方便
［3］一般　　［4］比较方便
［5］很方便

E3. 您觉得公共交通拥挤吗？
［1］非常拥挤　　［2］有些拥挤
［3］不太拥挤　　［4］比较舒服
［5］很舒服

E4. 您对当地公共交通满意吗？

［1］非常不满意　　［2］不满意
［3］一般　　［4］满意
［5］非常满意

**F. 社保就业**

F1. 当地政府有没有提供就业指导服务？
［1］没有　　［2］有
［3］不知道

F2. 您认为本地政府对低收入群体、孤寡老人等弱势群体救助效果如何？
［1］没有效果　　［2］效果不明显
［3］一般　　［4］比较有效
［5］非常有效

F3. 您对当地的养老院服务是否满意？
［1］非常不满意　　［2］不满意
［3］一般　　［4］满意
［5］非常满意

F4. 您对当地政府养老保障工作是否满意？
［1］非常不满意　　［2］不满意
［3］一般　　［4］满意
［5］非常满意

F5. 您对当地政府医疗保障工作是否满意？
［1］非常不满意　　［2］不满意
［3］一般　　［4］满意
［5］非常满意

F6. 您对当地政府社会保障和就业保障的整体评价是？
［1］非常不满意　　［2］不满意
［3］一般　　［4］满意
［5］非常满意

**G. 住房保障**

G1. 您是否满意目前的居住条件？

[1] 非常不满意 [2] 不满意
[3] 一般 [4] 满意
[5] 非常满意

G2. 您觉得当地保障性住房的申请是否公平?

[1] 非常不公平 [2] 不公平
[3] 比较不公平 [4] 公平
[5] 很公平 [6] 不清楚

G3. 您对当地住房保障的总体评价是?

[1] 非常不满意 [2] 不满意
[3] 一般 [4] 满意
[5] 非常满意

**H. 文化体育**

H1. 您觉得当地的公共文化体育设施是否能满足需求?

[1] 远远不能满足 [2] 不太能满足
[3] 一般 [4] 基本能满足
[5] 完全能满足 [6] 没去过

H2. 您觉得当地政府组织的文化体育活动如何?

[1] 非常不满意 [2] 不满意
[3] 一般 [4] 满意
[5] 非常满意

H3. 您觉得当地政府对本地区民族文化的保护传承工作做得如何?

[1] 非常不满意 [2] 不满意
[3] 一般 [4] 满意
[5] 非常满意

H4. 您对当地体育文化的总体评价是?

[1] 非常不满意 [2] 不满意
[3] 一般 [4] 满意
[5] 非常满意

**I. 公共基础设施**

I1. 您对当地的交通基础设施的评价是?

[1] 非常不满意　　[2] 不满意
[3] 一般　　[4] 满意
[5] 非常满意

I2. 您对当地的供水设施的评价是?

[1] 非常不满意　　[2] 不满意
[3] 一般　　[4] 满意
[5] 非常满意

I3. 您对当地的供电设施的评价是?

[1] 非常不满意　　[2] 不满意
[3] 一般　　[4] 满意
[5] 非常满意

I4. 您对当地的通信设施的评价是?

[1] 非常不满意　　[2] 不满意
[3] 一般　　[4] 满意
[5] 非常满意

I5. 您对当地的消防设施的评价是?

[1] 非常不满意　　[2] 不满意
[3] 一般　　[4] 满意
[5] 非常满意

I6. 您对当地的公共基础设施的总体评价是?

[1] 非常不满意　　[2] 不满意
[3] 一般　　[4] 满意
[5] 非常满意

**J. 公共安全**

J1. 过去一年，您或您认识的人曾经在所居住地区遭遇过或看见过以下现象吗?

| 题项 | [1] 经常 | [2] 偶尔 | [3] 从未遇过 |
|---|---|---|---|
| 钱财被抢劫或偷盗 | | | |
| 诈骗 | | | |
| 斗殴 | | | |
| 聚众赌博 | | | |
| 假货问题 | | | |
| 性骚扰 | | | |
| 毒品问题 | | | |
| 交通事故 | | | |

J2. 您对当地派出所工作的评价是?

[1] 非常不满意　　[2] 不满意

[3] 一般　　[4] 满意

[5] 非常满意

J3. 您对当地防灾减灾工作的评价是?

[1] 非常不满意　　[2] 不满意

[3] 一般　　[4] 满意

[5] 非常满意

J4. 您对当地的公共卫生工作的评价是?

[1] 非常不满意　　[2] 不满意

[3] 一般　　[4] 满意

[5] 非常满意

J5. 您对当地群体性安全事件处理工作的评价是?

[1] 非常不满意　　[2] 不满意

[3] 一般　　[4] 满意

[5] 非常满意

J6. 您是否担心食品安全?

[1] 非常担心　　[2] 担心

[3] 还好　　[4] 放心

[5] 非常放心

J7. 您对当地饮水安全的评价是?

［1］非常不满意　　　　　　　　［2］不满意

［3］一般　　　　　　　　　　　［4］满意

［5］非常满意

J8. 您对当地公共安全的总体评价是？

［1］非常不满意　　　　　　　　［2］不满意

［3］一般　　　　　　　　　　　［4］满意

［5］非常满意

## K. 环境保护

K1. 下面请您对所在地区的生活环境进行满意度评价

| 生活环境 | 非常不满意 | 不满意 | 一般 | 满意 | 非常满意 |
|---|---|---|---|---|---|
| 空气质量如何？ | 1 | 2 | 3 | 4 | 5 |
| 绿化如何？ | 1 | 2 | 3 | 4 | 5 |
| 街道社区（村寨）卫生如何？ | 1 | 2 | 3 | 4 | 5 |
| 自来水（饮用水）质量如何？ | 1 | 2 | 3 | 4 | 5 |
| 垃圾回收和处理如何？ | 1 | 2 | 3 | 4 | 5 |

K2. 您对当地环境的整体评价是？

［1］非常不满意　　　　　　　　［2］不满意

［3］一般　　　　　　　　　　　［4］满意

［5］非常满意

## L. 重要性比较

L1. 上述 9 个公共服务：①基础教育　②医疗卫生　③公共交通　④社保就业　⑤住房保障　⑥文化体育　⑦公共基础设施　⑧公共安全　⑨环境保护，您觉得哪个最重要？

1. ________ 2. ________ 3. ________（填序号）

L2. 上面提及的 9 个方面，您最满意的是？最不满意的是？

最满意____________________最不满意__________________（填序号）

## M. 其他

M1. 如果您对政府提供的公共服务不满意，您会选择：

［1］沉默　　　　　　　　　　　［2］用法律诉讼方式表达

［3］向媒体表达　　［4］向政府投诉

［5］向熟人抱怨　　［6］向陌生人抱怨

［7］其他

M2. 您对当地政府基本公共服务有没有其他的想法和建议？

______________________________

______________________________

# 附录二
# 2017年西南地区基本公共服务调查问卷（城市）

## 城市居民基本公共服务需求调查问卷

您好：我是贵州大学经济学院学生，现在正在进行一个课题的问卷调查，感谢您能认真填写，所有填写内容我们都将予以保密，并且仅限于研究分析之用。

### 第一部分：您的基本情况

1. 您居住地是否是民族地区[①]（　　）

A. 是　　B. 否

2. 性别（　　）

A. 男　　B. 女

① 民族地区指民族自治省、民族自治州、民族自治县、民族自治乡。

3. 年龄（　　）

A. 12~21 岁　　B. 22~35 岁

C. 36~45 岁　　D. 46~60 岁

E. 60 岁以上

4. 文化程度（　　）

A. 初中及以下　　B. 高中和中专

C. 大专和本科　　D. 研究生及以上

5. 家庭人均月收入（　　）

A. 1 000 元以下　　B. 1 000~3 000 元

C. 3 001~5 000 元　　D. 5 001~10 000 元

E. 10 000 元以上

6. 户籍和居住方式（　　）

A. 本地户籍常住居民　　B. 外地户籍常住居民

C. 本地户籍非常住居民　　D. 外地户籍非常住居民

## 第二部分　城市居民基本公共服务需求评价

（下方表格中有两个地方需要您填写：请您在以下选项对您生活的重要程度做唯一选择并在相应的空格处打“√”；请您在以下内容现状的满意度中做唯一选择并在相应的空格处打“√”）

### （一）基础教育

| 序号 | 需求 | 重要性评价 | | | | | 满意度评价 | | | | |
|---|---|---|---|---|---|---|---|---|---|---|---|
| | | 非常重要 | 比较重要 | 一般 | 不太重要 | 很不重要 | 非常满意 | 比较满意 | 一般 | 不太满意 | 很不满意 |
| 7 | 本地区义务教育普及 | | | | | | | | | | |
| 8 | 本地区义务教育师资水平 | | | | | | | | | | |
| 9 | 本地区义务教育硬件条件 | | | | | | | | | | |

## （二）医疗卫生

| 序号 | 需求 | 重要性评价 | | | | | 满意度评价 | | | | |
|---|---|---|---|---|---|---|---|---|---|---|---|
| | | 非常重要 | 比较重要 | 一般 | 不太重要 | 很不重要 | 非常满意 | 比较满意 | 一般 | 不太满意 | 很不满意 |
| 10 | 医疗卫生机构（医院、药房、诊所）数量 | | | | | | | | | | |
| 11 | 医疗卫生机构医疗水平 | | | | | | | | | | |
| 12 | 医疗卫生机构合理收费 | | | | | | | | | | |

## （三）公共交通

| 序号 | 需求 | 重要性评价 | | | | | 满意度评价 | | | | |
|---|---|---|---|---|---|---|---|---|---|---|---|
| | | 非常重要 | 比较重要 | 一般 | 不太重要 | 很不重要 | 非常满意 | 比较满意 | 一般 | 不太满意 | 很不满意 |
| 13 | 道路通畅度 | | | | | | | | | | |
| 14 | 道路质量及维护 | | | | | | | | | | |
| 15 | 城市公共交通便捷度 | | | | | | | | | | |
| 16 | 城市公共交通拥挤度 | | | | | | | | | | |

## （四）社保就业

| 序号 | 需求 | 重要性评价 | | | | | 满意度评价 | | | | |
|---|---|---|---|---|---|---|---|---|---|---|---|
| | | 非常重要 | 比较重要 | 一般 | 不太重要 | 很不重要 | 非常满意 | 比较满意 | 一般 | 不太满意 | 很不满意 |
| 17 | 完善医疗保险体系 | | | | | | | | | | |
| 18 | 养老保障（敬老院，“五保”“新农保”等 | | | | | | | | | | |
| 19 | 最低生活保障 | | | | | | | | | | |
| 20 | 弱势群体特殊关照（孤儿、残疾人、流浪人群等） | | | | | | | | | | |
| 21 | 提供就业和劳务输出信息 | | | | | | | | | | |
| 22 | 职业技能培训 | | | | | | | | | | |

## （五）住房保障

| 序号 | 需求 | 重要性评价 | | | | | 满意度评价 | | | | |
|---|---|---|---|---|---|---|---|---|---|---|---|
| | | 非常重要 | 比较重要 | 一般 | 不太重要 | 很不重要 | 非常满意 | 比较满意 | 一般 | 不太满意 | 很不满意 |
| 23 | 公平提供保障性住房 | | | | | | | | | | |
| 24 | 住房价格控制和引导 | | | | | | | | | | |
| 25 | 住房公积金和其他住房补贴 | | | | | | | | | | |

## （六）文化体育

| 序号 | 需求 | 重要性评价 | | | | | 满意度评价 | | | | |
|---|---|---|---|---|---|---|---|---|---|---|---|
| | | 非常重要 | 比较重要 | 一般 | 不太重要 | 很不重要 | 非常满意 | 比较满意 | 一般 | 不太满意 | 很不满意 |
| 26 | 互联网覆盖 | | | | | | | | | | |
| 27 | 修建文化娱乐场所并提供相应的文化娱乐资料（文化馆、博物馆、图书馆、美术馆、科技馆、纪念馆、工人文化宫、青少年宫等） | | | | | | | | | | |
| 28 | 修建体育运动设施 | | | | | | | | | | |
| 29 | 本地区民族文化保护和发展 | | | | | | | | | | |

## （七）公共基础设施

| 序号 | 需求 | 重要性评价 | | | | | 满意度评价 | | | | |
|---|---|---|---|---|---|---|---|---|---|---|---|
| | | 非常重要 | 比较重要 | 一般 | 不太重要 | 很不重要 | 非常满意 | 比较满意 | 一般 | 不太满意 | 很不满意 |
| 30 | 道路基础建设 | | | | | | | | | | |
| 31 | 供水基础设施 | | | | | | | | | | |
| 32 | 供电基础设施 | | | | | | | | | | |
| 33 | 集体供暖基础设施 | | | | | | | | | | |
| 34 | 天然气基础设施 | | | | | | | | | | |

续表

| 序号 | 需求 | 重要性评价 | | | | | 满意度评价 | | | | |
|---|---|---|---|---|---|---|---|---|---|---|---|
| | | 非常重要 | 比较重要 | 一般 | 不太重要 | 很不重要 | 非常满意 | 比较满意 | 一般 | 不太满意 | 很不满意 |
| 35 | 通信基础设施 | | | | | | | | | | |
| 36 | 消防设施 | | | | | | | | | | |

## （八）公共安全

| 序号 | 需求 | 重要性评价 | | | | | 满意度评价 | | | | |
|---|---|---|---|---|---|---|---|---|---|---|---|
| | | 非常重要 | 比较重要 | 一般 | 不太重要 | 很不重要 | 非常满意 | 比较满意 | 一般 | 不太满意 | 很不满意 |
| 37 | 保障消防安全、排除火患 | | | | | | | | | | |
| 38 | 保障人身财产安全，增强社会治安 | | | | | | | | | | |
| 39 | 保障医药及食品安全 | | | | | | | | | | |
| 40 | 灾难预警和安置 | | | | | | | | | | |

## （九）环境保护

| 序号 | 需求 | 重要性评价 | | | | | 满意度评价 | | | | |
|---|---|---|---|---|---|---|---|---|---|---|---|
| | | 非常重要 | 比较重要 | 一般 | 不太重要 | 很不重要 | 非常满意 | 比较满意 | 一般 | 不太满意 | 很不满意 |
| 41 | 完善城市排污排水系统 | | | | | | | | | | |
| 42 | 污染治理 | | | | | | | | | | |
| 43 | 保持城市环境清洁卫生 | | | | | | | | | | |
| 44 | 城市绿化 | | | | | | | | | | |

# 第三部分　权重比较

将上述九个方面的公共服务按照您认为的重要程度依次打分（1～10 分，1 分最不重要，10 分最重要）

1. 基础教育____　2. 医疗卫生____　3. 公共交通____　4. 社保就业____
5. 住房保障____　6. 文化体育____　7. 公共基础设施____
8. 公共安全____　9. 环境保护____

## 第四部分　公共服务需求补充

1. 除上述的公共服务以外，写出您认为重要的（所需的）公共服务。

________________________________________________________________

________________________________________________________________

________________________________________________________________

2. 写出现阶段您认为基本公共服务存在的问题和需要改善的方面。

________________________________________________________________

________________________________________________________________

________________________________________________________________

# 附录三
# 2017年西南地区基本公共服务调查问卷（农村）

## 农村居民基本公共服务需求调查问卷

您好：我是贵州大学经济学院学生，现在正在进行一个课题的问卷调查，感谢您能认真填写，所有填写内容我们都将予以保密，并且仅限于研究分析之用。

### 第一部分：您的基本情况

1. 您居住地是否是民族地区[①]（　　）

A. 是　　B. 否

2. 性别（　　）

A. 男　　B. 女

① 民族地区指民族自治省、民族自治州、民族自治县、民族自治乡。

3. 年龄（　　）

A. 21 岁以下　　B. 22~35 岁

C. 36~45 岁　　D. 46~60 岁

E. 60 岁以上

4. 文化程度（　　）

A. 小学及以下　　B. 初中

C. 高中和中专　　D. 大专及以上

5. 家庭人均月收入（　　）

A. 500 元以下　　B. 500~1 000 元

C. 1 001~2 000 元　　D. 2 001~3 000 元

E. 3 000 元以上

6. 户籍和居住方式（　　）

A. 本地户籍常住居民　　B. 外地户籍常住居民

C. 本地户籍非常住居民　　D. 外地户籍非常住居民

## 第二部分　农村基本公共服务需求评价

（下方表格中有两个地方需要您填写：请您在以下选项对您生活的重要程度做唯一选择并在相应的空格处打“√”；请您在以下内容现状的满意度中做唯一选择并在相应的空格处打“√”）

### （一）基础教育

| 序号 | 需求 | 重要性评价 | | | | | 满意度评价 | | | | |
|---|---|---|---|---|---|---|---|---|---|---|---|
| | | 非常重要 | 比较重要 | 一般 | 不太重要 | 很不重要 | 非常满意 | 比较满意 | 一般 | 不太满意 | 很不满意 |
| 7 | 本地区义务教育普及 | | | | | | | | | | |
| 8 | 本地区义务教育师资水平 | | | | | | | | | | |
| 9 | 本地区义务教育硬件条件 | | | | | | | | | | |

续表

| 序号 | 需求 | 重要性评价 | | | | | 满意度评价 | | | | |
|---|---|---|---|---|---|---|---|---|---|---|---|
| | | 非常重要 | 比较重要 | 一般 | 不太重要 | 很不重要 | 非常满意 | 比较满意 | 一般 | 不太满意 | 很不满意 |
| 10 | 本地区义务教育升学率（普通高中或中职） | | | | | | | | | | |
| 11 | 本地区义务教育控制辍学 | | | | | | | | | | |

## （二）医疗卫生

| 序号 | 需求 | 重要性评价 | | | | | 满意度评价 | | | | |
|---|---|---|---|---|---|---|---|---|---|---|---|
| | | 非常重要 | 比较重要 | 一般 | 不太重要 | 很不重要 | 非常满意 | 比较满意 | 一般 | 不太满意 | 很不满意 |
| 12 | 医疗卫生基础设施（卫生所、诊所）数量 | | | | | | | | | | |
| 13 | 医疗卫生基础设施（卫生所、诊所）医疗水平 | | | | | | | | | | |
| 14 | 医疗卫生基础设施（卫生所、诊所）合理收费 | | | | | | | | | | |

## （三）公共交通

| 序号 | 需求 | 重要性评价 | | | | | 满意度评价 | | | | |
|---|---|---|---|---|---|---|---|---|---|---|---|
| | | 非常重要 | 比较重要 | 一般 | 不太重要 | 很不重要 | 非常满意 | 比较满意 | 一般 | 不太满意 | 很不满意 |
| 15 | 乡村道路普及（村村通） | | | | | | | | | | |
| 16 | 乡村道路质量及维护 | | | | | | | | | | |
| 17 | 农村客运公交便捷性 | | | | | | | | | | |

## （四）社保就业

| 序号 | 需求 | 重要性评价 | | | | | 满意度评价 | | | | |
|---|---|---|---|---|---|---|---|---|---|---|---|
| | | 非常重要 | 比较重要 | 一般 | 不太重要 | 很不重要 | 非常满意 | 比较满意 | 一般 | 不太满意 | 很不满意 |
| 18 | 农村医疗保险 | | | | | | | | | | |
| 19 | 养老保障（敬老院，“五保”“新农保”等） | | | | | | | | | | |
| 20 | 最低生活保障 | | | | | | | | | | |
| 21 | 弱势群体特殊关照（留守儿童和老人、残疾人、流浪人群等） | | | | | | | | | | |
| 22 | 提供就业和劳务输出信息 | | | | | | | | | | |
| 23 | 农民技能培训 | | | | | | | | | | |

## （五）住房保障

| 序号 | 需求 | 重要性评价 | | | | | 满意度评价 | | | | |
|---|---|---|---|---|---|---|---|---|---|---|---|
| | | 非常重要 | 比较重要 | 一般 | 不太重要 | 很不重要 | 非常满意 | 比较满意 | 一般 | 不太满意 | 很不满意 |
| 24 | 房屋建造修葺补贴 | | | | | | | | | | |
| 25 | 农民房屋建造合理规划 | | | | | | | | | | |

## （六）文化体育

| 序号 | 需求 | 重要性评价 | | | | | 满意度评价 | | | | |
|---|---|---|---|---|---|---|---|---|---|---|---|
| | | 非常重要 | 比较重要 | 一般 | 不太重要 | 很不重要 | 非常满意 | 比较满意 | 一般 | 不太满意 | 很不满意 |
| 26 | 电视信号覆盖农村 | | | | | | | | | | |
| 27 | 互联网覆盖农村 | | | | | | | | | | |
| 28 | 修建农村文化娱乐场所并提供相应的文化娱乐资料（如图书馆、乡村电影） | | | | | | | | | | |
| 29 | 在农村修建体育运动设施 | | | | | | | | | | |
| 30 | 保护和发展民族文化 | | | | | | | | | | |

## （七）公共基础设施

| 序号 | 需求 | 重要性评价 | | | | | 满意度评价 | | | | |
|---|---|---|---|---|---|---|---|---|---|---|---|
| | | 非常重要 | 比较重要 | 一般 | 不太重要 | 很不重要 | 非常满意 | 比较满意 | 一般 | 不太满意 | 很不满意 |
| 31 | 道路基础建设 | | | | | | | | | | |
| 32 | 供水基础设施 | | | | | | | | | | |
| 33 | 供电基础设施 | | | | | | | | | | |
| 34 | 通讯基础设施 | | | | | | | | | | |
| 35 | 消防设施 | | | | | | | | | | |

## （八）公共安全

| 序号 | 需求 | 重要性评价 | | | | | 满意度评价 | | | | |
|---|---|---|---|---|---|---|---|---|---|---|---|
| | | 非常重要 | 比较重要 | 一般 | 不太重要 | 很不重要 | 非常满意 | 比较满意 | 一般 | 不太满意 | 很不满意 |
| 36 | 保障农村消防安全、排除火患 | | | | | | | | | | |
| 37 | 保障农民人身财产安全，增强社会治安 | | | | | | | | | | |
| 38 | 保障交通安全 | | | | | | | | | | |
| 39 | 控制传染病的传播 | | | | | | | | | | |
| 40 | 灾难预警及灾后安置 | | | | | | | | | | |

## （九）生态环境保护

| 序号 | 需求 | 重要性评价 | | | | | 满意度评价 | | | | |
|---|---|---|---|---|---|---|---|---|---|---|---|
| | | 非常重要 | 比较重要 | 一般 | 不太重要 | 很不重要 | 非常满意 | 比较满意 | 一般 | 不太满意 | 很不满意 |
| 41 | 对农村生活垃圾废物进行集中处理 | | | | | | | | | | |
| 42 | 治理环境污染 | | | | | | | | | | |
| 43 | 治理水土流失、土地沙漠化、盐碱化等 | | | | | | | | | | |
| 44 | 植树造林 | | | | | | | | | | |

## 第三部分　权重比较

将上述九个方面的公共服务按照您认为的重要程度依次打分（1～10分，1分最不重要，10分最重要）

1. 基础教育____　2. 医疗卫生____　3. 公共交通____　4. 社保就业____
5. 住房保障____　6. 文化体育____　7. 公共基础设施____
8. 公共安全____　9. 环境保护____

## 第四部分　公共服务需求补充

1. 除上述的公共服务以外，写出您认为重要的（所需的）公共服务。

______________________________________________________________

______________________________________________________________

______________________________________________________________

2. 写出现阶段您认为基本公共服务存在的问题和需要改善的方面。

______________________________________________________________

______________________________________________________________

______________________________________________________________

# 附录四
# 2019年西南地区基本公共服务调查问卷

## 西南地区基本公共服务满意度和需求强度调查问卷

您好：我是贵州大学经济学院学生，现在正在进行一个课题的问卷调查，感谢您能认真填写，所有填写内容我们都将予以保密，并且仅限于研究分析之用。

### 第一部分：您的基本情况

1. 您的居住地是否是民族地区[①]（　　）

A. 是　　　　B. 否

2. 您的居住地是（　　）

A. 城市　　　　B. 乡镇

---

① 民族地区指民族自治省、民族自治州、民族自治县、民族自治乡。

3. 性别（　　）

A. 男　　B. 女

4. 年龄（　　）

A. 12~21 岁　　B. 22~35 岁

C. 36~45 岁　　D. 46~60 岁

E. 60 岁以上

5. 文化程度（　　）

A. 初中及以下　　B. 高中和中专

C. 大专和本科　　D. 研究生及以上

6. 家庭人均月收入（　　）

A. 1 000 元以下　　B. 1 000~3 000 元

C. 3 001~5 000 元　　D. 5 001~10 000 元

E. 10 000 元以上

7. 户籍和居住方式（　　）

A. 本地户籍常住居民　　B. 外地户籍常住居民

C. 本地户籍非常住居民　　D. 外地户籍非常住居民

8. 您所从事的职业是（　　）

A. 国家行政机关工作人员　　B. 事业单位工作人员

C. 国企　　D. 民企、外企、合资企业

E. 个体工商户　　F. 务农

G. 其他

## 第二部分　居民基本公共服务需求评价

（下方表格中有两个地方需要您填写：请您在以下选项对您生活的重要程度做唯一选择并在相应的空格处打“√”；请您在以下内容现状的满意度中做唯一选择并在相应的空格处打“√”）

## （一）基本公共教育

| 序号 | 需求 | 重要性评价 | | | | | 满意度评价 | | | | |
|---|---|---|---|---|---|---|---|---|---|---|---|
| | | 非常重要 | 比较重要 | 一般 | 不太重要 | 很不重要 | 非常满意 | 比较满意 | 一般 | 不太满意 | 很不满意 |
| 9 | 本地区义务教育普及 | | | | | | | | | | |
| 10 | 本地区普惠性学前教育 | | | | | | | | | | |
| 11 | 本地区高中、中职教育 | | | | | | | | | | |
| 12 | 本地区义务教育师资水平 | | | | | | | | | | |
| 13 | 本地区义务教育硬件条件 | | | | | | | | | | |

## （二）基本劳动就业创业

| 序号 | 需求 | 重要性评价 | | | | | 满意度评价 | | | | |
|---|---|---|---|---|---|---|---|---|---|---|---|
| | | 非常重要 | 比较重要 | 一般 | 不太重要 | 很不重要 | 非常满意 | 比较满意 | 一般 | 不太满意 | 很不满意 |
| 14 | 公共就业服务 | | | | | | | | | | |
| 15 | 创业服务 | | | | | | | | | | |
| 16 | 职业技能培训 | | | | | | | | | | |
| 17 | 劳动关系协调、劳动权益保护 | | | | | | | | | | |

## （三）基本社会保险

| 序号 | 需求 | 重要性评价 | | | | | 满意度评价 | | | | |
|---|---|---|---|---|---|---|---|---|---|---|---|
| | | 非常重要 | 比较重要 | 一般 | 不太重要 | 很不重要 | 非常满意 | 比较满意 | 一般 | 不太满意 | 很不满意 |
| 18 | 完善医疗（生育）保险 | | | | | | | | | | |
| 19 | 完善养老保险 | | | | | | | | | | |
| 20 | 完善失业保险 | | | | | | | | | | |
| 21 | 完善工伤保险 | | | | | | | | | | |
| 22 | 社保卡使用便利性 | | | | | | | | | | |
| 23 | 社保卡跨区域使用 | | | | | | | | | | |

## （四）基本医疗卫生

| 序号 | 需求 | 重要性评价 | | | | | 满意度评价 | | | | |
|---|---|---|---|---|---|---|---|---|---|---|---|
| | | 非常重要 | 比较重要 | 一般 | 不太重要 | 很不重要 | 非常满意 | 比较满意 | 一般 | 不太满意 | 很不满意 |
| 24 | 重大疾病防治 | | | | | | | | | | |
| 25 | 医疗卫生服务水平 | | | | | | | | | | |
| 26 | 妇幼保健与生育服务 | | | | | | | | | | |
| 27 | 食品药品安全 | | | | | | | | | | |

## （五）基本社会服务

| 序号 | 需求 | 重要性评价 | | | | | 满意度评价 | | | | |
|---|---|---|---|---|---|---|---|---|---|---|---|
| | | 非常重要 | 比较重要 | 一般 | 不太重要 | 很不重要 | 非常满意 | 比较满意 | 一般 | 不太满意 | 很不满意 |
| 28 | 养老服务体系 | | | | | | | | | | |
| 29 | 特困人员救助 | | | | | | | | | | |
| 30 | 自然灾害救助 | | | | | | | | | | |
| 31 | 社会工作者队伍建设 | | | | | | | | | | |

## （六）基本住房保障

| 序号 | 需求 | 重要性评价 | | | | | 满意度评价 | | | | |
|---|---|---|---|---|---|---|---|---|---|---|---|
| | | 非常重要 | 比较重要 | 一般 | 不太重要 | 很不重要 | 非常满意 | 比较满意 | 一般 | 不太满意 | 很不满意 |
| 32 | 公平提供保障性住房 | | | | | | | | | | |
| 33 | 棚户区改造 | | | | | | | | | | |
| 34 | 农村危房改造 | | | | | | | | | | |
| 35 | 住房价格控制和引导 | | | | | | | | | | |

## （七）基本公共文化体育

| 序号 | 需求 | 重要性评价 | | | | | 满意度评价 | | | | |
|---|---|---|---|---|---|---|---|---|---|---|---|
| | | 非常重要 | 比较重要 | 一般 | 不太重要 | 很不重要 | 非常满意 | 比较满意 | 一般 | 不太满意 | 很不满意 |
| 36 | 数字文化服务平台建设 | | | | | | | | | | |
| 37 | 修建文化娱乐场所并提供相应的文化娱乐资料（文化馆、博物馆、图书馆、美术馆、科技馆、纪念馆、工人文化宫、青少年宫等） | | | | | | | | | | |
| 38 | 修建体育运动设施 | | | | | | | | | | |
| 39 | 本地区民族文化保护和发展 | | | | | | | | | | |
| 40 | 广播影视发展 | | | | | | | | | | |

## （八）残疾人基本公共服务

| 序号 | 需求 | 重要性评价 | | | | | 满意度评价 | | | | |
|---|---|---|---|---|---|---|---|---|---|---|---|
| | | 非常重要 | 比较重要 | 一般 | 不太重要 | 很不重要 | 非常满意 | 比较满意 | 一般 | 不太满意 | 很不满意 |
| 41 | 残疾人就业社保服务 | | | | | | | | | | |
| 42 | 残疾人康复、教育、文体、无障碍服务 | | | | | | | | | | |

## （九）环境保护

| 序号 | 需求 | 重要性评价 | | | | | 满意度评价 | | | | |
|---|---|---|---|---|---|---|---|---|---|---|---|
| | | 非常重要 | 比较重要 | 一般 | 不太重要 | 很不重要 | 非常满意 | 比较满意 | 一般 | 不太满意 | 很不满意 |
| 43 | 绿化水平 | | | | | | | | | | |
| 44 | 空气质量 | | | | | | | | | | |
| 45 | 垃圾处理 | | | | | | | | | | |
| 46 | 街道卫生 | | | | | | | | | | |

## 第三部分　供给排序

将上述九个方面的公共服务按照您认为的重要程度排序（从 1~9 排序，数字越小重要程度越高，重复排序为无效问卷）

1. 基本公共教育____　2. 基本劳动就业创业____　3. 基本社会保险____

4. 基本医疗卫生____　5. 基本社会服务____　6. 基本住房保障____

7. 基本公共文化体育____　8. 残疾人基本公共服务____　9. 环境保护____

## 第四部分　政民互动（在相应的空格处打“√”）

| 序号 | 内容 | 完全不符合 | 大部分不符合 | 一半符合 | 大部分符合 | 完全符合 |
|---|---|---|---|---|---|---|
| 1 | 本地有政务公开、听证制度并能落实 | | | | | |
| 2 | 本地建立了市长邮箱、热线电话（12345）、电视电台、报纸等组成的政民沟通网络 | | | | | |
| 3 | 本地政府部门不仅及时对群众反映的问题作出回应，而且能顺应环境变化出台新的政策和制度，适应公众需求 | | | | | |
| 4 | 本地居民能踊跃、理智而不是为了私利或感情参与政府组织的各种征询意见和建议活动 | | | | | |
| 5 | 当地社团（如商会、行业协会、农村民间组织等）和民主党派能积极参政议政，促进公共服务政策实施 | | | | | |